职业教育国家在线精品课程配套教材
职业教育·道路运输类专业教材

桥梁工程检测

孟丛丛　鄢　真　主　编
张　驰　谌洁君　魏　伟　副主编
吴佳晔　任　亮　主　审

人民交通出版社
北　京

内 容 提 要

本书为职业教育国家在线精品课程配套教材，职业教育道路运输类专业教材，秉承项目导向、任务引领的建设思想，以岗位任务为依据，以岗位职业技能提升为核心，根据现行规范标准组织编写，系统介绍了桥梁检测工作。本教材在编写过程中本着“理论知识够用”的原则，以丰富的工程案例、实物图片引入桥梁检测相关内容，以典型案例为导向，针对部分复杂的项目采用虚拟仿真资源进行展示，使学生在了解桥梁工程检测的基础上，掌握各检测项目的具体操作和结果评定。

本教材适合道路与桥梁工程技术、道路工程检测、道路养护与管理等专业高职学生使用，也可作为从事公路桥梁检测、养护的工程技术人员及试验检测工程师上岗培训和自学用书。

本教材有配套课件，教师可通过加入职教路桥教学研讨2群（QQ:927111427）获取。书中配套的数字资源，读者可通过扫描封面二维码查看。

图书在版编目(CIP)数据

桥梁工程检测/孟丛丛，鄢真主编. —北京：人民交通出版社股份有限公司，2025.8

ISBN 978-7-114-19166-4

Ⅰ.①桥… Ⅱ.①孟…②鄢… Ⅲ.①桥梁工程—检测 Ⅳ.①U446

中国国家版本馆CIP数据核字(2023)第233952号

职业教育国家在线精品课程配套教材
职业教育·道路运输类专业教材

书　　名：**桥梁工程检测**
著 作 者：孟丛丛　鄢　真
责任编辑：刘　倩
责任校对：赵媛媛
责任印制：张　凯
出版发行：人民交通出版社
地　　址：(100011)北京市朝阳区安定门外外馆斜街3号
网　　址：http://www.ccpcl.com.cn
销售电话：(010)85285911
总 经 销：人民交通出版社发行部
经　　销：各地新华书店
印　　刷：北京科印技术咨询服务有限公司数码印刷分部
开　　本：787×1092　1/16
印　　张：19
字　　数：554千
版　　次：2025年8月　第1版
印　　次：2025年8月　第1次印刷
书　　号：ISBN 978-7-114-19166-4
定　　价：49.00元

前言

Preface

《桥梁工程检测》是江西交通职业技术学院道路与桥梁工程技术专业群重点建设教材之一。本教材秉承项目导向、任务引领的教材建设思想，以岗位任务为依据，以岗位职业技能提升为核心，根据现行规范标准组织编写，系统介绍了桥梁检测工作。本教材共分为10个项目，包括混凝土强度检测、混凝土缺陷检测、混凝土钢筋位置及保护层厚度检测、钢结构检测、地基承载力检测、基桩检测、梁板静载试验、桥梁养护检查与技术状况评定、桥梁荷载试验、桥梁承载能力检测评定。教材中附有典型桥梁工程检测实例，具有较强的实用性。

本教材按典型工作任务的工程实施步骤进行编排，包括检测原理、检测仪器设备、检测方法及步骤、数据分析与评定、检测报告、“1+X”加油站等从原理到实操的具体内容，带学生走进桥梁工程检测领域。

编者认真学习领会党的二十届三中全会精神，坚持建设高质量教材的理念，根据道路桥梁相关专业教学标准和课程标准，遵循国家、行业最新标准规范要求，聚焦前沿技术，通过校企合作共建新形态优质教材。本教材的主要特色如下：

(1)坚持立德树人，聚焦岗位核心素养，校企共担高技能人才培养使命。

坚持以习近平新时代中国特色社会主义思想引领教材建设，提升教材的思想性、科学性、时代性。结合本课程的基础性、应用性和职业性等特点，为满足学生继续深造、工作和发展的不同需求，依托“四进四融”的课程建设模式，将优质的思想政治教育资源、特色文化资源、专业教学资源和企业资源融入教材，厚植交通“铺路石”精神、“两路精神”和精益求精的工匠精神，内化居中持正、守正创新的职业素养。

(2)遵循专业标准，引入前沿技术，培养桥梁检测高技能人才。

依据高职桥梁工程检测课程标准，以桥梁检测项目的具体实施为培养目标，聚焦前沿技术，校企共同遴选提炼岗位核心能力，设计学习任务，引入真实典型桥梁工程检测案例，引导学生掌握桥梁检测基础知识、基本原理、具体方法，正确使用仪器设备进行检测，科学评价工程质量，规范编制检测报告，提升桥梁工程检测技能，以及具备独立解决现场技术问题的能力。

(3)以学生为中心,坚持理论知识适度、实用,紧密联系工程实际,凸显职教特色。

本教材按照“学习目标—任务描述—知识技能学习—“1+X”加油站—拓展阅读”的模式进行编写,中间穿插工程案例分析,将实际工程的检测记录表、检测报告引入教材;以企业岗位典型工作任务构建若干学习任务,以一个学习任务的完整过程作为一个基本教学单元,符合学生认知规律;采用图文并茂、理实融合的方式,使教材直观易学,适时加入[思考],增加学习的趣味性。

(4)校企协同,产教深融,聚力开发新形态一体化教材。

本教材充分体现了产教融合、校企合作特色,对接职业岗位核心能力,以真实公路建设项目为载体,构建教材顺序和内容;注重融入行业新技术、新工艺、新材料、新设备,强化国家、行业标准,培养学生的规范意识;推进信息技术与教育教学有机融合,系统开发视频、虚拟仿真等多类型数字化学习资源,帮助学生理解重点、难点问题。

本教材由江西交通职业技术学院孟丛丛、鄢真担任主编,由江西交通职业技术学院张驰、谌洁君、魏伟担任副主编,特邀四川升拓检测技术股份有限公司教授级高级工程师吴佳晔、华东交通大学任亮教授担任主审。具体编写情况如下:项目一由江西交通职业技术学院孟丛丛编写;项目二、项目三由江西交通职业技术学院张驰、周振华、陈元勇编写;项目四由江西交通职业技术学院鄢真、孟丛丛编写;项目五由江西交通职业技术学院谌洁君、魏伟编写。教材编写过程中,广东盛翔交通工程检测有限公司钟建国、中南安全环境技术研究院股份有限公司张若钢、江西省天驰高速科技发展有限公司叶武元提供了大量典型案例,保证了教材的前沿性、适用性,在此向行业专家表示衷心的感谢!

由于编者水平有限,书中不妥之处在所难免,真诚欢迎广大读者多提宝贵意见。

编　者

2025 年 1 月

资源索引页

资源使用方法：

1. 扫描封面上的二维码(注意此码只可激活一次)；

2. 关注“交通教育出版”微信公众号；

3. 公众号弹出“购买成功”通知，点击“查看详情”，进入后即可查看资源；

4. 也可进入“交通教育出版”微信公众号，点击下方菜单“用户服务—图书增值”，选择已绑定的教材进行观看和学习。

一、数字化学习资源				
序号	所属项目	资源名称	资源类型	页码
1	项目一	回弹仪介绍及设置	视频	003
2		混凝土抗压强度检测综述及回弹仪使用探秘	视频	003
3		回弹仪率定操作	视频	004
4		回弹仪率定结果	视频	004
5		回弹值及碳化深度值的测量技巧	视频	006
6		碳化深度测量具体步骤	视频	009
7		混凝土碳化深度检测及虚拟仿真试验	虚拟仿真	009
8		数据处理与强度评定探析	视频	010
9		一分钟学会超声回弹综合法检测混凝土强度	视频	015
10		超声回弹综合法检测混凝土强度具体步骤	视频	015
11		超声波检测仪使用探秘	视频	016
12		超声回弹综合法仪器操作	视频	016
13		超声回弹综合法零声时测定及仪器操作	视频	017
14		超声回弹综合法检测混凝土强度应用探析	视频	018
15		超声回弹综合法检测混凝土强度试验示范教学	视频	018
16		超声回弹综合法测区布置(对测法、平测法)	视频	018
17		超声回弹综合法探头布置(对测法、平测法)	视频	018
18		超声回弹综合法超声波测定(平测法)	视频	020
19		超声回弹综合法回弹值测定(对测法、平测法)	视频	020
20		钻芯法检测混凝土强度应用探析	视频	026
21	项目二	超声波检测混凝土内部缺陷应用探析	视频	034
22		超声波检测混凝土不密实区及空洞缺陷	视频	038
23		超声波法检测混凝土裂缝深度仪器连接及零声时测定	视频	044
24		超声波检测混凝土裂缝应用探析	视频	044
25		超声波检测裂缝深度示范教学及具体步骤	视频	044

续上表

序号	所属项目	资源名称	资源类型	页码
26	项目二	超声法检测混凝土裂缝深度之平测法	视频	046
27		超声法测混凝土裂缝深度测点布置	视频	046
28		超声法测混凝土表面浅裂缝	视频	046
29		冲击弹性波无损检测原理探究	视频	050
30		冲击回波法检测混凝土内部缺陷应用探析	视频	054
31		混凝土内部空洞和不密实检测虚拟仿真试验	虚拟仿真	059
32		冲击回波法检测混凝土裂缝应用探析	视频	060
33	项目三	钢筋位置及保护层厚度检测探秘	视频	065
34		电磁感应法检测钢筋位置及保护层厚度应用及实操	视频	068
35		钢筋位置及保护层厚度检测示范教学	视频	068
36		钢筋保护层厚度检测	视频	068
37		钢筋间距检测操作视频	视频	069
38		钢筋位置及保护层厚度检测具体步骤	视频	070
39		钢筋锈蚀检测	虚拟仿真	070
40	项目四	钢结构焊接质量检验	视频	073
41		钢结构焊缝检测探究	视频	079
42		钢结构防腐涂层检测探究	视频	084
43		涂层厚度及立柱基底金属壁厚检测	视频	084
44	项目五	常见地基检测试验及其基本原理	视频	092
45		静力触探试验前世今生	视频	094
46		动力触探试验探秘	视频	107
47		圆锥动力触探试验探秘	视频	111
48		轻型圆锥动力触探	虚拟仿真	112
49		标准贯入试验及其应用	视频、虚拟仿真	118
50		动力触探试验成果精度影响因素	视频	122
51		载荷试验综述	视频	128
52		载荷试验应用	视频	128
53		平板载荷试验及可视化仿真实验教学	虚拟仿真	130
54		试验数据处理及试验成果整理	视频	133
55	项目六	低应变检测基桩完整性及示范教学	视频	141
56		低应变反射法检测前世今生	视频	142
57		低应变反射波法检测实施	视频	144
58		低应变法检测基桩完整性试验	视频	145

续上表

续上表

序号	所属项目	资源名称	资源类型	页码
92	项目八	桥梁技术状况评定计算探究	视频	241
93	项目九	桥梁静载试验方法及其与梁板试验的异同	视频	249
94		全桥静载试验可视化仿真试验	虚拟仿真	250
95		桥梁静载试验现场准备	视频	250
96		桥梁静载试验现场测试	视频	251
97		全桥静载试验	虚拟仿真	261
98		桥梁静载试验数据分析与报告编写	视频	261
99		桥梁动载试验探秘	视频	268
100		全桥动载试验可视化仿真试验	虚拟仿真	270
101		桥梁动载试验工况探究	视频	270
102		桥梁动载试验设备及测试点	视频	271
103		桥梁动载试验分析与评定探析	视频	274
104	项目十	基于技术状况检查的承载能力评定探秘	视频	280
105		常见桥型基于技术状况检查与检算的承载能力评定探究	视频	282
106		基于荷载试验的承载能力评定探秘	视频	284
		二、"1+X"加油站		
序号	所属项目	资源名称	资源类型	页码
1	项目一	"回弹法检测混凝土抗压强度"技术技能训练	题库	014
2		"超声回弹综合法检测混凝土抗压强度"技术技能训练	题库	025
3		"钻芯法检测混凝土强度"技术技能训练	题库	031
4	项目二	"超声波法检测混凝土缺陷"技术技能训练	题库	042
5		"超声波法检测混凝土裂缝深度"技术技能训练	题库	049
6		"冲击弹性波法检测混凝土内部缺陷"技术技能训练	题库	058
7		"冲击弹性波法检测混凝土裂缝深度"技术技能训练	题库	063
8	项目三	"混凝土钢筋位置及保护层厚度检测"技术技能训练	题库	071
9	项目四	"构件焊接质量检验"技术技能训练	题库	078
10		"钢结构焊缝检测"技术技能训练	题库	084
11		"涂层厚度检测"技术技能训练	题库	086
12		"高强螺栓及组合件力学性能试验"技术技能训练	题库	090
13	项目五	"静力触探试验"技术技能训练	题库	106
14		"动力触探试验"技术技能训练	题库	116
15		"标准贯入试验"技术技能训练	题库	126
16		"载荷试验"技术技能训练	题库	137

续上表

序号	所属项目	资源名称	资源类型	页码
17	项目六	“低应变反射波法检测基桩完整性”技术技能训练	题库	147
18		“高应变动测法检测基桩完整性”技术技能训练	题库	155
19		“超声波法检测基桩完整性”技术技能训练	题库	165
20		“钻芯法检测基桩完整性”技术技能训练	题库	174
21		“单桩竖向抗压静载试验(静压试验)”技术技能训练	题库	183
22		“单桩竖向抗拔静载试验(静拔试验)”技术技能训练	题库	189
23		“单桩水平抗拔静载试验(静推试验)”技术技能训练	题库	198
24	项目七	“梁板静载试验的准备”技术技能训练	题库	204
25		“位移检测”技术技能训练	题库	211
26		“应变检测”技术技能训练	题库	220
27		“裂缝检测”技术技能训练	题库	226
28		“试验报告撰写”技术技能训练	题库	231
29	项目八	“桥梁养护检查与技术状况评定”技术技能训练	题库	246
30	项目九	“桥梁静载试验”技术技能训练	题库	266
31		“桥梁动载试验”技术技能训练	题库	278
32	项目十	“桥梁承载能力检测评定”技术技能训练	题库	285
		三、拓展阅读		
序号	所属项目	资源名称	资源类型	页码
1	项目一	【工程案例】C50 混凝土强度回弹偏低,怎么办?	文档	014
2		【工程案例】因强度不足导致质量问题	文档	025
3		【工程案例】合同事先未约定混凝土强度检测方法,检测结果应当如何认定?	文档	031
4	项目二	【工程案例】超声波法检测混凝土缺陷	文档	043
5		【工程案例】桥梁特殊检查	文档	049
6		【工程案例】发生火灾后,混凝土损伤如何检测?	文档	059
7		【工程案例】冲击弹性波面波法在裂缝深度检测的实际应用	文档	063
8		【创新意识】《机智过人》之智能桥梁设计系统:揭秘一座桥梁的诞生	视频	063
9	项目三	【工程案例】某渡改桥交工验收钢筋数量及保护层厚度检测结果分析	文档	071
10	项目四	【工程案例】港珠澳大桥智能焊接——焊缝信息管理及跟踪系统应用	文档	078
11		【文化自信】《港珠澳大桥》纪录片	视频	078
12		【工程案例】钢结构焊缝的分类	文档	084
13		【工程案例】浅谈钢结构腐蚀类型、防腐措施以及涂层检测内容	文档	086
14	项目五	【工程案例】由地基问题造成的事故	文档	106

续上表

序号	所属项目	资源名称	资源类型	页码
15	项目五	【工程案例】某桥梁台背回填质量检测	文档	126
16		【工程案例】某高速公路粉喷桩加固软土地基载荷试验	文档	137
17	项目六	【工程案例】某小区住宅楼因基桩整体失稳被迫爆破拆除	文档	147
18		【拓展知识】常见缺陷性质与声学参数的关系	文档	165
19		【工程案例】某大桥基桩钻芯法检测	文档	174
20		【客观公正】济南市建立高架桥定期检测制度	视频	198
21		【客观公正】深圳出台新规　规范跑道建设	视频	198
22	项目七	【工程案例】某高速公路新建项目因梁板静载试验挠度严重超限废梁	文档	211
23		【工程案例】国内首座带 UHPC 桥面板大吨位、长距离全断面顶推桥梁	文档	220
24		【拓展知识】裂缝的形成和分类	文档	223
25		【工程案例】U 形桥台开裂、变形原因分析	文档	227
26		【工匠精神】群星传承:茅以升——钱塘江大桥总工程师	视频	231
27	项目八	【工程案例】如何进行大桥结构检查(测)与现状评定	文档	246
28	项目九	【工程案例】某项目桥梁静载试验顺利完成	文档	266
29		【工程案例】某大桥动载试验	文档	278
30		【规范意识】交通运输高质量发展如何服务中国式现代化	视频	278
31	项目十	【工程案例】某大桥承载能力检测评定	文档	285
32		【新发展理念】世界级的桥梁　当然要用世界级的手段来维护	视频	285
		四、表格电子版		
序号	所属项目	资源名称	资源类型	页码
1	项目一	表 1-1-5　回弹法检测混凝土抗压强度原始记录表	电子表格	014
2		表 1-2-2　超声回弹综合法检测混凝土抗压强度原始记录表	电子表格	025
3		表 1-2-3　超声回弹综合法检测混凝土抗压强度检测报告	电子表格	025
4		表 1-3-2　钻芯法检测混凝土抗压强度检测报告	电子表格	031
5	项目二	表 2-1-4　超声波法检测混凝土缺陷检测报告	电子表格	042
6		表 2-2-1　超声波法检测混凝土裂缝深度检测报告	电子表格	049
7		表 2-3-3　冲击弹性波法检测混凝土结构内部缺陷现场记录表	电子表格	058
8		表 2-4-2　冲击弹性波检测混凝土裂缝深度记录表	电子表格	063
9	项目三	表 3-1-1　钢筋位置及保护层厚度检测记录表	电子表格	071
10	项目四	表 4-1-1　钢结构构件加工焊接焊缝外观质量检查记录表	电子表格	078
11		表 4-2-1　钢结构焊缝质量检查记录表	电子表格	084
12		表 4-3-1　钢结构涂层厚度检测报告	电子表格	086

续上表

目录

Contents

说明:标有★的任务为本教材重点学习内容。

项目一
PROJECT ONE
混凝土强度检测

混凝土强度的检测方法可分为无损检测、半破损检测和破损检测三种。半破损或破损检测以不影响结构的承载力为前提，检测时在结构或构件上直接进行局部破坏性试验，或直接钻取芯样进行破坏性试验。其主要方法有钻芯法、拔出法等。此类方法较直观可靠，测试结果易为人们接受，但会对混凝土结构造成局部破坏，不宜大范围采用且费用较高，因而受到种种限制。无损检测以混凝土强度与某些物理量之间的相关性为基础，检测时在不影响结构或构件混凝土任何性能的前提下测试这些物理量，然后根据相关关系推算被测混凝土的强度推定值。其主要方法有回弹法、超声法、超声回弹综合法等。其中，回弹法所用仪器简单，操作方便、费用低廉，同时便于大范围检测，在有严格测强曲线的条件下，其测试精度较高。

任务一 回弹法检测混凝土抗压强度*

学习目标

1. 知识目标

(1) 了解回弹法检测混凝土强度的原理。

(2) 了解回弹仪的构造、率定方法。

(3) 掌握数据分析与评定规则。

(4) 掌握检测报告编写规则。

2. 能力目标

(1) 能够熟练、正确使用回弹仪。

(2) 能够规范使用回弹仪进行混凝土强度检测。

(3) 能够精确处理回弹数据，科学评价混凝土质量。

3. 素质目标

(1)依托真实工程案例,认识到混凝土强度不足的危害,提升职业素养,增强责任感。

(2)通过小组分工合作学习,培养团队协作能力。

(3)通过反复进行检测训练,厚植精益求精的工匠精神。

任务描述

某桥上部结构为20m的预应力混凝土空心板,5跨一联。桥墩和桥台均为扩大基础矩形截面柱式墩和台,混凝土的设计强度为C30;混凝土的配合比为水:水泥:砂:碎石=286:365:490:768,未加掺合剂,其中各种材料均符合规范要求。

在施工中,由于该批墩台的7号墩柱出现过施工缝;0号台发现了自基础向上发展的混凝土竖向裂缝,且有发展的趋势;10号墩柱在混凝土浇筑时突然天气降温至-6℃,未采取措施保温;同时有几个墩柱在混凝土浇筑过程中制作的试块强度不符合要求。为了严查该桥混凝土的施工质量,根据建设单位、监理单位要求,采用回弹法对该桥的墩柱和桥台混凝土强度进行现场检测,并排除可能存在的质量缺陷。

知识技能学习

一、检测依据

《回弹法检测混凝土抗压强度技术规程》(JGJ/T 23—2011)。

二、检测原理

1. 回弹法的基本原理

回弹法检测混凝土抗压强度在我国使用已超过50年,而且其应用范围越来越广泛,这既是因为回弹法简便、灵活,也是因为我国已解决了回弹法使用精度不高和不能普遍推广的一些关键问题。

回弹法是指采用回弹仪的弹簧驱动重锤,通过弹击杆弹击混凝土表面,并以重锤被反弹回来的距离来计算回弹值(反弹距离与弹簧初始长度之比),并将之作为强度相关指标来推算混凝土强度的一种方法。

2. 回弹法检测混凝土强度的原则

利用回弹法检测混凝土强度是对混凝土强度常规检验的一种补充。当对构件强度怀疑时,如试件与结构中混凝土质量不一致,对试件的检验结果有怀疑或供检验用的试件数量不足时,可采用回弹法检测,并将检测结果作为处理混凝土质量问题的主要依据。其检测结果可作为试块强度的参考,但不宜作为仲裁试验或工程验收的最终依据。回弹法广泛应用于对结构混凝土强度的质量普查。

另外,在施工阶段,如构件拆模、预应力张拉或移梁、吊装时,回弹法可作为评估混凝土强度的依据。回弹法的使用前提是,被测结构或构件混凝土的内外质量基本一致。因此,当混凝土表层与内部质量有明显差异,如遭受化学腐蚀或火灾、硬化期间遭受冻伤等,或内部存在缺陷时，则不能用回弹法评定混凝土强度。

三、检测仪器设备

本检测使用的检测仪器是混凝土回弹仪（以下简称回弹仪）。

1. 回弹仪的构造

回弹仪的类型有重型、中型、轻型和特轻型。一般工程使用最多的是中型回弹仪。另外，根据读数形式的不同回弹仪可划分为直读式、自计式、带计算机自动记录及处理数据功能等类型。其中以指针直读的直射锤击式回弹仪应用最广。直射锤击式回弹仪构造如图 1-1-1 所示。

回弹仪介绍及设置

混凝土抗压强度检测综述及回弹仪使用探秘

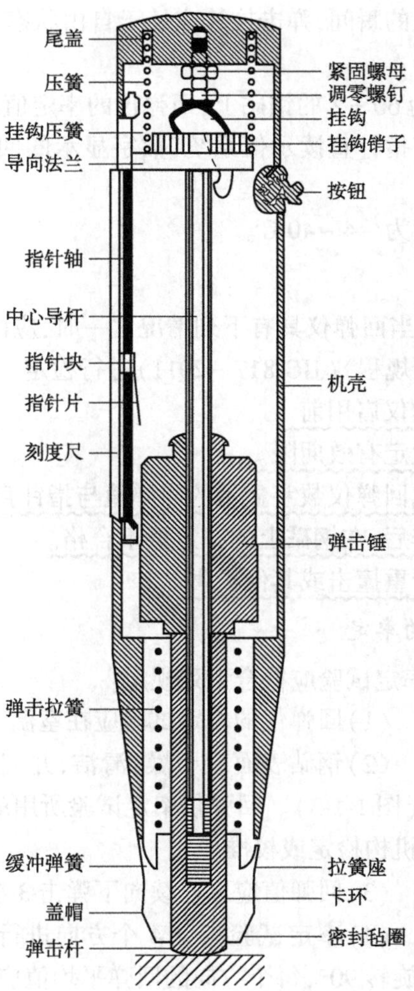

图 1-1-1 直射锤击式回弹仪的构造

常见的数显式回弹仪如图 1-1-2 所示。

2. 回弹仪的技术要求

(1) 水平弹击时，弹击锤脱钩的瞬间，回弹仪的标准能量应为 2.207J。

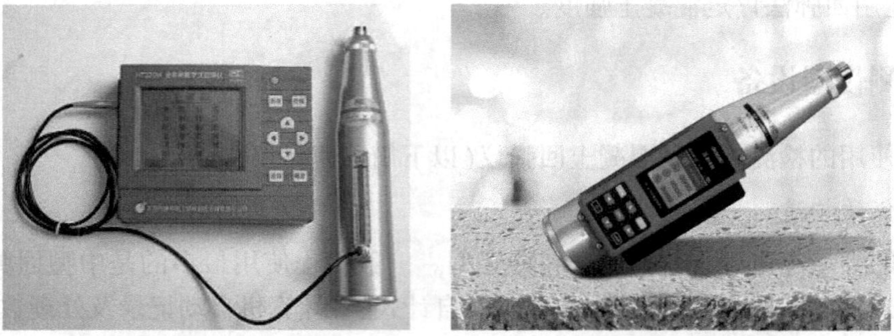

a) 分体式混凝土数显回弹仪　　b) 一体式混凝土数显回弹仪

图 1-1-2　常见的数显式回弹仪

(2)弹击锤与弹击杆碰撞的瞬间，弹击拉簧应处于自由状态，且弹击锤起跳点应位于指示刻度尺上“0”处。

(3)在洛氏硬度(HRC)为 60 ±2 的钢砧上，回弹仪的率定值应为 80 ±2。

(4)数显式回弹仪应带有指针直读示值系统，数字显示的回弹值与指针直读示值相差不应超过 1。

(5)回弹仪使用环境温度为 -4 ~40℃。

3. 回弹仪的检定

回弹仪检定周期为半年，当回弹仪具有下列情况之一时，应由法定计量检定机构按行业标准《回弹仪检定规程》(JJG 817—2011)进行检定：

(1)新回弹仪启用前。

(2)超过检定有效期限。

(3)数字式回弹仪数字显示的回弹值与指针直读示值相差大于 1。

(4)经保养后，在钢砧上的率定值不合格。

(5)遭受严重撞击或其他损害。

回弹仪率定操作

回弹仪率定结果

4. 回弹仪的率定

回弹仪的率定试验应符合下列规定：

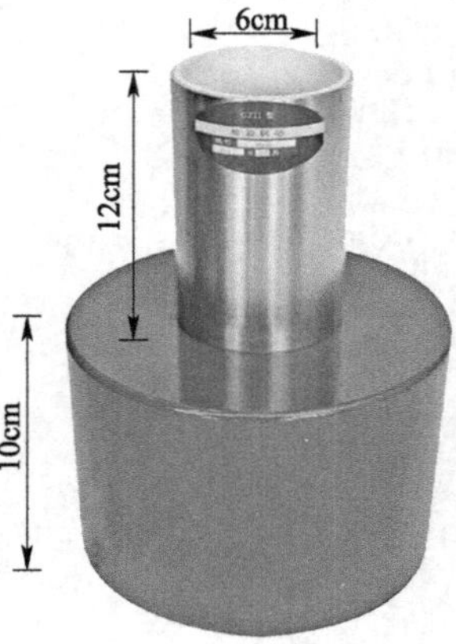

图 1-1-3　钢砧

(1)回弹仪的率定试验应在室温 5 ~35℃的条件下进行。

(2)钢砧表面应干燥、清洁，并应稳固地平放在刚度大的物体上(图 1-1-3)。回弹仪率定试验所用的钢砧应每 2 年送授权计量检定机构检定或校准。

(3)回弹值应取连续向下弹击 3 次的稳定回弹结果的平均值。

(4)率定试验应分 4 个方向进行，且每个方向弹击前，弹击杆应旋转 90°；每个方向的回弹平均值应为 80 ±2。

5. 回弹仪的保养

根据《回弹法检测混凝土抗压强度技术规程》(JGJ/T 23—2011)，当出现以下情况时，应对回弹仪进行保养：

(1)回弹仪的弹击次数超过 2000 次。

(2)在钢砧上的率定值不合格。

(3)对检测值有怀疑。

回弹仪的常规保养应符合下列规定：

(1)将弹击锤脱钩,取出机芯,然后卸下弹击杆,取出里面的缓冲压簧,并取出弹击锤、弹击拉簧和拉簧座。

(2)清洗机芯各零部件,重点清洗中心导杆、弹击锤和弹击杆的内孔及冲击面,清洗后应在中心导杆上薄薄地涂抹钟表油,其他零部件均不得抹油。

(3)应清理机壳内壁,卸下刻度尺,检查指针,其摩擦力应为0.5~0.8N。

(4)对于数显式回弹仪,应按产品要求的维护程序进行维护。

(5)不得旋转尾盖上已定位紧固的调零螺钉,不得自制或更换零部件。

(6)保养后应按规定对回弹仪进行率定试验。

回弹仪使用完毕后应使弹击杆伸出机壳,清除弹击杆、杆前端球面以及刻度尺表面和外壳上的污垢、尘土。回弹仪不用时,应将弹击杆压入仪器内,经弹击后按下按钮,锁住机芯,将回弹仪装入仪器箱,平放在干燥阴凉处。

【思考】 注意厘清回弹仪的检定、率定和保养分别在什么情况下进行?实施该工作的责任主体是谁?

四、检测方法及步骤

1.收集基本技术资料

收集的基本技术资料包括：

(1)工程名称及设计单位、施工单位、监理或监督单位和建设单位的名称。

(2)结构或构件名称、外形尺寸、数量及混凝土强度等级。

(3)水泥品种、强度等级、安定性、厂名,砂石种类、粒径,外加剂或掺和料品种、掺量,混凝土配合比等。

(4)施工时材料计量情况,模板、浇筑、养护情况及成型日期等。

(5)必要的设计图纸和施工记录。

(6)检测原因。

2.抽样数量及适用范围

结构或构件混凝土强度检测可采用单个检测和批量检测两种方式,其适用范围及结构或构件数量应符合下列规定：

(1)单个检测:适用于单个结构或构件的检测。

(2)批量检测:适用于在相同的生产工艺条件下,混凝土强度等级相同,原材料、配合比、成型工艺、养护条件基本一致且龄期相近的同类结构或构件。按批进行检测的构件,抽检数量不得少于同批构件总数的30%且构件数量不得少于10件。抽检构件时,应随机抽取并使所选构件具有代表性。

3. 测区选择

测区是检测结构或构件混凝土强度时的一个检测单元。测区选择应符合下列规定：

(1)每一个结构或构件测区数不应少于10个。对某一方向尺寸小于4.5m且另一方向尺寸小于0.3m的构件，其测区数量可适当减少，但不应少于5个。

(2)测区离构件端部或施工缝边缘的距离不宜大于0.5m，且不宜小于0.2m。

(3)测区应选在使回弹仪处于水平方向检测混凝土浇筑侧面。当不能满足这一要求时，可使回弹仪处于非水平方向检测混凝土构件的浇筑侧面、表面或底面。

(4)测区宜选在构件的两个对称可测面上，也可选在一个可测面上，且应均匀分布。在构件的重要部位及薄弱部位必须布置测区，并应避开预埋件。

(5)测区的面积不宜大于$0.04m^2$。

(6)检测面应为原状混凝土表面，并应清洁、平整，不应有疏松层、浮浆、油垢、涂层以及蜂窝、麻面，必要时可用砂轮清除疏松层和杂物，且不应有残留的粉末和碎屑。

(7)对弹击时产生颤动的薄壁、小型构件应进行固定。

(8)结构或构件的测区应标有清晰的编号，必要时应在记录纸上描述测区布置示意图和外观质量。如图1-1-4所示。

回弹值及碳化深度值的测量技巧

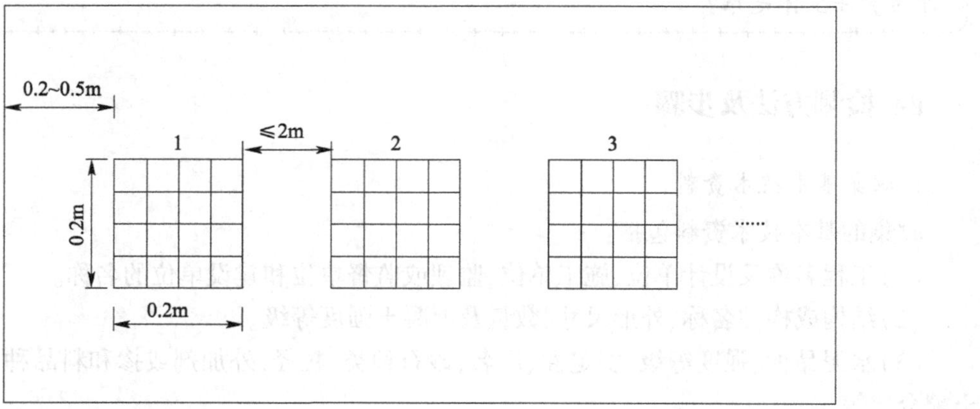

a) 测区布置原则示例

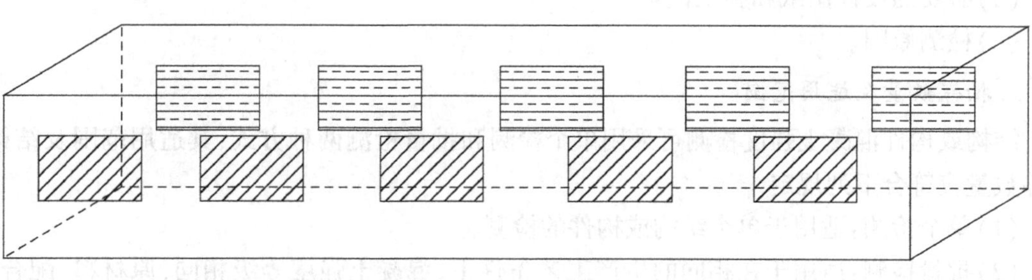

b) 测区在构件对称的两个面布置示例（每侧5个测区）

图 1-1-4

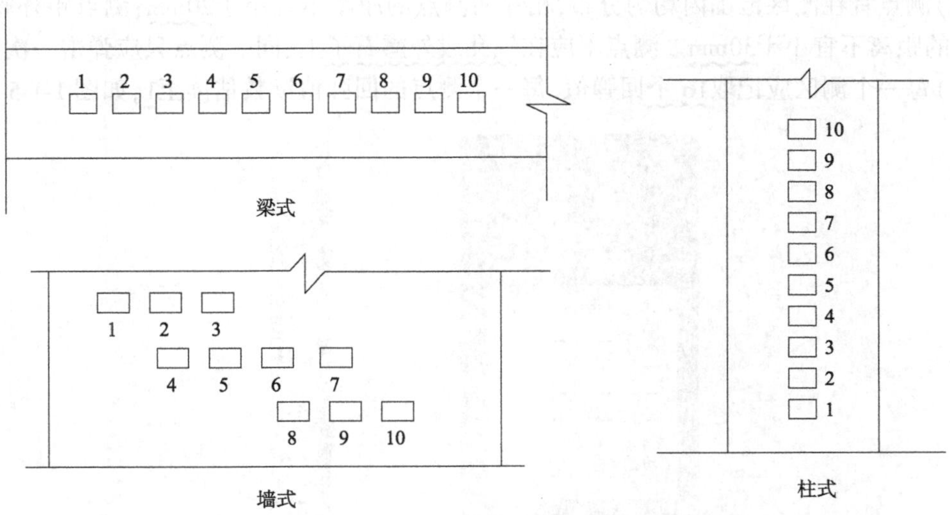

c) 梁式、柱式、墙式构件测区布置示例

d) 实际工程测区布置示例

图 1-1-4　回弹测区布置示意图

【思考】　实际工程中，测区布置很容易被忽视，通常情况下，无论构件尺寸大小，均布置 10 个测区。请思考，这样是否合理，会有几种情况？如果检测 40m 的梁或者桥墩，布置 10 个测区是否满足要求？

4. 回弹值测量

(1) 回弹仪的操作：将弹击杆顶住混凝土的表面，轻压仪器，松开按钮，弹击杆徐徐伸出。使仪器对混凝土表面缓慢均匀施压，待弹击锤脱钩冲击弹击杆后即回弹，带动指针向后移动并停留在某一位置上，即回弹值。继续顶住混凝土表面并在读取和记录回弹值后，逐渐对仪器减压，使弹击杆自仪器内伸出，重复进行上述操作，即可测得被测构件或结构的回弹值。操作中注意仪器的轴线应始终垂直于混凝土构件的检测面，缓慢施压，准确读数，快速复位。

(2)测点宜在测区范围内均匀分布,相邻两测点的净距不宜小于20mm;测点距外露钢筋、预埋件的距离不宜小于30mm。测点不应在气孔或外露石子上,同一测点只应弹击一次。

(3)每一个测区应记取16个回弹值,每一个测点的回弹值读数估读至1,如图1-1-5所示。

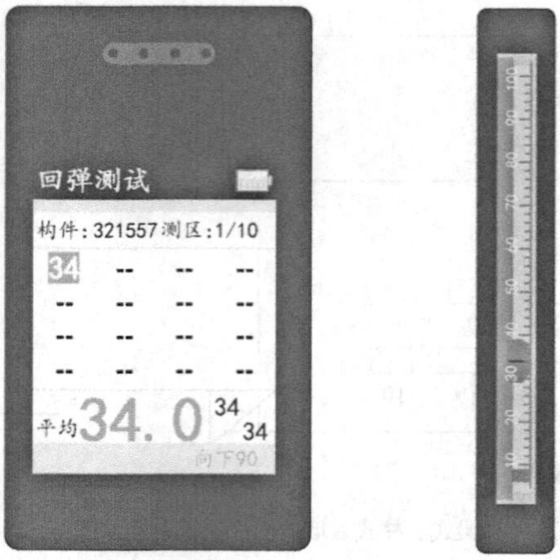

a) 显示屏示值　　b) 指针示值

图1-1-5　回弹值

【思考】　如下图所示,测点不应布置在以下哪些位置? 请在横线上打"×"。

a)检测位置一____　　b)检测位置二____　　c)检测位置三____

5. 碳化深度值测量

(1)回弹值测量完毕后,应在有代表性的位置上测量碳化深度值,测点数不应少于构件测区数的30%,取其平均值为该构件每测区的碳化深度值。

(2)根据《回弹法检测混凝土抗压强度技术规程》(JGJ/T 23—2011),碳化深度值测量采用以下方法:

①采用适当的工具在测区表面形成直径约15mm的孔洞,其深度应大于预估混凝土的碳化深度。

②孔洞中的粉末和碎屑应除净,并不得用水擦洗,可采用吹、扫方式。

③采用浓度为1%~2%的酚酞酒精溶液滴在孔洞内壁的边缘处,当已碳化与未碳化界线

清楚时，再用深度测量工具测量已碳化与未碳化混凝土交界面到混凝土表面的垂直距离，测量 3 次，读数精确至0.25mm。

图 1-1-6 所示为正在对任务中的构件进行碳化深度检测。

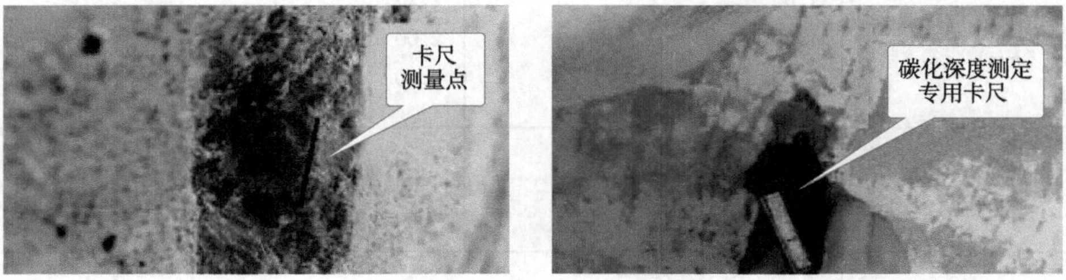

图 1-1-6 碳化深度检测

碳化深度测量具体步骤 混凝土碳化深度检测及虚拟仿真试验

【思考】 根据《回弹法检测混凝土抗压强度技术规程》(JGJ/T 23—2011)要求，请在下表数据中选择可能是碳化深度检测结果的数据，并打"√"。

1.25	2.50	3.65	2.15	5.75	4.65	1.00	2.20

④取 3 次测量的平均值作为检测结果，精确至 0.5mm。

对任务中的构件进行碳化深度检测，抽取 1 号、5 号、10 号测区进行检测，结果见表 1-1-1，请在表中填写测区碳化深度平均值和构件碳化深度代表值。

碳化深度检测数据 表 1-1-1

测区编号	1	2	3	4	5	6	7	8	9	10
测区碳化深度检测值（mm）	1.00 1.50 2.00				1.25 2.00 1.50					1.25 2.00 1.75
测区碳化深度平均值（mm）	1.5				1.5					1.5
构件碳化深度代表值（mm）	1.5									

(3)当碳化深度值极差大于 2.0mm 时，应在每一个测区测量碳化深度值。

若任务中的构件碳化深度检测结果见表 1-1-2，请评定该构件的碳化深度。

碳化深度检测数据　　表 1-1-2

测区编号	1	2	3	4	5	6	7	8	9	10
测区碳化深度检测值（mm）	1.00 1.50 2.00				1.25 2.00 2.50					3.75 4.75 4.75
测区碳化深度平均值（mm）	1.5				2.0					4.5
构件碳化深度代表值（mm）	每个测区都要进行检测（极差等于 3.0mm，大于 2.0mm）									

【思考】　为什么《回弹法检测混凝土抗压强度技术规程》（JGJ/T 23—2011）会做此要求："当碳化深度值极差大于 2.0mm 时，应在每一个测区测量碳化深度值"？

数据处理与强度评定探析

五、检测数据分析与评定

1. 计算测区平均回弹值

当回弹仪水平方向测试混凝土浇筑侧面时，应从每一个测区的 16 个回弹值中删除其中 3 个最大值和 3 个最小值，取余下 10 个回弹值的平均值作为该测区的平均回弹值，计算结果保留一位小数，计算公式如下：

$$R_m = \frac{\sum_{i=1}^{10} R_i}{10} \tag{1-1-1}$$

式中：R_m——测区平均回弹值，MPa，计算结果精确至 0.1MPa；

R_i——第 i 个测点的回弹值，MPa。

2. 测区回弹值修正

（1）测试角度修正

当回弹仪非水平方向测试混凝土浇筑侧面时，应将测区平均回弹值按下式进行测试角度修正。

$$R_m = R_{ma} + R_{\delta a} \tag{1-1-2}$$

式中：R_m——经非水平测定修正后的测区平均回弹值，MPa；

R_{ma}——回弹仪实测的测区平均回弹值，MPa；

$R_{\delta a}$——非水平方向检测时回弹值修正值，MPa，见表 1-1-3。

非水平状态检测时回弹值修正表(单位:MPa) 表 1-1-3

R_{ma}	检测角度							
	向上				向下			
	90°	60°	45°	30°	-30°	-45°	-60°	-90°
20	-6.0	-5.0	-4.0	-3.0	+2.5	+3.0	+3.5	+4.0
21	-5.9	-4.9	-4.0	-3.0	+2.5	+3.0	+3.5	+4.0
22	-5.8	-4.8	-3.9	-2.9	+2.4	+2.9	+3.4	+3.9
23	-5.7	-4.7	-3.9	-2.9	+2.4	+2.9	+3.4	+3.9
24	-5.6	-4.6	-3.8	-2.8	+2.3	+2.8	+3.3	+3.8
25	-5.5	-4.5	-3.8	-2.8	+2.3	+2.8	+3.3	+3.8
26	-5.4	-4.4	-3.7	-2.7	+2.2	+2.7	+3.2	+3.7
27	-5.3	-4.3	-3.7	-2.7	+2.2	+2.7	+3.2	+3.7
28	-5.2	-4.2	-3.6	-2.6	+2.1	+2.6	+3.1	+3.6
29	-5.1	-4.1	-3.6	-2.6	+2.1	+2.6	+3.1	+3.6
30	-5.0	-4.0	-3.5	-2.5	+2.0	+2.5	+3.0	+3.5
31	-4.9	-4.0	-3.5	-2.5	+2.0	+2.5	+3.0	+3.5
32	-4.8	-3.9	-3.4	-2.4	+1.9	+2.4	+2.9	+3.4
33	-4.7	-3.9	-3.4	-2.4	+1.9	+2.4	+2.9	+3.4
34	-4.6	-3.8	-3.3	-2.3	+1.8	+2.3	+2.8	+3.3
35	-4.5	-3.8	-3.3	-2.3	+1.8	+2.3	+2.8	+3.3
36	-4.4	-3.7	-3.2	-2.2	+1.7	+2.2	+2.7	+3.2
37	-4.3	-3.7	-3.2	-2.2	+1.7	+2.2	+2.7	+3.2
38	-4.2	-3.6	-3.1	-2.1	+1.6	+2.1	+2.6	+3.1
39	-4.1	-3.6	-3.1	-2.1	+1.6	+2.1	+2.6	+3.1
40	-4.0	-3.5	-3.0	-2.0	+1.5	+2.0	+2.5	+3.0
41	-4.0	-3.5	-3.0	-2.0	+1.5	+2.0	+2.5	+3.0
42	-3.9	-3.4	-2.9	-1.9	+1.4	+1.9	+2.4	+2.9
43	-3.9	-3.4	-2.9	-1.9	+1.4	+1.9	+2.4	+2.9
44	-3.8	-3.3	-2.8	-1.8	+1.3	+1.8	+2.3	+2.8
45	-3.8	-3.3	-2.8	-1.8	+1.3	+1.8	+2.3	+2.8
46	-3.7	-3.2	-2.7	-1.7	+1.2	+1.7	+2.2	+2.7
47	-3.7	-3.2	-2.7	-1.7	+1.2	+1.7	+2.2	+2.7
48	-3.6	-3.1	-2.6	-1.6	+1.1	+1.6	+2.1	+2.6
49	-3.6	-3.1	-2.6	-1.6	+1.1	+1.6	+2.1	+2.6
50	-3.5	-3.0	-2.5	-1.5	+1.0	+1.5	+2.0	+2.5

注:1. R_{ma}小于 20 或大于 50 时,均分别按 20 或 50 查表。

2. 表中未列入的相应于 R_{ma} 的修正值 $R_{a\alpha}$,可用内插法求得,精确至 0.1MPa。

(2)测试面修正

当回弹仪水平方向测试混凝土浇筑表面或底面时,应先进行角度的修正,然后进行浇筑面修正,按下式进行修正:

$$R_m = R_m^t + R_a^t$$
$$R_m = R_m^b + R_a^b \tag{1-1-3}$$

式中:R_m^t,R_m^b——水平方向检测混凝土浇筑表面、底面时,测区的平均回弹值,MPa,精确至0.1MPa;

R_a^t,R_a^b——混凝土浇筑表面、底面回弹值的修正值,MPa,应由表1-1-4查取。

不同浇筑面的回弹值修正值(单位:MPa) 表1-1-4

R_m^t 或 R_m^b	表面修正值(R_a^t)	底面修正值(R_a^b)	R_m^t 或 R_m^b	表面修正值(R_a^t)	底面修正值(R_a^b)
20	+2.5	-3.0	36	+0.9	-1.4
21	+2.4	-2.9	37	+0.8	-1.3
22	+2.3	-2.8	38	+0.7	-1.2
23	+2.2	-2.7	39	+0.6	-1.1
24	+2.1	-2.6	40	+0.5	-1.0
25	+2.0	-2.5	41	+0.4	-0.9
26	+1.9	-2.4	42	+0.3	-0.8
27	+1.8	-2.3	43	+0.2	-0.7
28	+1.7	-2.2	44	+0.1	-0.6
29	+1.6	-2.1	45	0	-0.5
30	+1.5	-2.0	46	0	-0.4
31	+1.4	-1.9	47	0	-0.3
32	+1.3	-1.8	48	0	-0.2
33	+1.2	-1.7	49	0	-0.1
34	+1.1	-1.6	50	0	0
35	+1.0	-1.5	—	—	—

注:1. R_m^t 或 R_m^b 小于20或大于50时,均分别按20或50查表。

2. 表中有关混凝土浇筑表面的修正系数,是指一般原浆抹面的修正值。

3. 表中有关混凝土浇筑底面的修正系数,是指构件底面与侧面采用同一类模板在正常浇筑情况下的修正值。

4. 表中未列入的相应于 R_m^t 或 R_m^b 的 R_a^t 或 R_a^b 值,可用内插法求得,精确至0.1MPa。

3. 测区混凝土强度值的确定

结构或构件第 i 个测区混凝土强度换算值,根据每一个测区的回弹平均值及碳化深度值,查阅全国统一测强曲线[《回弹法检测混凝土抗压强度技术规程》(JGJ/T 23—2011)]得出,当有地区测强曲线或专用测强曲线时,混凝土强度换算值应按地区测强曲线或专用测强曲线换算得出。表中未列入的测区强度值可用内插法求得,精确至0.1MPa。

对于泵送混凝土要注意《回弹法检测混凝土抗压强度技术规程》(JGJ/T 23—2011)中的

有关规定。

4. 结构或构件混凝土强度计算

(1)结构或构件测区混凝土强度平均值可根据各测区混凝土强度换算值计算。当测区数为10个及以上时,应计算混凝土强度标准差。结构或构件测区混凝土强度平均值及标准差应按下列公式计算:

$$m_{f_{cu}^c} = \frac{1}{n}\sum_{i=1}^{n} f_{cu,i}^c \tag{1-1-4}$$

$$s_{f_{cu}^c} = \sqrt{\frac{\sum_{i=1}^{n}(f_{cu,i}^c)^2 - n(m_{f_{cu}^c})^2}{n-1}} \tag{1-1-5}$$

式中:$m_{f_{cu}^c}$——结构或构件测区混凝土强度换算值的平均值,MPa,精确至0.1MPa;

$f_{cu,i}^c$——结构或构件第 i 个测区混凝土强度换算值,MPa;

n——测区数,对于单个评定的结构或构件,取一个试件的测区数;对于抽样评定的结构或构件,取抽检试样测区数之和;

$s_{f_{cu}^c}$——结构或构件测区混凝土强度换算值的标准差,MPa,精确至0.01MPa。

(2)结构或构件混凝土强度推定值($f_{cu,e}$)应按下列公式确定:

用回弹法检测的混凝土结构或构件,多属重要结构或构件,应用数理统计法进行评定。

①当该结构或构件的测区数 $n<10$ 时,则

$$f_{cu,e} = f_{cu,min}^c \tag{1-1-6}$$

式中:$f_{cu,min}^c$——构件中最小的测区混凝土换算值,MPa。

②当该结构或构件的测区混凝土强度值中出现小于10.0MPa时,则

$$f_{cu,e} < 10.0\text{MPa} \tag{1-1-7}$$

③当该结构或构件测区数 $n \geq 10$ 或按批量检测时,应按下列公式计算:

$$f_{cu,e} = m_{f_{cu}^c} - 1.645 s_{f_{cu}^c} \tag{1-1-8}$$

(3)对批量检测的构件,当该批构件混凝土强度标准差出现下列情况之一时,则该批构件应全部按单个构件检测:

①当该批构件混凝土强度平均值小于25MPa,则

$$s_{f_{cu,min}^c} > 4.5\text{MPa} \tag{1-1-9}$$

②当该批构件混凝土强度平均值不小于25MPa,则

$$s_{f_{cu,min}^c} > 5.5\text{MPa} \tag{1-1-10}$$

六、注意事项

(1)回弹法检测混凝土抗压强度的误差比较大,因此对比较重要的构件或结构物强度检测必须慎重使用。

(2)符合下列条件的混凝土才能采用全国统一测强曲线进行测区混凝土强度换算：

①混凝土采用的材料、拌和用水符合现行国家有关标准。

②不掺外加剂或仅掺非引气型外加剂。

③采用普通成型工艺。

④采用符合国家标准规定的模板。

⑤自然养护或蒸汽养护出池后经自然养护7d以上，且混凝土表层为干燥状态。

⑥龄期为14～1000d。

⑦抗压强度为10～60MPa。

(3)当有下列情况之一时，测区混凝土强度值不得按全国统一测强曲线进行测区混凝土强度换算，但可制定专用测强曲线或通过试验进行修正。专用测强曲线的制定方法参考《回弹法检测混凝土抗压强度技术规程》(JGJ/T 23—2011)的规定。

①粗集料最大粒径大于60mm。

②特种成型工艺制作的混凝土。

③检测部位曲率半径小于250mm。

④潮湿或浸水混凝土。

(4)当构件混凝土抗压强度大于60MPa时，可采用标准能量大于2.207J的混凝土回弹仪，并应另行制定检测方法及专用测强曲线进行检测。

(5)批量检测的条件是：在相同的生产工艺条件下，混凝土强度等级相同，原材料、配合比、成型工艺、养护条件基本一致且龄期相近的同类结构或构件。按批进行检测的构件，抽检数量不得少于同批构件总数的30%且构件数量不得少于10件。抽检构件时，应随机抽取并使所选构件具有代表性。

七、检测报告

检测报告应包括测区混凝土平均回弹值，测强曲线、回弹值与抗压强度的关系、相关系数，各测区的抗压强度推定结果，推定的混凝土抗压强度平均值、标准差、变异系数等，原始记录见表1-1-5，表格电子版可扫描下方二维码下载，或见本书配套《桥梁工程检测实训指导手册》表1-1。

表1-1-5　回弹法检测混凝土抗压强度原始记录表

【"1+X"加油站】"回弹法检测混凝土抗压强度"技术技能训练

【拓展阅读】

【工程案例】C50混凝土强度回弹偏低，怎么办？

任务二　超声回弹综合法检测混凝土抗压强度★

学习目标

1. 知识目标

(1)理解超声回弹综合法检测混凝土抗压强度的原理。

(2)了解超声波检测仪的构造、校准方法。

(3)掌握检测数据分析与评定规则。

(4)掌握检测报告编写规则。

2. 能力目标

(1)能够熟练、正确使用超声波检测仪。

(2)能够规范使用超声波检测仪和回弹仪进行混凝土强度检测。

(3)能够精确处理超声波声速数据和回弹数据,科学评价混凝土质量。

3. 素质目标

(1)依托真实工程案例,认识到混凝土强度不足的危害,提高职业素养,增强责任感。

(2)通过团队协作完成检测任务,提高解决问题的能力,培养工程实践能力。

(3)通过示范引领,运用先进的仪器设备进行检测,培养创新精神。

任务描述

某搅拌站生产C30基础混凝土,基础总方量为2100m^3,厚1.1m,属于大体积基础混凝土,当混凝土生产到1/2时,由于粉煤灰料仓的灰已用完,搅拌站为解"燃眉之急",临时从其他电厂调来一车Ⅲ级粉煤灰,而原来料仓中用的是Ⅱ级粉煤灰。施工完后第二天发现,用Ⅲ级粉煤灰生产的混凝土颜色明显与其他混凝土颜色深浅不一。

一分钟学会超声回弹综合法检测混凝土强度

为验证强度,浇筑28d后拟采用超声回弹综合法进行强度检测。

知识技能学习

超声回弹综合法检测混凝土强度具体步骤

一、检测依据

《超声回弹综合法检测混凝土抗压强度技术规程》(T/CECS 02—2020)。

二、检测原理

超声回弹综合法是指采用超声波检测仪和回弹仪,在结构混凝土同一测区分别测量声时值和回弹值，然后利用已建立起来的测强公式推算该测区混凝土强度的一种方法。与单一回弹法或超声法相比，超声回弹综合法具有受混凝土龄期和含水率的影响小、测试精度高、适用范围广、能够较全面地反映结构混凝土的实际质量等优点。

三、检测仪器设备

（一）超声波检测仪

超声回弹综合法检测混凝土抗压强度技术，实质上就是综合了超声法和回弹法两种单一方法的综合测强方法，因此，有关回弹仪技术要求、检测方法及规定与前述基本相同，超声波检测仪（图1-2-1）技术要求、检测方法及规定如下。

超声波检测仪使用探秘

超声回弹综合法仪器操作

a) 超声波检测仪　　b) 超声波检测仪现场检测示意图

图1-2-1　超声波检测仪及现场检测示意图

1. 一般规定

（1）所采用的混凝土超声波检测仪应通过技术鉴定，必须具有产品合格证和检定证。

（2）用于混凝土的超声波检测仪可分为下列两类：

①模拟式超声波检测仪：接收的信号为连续模拟量，可由时域波形信号测读声学参数。

②数字式超声波检测仪：接收的信号转化离散数字量，具有采集、储存数字信号、测读声学参数和对数字信号处理的智能化功能。

（3）所采用的超声波检测仪应符合现行行业标准《混凝土超声波检测仪》（JT/T 659）的要求，并在计量检定有效期内使用。

（4）超声波检测仪应满足下列要求：

①具有波形清晰、显示稳定的示波装置。

②声时最小分度值为0.1μs。

③具有最小分度值为1dB的信号幅度调整系数。

④接收放大器频响范围10～500kHz，总增益不小于80dB，接收灵敏度（信噪比3:1时）不大于50μV。

⑤电源电压波动范围在标称值±10%情况下能正常工作。

⑥连续正常工作时间不少于4h。

（5）模拟式超声波检测仪还应满足下列要求：

①具有手动游标和自动整形两种声时测读功能。

②数字显示稳定，声时调节在 20 ~ 30μs 范围内，连续静置 1h 数字变化不超过 ±0.2μs。

(6)数字式超声波检测仪还应满足下列要求：

①具有采集、储存数字信号并进行数据处理的功能。

②具有手动游标测读和自动测读两种方式。当自动测读时，在同一测试条件下，在 1h 内每 5min 测读一次声时值的差异不超过 ±0.2μs。

③自动测读时，在显示器的接收波形上，应有光标指示声时的测读位置。

(7)超声波检测仪器使用时，环境温度应为 0 ~ 40℃。

超声回弹综合法零声时测定及仪器操作

2. 换能器技术要求

(1)换能器的工作频率宜在 50 ~ 100kHz 范围内。

(2)换能器的实测主频与标称频率相差不应超过 ±10%。

3. 校准和保养

(1)超声波检测仪的声时计量检验。

①空气中声速的测试步骤如下：

取常用平面换能器两台，接于超声波检测仪器上，开机预热 10min，在空气中将两台换能器的辐射面对准，依次改变两台换能器辐射面之间的距离（如 50mm、60mm、70mm、80mm、90mm、100mm……），在首波幅度一致的条件下，读取各间距所对应的声时值 $t_1, t_2, t_3, \cdots, t_n$。同时测量空气温度 T_k，精确至 0.5℃。

测量时应注意下列事项：

a. 两台换能器辐射面的轴线始终保持在同一直线上。（图 1-2-1）

b. 换能器辐射面间距的测量误差不应超过 ±1%，且测量精度为 0.5mm。

c. 换能器辐射面宜悬空相对放置；若置于地板或桌面上，必须在换能器下面垫吸声材料。

②实测空气中声速可采用下列两种方法之一计算：

a. 以换能器辐射面间距为纵坐标，声时读数为横坐标，将各组数据点绘在直角坐标图上。穿越各点形成一直线，算出该直线的斜率，即空气中声速实测值 v'。

b. 以各测点的测距 l 和对应的声时 t 求回归直线方程 $l = a + bt$。回归系数 b 便是空气中声速实测值 v'。

③空气中声速计算值为：

$$v_k = 331.4\sqrt{1 + 0.00367T_k} \tag{1-2-1}$$

式中：331.4——0℃时空气的声速值，m/s；

v_k——温度为 T_k 时空气中声速计算值，m/s；

T_k——测试时空气的温度，℃。

④误差计算。

空气中声速值 v_k 与空气中声速实测值 v' 之间的相对误差 e_r 可按式(1-2-2)计算：

$$e_r = \frac{v_k - v'}{v_k} \times 100\% \tag{1-2-2}$$

e_r 值不应超过 ±0.5%，否则，应检查仪器各部位的连接处重测，或更换超声检测仪。

(2)检测时，应根据测度需要在仪器上配置合适的换能器和高频缆线，并测定声时初读数 t_0。检测过程中如更换换能器或高频电缆线，应重新测定 t_0。

(3)超声波检测仪应定期保养。

(二)混凝土回弹仪

回弹仪的使用同前。

【思考】 根据超声波检测仪和回弹仪的使用方法，思考两个检测方法中测区布置的不同。

四、检测方法及步骤

1. 测试方法

(1)直测法：两台换能器对面布置(直接传播)。

(2)斜测法：两台换能在相邻面布置(半直接传播)。

(3)平测法：两台换能器布置在同一表面(间接传播或表面传播)。

(4)钻孔法：两台换能器分别置于两个对应钻孔中，采用孔中对测、孔中斜测和孔中平测。

换能器布置方式如图 1-2-2 所示。

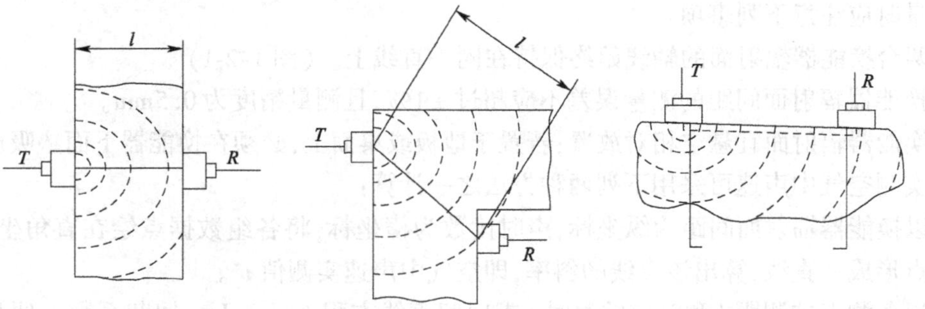

a) 直测法　　b) 斜测法　　c) 平测法

图 1-2-2　换能器布置方式

超声回弹综合法检测混凝土强度应用探析

超声回弹综合法检测混凝土强度试验示范教学

超声回弹综合法测区布置(对测法、平测法)

超声回弹综合法探头布置(对测法、平测法)

2. 测区布置一般规定

(1)测试前宜准备下列资料：①工程名称和建设单位、设计单位、施工单位、委托单位的名称。②结构或构件名称、施工图纸和混凝土设计强度等级。③水泥的品种、强度等级和用量，砂石的品种、粒径，外加剂或掺和料的品种、掺量和混凝土配合比等。④模板类型，混凝土浇筑、养护情况和成型日期。⑤结构或构件检测原因的说明。

(2)检测数量应符合下列规定：①构件检测时，应在构件检测面上均匀布置测区，每个构件上测区数量不应少于10个。对于检测面一个方向尺寸不大于4.5m且另一方向尺寸不大于0.3m的构件，其测区数量可适当减少，但不应少于5个。②当同批构件按批进行一次或二次随机抽样检测时，随机抽样的最小样本容量宜符合表1-2-1的规定。

随机抽样的样本容量 表1-2-1

检测批的内容	检测类别和最小容量			检测批的内容	检测类别和最小容量		
	A	B	C		A	B	C
3~8	2	2	3	281~500	20	50	80
9~15	2	3	5	501~1200	32	80	125
16~25	3	5	8	1201~3200	50	125	200
26~50	5	8	13	3201~10000	80	200	315
51~90	5	13	20	10001~35000	125	315	500
90~150	8	20	32	35000~150000	200	500	800
151~280	13	32	50	150001~500000	315	800	1250

注：1. 检测类别A适用于施工或监理单位一般性抽样检测，也可用于既有结构的一般性抽样检测；

2. 检测类别B适用于混凝土施工质量的抽样检测，可用于既有结构的混凝土强度鉴定检测；

3. 检测类别C适用于混凝土结构性能的检测或混凝土强度复检，可用于存在问题较多的既有结构混凝土强度的检测。

不同结构类型的构件测区、测点布置示意图如图1-2-3~图1-2-5所示。

每个测区内的测点布置如图1-2-6所示。

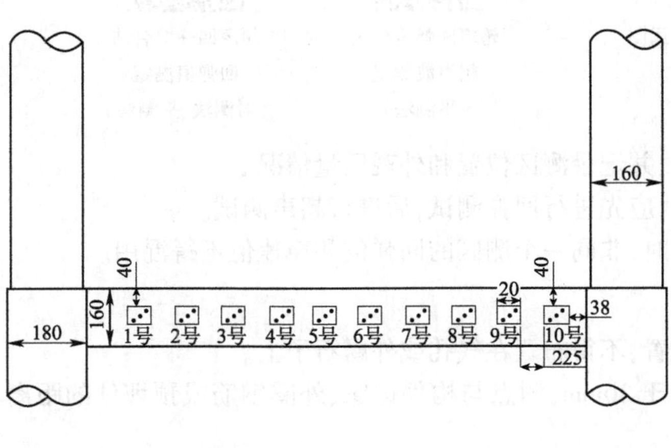

图1-2-3 测区布置示意图(梁式构件)(尺寸单位：cm)

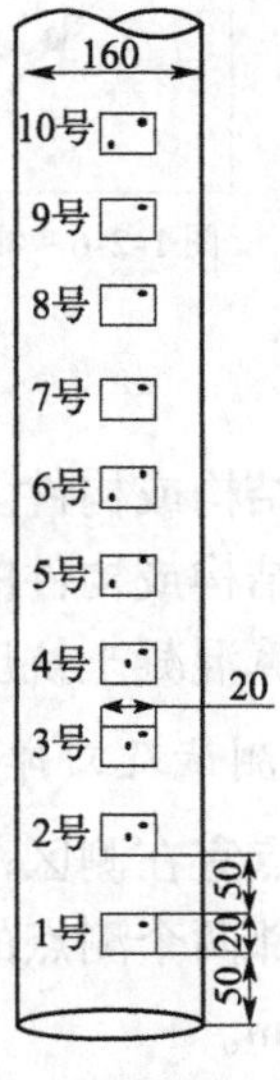

图1-2-4 测区布置示意图(柱式构件)(尺寸单位：cm)

(3)按批抽样检测时,符合下列条件的构件可作为同批构件:①混凝土设计强度等级相同。②混凝土原材料、配合比、成型工艺、养护条件和龄期基本相同。③构件种类相同。④施工阶段所处状态基本相同。

(4)构件的测区布置宜满足下列规定:①在条件允许时,测区宜优先布置在构件混凝土浇筑方向的侧面。②测区可在构件的两个对应面、相邻面或同一面上布置。③测区宜均匀布置,相邻两测区的间距不宜大于2m。④测区应避开钢筋密集区和预埋件。⑤测区尺寸宜为200mm×200mm;采用平测时宜为400mm×400mm。⑥测试面应清洁、平整、干燥,不应有接缝、施工缝、饰面层、浮浆和油垢,并应避开蜂窝、麻面部位。必要时,可用砂轮片清除杂物和打磨平整,并擦净残留粉尘。

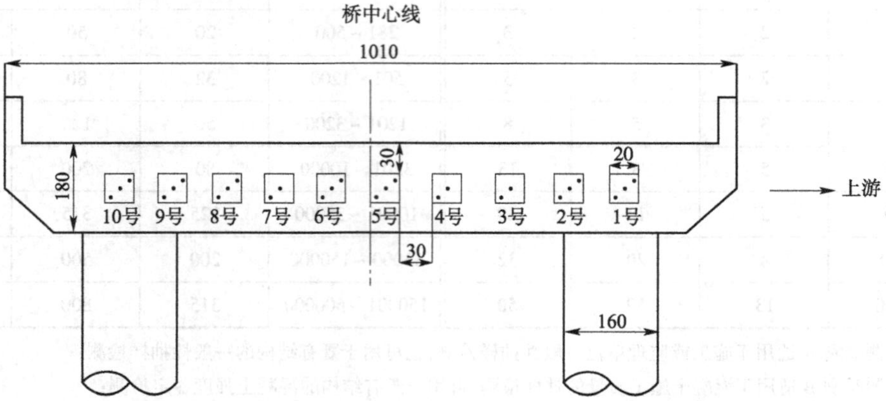

图 1-2-5 测点布置示意图(梁式构件)(尺寸单位:cm)

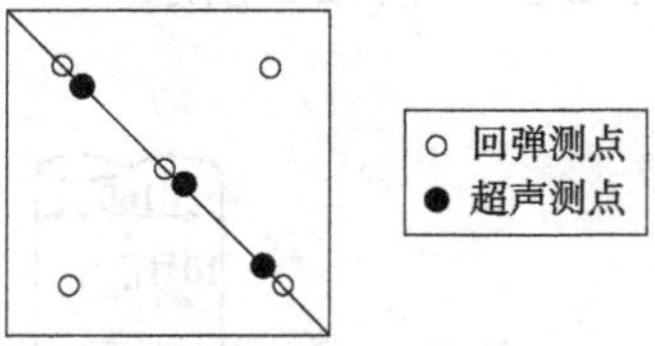

图 1-2-6 测区内测点布置示意图(尺寸单位:cm)

超声回弹综合法超声波测定(平测法)

超声回弹综合法回弹值测定(对测法、平测法)

(5)对结构或构件上的测区编号,并记录测区位置和外观质量情况。

(6)对结构或构件的每一个测区,应先进行回弹测试,后进行超声测试。

(7)计算混凝土抗压强度换算值时,非同一个测区的回弹值和声速值不得混用。

3. 回弹测试及回弹值计算

(1)测点宜在测区范围内均匀布置,不得布置在气孔或外露石子上。

(2)相邻两个测点的间距不宜小于20mm;测点与构件边缘、外露钢筋或预埋件的距离不宜小于30mm。

(3)超声对测或角测时,回弹测试应在测区内超声波的发射面和接收面各测读5个回弹值。超声平测时,回弹测试应在测区内超声波的发射测点和接收测点之间测读10个回弹值。每一测点回弹值的测读应精确至1,且同一测点应只允许弹击1次。

(4)回弹值计算。测区回弹代表值应从测区的10个回弹值中剔除1个最大值和1个最小值,并应用剩余8个有效回弹值按下式计算:

$$R_m = \frac{1}{8}\sum_{i=1}^{8} R_i \tag{1-2-3}$$

式中:R_m——测区平均回弹值,计算至0.1MPa;

R_i——第 i 个测点的有效回弹值。

4.超声测试及声速值计算

(1)超声测点应布置在回弹测试的同一个测区内,每个测区布置3个测点。超声测试宜优先采用对测或角测,当被测构件不具备对测或角测条件时,可采用单面平测,具体方法如下。

①超声波角测方法。

a.当结构或构件被测部位只有两个相邻表面可供检测时,可采用角测方法测量混凝土中的声速。每个测区布置3个测点,换能器布置示意图如图1-2-7所示。

b.布置超声角测点时,换能器中心与构件边缘的距离 l_1、l_2 不宜小于200m。

c.角测时,超声测距应按下列公式计算:

$$l_i = \sqrt{l_{1i}^2 + l_{2i}^2} \tag{1-2-4}$$

式中:l_i——角测第 i 个测点换能器的超声测距,mm;

l_{1i},l_{2i}——角测第 i 个测点换能器与构件边缘的距离,mm。

d.角测时,混凝土中声速代表值应按下列公式计算:

$$v = \frac{1}{3}\sum_{i=1}^{3} \frac{l_i}{t_i - t_0} \tag{1-2-5}$$

式中:v——角测时混凝土中声速代表值,km/s;

t_i——角测第 i 个测点的声时读数,μs;

t_0——声时初读数,μs。

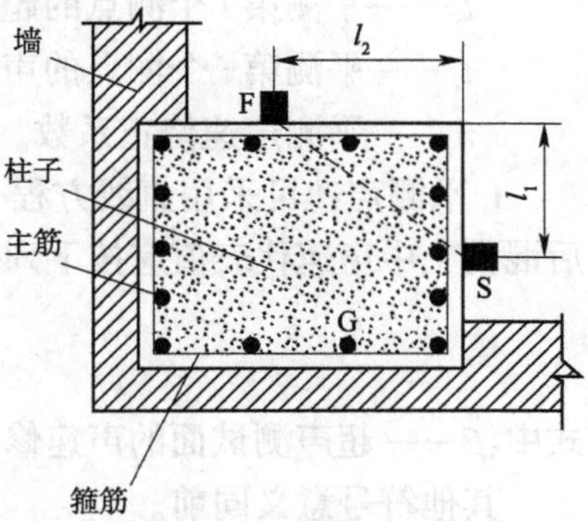

图1-2-7 超声波角测时换能器布置示意图
F-发射换能器;S-接收换能器;G-钢筋轴线

②超声波平测方法。

a.当结构或构件被测部位只有一个表面可供检测时,可采用平测方法测量混凝土中声速。每个测区布置3个测点,换能器布置示意图如图1-2-8所示。

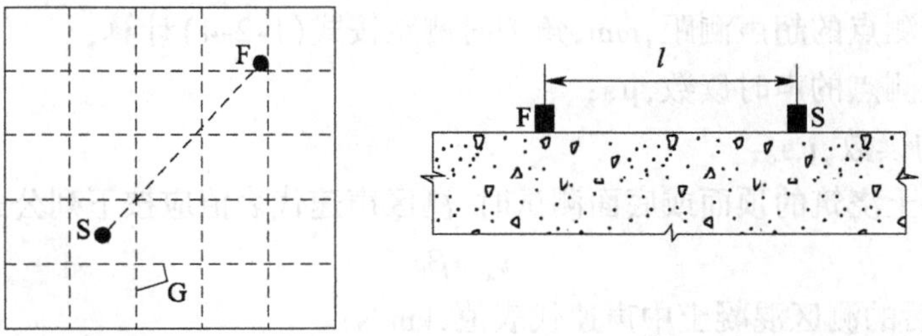

a)平面图 b)立面图

图1-2-8 超声波平测时换能器布置示意图
F-发射换能器;S-接收换能器;G-钢筋轴线

b. 布置超声平测点时，宜使发射换能器和接收换能器的连线与附近钢筋轴线成 40° ~ 50°，超声测距 l 宜采用 350 ~ 450mm。

c. 宜采用同一构件的对测声速 v_d 与平测声速 v_p 之比求得修正系数 λ（$\lambda = v_d/v_p$），对平测声速进行修正。

d. 当被测结构或构件不具备对测与平测的对比条件时，宜选取有代表性的部位，以测距 l=200mm、250mm、300mm、350mm、400mm、450mm、500mm，逐点测读相应声值 t，用回归分析方法求出直线方程 $l = a + bt$。以回归系数 b 代替对测声速 v_d，再按 b 条的规定对各平测声速进行修正。

e. 平测时，修正后的混凝土中声速代表值应按下列公式计算：

$$v_a = \frac{\lambda}{3}\sum_{i=1}^{3}\frac{l_i}{t_i - t_0} \tag{1-2-6}$$

式中：v_a——修正后平测时混凝土中的声速代表值，km/s；

l_i——平测第 i 个测点的超声测距，mm；

t_i——平测第 i 个测点的声时读数，μs；

λ——平测声速修正系数。

f. 平测声速可采用直线方程 $l = a + bt$，根据混凝土浇筑的顶面或底面平测数据求得，修正后混凝土中声速代表值应按下列公式计算：

$$v_a = \frac{\lambda\beta}{3}\sum_{i=1}^{3}\frac{l_i}{t_i - t_0} \tag{1-2-7}$$

式中：β——超声测试面的声速修正系数，顶面平测 $\beta = 1.05$，底面平测 $\beta = 0.95$；

其他符号意义同前。

（2）超声测试时，换能器发射面应通过耦合剂与混凝土测试面良好耦合。

（3）声时测量应精确至 0.1μs，超声测距测量应精确至 1.0mm，且测量误差不应超过 ±1%。声速计算应精确至 0.01km/s。

（4）当在混凝土浇筑方向的侧面对测时，测区混凝土中声速代表值应根据该测区中 3 个测点的混凝土声速值，按下列公式计算：

$$v = \frac{1}{3}\sum_{i=1}^{3}\frac{l_i}{t_i - t_0} \tag{1-2-8}$$

式中：v——测区混凝土中声速代表值，km/s；

l_i——第 i 个测点的超声测距，mm，角测时测距按式（1-2-4）计算；

t_i——第 i 个测点的声时读数，μs；

t_0——声时初读数，μs。

（5）当在混凝土浇筑的顶面或底面测试时，测区声速代表值应按下列公式修正：

$$v_a = \beta v \tag{1-2-9}$$

式中：v_a——修正后的测区混凝土中声速代表值，km/s；

β——超声测试面的声速修正系数，在混凝土浇筑的顶面和底面对测或斜测时，$\beta = 1.034$；在混凝土浇筑的顶面或底面平测时，测区混凝土中声速代表值应按式（1-2-7）中相关规定进行修正。

5. 结构混凝土强度推定

(1)超声回弹法强度换算方法适用范围：

①混凝土用水泥应符合现行国家标准《通用硅酸盐水泥》(GB 175)的规定。

②混凝土用砂、石集料应符合现行行业标准《普通混凝土用砂、石质量及检验方法标准》(JGJ 52)的要求。

③可掺或不掺矿物掺和料、外加剂、粉煤灰、泵送剂。

④人工或一般机械搅拌的混凝土或泵送混凝土。

⑤自然养护。

⑥龄期7 ~2000d。

⑦混凝土强度10 ~70MPa。

(2)结构或构件中第 i 个测区的混凝土抗压强度换算值，可按式(1-1-2)或式(1-1-3)和式(1-2-7)、式(1-2-8)求得修正后的测区回弹代表值 R_{ai} 和声速代表值 v_{ai} 后，优先采用专用测强曲线或地区测强曲线换算而得。专用测强曲线或地区测强曲线应按《超声回弹综合法检测混凝土抗压强度技术规程》(T/CECS 02—2020)的规定制定，并经工程质量监督主管部门组织审定和批准实施，专用或地区测强曲线的抗压强度相对误差 e_r，应符合下列规定：

$$e_r = \sqrt{\frac{\sum_{i=1}^{n}\left(\frac{f_{cu,i}^{0}}{f_{cu,i}^{c}} - 1\right)^2}{n}} \times 100\% \tag{1-2-10}$$

式中：e_r——相对误差；

$f_{cu,i}^{0}$——第 i 个立方体试件的抗压强度实测值，MPa；

$f_{cu,i}^{c}$——第 i 个立方体试件的抗压强度换算值，MPa。

其中，专用测强曲线相对误差 $e_r \leqslant 12\%$，地区测强曲线相对误差 $e_r \leqslant 14\%$。

(3)当无专用和地区测强曲线时，按综合法测定混凝土强度曲线的验证方法[见《超声回弹综合法检测混凝土抗压强度技术规程》(T/CECS 02—2020)相关内容]通过验证后，可按上述规程规定的全国统一测区混凝土抗压强度换算表换算，也可按下列全国统一测区混凝土抗压强度换算公式计算：

$$f_{cu,i}^{c} = 0.0286 v_{ai}^{1999} R_{ai}^{1.155} \tag{1-2-11}$$

式中：$f_{cu,i}^{c}$——结构或构件第 i 个测区混凝土抗压强度换算值，MPa，精确至0.1MPa。

(4)当结构或构件中的测区数不少于10个时，各测区混凝土抗压强度换算值的平均值和标准差应按下列公式计算：

$$m_{f_{cu}^{c}} = \frac{1}{n}\sum_{i=1}^{n} f_{cu,i}^{c} \tag{1-2-12}$$

$$s_{f_{cu}^{c}} = \sqrt{\frac{\sum_{i=1}^{n}(f_{cu,i}^{c})^2 - n(m_{f_{cu}^{c}})^2}{n-1}} \tag{1-2-13}$$

式中：$f_{cu,i}^{c}$——结构或构件第 i 个测区的混凝土抗压强度换算值，MPa；

$m_{f_{cu}^{c}}$——结构或构件测区混凝土抗压强度换算值的平均值，MPa，精确到0.01MPa；

$s_{f_{cu}^{c}}$——结构或构件测区混凝土抗压强度换算值的标准差，MPa，精确到0.01MPa；

n——测区数,对单个检测的构件,取一个构件的测区数,对批量检测的构件,取被抽检构件测区数的总和。

(5)当结构或构件所采用的材料及其龄期与制定测强曲线所采用的材料及其龄期有较大差异时,应采用同条件立方体试件,试件数量不应少于4个;当对结构或构件测区中钻取的混凝土芯样试件的抗压强度进行修正,钻芯取样数量不应少于6个。此时,采用式(1-2-14)及式(1-2-15)计算测区混凝土抗压强度换算值应乘以下列修正系数η。

①采用同条件立方体试件修正时,则

$$\eta = \frac{1}{n}\sum_{i=1}^{n}\frac{f_{cu,i}^{0}}{f_{cu,i}^{c}} \tag{1-2-14}$$

②采用混凝土芯样试件修正时,则

$$\eta = \frac{1}{n}\sum_{i=1}^{n}\frac{f_{cor,i}^{0}}{f_{cu,i}^{c}} \tag{1-2-15}$$

式中:η——修正系数,精确至小数点后两位;

$f_{cu,i}^{c}$——对应于第i个立方体试件或芯样试件的混凝土抗压强度换算值,MPa,精确至0.1MPa;

$f_{cu,i}^{0}$——第i个混凝土立方体(边长150mm)试件的抗压强度实测值,MPa,精确至0.1MPa;

$f_{cor,i}^{0}$——第i个混凝土芯样(100mm × 100mm)试件的抗压强度实测值,MPa,精确至0.1MPa;

n——试件数。

(6)结构或构件混凝土抗压强度推定值$f_{cu,e}$,应按下列规定确定:

①当结构或构件的测区抗压强度换算值中出现小于10.0MPa的值时,该构件的混凝土抗压强度推定值$f_{cu,e}$取小于10MPa。

②当结构或构件中测区少于10个时:

$$f_{cu,e} = f_{cu,min}^{c} \tag{1-2-16}$$

式中:$f_{cu,min}^{c}$——结构或构件最小的测区混凝土抗压强度换算值,MPa,精确至0.1MPa。

③当结构或构件中测区数不少于10个或按批量检测时:

$$f_{cu,e} = m_{cu,min}^{c} - 1.645 s_{f_{cu}} \tag{1-2-17}$$

(7)对按批量检测的构件,当一批构件的测区混凝土抗压强度标准差出现下列情况之一时,该批构件应全部按单个构件进行强度推定:

①一批构件的混凝土抗压强度平均值$m_{f_{cu}} < 25.0$MPa,标准差$s_{f_{cu}} > 4.50$MPa。

②一批构件的混凝土抗压强度平均值$m_{f_{cu}} = 25.0 \sim 50.0$MPa,标准差$s_{f_{cu}} > 5.50$MPa。

③一批构件的混凝土抗压平均值$m_{f_{cu}} > 50.0$MPa,标准差$s_{f_{cu}} > 6.50$MPa。

五、检测报告

检测报告应包括:测区混凝土平均回弹值,超声波声速,推定的混凝土抗压强度平均值、标准差等,见表1-2-2和表1-2-3,表格电子版可扫描下页二维码下载,或见本书配套《桥梁工程检测实训指导手册》表3-1、表3-2。

表 1-2-2　超声回弹综合法检测混凝土抗压强度原始记录表

表 1-2-3　超声回弹综合法检测混凝土抗压强度检测报告

【“1 + X”加油站】“超声回弹综合法检测混凝土抗压强度”技术技能训练

【拓展阅读】

【工程案例】因强度不足导致质量问题

任务三　钻芯法检测混凝土强度

学习目标

1. 知识目标

(1) 了解钻芯法检测混凝土强度的原理。

(2) 掌握检测数据分析与评定规则。

(3) 掌握检测报告编写规则。

2. 能力目标

(1) 能够熟练、正确处理标准芯样。

(2) 能够规范使用万能力学试验机进行芯样抗压强度试验。

(3) 能够精确处理试验数据,科学评价混凝土质量。

3. 素质目标

(1) 依托真实工程案例,培养工程实践能力和职业素养,增强责任感。

(2) 通过不同检测方法的相互验证,厚植精益求精、客观公正的工匠精神。

(3) 了解钻芯法工程应用中的伦理和社会影响,提升专业伦理和社会责任感。

任务描述

某社区 S04 号楼位于某市降桥路,由某公司承建。该工程为一栋 3 层的框架结构建筑,基础采用 CFG 桩(水泥粉煤灰碎石桩)基础。一层柱的设计混凝土强度等级均为 C30,一层梁(板)至屋面梁(板)的设计混凝土强度等级均为 C30。一层柱受力钢筋的设计混凝土保护层厚度分别为 30mm。

根据相关规范及业主要求，对该工程二层②-③×C-D 轴楼板进行钻芯法混凝土强度检测。

知识技能学习

钻芯法检测混凝土强度应用探析

一、检测依据

《钻芯法检测混凝土强度技术规程(附条文说明)》(JGJ/T 384—2016)。

二、检测原理

钻芯法检测混凝土强度即从混凝土结构物中钻取芯样来测定混凝土的抗压强度，是一种直观准确的方法。钻芯法还用于检测混凝土的裂缝、接缝、分层、孔洞或离析等缺陷。钻芯法由于具有直观、精度高等特点，广泛应用于土木工程中混凝土结构或构筑物的质量检测。

钻取芯样及芯样加工、测量的主要设备与仪器均应有产品合格证，计量器具应有检定证书并在有效使用期内。

三、检测仪器设备

(1)钻芯机(图 1-3-1)应具有足够的刚度、操作灵活、固定和移动方便，并应有水冷却系统。

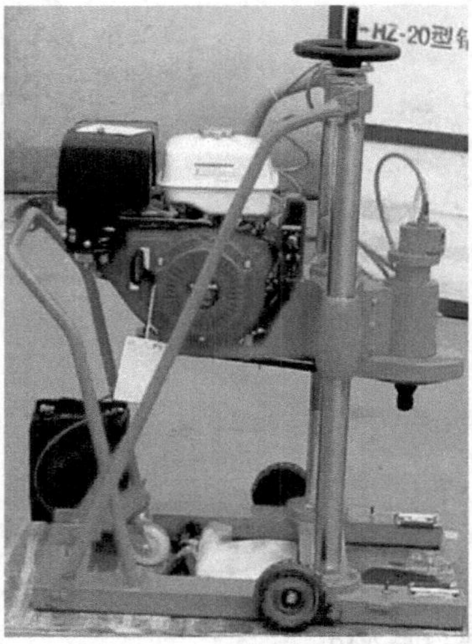

图 1-3-1　混凝土取芯机

(2)钻取芯样时宜采用金刚石或人造金刚石薄壁钻头。钻头胎体不得有肉眼可见的裂缝、缺边、少角、倾斜及喇叭口变形。钻头胎体对钢体的同心偏差不得大于 0.3mm，钻头的径向跳动不大于 1.5mm。

(3)锯切芯样的锯切机，应具有冷却系统和牢固夹紧芯样的装置；配套使用的人造金刚石圆锯片应有足够的刚度。

(4)芯样宜采用补平装置(研磨机)进行芯样端面加工。补平装置除应保证芯样的端面平整外，还应保证芯样端面与芯样轴线垂直。

(5)探测钢筋位置的磁感仪，应适用于现场操作，最大探测深度不应小于 60mm，探测位置偏差不宜大于 ±5mm。

(6)钻芯机、锯切机等主要设备的技术性能直接影响到芯样的质量，影响到芯样试件抗压强度样本的标准差。因此，每台设备均应有产品质量合格证并满足相应的要求。

四、检测方法及步骤

1. 适用情况

(1)对试块抗压强度的测试结果有怀疑时。

(2)因材料、施工或养护不良而发生混凝土质量问题时。

(3)混凝土遭受冻害、火灾、化学侵蚀或其他损害时。

(4)需检测经多年使用的建筑结构或构筑物中混凝土强度时。

2. 钻取芯样

(1)钻前准备资料

①工程名称(代号)及设计单位、施工单位、建设单位名称。

②结构或构件种类,外形尺寸及数量。

③设计采用的混凝土强度等级。

④成型日期,原材料(水泥品种、粗集料粒径等)和混凝土试块抗压强度试验报告。

⑤结构或构件质量状况和施工中存在问题的记录。

⑥有关的结构设计图和施工图等。

(2)钻取芯样部位

①结构或构件受力较小的部位。

②混凝土强度质量具有代表性的部位。

③便于钻芯机安放与操作的部位。

④避开主筋、预埋件和管线的位置,并尽量避开其他钢筋。

3. 芯样要求

(1)芯样试件的数量

芯样试件的数量应根据检测批的容量确定。标准芯样试件的最小样本量不宜少于15个,小直径芯样试件的最小样本量应适当增加。

芯样应从检测批的结构或构件中随机抽取,每个芯样应取自一个结构或构件的局部部位,且取芯位置应符合上文提到的要求。

(2)芯样直径

抗压试验的芯样试件宜使用标准芯样试件,其公称直径不宜小于集料最大粒径的3倍;也可采用小直径芯样试件,但其公称直径不应小于70mm且不得小于集料最大粒径的2倍。

(3)芯样高度

芯样抗压试件的高度和直径之比(H/d)宜为1.00。

(4)芯样外观检查

每个芯样应详细描述有关裂缝、分层、麻面或离析等情况,并估计集料的最大粒径、形状种类及粗细集料的比例与级配,检查并记录存在气孔的位置、尺寸与分布情况,必要时应进行拍照。

(5)芯样测量

在试验前应按下列规定测量芯样试件的尺寸:

①平均直径用游标卡尺在芯样试件中部相互垂直的两个位置上测量,取测量的算术平均值作为芯样试件的直径,精确至0.5mm。

②芯样试件高度用钢卷尺或钢板尺进行测量,精确至1mm。

③垂直度用游标量角器测量芯样试件两个端面与母线的夹角,精确到0.1°。

④平整度用钢板尺或角尺紧靠在芯样试件端面上，一面转动钢板尺，一面用塞尺测量钢板尺与芯样试件端面之间的缝隙，也可采用其他专用设备量测。

(6)芯样端面处理方法

锯切后的芯样应进行端面处理，宜采取在磨平机(图1-3-2)上磨平端面的处理方法。承受轴向压力芯样试件的端面，也可采取下列处理方法：

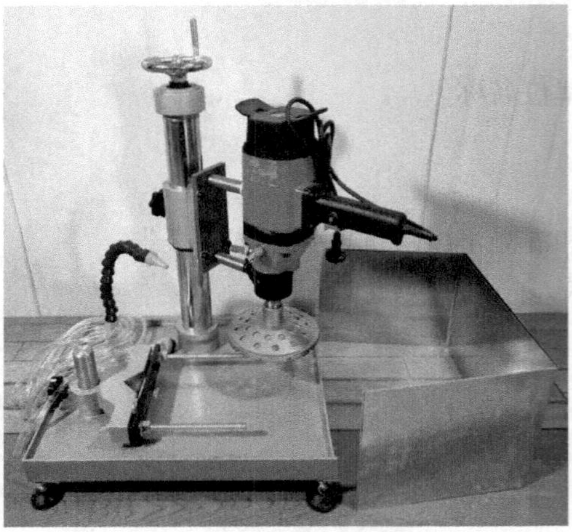

图1-3-2 混凝土芯样磨平机

①用环氧胶泥或聚合物水泥砂浆补平。

②抗压强度低于40MPa的芯样试件，可采用水泥砂浆、水泥净浆或聚合物水泥砂浆补平，补平层厚度不宜大于5mm；也可采用硫黄胶泥补平，补平层厚度不宜大于1.5mm。

(7)芯样抗压试件要求

芯样试件内不宜含有钢筋。当不能满足此项要求时，抗压试件应符合下列要求：

①标准芯样试件，每个试件内最多只允许有2根直径小于10mm的钢筋。

②公称直径小于100mm的芯样试件，每个试件内最多只允许有一根直径小于10mm的钢筋。

③芯样内的钢筋应与芯样试件的轴线基本垂直并离开端面10mm以上。

(8)芯样试件尺寸偏差及外观质量

芯样试件尺寸偏差及外观质量超过下列数值时，相应的测试数据无效：

①芯样试件的实际高径比(H/d)小于要求高径比的0.95或大于1.05。

②沿芯样试件高度的任一直径与平均直径相差大于2mm。

③抗压芯样试件端面的不平整度在100mm长度内大于0.1mm。

④芯样试件端面与轴线的不垂直度大于1°。

⑤芯样有裂缝或有其他较大缺陷。

4. 抗压强度试验

(1)芯样试件宜在与被检测结构或构件混凝土湿度基本一致的条件下进行抗压试验。如结构或构件工作条件比较干燥，芯样试件应以自然干燥状态进行试验；如结构或构件工作条件比较潮湿，芯样试件应以潮湿状态进行试验。

(2)芯样试件一般应在自然干燥的状态下进行试验。试验时，芯样试件在受压前应在室内自然干燥3d。

(3)按潮湿状态进行试验时，芯样试件应在(20±5)℃的清水中浸泡40～48h，从水中取出后应立即在万能力学试压机(图1-3-3)进行抗压试验。

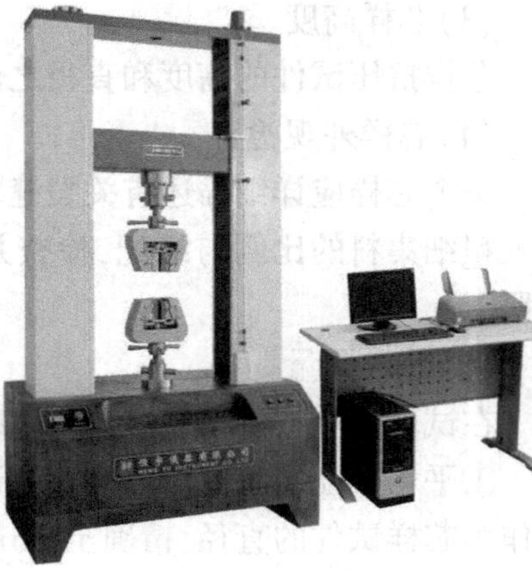

图1-3-3 万能力学试验机

【思考】 为什么结构或构件工作条件比较潮湿,芯样试件应以潮湿状态进行试验?混凝土含水率对强度有何影响?

五、检测数据分析与评定

1. 芯样强度计算

芯样试件的混凝土强度换算值,应按下列公式计算:

$$f_{cu,cor} = \frac{F_c}{A} \tag{1-3-1}$$

式中:$f_{cu,cor}$——芯样试件混凝土强度换算值,MPa;

F_c——芯样试件抗压试验测得的最大压力,N;

A——芯样试件抗压截面面积,mm^2。

2. 钻芯确定混凝土强度推定值

(1)检测批混凝土强度的推定值应按下列方法确定:

①检测批的混凝土强度推定值应计算推定区间,推定区间的上限值和下限值按下列公式计算。

上限值

$$f_{cu,e1} = f_{cu,cor,m} - k_1 s_{cor} \tag{1-3-2}$$

下限值

$$f_{cu,e2} = f_{cu,cor,m} - k_2 s_{cor} \tag{1-3-3}$$

平均值

$$f_{cu,cor,m} = \sum_{i=1}^{n} \frac{f_{cu,cor,i}}{n} \tag{1-3-4}$$

标准差

$$s_{cor} = \sqrt{\sum_{i=1}^{n} \frac{(f_{cu,cor,i} - f_{cu,cor,m})^2}{n-1}} \tag{1-3-5}$$

上述式中:$f_{cu,cor,m}$——芯样试件的混凝土抗压强度平均值,MPa,精确至0.1MPa;

$f_{cu,cor,i}$——单个芯样试件的混凝土抗压强度值,MPa,精确至0.1MPa;

$f_{cu,e1}$——混凝土抗压强度推定上限值,MPa,精确至0.1MPa;

$f_{cu,e2}$——混凝土抗压强度推定下限值,MPa,精确至0.1MPa;

k_1,k_2——推定区间上限值系数和下限值系数,按表1-3-1查得;

s_{cor}——芯样试件抗压强度样本的标准差,MPa,精确至0.1MPa。

在置信度0.85条件下,试件数与上限值系数、下限值系数的关系见表1-3-1。

试件数与上限值系数、下限值系数的关系 表 1-3-1

试件数 n	$k_1(0.10)$	$k_2(0.05)$	试件数 n	$k_1(0.10)$	$k_2(0.05)$
15	1.222	2.566	37	1.360	2.149
16	1.234	2.524	38	1.363	2.141
17	1.244	2.486	39	1.366	2.133
18	1.254	2.453	40	1.369	2.125
19	1.263	2.423	41	1.372	2.118
20	1.271	2.396	42	1.375	2.111
21	1.279	2.371	43	1.378	2.105
22	1.286	2.349	44	1.381	2.098
23	1.293	2.328	45	1.383	2.092
24	1.300	2.309	46	1.386	2.086
25	1.306	2.292	47	1.389	2.081
26	1.311	2.275	48	1.391	2.075
27	1.317	2.260	49	1.393	2.070
28	1.322	2.246	50	1.396	2.065
29	1.327	2.232	60	1.415	2.022
30	1.332	2.220	70	1.431	1.990
31	1.336	2.208	80	1.444	1.964
32	1.341	2.197	90	1.454	1.944
33	1.345	2.186	100	1.463	1.927
34	1.349	2.176	110	1.471	1.912
35	1.352	2.167	120	1.478	1.899
36	1.356	2.158	—	—	—

②$f_{cu,e1}$和$f_{cu,e2}$所构成推定区间置信度宜为0.85，$f_{cu,e1}$与$f_{cu,e2}$之间的差值不宜大于5.0MPa和$0.10f_{cu,cor,m}$两者的较大值。

③宜以$f_{cu,e1}$作为检测批混凝土强度的推定值。

④钻芯确定检测批混凝土强度推定值时，可剔除芯样试件抗压强度样本中的异常值。剔除规则应按现行国家标准《数据的统计处理和解释正态样本异常值的判断和处理》(GB/T 4883)的规定执行。当确有试验依据时，可对芯样试件抗压强度样本的标准差s_{cor}进行符合实际情况的修正或调整。

(2)检测单个构件混凝土强度的推定值应按下列方法确定：

①钻芯确定单个构件的混凝土强度推定值时，有效芯样试件的数量不应少于3个；对于较小构件，有效芯样试件的数量不得少于2个。

②单个构件的混凝土强度推定值不再进行数据的舍弃，而应按有效芯样试件混凝土抗压

强度值中的最小值确定。

六、注意事项

（1）对间接测强方法进行钻芯修正时，宜采用修正量的方法，也可采用其他形式的修正方法。

（2）当采用修正量的方法时，芯样试件的数量和取芯位置应符合下列要求：

①标准芯样试件的数量不应少于6 个，小直径芯样试件数量宜适当增加。

②芯样应从采用间接检测方法的结构构件中随机抽取。

③当采用的间接检测方法为无损检测方法时，钻芯位置应与间接检测方法相应的测区重合。

④当采用的间接检测方法对结构构件有损伤时，钻芯位置应布置在相应测区的附近。

（3）钻芯修正后的换算强度可按下列公式计算：

$$f^{c}_{cu,i0} = f^{c}_{cu,i} + \Delta f \tag{1-3-6}$$

$$\Delta f = f_{cu,cor,m} - f^{c}_{cu,mj} \tag{1-3-7}$$

式中：$f^{c}_{cu,i0}$——修正后的换算强度；

$f^{c}_{cu,i}$——修正前的换算强度；

Δf——修正量；

$f^{c}_{cu,mj}$——所用间接检测方法对应芯样测区的换算强度的算术平均值。

（4）由钻芯修正方法确定检测批的混凝土强度推定值时，应采用修正后的样本算术平均值和标准差，并按前面规定的方法确定。

七、检测报告

检测报告应包括测区混凝土平均回弹值，测强曲线、回弹值与抗压强度的关系、相关系数，各测区的抗压强度推定结果，推定的混凝土抗压强度平均值、标准差、变异系数等，见表 1-3-2。表格电子版可扫描下方二维码下载。

表 1-3-2　钻芯法检测混凝土抗压强度检测报告

【"1 + X"加油站】"钻芯法检测混凝土强度"技术技能训练

【拓展阅读】

【工程案例】合同事先未约定混凝土强度检测方法，检测结果应当如何认定？

钻芯法检测混凝土抗压强度检测报告

表 1-3-2

工程名称		取样日期	年　月　日
检测依据		检测日期	年　月　日
仪器设备编号		环境温度(℃)	

层数及构件位置	混凝土轻度等级	芯样编号	芯样状态描述（是否有钢筋、掉角等缺陷）	直径（mm）			高度（mm）	高径比	不垂直度（°）	不平整度（mm）	极限压力（kN）	强度值（MPa）	强度推定值（MPa）	强度推定值达到设计（%）
				1	2	平均值								

检测结论	
备注	

检测：　　　　记录：　　　　计算：　　　　审核：

项目二
PROJECT TWO

混凝土缺陷检测

混凝土缺陷检测是针对混凝土结构在施工、使用过程中可能出现的裂缝、空洞、疏松、内部不密实等各类缺陷进行的专项检测，其核心目的是评估结构的完整性、耐久性及承载能力。该检测方法主要可分为半破损检测和无损检测两大类。

半破损检测法需在结构或构件上进行局部微量破损操作，通过获取与缺陷相关的物理力学参数来判定缺陷情况。常用方法有钻芯法、拔出法的衍生应用等，例如通过钻取芯样直接观察内部是否存在空洞、裂缝等缺陷，或结合拔出试验过程中荷载与变形的异常变化判断局部混凝土的密实性。这类方法能直接反映缺陷的实际状态，结果较为可靠，但同样会对结构造成一定程度的局部损伤，适用范围受限于结构的重要性及损伤允许程度，且检测成本相对较高。

无损检测法基于混凝土缺陷与声学、电学、电磁学等物理量的关联性，在不损伤结构性能的前提下完成检测。主流方法包括超声法、雷达法、红外热像法等。其中，超声法应用广泛，通过分析发射超声波在混凝土内部的传播速度、衰减程度及反射情况，可有效判断裂缝深度、内部空洞大小及分布；雷达法则利用高频电磁波的反射特性，对结构内部缺陷进行快速扫描，适用于大面积检测。无损检测法因操作简便、可实现大范围普查、对结构无损伤等优势，成为混凝土缺陷检测的主要技术手段，尤其在既有建筑的安全评估中发挥着重要作用。

任务一　超声波法检测混凝土缺陷*

学习目标

1. 知识目标

(1) 了解超声波检测混凝土缺陷的原理。

(2) 熟悉检测数据分析与评定规则。

(3) 掌握检测报告编写规则。

2. 能力目标

(1)能够熟练、正确使用超声波检测仪进行混凝土缺陷检测。

(2)能够精准确定可疑缺陷范围,科学评价混凝土缺陷情况。

3. 素质目标

(1)通过团队协作完成检测任务,提高解决问题的能力。

(2)通过对缺陷范围的判断,提高利用联系观点处理质量问题的能力。

(3)通过反复循环检测训练,厚植精益求精的工匠精神。

任务描述

某高速公路梁场,混凝土拆模后,发现个别梁板存在蜂窝、麻面等缺陷,为验证梁板内部情况,排除可疑缺陷,拟采用超声波法对问题梁板进行检测,排查缺陷情况。

知识技能学习

超声波检测混凝土内部缺陷应用探析

一、检测依据

《超声法检测混凝土缺陷技术规程》(T/CECS 21—2024)。

二、检测原理

(1)根据超声波在混凝土中传播时遇到缺陷的绕射现象,按声时和声程的变化来判别和计算混凝土缺陷的大小。

(2)依据超声波在缺陷界面上的反射,抵达接收探头时能量显著衰减的现象,来判别混凝土缺陷的存在与否和大小。

(3)依据超声波脉冲各频率成分在遇到缺陷时衰减的程度不同,从而造成接收频率明显降低,或接收波频谱与反射波频谱产生差异,来判别混凝土内部缺陷。

(4)根据超声波在缺陷处的波形转换和叠加,造成波形畸变的现象来判别混凝土缺陷。

三、检测仪器设备

同超声回弹综合法检测混凝土抗压强度所使用的检测仪器设备。

四、检测方法及步骤

1. 检测前的准备工作

检测前应掌握和取得以下资料:

(1)工程和结构名称。

(2)混凝土原材料品种和规格。

(3)混凝土浇筑和养护情况。

(4)结构尺寸和配筋施工图。

(5)结构外观资料及存在的问题。

2. 对检测面的要求

测取混凝土表面应清洁、平整,必要时可用砂轮磨平或用高强度等级速凝砂浆抹平。换能器应通过耦合剂与结构表面接触,耦合层中不得夹泥沙或空气。

3. 测点间距

普通的测点间距宜为200~500mm(平测法除外),对出现可疑数据的区域,应加密布点进行细测。

4. 换能器频率选择

换能器频率可参照表2-1-1选择。

换能器频率选择 表2-1-1

测距(cm)	选用换能器频率(kHz)	最小截面尺寸(cm)	测距(cm)	选用换能器频率(kHz)	最小截面尺寸(cm)
10~20	200~500	10	300~500	30~50	30
20~100	200~500	20	>500	20	50
100~300	50	20	—	—	—

5. 换能器的布置方法

接收换能器检测出最早到达的脉冲分量。这一分量通常是纵向振动的前缘。尽管所传播的最大能量的方向是垂直发射换能器的表面,但是可能在其他的一些方向检测到通过混凝土传播的脉冲。因此,可以布置两台换能器,以测量脉冲速度。

(1)直测法:两台换能器对面布置(直接传播),见图2-1-1a)。

(2)斜测法:两台换能在相邻面布置(半直接传播),见图2-1-1b)。

(3)平测法:两台换能器布置在同一表面(间接传播或表面传播),见图2-1-1c)。

(4)钻孔法:两台换能器分别置于两个对应钻孔中,采用孔中对测、孔中斜测和孔中平测。

6. 混凝土相对均匀性检测

构件内部或各构件之间的混凝土不均匀性可引起脉冲速度的差异,这种差异又与质量的差别相连。脉冲速度的测量为研究匀质性提供了手段。

(1)适用要求

需要了解结构混凝土各部位的相对均匀性。

(2)检测要求

①被检测的部位具有相对平行的测试面。

②测点在被检测部位均匀布置,测点的间距一般为200~500mm。

③测点布置时,应避开与声波传播方向一致的主钢筋。

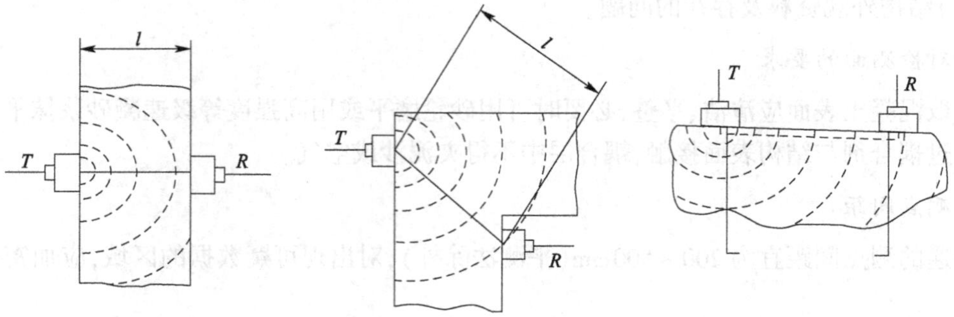

a) 直测法　　b) 斜测法　　c) 平测法

图 2-1-1　换能器布置方式

(3)检测方法

①在检测部位的测试面上画间距为 200～500mm 的网格并编号。

②用钢卷尺测量两台换能器之间的距离,误差不应大于 ±1%。

③逐点测量声时值 $t_1,t_2,t_3,\cdots,t_n$。

(4)数据处理判定

①各测点的混凝土声速值应按下式计算:

$$v_i = \frac{l_i}{t_{ci}} \tag{2-1-1}$$

②各测点混凝土声速的平均值和离散系数按下式分别计算:

$$m_v = \frac{1}{n}\sum_{i=1}^{n} v_i \tag{2-1-2}$$

$$c_v = \frac{s_v}{m_v} \tag{2-1-3}$$

③根据声速的标准差和离散系数的大小,可以相对比较相同测距的同类结构或各部位混凝土质量均匀性的优劣。

(5)注意问题

①构件上各点声速值波动变化反映了混凝土质量的波动变化,因此用声速统计的声速均方差及偏差系数也反映了均匀性。但是由于混凝土的声速与其强度之间并非线形关系,以声速统计的值和以强度统计的值标准不一致,因此只能作为混凝土均匀性的相对比较,而不能用于均匀性等级的评定。

②当具有超声测强曲线时,可先计算出测点混凝土强度值,然后再进行匀质性评价。

7. 混凝土表面损伤层检测

(1)检测要求

冻害、高温或化学腐蚀会引起混凝土表面层损伤。检测表面损伤层厚度时,被测部位和测点的确定应满足下列要求:

①根据构件的损伤情况和外观质量选取有代表性的部位布置测位。

②构件被测部位表面应平整并处于自然干燥状态，且无接缝和饰面层。

③检测时，为保证检测结果的可靠性，宜作局部破损验证。

(2)测试方法

①用超声法检测混凝土表面损伤层厚度的方法大致有单面平测法和逐层穿透法两种。

a. 单面平测法可应用于仅有一个可测表面的结构，也可应用于损伤层位于两个对应面上的结构或构件。将发射换能器 T 置于测试面某一点保持不动，再将接收换能器 R 以测距 l_i = 30mm,60mm,90mm,…，依次置于各点，读取相应的声时值 t_i。每个测位的测点数不得少于 6 个。当损伤厚度较厚时，应适当增加测点数。当构件的损伤层厚度不均匀时，应适当增加测位数量。

b. 逐层穿透法是指在损伤结构的一对平行表面上，分别钻出一对不同深度的测试孔，孔径为 50mm 左右，然后用直径小于 50mm 的平面式换能器，分别在不同深度的一对测孔中进行测试，读取声时值和测试距离，并计算其声速值；或者在结构同一位置先测一次声速，然后凿开一定深度的测孔，在孔中测一次声速，再将测孔增加一定深度，再测声速，直至两次测得的声速之差小于 2% 或接近于最大值时为止。

②表层损伤层评测法检测时，宜选用 30 ~ 50kHz 的低频厚度振动式换能器。

(3)数据处理及判断

①当采用单面平测法时，将各测点的声时测值 t_i 和相应的测距值 l_i 绘制“时-距”坐标图，如图 2-1-2 所示。由图 2-1-2 可求得声速改变所形成的转折点，该点前、后分别表示损伤和未损伤混凝土的 l 与 t 相关直线，用回归分析方法分别求出损伤、未损伤混凝土 l 与 t 的回归直线方程。

损伤混凝土

$$l_f = a_1 + b_1 t_f \tag{2-1-4}$$

未损伤混凝土

$$l_a = a_2 + b_2 t_a \tag{2-1-5}$$

式中：l_f、t_f——拐点前各测点的距离，mm 和声时，μs；

l_a、t_a——拐点后各测点的距离，mm 和声时，μs；

a_1、b_1、a_2、b_2——回归系数，即损伤和未损伤混凝土直线的截距和斜率。

②采用单面平测法检测的损伤层厚度 h_f(mm) 可按下式进行计算：

$$L_0 = \frac{a_1 b_2 - a_2 b_1}{b_2 - b_1} \tag{2-1-6}$$

$$h_f = \frac{l_0}{\dfrac{2(b_2 - b_1)}{b_2 + b_1}} \tag{2-1-7}$$

③当采用逐层穿透法检测时，可将每次测量的声速值(v_i)和测孔深度值(h_i)绘制“v-h”曲线，如图 2-1-3 所示；当声速趋于基本稳定的测孔深度，便是混凝土损伤层的厚度 h_f。

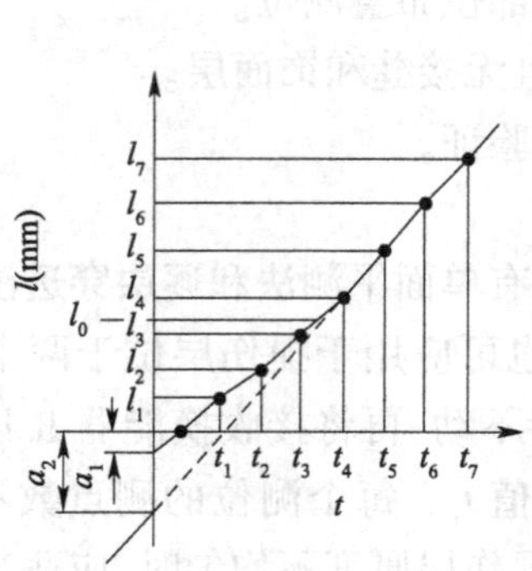

图 2-1-2 采用平测法检测损伤层厚度示意图

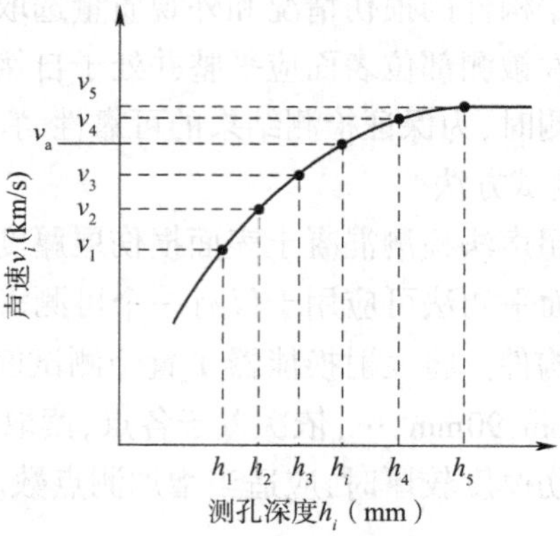

图 2-1-3 采用逐层穿透法检测损伤厚度的曲线

8. 墩柱不密实区和孔洞检测

(1)适用情况

适用于当混凝土因振捣不够、漏浆或十字架空等原因造成混凝土局部区域呈蜂窝状、空洞等缺陷时的检测。

超声波检测混凝土不密实区及空洞缺陷

(2)检测要求

①被测部位应具有一对或两对相互平行的测试面。

②测区的范围应大于有怀疑的区域。

③在测区布置测点时,应避免 T、R 换能器的连线与附近的主钢筋轴线平行。

(3)检测方法

①根据被测结构实际情况,可按下列方法之一布置换能器:

a. 当结构具有两对互相平行的测试面时,可采用对测法。在测区的两对相互平行的测试面上,分别画间距为 200~300mm 的网格并编号,确定对应的测点位置,如图 2-1-4 所示。

b. 采用斜测法,即在测区的两个相互平行的测试面上,分别画出交叉测试的两组结构中只有一对相互平行的测试面时可测点位置,如图 2-1-5 所示。

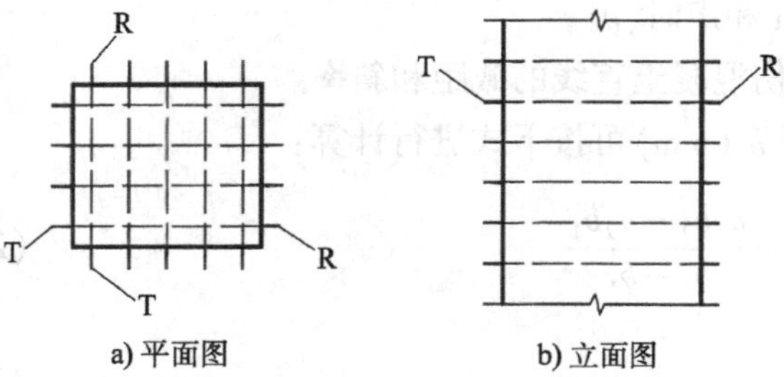

a) 平面图 b) 立面图

图 2-1-4 对测法换能器布置

T-发射换能器;R-接收换能器

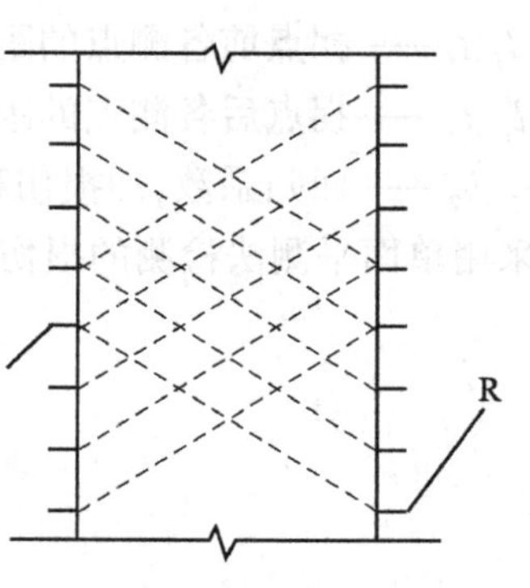

图 2-1-5 斜测法换能器布置

T-发射换能器;R-接收换能器

c. 当结构的测试距离较大时,为了提高测试灵敏度,可在测区适当位置钻出平行出侧面的测试孔(图 2-1-6)。测孔直径宜比换能器直径大 5 ~ 10mm,预埋管或钻孔间距宜为 2 ~ 3mm,其深度视测试需要而定。检测时可用两台径向振动式换能器分别置于两测孔中进行测试,或用一台径向振动式换能器,分别置于测孔中和平行于测孔的侧面进行测试。结构侧面采用厚度振动换能器,用黄油耦合。测孔中有用径向振动式换能器,用水耦合。

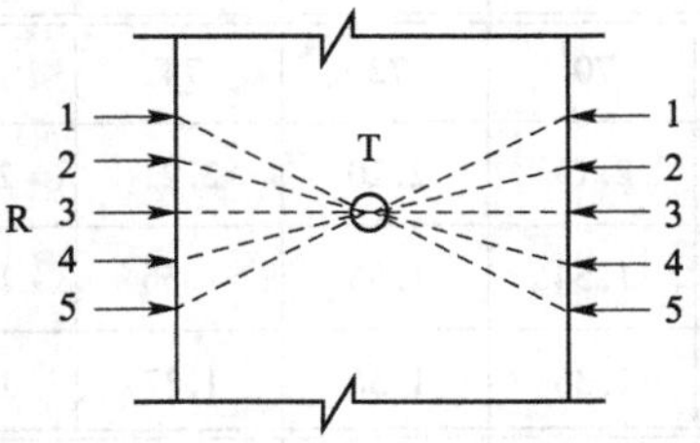

a) 平面图

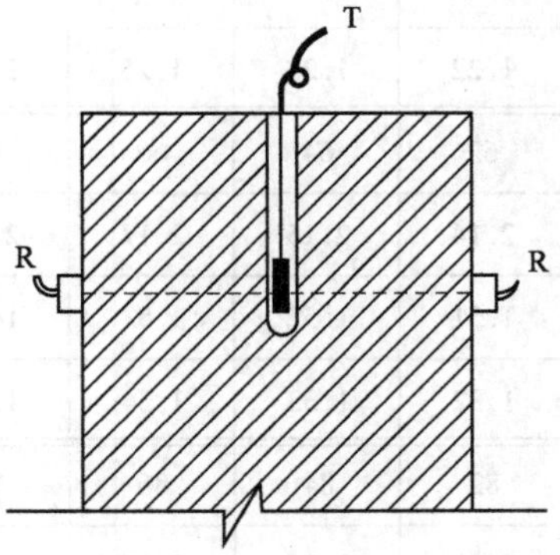

b) 立面图

图 2-1-6 钻孔或预埋管测法换能器布置图

②按规定测量每个测点的声时(声速)、波幅、频率和测距。

(4)数据处理与判断

①测区混凝土声时(声速)、波幅、频率测量值的平均值(m_x)和标准差(S_x)应按下列公式计算:

$$m_x = \frac{1}{n}\sum_{i=1}^{n} X_i \tag{2-1-8}$$

$$S_x = \sqrt{\frac{\sum_{i=1}^{n} X_i^2 - nm_x}{n-1}} \tag{2-1-9}$$

式中:X_i——第 i 点的声时(声速)、波幅、频率的测量值;

n——各测区参与统计的测点数。

②异常数据判别。

a. 将一测区各测点的声时值由小到大按顺序排列,即 $X_1 \leqslant X_2 \leqslant \cdots \leqslant X_n \leqslant X_{n+1} \leqslant \cdots$,将排在后面明显大的数据视为可疑,再将这些可疑数据中最小的一个(假定 X_n)连同其前面的数据计算出 m_x 及 S_x 值,并算出异常情况的判断值(X_0),即

$$X_0 = m_x - \lambda_1 S_x \tag{2-1-10}$$

式中:λ_1——异常值判定系数,应按表 2-1-2 查。

统计数的个数 n 与对应的 λ_1、λ_2 和 λ_3 的值 表 2-1-2

n	20	22	24	26	28	30	32	34	36	38
λ_1	1.65	1.69	1.73	1.77	1.80	1.83	1.86	1.89	1.92	1.94
λ_2	1.25	1.27	1.29	1.31	1.33	1.34	1.36	1.37	1.38	1.39
λ_3	1.05	1.07	1.09	1.11	1.12	1.14	1.16	1.17	1.18	1.19

续上表

n	40	42	44	46	48	50	52	54	56	58
λ_1	1.96	1.98	2.00	2.02	2.04	2.05	2.07	2.09	2.10	2.12
λ_2	1.41	1.42	1.43	1.44	1.45	1.46	1.47	1.48	1.49	1.49
λ_3	1.20	1.22	1.23	1.25	1.26	1.27	1.28	1.29	1.30	1.31
n	60	62	64	66	68	70	72	74	76	78
λ_1	2.13	2.14	2.15	2.17	2.18	2.19	2.20	2.21	2.22	2.23
λ_2	1.50	1.51	1.52	1.53	1.53	1.54	1.55	1.56	1.56	1.57
λ_3	1.31	1.32	1.33	1.34	1.35	1.36	1.36	1.37	1.38	1.39
n	80	82	84	86	88	90	92	94	96	98
λ_1	2.24	2.25	2.26	2.27	2.28	2.29	2.30	2.30	2.31	2.31
λ_2	1.58	1.58	1.59	1.60	1.61	1.61	1.62	1.62	1.63	1.63
λ_3	1.39	1.40	1.41	1.42	1.42	1.43	1.44	1.45	1.45	1.45
n	100	105	110	115	120	125	130	140	150	160
λ_1	2.32	2.35	2.36	2.38	2.40	2.41	2.43	2.45	2.48	2.50
λ_2	1.64	1.65	1.66	1.67	1.68	1.69	1.71	1.73	1.75	1.77
λ_3	1.46	1.47	1.48	1.49	1.51	1.53	1.54	1.56	1.58	1.59

把 X_0 值与可疑数据中最大值(X_n)相比较,如 X_n 大于或等于 X_0,则 X_n 及排在其后的各声时值均为异常值;当 X_n 小于 X_0 时,应再将 X_{n+1} 放进去重新进行统计计算和判别。

b. 将一测区各测点的波幅、频率由大到小按顺序排列,即 $X_1 \geqslant X_2 \geqslant \cdots \geqslant X_n \geqslant X_{n+1} \geqslant \cdots$,将排在后面明显小的数据视为可疑,再将这些可疑数据中最大的一个(假定 X_n)连同其前面的数据计算出 m_x 及 S_x 值,并算出异常情况的判断值(X_0)。

当测区中某些测点被判为异常值时,可结合异常测点的分布,按下式进一步判别其相邻测点是否异常:

$$X_0 = m_x - \lambda_2 S_x \quad 或 \quad X_0 = m_x - \lambda_3 S_x \tag{2-1-11}$$

式中,λ_2 和 λ_3 按表 2-1-2 取值。当测点布置为网格状时取 λ_2,当单排布置测点时取 λ_3。

c. 当测区中某些测点的声时值(声速值)、波幅值(频率值)被判为异常值时,可结合异常测点的分布及波形状况确定混凝土内部存在不密实区和空洞的范围。

(5)空洞尺寸估算方法

当判定混凝土缺陷是空洞时,可按以下方法估算其尺寸。

如图 2-1-7 所示,设检测距离为 l,空洞中心(在另一对测试面上,声时最长的测点位置)距一个测试面的垂直距离为 l_h,声波在空洞附近无缺陷混凝土中传播的时间平均值为 m_{ta},绕空洞传播的时间(空洞处的最大声时)为 t_h,空洞半径为 r。

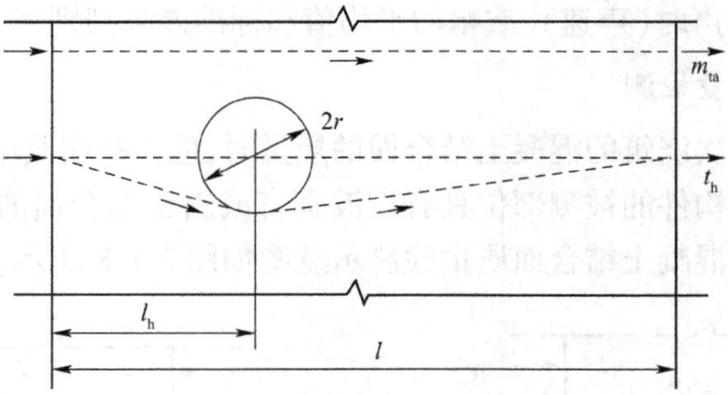

图 2-1-7 空洞尺寸估算原理

根据 $Y=l_h/l$ 值和 $X=(t_h-m_{ta})/m_t\times100\%$ 值，查表 2-1-3 空洞半径 r 与测距 l 的比值（$Z=r/l$），再计算空洞大致尺寸 r。

空洞半径 r 与测距 l 的比值 表 2-1-3

Z / X / Y	0.05	0.08	0.10	0.12	0.14	0.16	0.18	0.20	0.22	0.24	0.26	0.28	0.30
0.10(0.90)	1.42	3.77	6.26										
0.15(0.85)	1.00	2.56	4.06	5.97	8.39								
0.20(0.80)	0.78	2.02	3.18	4.62	6.36	8.44	10.9	13.9					
0.25(0.75)	0.67	1.72	2.69	3.90	5.34	7.03	8.98	11.2	13.8	16.8			
0.30(0.70)	0.60	1.53	2.40	3.46	4.73	6.21	7.91	9.38	12.0	14.4	17.1	20.1	23.6
0.35(0.65)	0.55	1.41	2.21	3.19	4.35	5.70	7.25	9.00	10.9	13.1	15.5	18.1	21.0
0.40(0.60)	0.52	1.34	2.09	3.02	4.12	5.39	6.84	8.48	10.3	12.3	14.5	16.9	19.6
0.45(0.55)	0.50	1.30	2.03	2.92	3.99	5.22	6.62	8.20	9.95	11.9	14.0	16.3	18.8
0.50	0.50	1.28	2.00	2.89	3.94	5.16	6.55	8.11	9.84	11.8	13.3	16.1	18.6

如被测部位只有一对可供测试的表面，空洞尺寸可用下式计算：

$$r=\frac{1}{2}\sqrt{\left(\frac{t_h}{m_{ta}}\right)^2-l} \tag{2-1-12}$$

式中：r——空洞半径，mm；

l——T、R 换能器之间的距离，mm；

t_h——缺陷处的最大声时值，μs；

m_{ta}——无缺陷区的平均声时值，μs。

（6）注意问题

①一般情况下用波幅、频率和声时（声速）的差异来判别不密实和空洞等缺陷较为有效。

②若耦合条件保证不了测幅稳定，则波幅值不能作为统计法的判据。

③有时由于一个构件的整体性质量差，各测点的声时（声速）、波幅测量值的标准差较大，如按上述判据易产生漏判，此时，可利用一个同条件（混凝土的材料、龄期、配合比及配筋相

同，测距一致）混凝土的声时（声速）、波幅的平均值和标准差来判别。

9. 混凝土结合面质量检测

当用超声法检测两次浇筑的混凝土结合面的质量时，应先查明其结合面的位置及走向，明确被测部位及范围。若构件的被测部位具有声波垂直或斜穿结合面的测试条件，可采用对测法与斜测法进行检测。混凝土结合面质量检测示意图如图 2-1-8 所示。

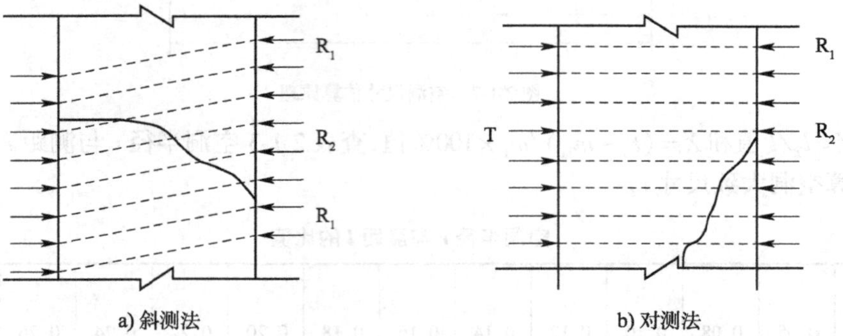

图 2-1-8 混凝土结合面质量检测示意图

（1）测点布置

①使测试范围覆盖全部结合面或有怀疑的部位。

②各对 T-R_i（声波传播不经过结合面）和 T-R_2（声波传播经过结合面）换能器连线的倾斜角测距应相等。

③测点间距应根据被测结构尺寸结合面的外观质量情况确定，一般为 100～300mm；若间距过大易造成缺陷漏检。

（2）声时（声速）、波幅和主频率测量

按布置好的测点分别测出各点的声时（声速）、波幅和主频率。

（3）数据处理及判定

①将同一测位各点声时（声速）、波幅和主频道分别按数理统计进行计算。

②当测点数无法满足统计法判断时，可将 T-R_2 的声时（声速）、波幅等声学参数与 T-R_1 进行比较，若 T-R_2 声学参数比 T-R_1 显著低时，则该点可判为异常测点。

③当通过结合面的某些测点的数据被列为异常，并查明无其他因素影响时，可判定混凝土结合面在该部位结合不良。

五、检测报告

检测报告应包括混凝土的声学参数异常情况、缺陷的大致范围、检测结论等，见表 2-1-4。表格电子版可扫描下方二维码下载，或见本书配套《桥梁工程检测实训指导手册》表 4-2。

表 2-1-4 超声波法检测混凝土缺陷检测报告

【“1+X”加油站】“超声波法检测混凝土缺陷”技术技能训练

【拓展阅读】

【工程案例】超声波法检测混凝土缺陷

任务二　超声波法检测混凝土裂缝深度*

学习目标

1. 知识目标

(1)了解超声波检测混凝土裂缝深度的原理。

(2)掌握检测数据分析与评定规则。

(3)掌握检测报告编写规则。

2. 能力目标

(1)能够熟练、正确使用超声波检测仪进行混凝土裂缝深度检测。

(2)能够精确处理试验数据,科学评价混凝土裂缝深度。

3. 素质目标

(1)通过团队协作完成检测任务,提高解决问题的能力。

(2)通过对裂缝深度的判断,提高利用发展观处理质量问题的能力。

(3)了解裂缝深度检测中的工程伦理和社会影响,提升专业伦理和社会责任感。

任务描述

某三跨简支空心板梁桥,分为南北两幅,每幅桥每跨由 15 榀普通钢筋混凝土板梁组成。跨径组成:10m + 13m + 10m,桥面总宽 33.2m。该桥于 2007 年 8 月建成,设计荷载为汽车—20 级、挂车—100。

2020 年 9 月份对该桥进行定期检查时发现北幅 1 号跨机动车道桥面铺装近中线处分布有纵向碎裂带,部分上部结构板梁底面分布有正弯矩裂缝,裂缝均伴有渗水结晶,最大裂缝宽度为 0.15mm,未超过《公路桥梁承载能力检测评定规程》(JTG/T J21—2011)的裂缝限值要求。因此,该桥当时总体状况被评定为"2 类"。对该桥进行定期检查后,养护单位即对桥面纵向碎裂带进行了修补,后又发现修补后的碎裂带再次开裂,之后进行了多次修补。

2022 年初,养护单位发现东边跨部分主梁存在明显下挠现象,随即对该桥进行特殊检查,并对裂缝深度进行检测。

知识技能学习

一、检测依据

《超声法检测混凝土缺陷技术规程》(T/CECS 21—2024)。

二、检测原理

(1)根据超声波在混凝土中传播时遇到裂缝的绕射现象,绕过裂缝底部传播,按声时和声程的变化来判别和计算缺陷的大小。

(2)依据超声波在裂缝底部界面上的绕射、散射,抵达接收探头时能量显著衰减的现象来判别裂缝的存在和深度。

超声波法检测混凝土裂缝深度仪器连接及零声时测定

超声波检测混凝土裂缝应用探析

超声波检测裂缝深度示范教学及具体步骤

三、检测仪器设备

1. 超声波检测仪

同超声回弹综合法检测混凝土抗压强度。

2. 换能器

同超声回弹综合法检测混凝土抗压强度。

四、检测方法及步骤

(一)混凝土表面浅裂缝检测

1. 适用情况

当结构混凝土开裂深度小于或等于500mm时。

2. 检测要求

(1)需要检测的裂缝中,不得充水或充泥浆。

(2)如有主钢筋穿过裂缝且与收发换能器的连线大致平行,布置测点时应使收发换能器连线至少与该钢筋轴线相距1.5倍的裂缝预计深度。

3. 检测方法

当结构的裂缝部位只有一个可测表面,可采用平测法。单面平测法主要分为相位反转法、传播时间差法和表面波法。

(1)相位反转法

当激发的弹性波信号在混凝土内传播,穿过裂缝时,在裂缝端点处产生衍射,其衍射角与裂缝深度具有一定的几何关系。相位反转法正是根据衍射角与裂缝深度的几何关系,来对裂缝深度进行快速测试的(图2-2-1)。将激振点与接收点沿裂缝对称配置,从近到远逐步移动。当激振点与裂缝的距离及裂缝深度相近时,接收信号的初始相位发生反转。

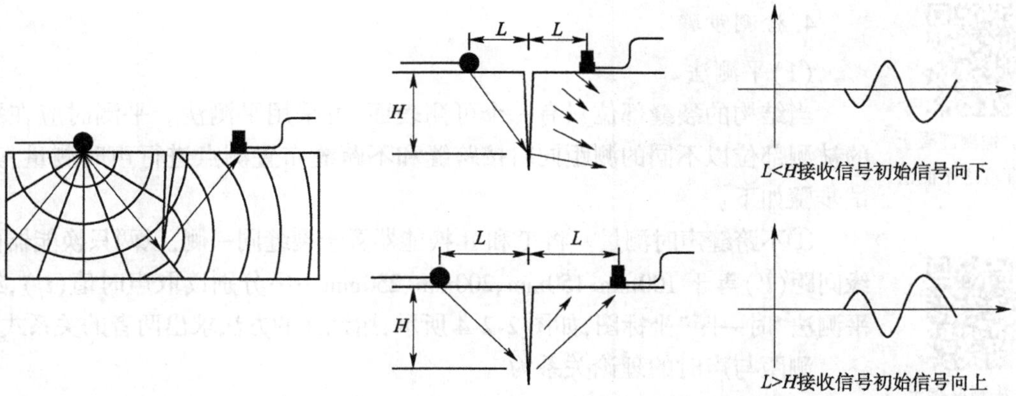

图 2-2-1　相位反转法原理示意图

(2)传播时间差法

传播时间差法适用于混凝土结构物中的开口裂缝。其测试原理是激励产生的弹性波遇到裂缝时,波被直接隔断,并在裂缝端部衍射通过(图 2-2-2);其通过测试波在有裂缝位置和没有裂缝健全部位传播的时间差来推定裂缝深度,裂缝深度越大,传播时间差就越长。

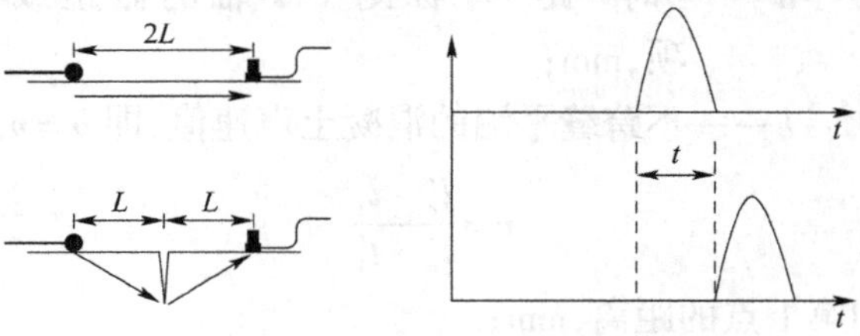

图 2-2-2　传播时间差法原理示意图

(3)表面波法

表面波法采用冲击弹性波中的瑞利波(表面波的一种,又称 R 波)的衰减特性来测试混凝土构造物中的裂缝深度(图 2-2-3)。瑞利波在媒体表面受冲击所产生的弹性波中,能量最大,信号采集容易,对裂缝更为敏感。R 波在遇到裂缝时,其传播在某种程度上被遮断,在通过裂缝以后波的能量和振幅会减少。因此,根据裂缝前后的波的振幅变化(振幅比),便可以推算其深度。

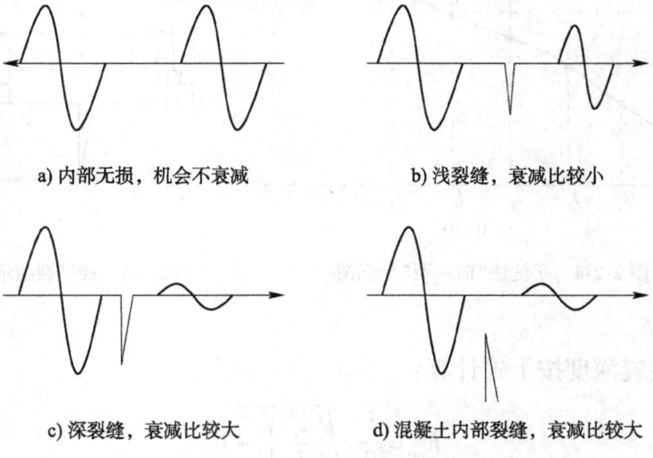

图 2-2-3　表面波法原理示意图

超声法检测混凝土裂缝深度之平测法

超声法测混凝土裂缝深度测点布置

超声法测混凝土表面浅裂缝

4. 检测步骤

(1)平测法

当结构的裂缝部位只有一个可测表面,可采用平测法。平测时应在裂缝的被测部位以不同的测距同时按跨缝和不跨缝布置测点进行声时测量,其测试步骤如下:

①不跨缝声时测量。将T和R换能器置于裂缝同一侧,以两只换能器内边缘间距(l')等于100mm、150mm、200mm、250mm……分别读取声时值(t_i),绘制平测法“时—距”坐标图,如图2-2-4所示,用统计的方法求出两者的关系式。

测距与声时的理论关系为

$$l_i' = a + bt_i \tag{2-2-1}$$

考虑仪器设备的声时修正,每测点超声实际传播的距离应为

$$l_i = l_i' + |a| \tag{2-2-2}$$

上述式中:l_i'——第 i 点的超声波实际传播距离,mm;

l_i——第 i 点的R、T换能器内边缘间距,mm;

a——“时—距”坐标图中 l' 轴的截距或回归直线方程的常数项,mm;

b——不跨缝平测的混凝土声速值,即 $b=v$,单位,km/s。

$$v = \frac{l_n' - l_1}{t_n' - t_1} \tag{2-2-3}$$

式中:l_n'、l_1——第 n 点和第1点的距离,mm;

t_n'、t_1——第 n 点和第1点的声时,μs。

②跨缝声时测量。如图2-2-5所示,将T和R换能器对称置于裂缝同一侧,两只换能器中心连线垂直于裂缝走向,以两只换能器内边缘间距(l')等于100mm、150mm、200mm、250mm、3000mm……分别读取声时值(t_i^0),同时观察首波相位的变化。

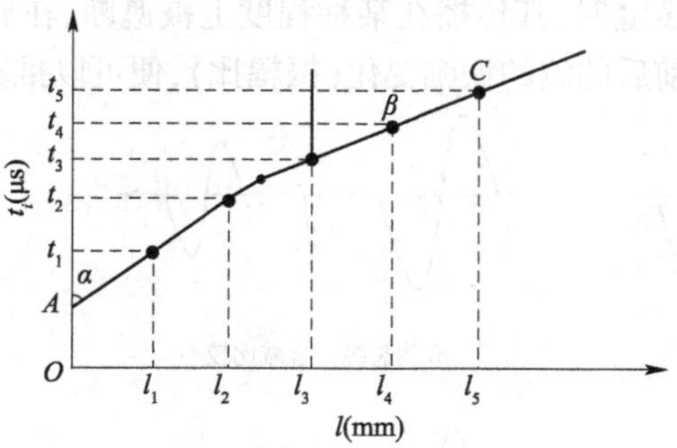

图2-2-4 平测法“时—距”坐标图

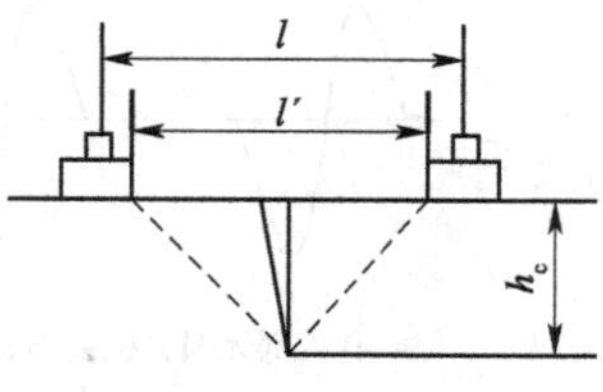

图2-2-5 绕过裂缝示意图

③裂缝深度计算。

平测法检测,裂缝深度按下式计算:

$$h_{ci} = \frac{l_i}{2}\sqrt{\left(\frac{t_i^0}{l_i}\right)^2 - 1} \tag{2-2-4}$$

$$m_{bc} = \frac{1}{n}\sum_{i=1}^{n} h_{ci} \tag{2-2-5}$$

式中：l_i——不跨缝平测时第 i 点的超声实际传播距离，mm；

h_{ci}——第 i 点的计算裂缝深度值，mm；

t_i^0——第 i 点跨缝平测的声时值，μs；

m_{bc}——各测点计算裂缝深度的平均值，mm；

n——测点数。

④裂缝深度的确定。

a. 三点平均值法：跨缝测试在某测距发现首波反相时，用该测距及其相邻测距的声时测量值分别计算，取此三点的平均值作为该裂缝的深度。

b. 平均值加剔除法：当跨缝测量难以发现首波反相时，可先求出各测距计算深度的平均值 m_{bc}，再将各测距 l_i 与 m_{bc} 比较，如 $l_i < m_{bc}$ 和 $l_i > 3m_{bc}$，剔除其深度值，然后取余下 h_{ci} 的平均值，作为该裂缝的深度值(h_c)。

(2)双面斜测法

当结构的裂缝部位具有两个相互平行的测试表面时，可采用斜测法检测(图2-2-6)。将T、R换能器分别置于对应测点1,2,3,…,n 的位置，读取相应声时值 t_i 和波幅值 A_i 及主频率值 f_i。

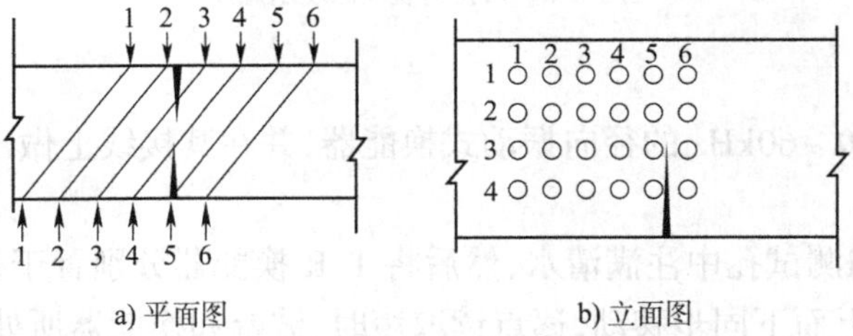

a) 平面图　　b) 立面图

图2-2-6　斜测裂缝测点布置示意图

若T、R换能器的连线通过裂缝，则接收信号的波幅和频率明显降低。根据波幅和频率的突变，可以判定裂缝深度及是否在平面方向贯通。

5. 注意问题

(1)当需要检测的裂缝中有水或泥浆时，上述检测方法不能使用。因为以声时推算浅裂缝深度，是假定裂缝中充满了气体，声波绕过裂缝末端传播。若裂缝有水或泥浆，则声波经水介质耦合穿过裂缝，首波到达时间不反映裂缝深度。

(2)采用斜测法时，必须保持T、R换能器的连线通过和不通过裂缝的测试距离相等，倾斜角一致的条件下，读取相应的声时、波幅和频率值。

(二)混凝土表面深裂缝检测

1. 适用条件

对于大体积混凝土，当预计开裂深度大于500mm时。

2. 检测要求

(1)允许在裂缝两旁钻测试孔。

（2）裂缝中不得充水或泥浆。

（3）孔径应比换能器直径大 5 ~ 10mm。

（4）孔深应至少比裂缝预计深度深 700mm，经测试如浅于裂缝深度，则应加深钻孔。

（5）对应的两个测试孔，必须始终位于裂缝两侧，其轴线应保持平行。

（6）两个对应测试孔的间距宜为 2000mm，同一结构的各对应测孔间距应相同。

（7）如图 2-2-7 所示，宜在裂缝一侧多钻一个较浅的孔，测试无缝混凝土的声学参数，以供对比判别。

（8）孔中粉末碎屑应清理干净。

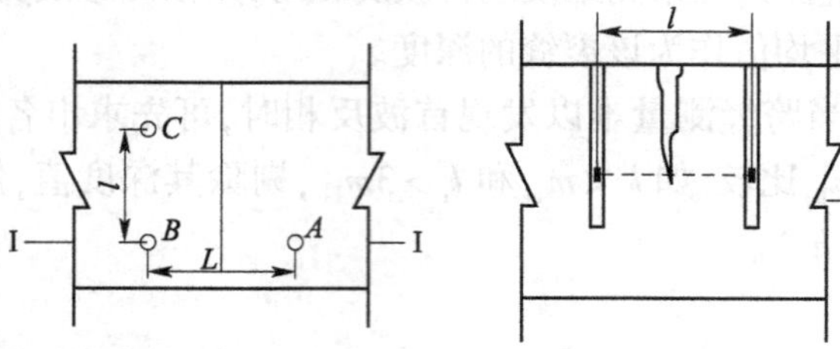

a) 平面图（C为比较孔）　　b) I-I 剖面图

图 2-2-7　钻孔测裂缝深度示意图

3. 检测方法

（1）选用频率为 20 ~ 60kHz 的径向振动式换能器，并在其接线上做出等距离标志（一般间隔 100 ~ 500mm）。

（2）测试前应先向测试孔中注满清水，然后将 T、R 换能器分别置于裂缝两侧的对应孔中，以相同高程等间距自上而下同步移动，逐点读取声时、波幅和换能器所处的深度。

4. 裂缝深度判断

以换能器所处深度（h）与对应的波幅值（A）绘制 h-A 坐标图（图 2-2-8）。随着换能器的下移，波幅逐渐增大，当换能器下移至某一位置后，波幅达到最大值并基本稳定，该位置所对应的深度便是裂缝深度 h_c。

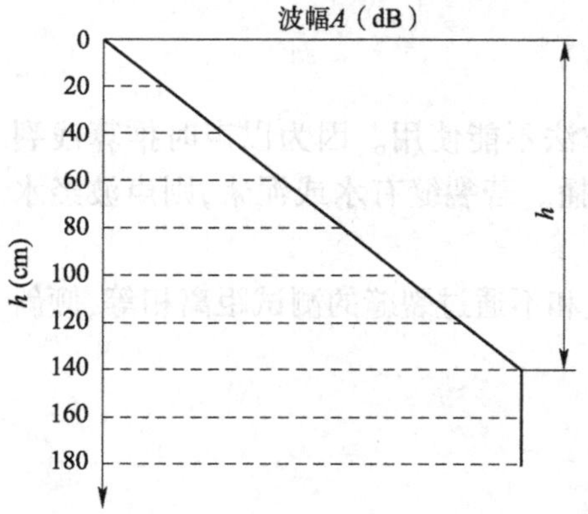

图 2-2-8　h-A 坐标图

5. 注意的问题

（1）向测孔中灌的水必须是清水，无悬浮泥沙。

（2）测点间距宜为 20cm 左右，深度大的裂缝测量间距可适当大一些；换能器上下移动到位后，使其处于钻孔中心，为此换能器应套上橡皮的“扶正器”再置于钻孔中使用。

（3）当放置 T、R 换能器的测孔之间混凝土质量不均匀或者存在不密实和空洞时，将使 h-A 曲线偏离原来趋向，此时应注意识别和判断，以免产生误判。

（4）由于大体积混凝土本身存在较大的体积变形，当温度升高而体积膨胀时，其裂缝变窄甚至完全闭合。当结构混凝土在外力作用下,其受压区的裂缝也会产生类似变化。在这种情况下进行超声检测,难以正确判断裂缝宽度。因此,最好在气温较低的季节或结构卸荷状态下进行裂缝检测。

(5)当有主钢筋穿过裂缝且靠近一对测孔,T、R 换能器又处于该钢筋的高度时,大部分超声波将沿钢筋传播到接收换能器,波幅测值难以反映裂缝的存在,检测时应注意判别。

(6)当裂缝中充满水时,绝大部分超声波经水穿过裂缝传播到接收换能器,使得有无裂缝的波幅值无明显差异,难于判断裂缝深度。因此,检测时被测裂缝中不应填充水或泥浆。

五、检测报告

检测报告模板见表 2-2-1。表格电子版可扫描下方二维码下载,或见本书配套《桥梁工程检测实训指导手册》表 5-1。

表 2-2-1　超声波法检测混凝土裂缝深度检测报告

【“1 + X”加油站】“超声波法检测混凝土裂缝深度”技术技能训练

【拓展阅读】

【工程案例】桥梁特殊检查

任务三　冲击弹性波法检测混凝土内部缺陷★

学习目标

1. 知识目标

(1)了解冲击弹性波法检测混凝土内部缺陷的原理。

(2)掌握检测结果的分析以及缺陷图中提前反射和延后反射的识别。

(3)掌握检测报告编写规则。

2. 能力目标

(1)能够熟练、正确使用冲击弹性波检测仪进行混凝土缺陷检测。

(2)能够精确处理试验数据,科学评价混凝土缺陷情况。

3. 素质目标

(1)通过团队协作完成检测任务,提高解决问题的能力。

(2)通过新技术的学习,形成关注新技术、新方法的信息素养。

(3)通过不同检测方法的相互验证,厚植精益求精、客观公正的工匠精神。

任务描述

对于大体积混凝土以及钢筋密集的混凝土,超声波法和电磁波雷达法因自身检测原理,存在较难检测的问题,而冲击弹性波法可以解决这一难题。

较为典型的混凝土结构就是桥梁0号块,该结构质量大、厚度大,其浇筑的质量关系到整体桥梁的安全。0号块在施工中钢筋非常密集,浇筑时在钢筋网中很容易形成蜂窝、空洞等缺陷。因此,对0号块这类大体积混凝土内部缺陷的检测非常有必要,是关系到人民生命财产安全的重大检测项目。

知识技能学习

一、检测依据

《冲击回波法检测混凝土缺陷技术规程》(JGJ/T 411—2017)。

《公路工程混凝土结构缺陷冲击弹性波法检测技术规程》(DB36/T 1969—2024)。

二、检测原理

利用机械式或者压电式在测试对象内部或表面产生一个微小扰动,再利用接收装置接收该微小扰动,从而检测对象内部状态(图2-3-1)。

冲击弹性波无损检测原理探究

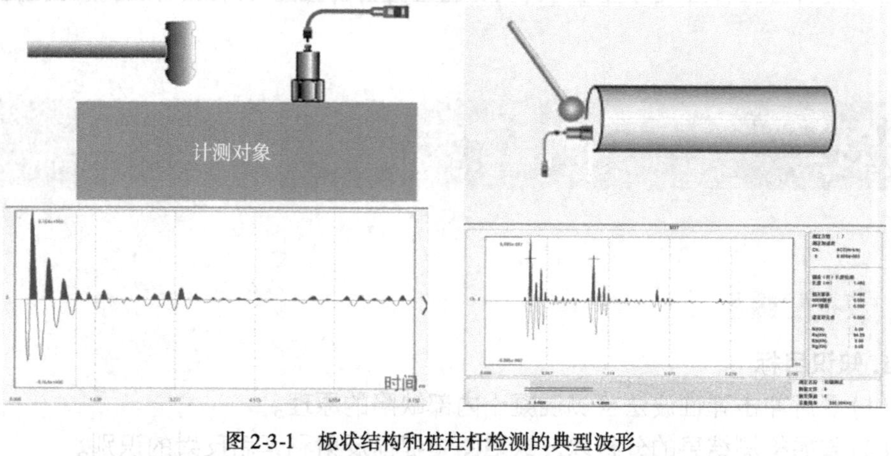

图2-3-1 板状结构和桩柱杆检测的典型波形

根据弹性波的不同特性可以在不同的领域中进行检测。利用弹性波的传播特性,可以检测结构物内部缺陷、裂缝深度、灌浆密实度等;利用弹性波的反射特性,可以检测桩的完整性、立柱埋深及锚杆长度等;利用弹性波的振动特性,可以检测结构物的剥离、脱空、悬索张力等。

1. 弹性波的产生

用小锤锤击结构物表面,引起粒子的应变和振动,这样形成的振动在介质中的传播过程称为“弹性波”,弹性波是应力波的一种。

按粒子振动方向,弹性波可分为体波和面波。在介质内部传播的波称为体波。按振动状态,体波又可分为纵波和横波,纵波又称为 P 波,横波又称为 S 波。P 波质点的振动方向与波的传播方向平行,类似于弹簧伸缩的状态,波速最快。S 波质点的振动方向与波的传播方向垂直,类似于抖被子的状态,波形凸起部分称为波峰,波形凹下部分称为波谷。

在界面附近存在的波称为面波。面波是沿半无限弹性介质自由表面传播。可分为 R 波、勒夫(Love)波和斯通利(Stoneley)波。其中,应用最多的是 R 波。

以下是 P 波、S 波、R 波三种波的振动形态对比,如图 2-3-2 所示。

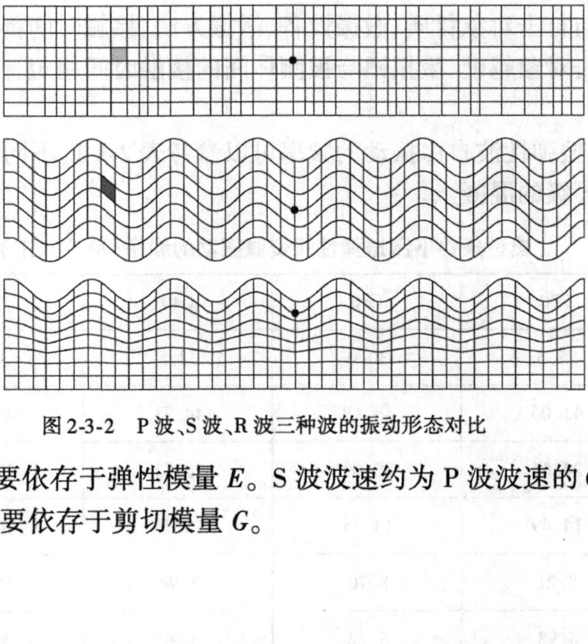

图 2-3-2　P 波、S 波、R 波三种波的振动形态对比

P 波的速度最快,主要依存于弹性模量 E。S 波波速约为 P 波波速的 60%,R 波波速约为 P 波波速的 55%,二者主要依存于剪切模量 G。

2. 弹性波的特性

(1)弹性波的波速

要想研究弹性波的特性,就要研究弹性波的波速。通过式(2-3-1)~式(2-3-3),可以看到,P 波波速与弹性模量、泊松比、密度有关;S 波和 R 波的波速与材料的剪切模量 G、泊松比、密度有关。

$$v_{p3}=\sqrt{\frac{E}{\rho}\cdot\frac{(1-\mu)}{(1-\mu)(1-2\mu)}} \tag{2-3-1}$$

$$v_s=\sqrt{\frac{G}{\rho}}=\sqrt{\frac{E}{2(1+\mu)\rho}} \tag{2-3-2}$$

$$\frac{v_R}{v_s}=\frac{0.87+1.12\mu}{1+\mu} \tag{2-3-3}$$

式中:E——材料的弹性模量,MPa;

G——材料的切变模量,MPa;

μ——材料的泊松比,反映材料横向变形的弹性常数;

ρ——材料的密度,kg/m^3。

(2)弹性波的衰减

弹性波在传播过程中会呈现出三类比较重要的衰减形态,即几何衰减、透过衰减和黏滞性衰减。

①对于几何衰减,体波(如P波、S波)呈圆球状扩散传播,能量密度与传播距离的平方成反比;面波(如R波)沿圆柱状扩散传播,表面积与传播距离成正比,衰减比体波慢。

②对于透过衰减,弹性波传播过程中遇到不同材料时,产生反射或重复反射,使得传播能量减少。

③对于黏滞性衰减,弹性波的频率越高,其黏性衰减越大,与频率呈指数关系。

(3)弹性波的频率

弹性波的频率与打击对象材质、激振设备、激振方法、接触时间都有关系。激振锤越小,产生的频率越高。打击对象越硬、激振锤与被测体间的接触时间越短,产生的频率也越高。频率越低,测试深度越深。

典型条件下,激振弹性波自由振动的频率可以参考表2-3-1,不同行代表激振锤的直径,不同列代表不同强度等级的混凝土。

典型条件下激振弹性波资源振动的频率(单位:kHz) 表2-3-1

强度等级	C20	C30	C40	C50	C60
E_c(GPa)	25.5	30.0	32.5	34.5	36.0
D6	41.06	43.48	44.71	45.64	46.31
D10	24.64	26.09	26.83	27.38	27.78
D17	14.49	13.35	15.78	16.11	16.34
D30	8.21	8.70	8.94	9.13	9.26
D50	4.93	5.22	5.37	5.48	5.56

(4)弹性波的反射和透射

当弹性波在介质中传播时,介质波阻抗发生改变,会在该界面上发生反射和透射。根据介质波阻抗的定义公式,它主要跟介质的密度、波速和截面面积有关。比如,弹性波由混凝土进入岩土,弹性波由正常混凝土进入缺陷混凝土,弹性波由大直径截面进入小直径截面,都会发生反射和透射,导致能量发生衰减,波形、声波参数发生变化(图2-3-3)。

图2-3-3 变化的波阻抗面发生的反射和通过

(5)弹性波的绕射

研究弹性波的传播需要考虑波的绕射。当弹性波在传播过程中遇到障碍物边缘或孔洞时所发生的弯折现象称为波的绕射。障碍物或孔洞越小,波长越长,则绕射现象越显著(图2-3-4)。

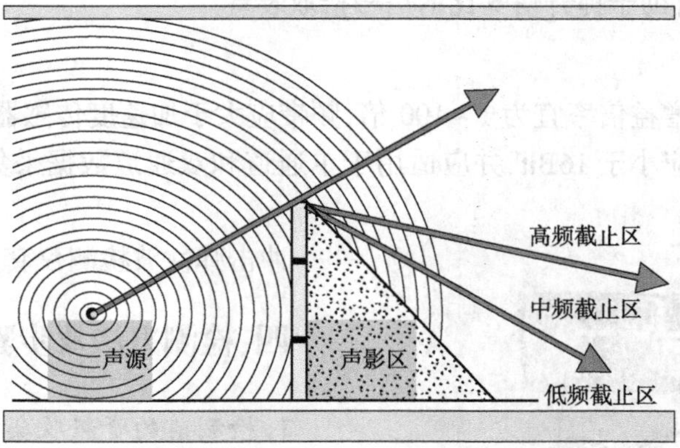

图 2-3-4 弹性波的绕射

三、检测仪器设备

1. 冲击弹性波检测仪

检测时宜采用成熟、先进、专业程度高的冲击弹性波检测仪。冲击弹性波检测仪应具有信号采集与数据分析功能。信号采集应包括信号激振、信号拾取、信号放大、模数转换等装置;数据分析应包括数字信号显示、存储、分析、成像等功能。冲击弹性波检测仪应具备波速、幅值、时域、频率、相位等分析功能。冲击弹性波检测仪的信号激振装置(如激振锤、激振锥、激振器)应能激发出不同频率的冲击弹性波。激振装置宜采用不同尺寸的钢球等作为冲击器。针对不同的混凝土构件厚度,宜参考表 2-3-2 选择适宜的激振装置;实际检测时,应根据现场反射信号识别度进行选取。

冲击弹性波法检测激振锤选取参考表 表 2-3-2

构件厚度(cm)	$b \leq 20$	$20 < b \leq 60$	$60 < b \leq 80$
锤头直径(mm)	5.0 ~ 20.0	15.0 ~ 30.0	25.0 ~ 50.0

冲击弹性波检测仪的校准周期不宜超过 1 年,校准方法应按《冲击回波法检测混凝土缺陷技术规程》(JGJ/T 411—2017)中 3.2 的规定。当存在下列情况之一时,应校准冲击弹性波检测仪:

(1)新仪器启用前。

(2)在更换信号转换配件,如采集信号的传感器、信号放大器等可能影响测试性能的装置时。

(3)超过校准有效期。

(4)其他需要校准的情况。

2. 加速度传感器

信号拾取装置宜采用加速度传感器,且应符合下列规定:

(1)应根据检测对象、检测目的、检测方法等进行选择,且频响范围满足检测要求。

(2)可自检测灵敏度、线性度和稳定性等指标,以确保传感器的准确性和可靠性。

(3)可采用其他有助于提升信噪比的信号拾取装置。

3.信号放大装置

信号放大装置的增益倍率宜为1～100倍,频带应大于加速度传感器的有效频响范围。模数转换装置分辨率不应小于16Bit,并应适用于单通道和双通道数据采集模式,最大采样率不宜小于500kHz。

冲击弹性波检测仪套件如图2-3-5所示。

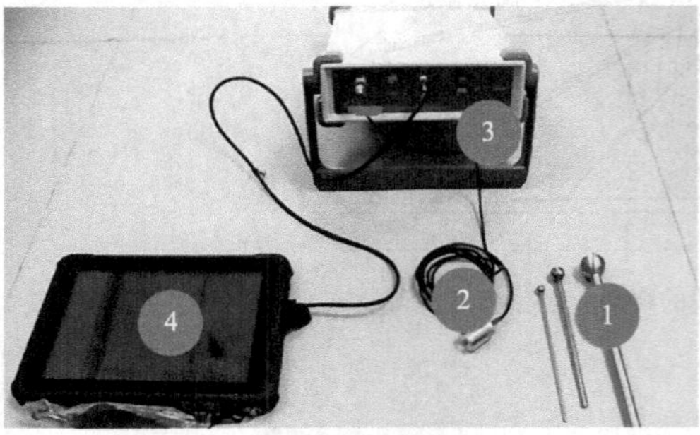

图2-3-5 冲击弹性波检测仪

1-激振锤(产生弹性波);2-加速度传感器(接收弹性波信号);3-PE主机(对信号进行调理及AD转换);4-电脑(用于存储及分析数据)

四、检测方法及步骤

1.检测前的资料收集

(1)委托方和相关单位的检测目的及具体要求。

(2)设计资料、施工资料、监理资料、养护与维修加固资料。

(3)结构技术状况、相应检测条件信息等。

(4)辅助现场检测和数据判断的其他资料。

2.检测方案

根据实际被测对象进行制定,可包括下列主要内容:

(1)工程概况。

(2)检测目的及委托方的检测要求,包括检测范围、检测数量等。

(3)检测依据包括检测标准、相关技术文件等。

(4)检测方法及检测数据出现异常情况时处理措施。

(5)检测人员和仪器设备情况。

(6)检测工作进度计划。

3.现场检测

(1)当采用冲击弹性波法检测混凝土构件内部缺陷时,宜采用测线或测区的布置方式。

(2)冲击弹性波法检测混凝土构件内部缺陷应符合以下规定:

①当采用测线进行内部缺陷检测时,每条测线不应少于6个测点,且测点间距宜介于50～200mm。采用测线检测测点布置示意图如图2-3-6所示。

冲击回波法检测混凝土内部缺陷应用探析

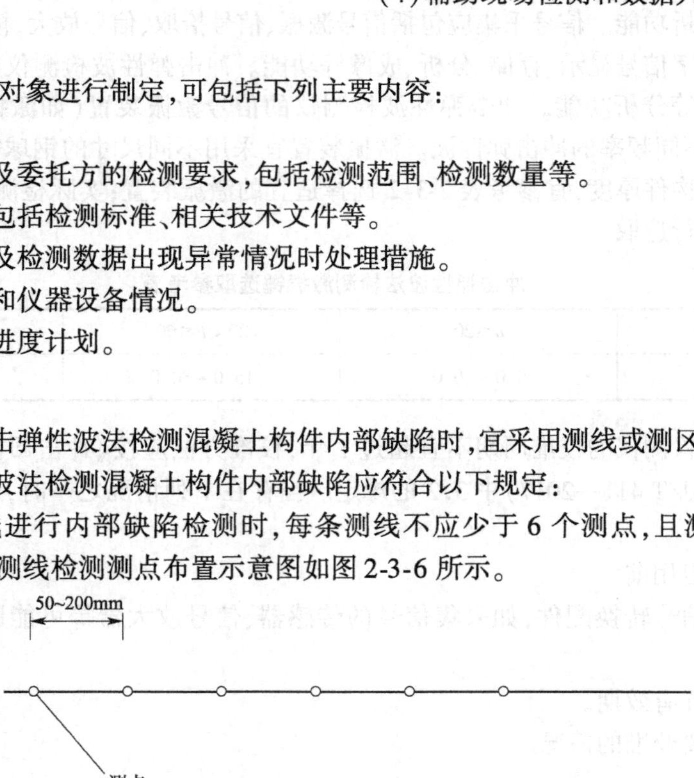

图2-3-6 采用测线检测测点布置示意图

②当采用测区进行内部缺陷检测时,测区由测线构成,采用网格式布置,且行、列测线各不少于5条,测线间距相等,宜介于50～200mm,每条测线不宜少于6个测点,且测点间距宜介于

50～200mm。采用测区检测测点布置示意图如图 2-3-7 所示。

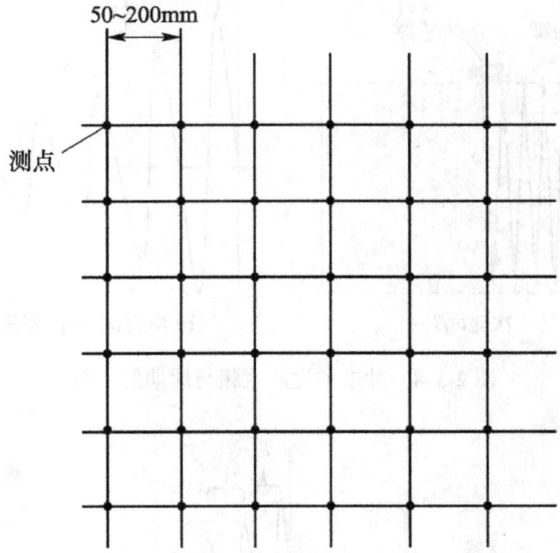

图 2-3-7　采用测区检测测点布置示意图

五、检测数据分析与评定

1. 数据分析

(1)一般规定

冲击弹性波法检测混凝土构件内部缺陷的数据分析应符合下列规定：

①根据检测结果频谱图，找出检测主频 f_c 或检测卓越周期 T_c，与基准主频 f_s 或基准卓越周期 T_s 进行比较，结合被检测构件形状、预埋件位置等进行综合分析判断，确定内部缺陷位置。

②频谱或能量图像可采用等值线、灰度、色谱等图示方法显示，图像应根据频谱或能量的分布规律，结合基准主频或基准卓越周期进行判定和解释。

(2)信号分析方法

①时域分析。弹性波的时域分析是直接从波形上提取出结构底部的反射时间、内部缺陷信号、幅值等信息进行分析。采用时域分析时，可以清晰地在波形图上看到波形的周期变化。

②频域分析。当弹性波 1/2 个波长超过结构厚度时，无法从波形时域上提取弹性波的反射时间，此时通过对波形进行频谱变化，从频域中获取结构底部的反射时间、内部的缺陷、幅值等信息。通常，通过分析冲击弹性波在板状结构内部的多次回波频率来对被测结构内部缺陷及厚度进行检测。

冲击弹性波发出后，在构件中往复传播，往复一次的时间呈现出规律性(图 2-3-8)，为 T_1，波形的主频率 f 为周期的倒数，即 $f=1/T_1$。

当遇到缺陷时，冲击弹性波会在缺陷截面处发生反射和绕射。反射回来的冲击弹性波被传感器接收到，形成提前反射。发生绕射的冲击弹性波，绕射后到达构件底部会被反射回来，导致传播时间延长，形成延后反射(图 2-3-9)。

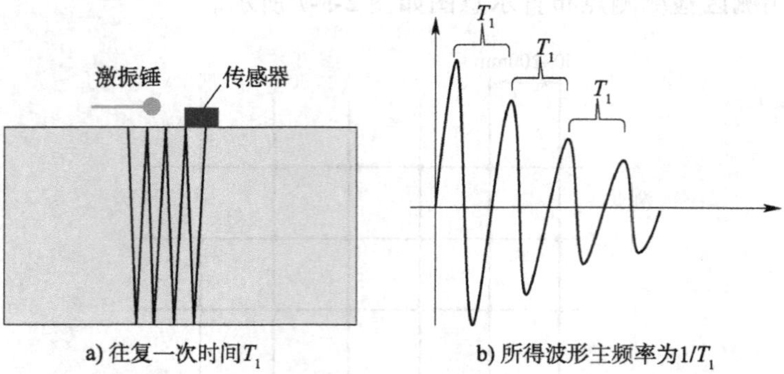

a) 往复一次时间T_1　　b) 所得波形主频率为$1/T_1$

图 2-3-8　冲击弹性波主频与周期的关系

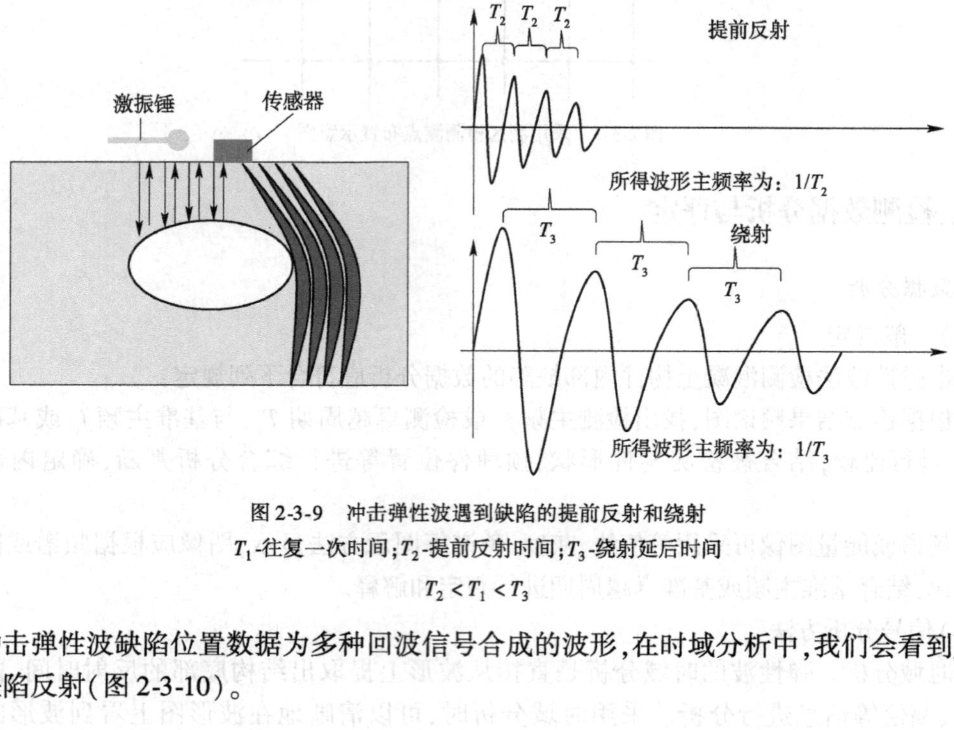

图 2-3-9　冲击弹性波遇到缺陷的提前反射和绕射

T_1-往复一次时间；T_2-提前反射时间；T_3-绕射延后时间

$T_2 < T_1 < T_3$

冲击弹性波缺陷位置数据为多种回波信号合成的波形，在时域分析中，我们会看到更加明显的缺陷反射（图 2-3-10）。

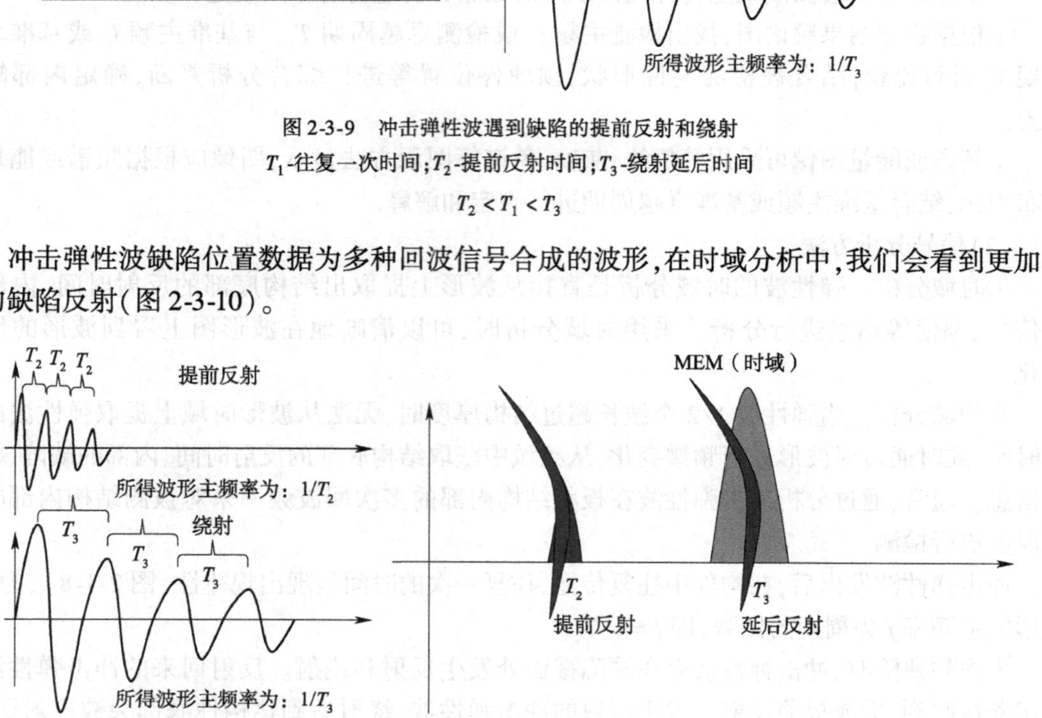

图 2-3-10　冲击弹性波缺陷反射的时域分析

2. 结果判定

冲击弹性波法检测混凝土构件内部缺陷的结果判定和解释应符合下列规定：

(1)当检测频率 f_c 为单峰形态，且检测主频 f_c 与基准主频 f_s 比较，两者的差值不超过 $2\Delta f$ 时，可判定混凝土密实无缺陷。

(2)当检测频率 f_c 为多峰形态，或检测主频 f_c 与基准主频 f_s 比较，检测频率 f_c 向低频偏移，且偏移值超过 $2\Delta f$ 时，判定混凝土内部存在缺陷。

(3)当数据质量不满足要求、检测结果无法明确判定时，应进行现场复检。

(4)当判定结果存在混凝土构件内部缺陷时，宜采用原位钻孔、取芯等方式进行实体验证。

3. 混凝土结构内部缺陷参考色板

(1)混凝土结构内部无缺陷

混凝土材质均匀，检测范围内未见明显提前反射或者延后反射的情况(图 2-3-11、图 2-3-12)。

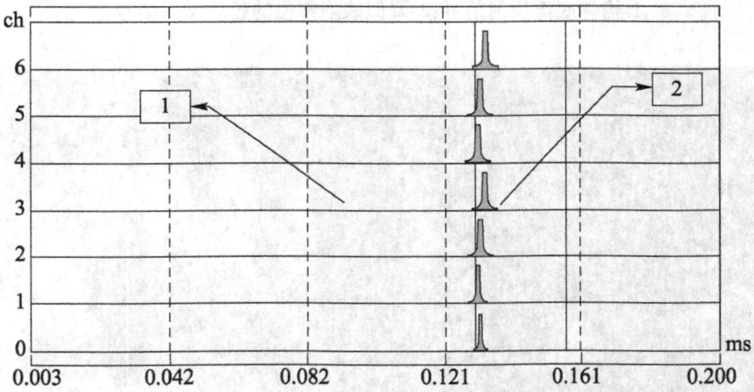

图 2-3-11　混凝土内部完好的频谱图

1-构件底部之前无明显反射信号；2-构件底部反射信号平直

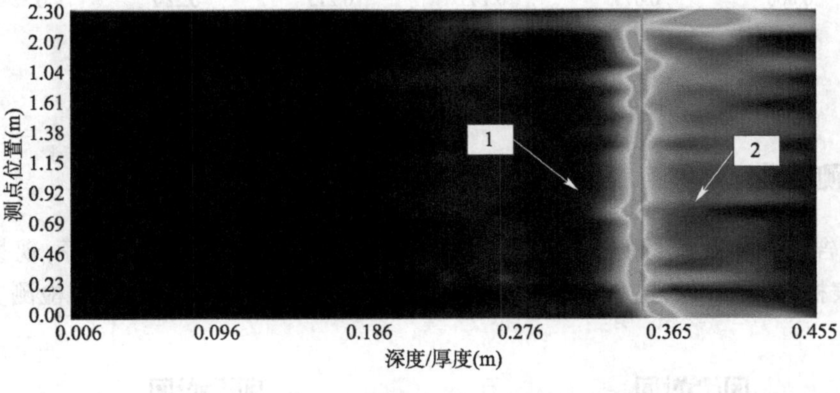

图 2-3-12　混凝土内部完好的云图

1-构件底部之前无明显反射信号；2-构件底部反射信号平直

(2)混凝土结构内部有可疑缺陷

混凝土结构内部存在可疑缺陷频谱图和云图分别见图 2-3-13 和图 2-3-14。

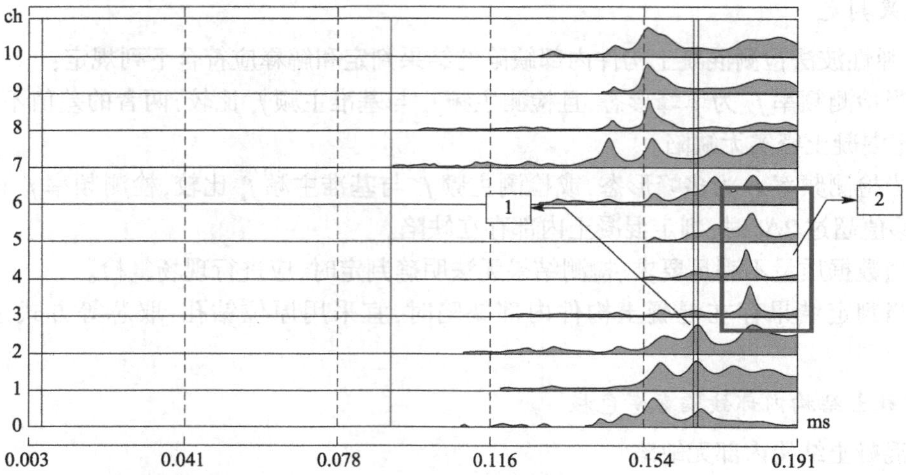

图 2-3-13　混凝土内部存在可疑缺陷频谱图

1-构件底部反射信号;2-疑似缺陷部位的延后反射信号

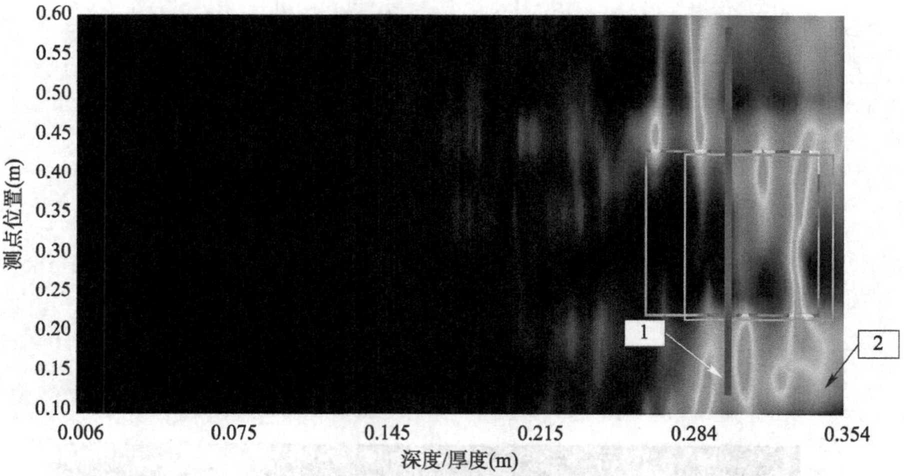

图 2-3-14　混凝土内部存在可疑缺陷云图

1-构件底部反射信号;2-疑似缺陷部位的延后反射信号

六、检测报告

检测报告应包括测线、测点的布置情况,缺陷的大致范围,检测结论等,现场记录表见表 2-3-3。表格电子版可扫描附录中二维码下载,或见本书配套《桥梁工程检测实训指导手册》表 6-1。

表 2-3-3　冲击弹性波法检测混凝土结构内部缺陷现场记录表

【"1 + X"加油站】"冲击弹性波法检测混凝土内部缺陷"技术技能训练

【拓展阅读】

【工程案例】发生火灾后,混凝土损伤如何检测?

任务四 冲击弹性波法检测混凝土裂缝深度*

学习目标

1. 知识目标

(1)了解冲击弹性波法检测混凝土裂缝深度的原理。

(2)掌握检测数据分析与评定规则。

(3)掌握检测报告编写规则。

2. 能力目标

(1)能够熟练、正确使用冲击弹性波检测仪进行混凝土裂缝深度检测。

(2)能够精确处理试验数据,科学评价混凝土缺陷情况。

3. 素质目标

(1)通过团队协作完成检测任务,提高解决问题的能力。

(2)通过新技术的学习,形成关注新技术、新方法的信息素养。

(3)通过不同检测方法的相互验证,厚植精益求精、客观公正的工匠精神。

任务描述

某桥桥墩和桥台均为扩大基础矩形截面柱式墩和台,混凝土的设计强度为 C30;各种材料均符合规范要求。根据施工记录,发现混凝土振捣未按规定顺序进行。振捣方法不当或局部漏振,会导致局部砂、石集中,使混凝土疏松不密实,出现蜂窝状孔洞或形成局部孔洞,尤其在钢筋密集部位,容易出现蜂窝、露筋等病害。为了严查该桥混凝土的施工质量,现要求对该桥的混凝土内部质量情况进行现场检测,并排除可能存在的质量缺陷。

混凝土内部空洞和不密实检测虚拟仿真试验

知识技能学习

一、检测依据

《冲击回波法检测混凝土缺陷技术规程》(JGJ/T 411—2017)。

《水工混凝土结构缺陷检测技术规程》(SL 713—2015)。

二、检测原理

冲击弹性波法检测裂缝深度有以下三种方法,其适用范围和原理各有不同。

1. 相位反转法

当激发的弹性波信号在混凝土内传播,穿过裂缝时,在裂缝端点处产生衍射,其衍射角与裂缝深度具有一定的几何关系。相位反转法正是根据衍射角与裂缝深度的几何关系,来对裂缝深度进行快速测试的。将激振点与接收点沿裂缝对称配置,从近到远逐步移动(图 2-4-1)。当激振点与裂缝的距离及裂缝深度相近时,接收信号的初始相位发生反转。

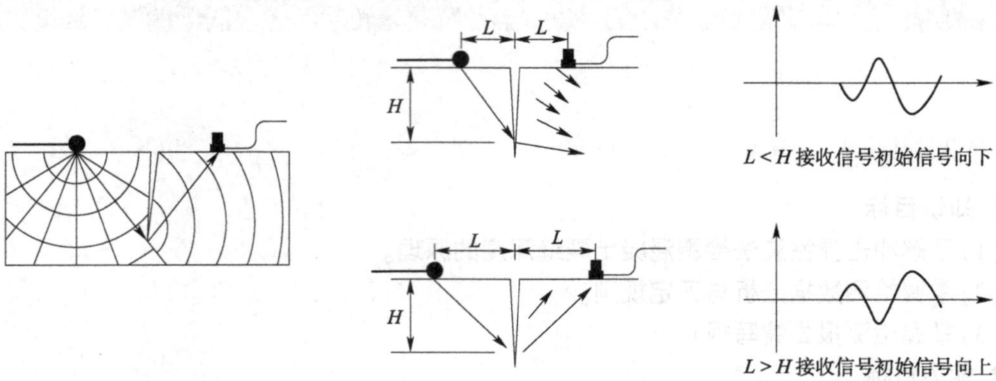

图 2-4-1 相位反转法的应用

2. 传播时间差法

传播时间差法适合混凝土结构物中的开口裂缝,其测试原理是激励产生的弹性波遇到裂缝时,波被直接隔断,并在裂缝端部衍射通过(图 2-4-2)。其通过测试波在有裂缝位置和没有裂缝健全部位传播的时间差来推定裂缝深度,裂缝深度越大,传播时间差就越长。

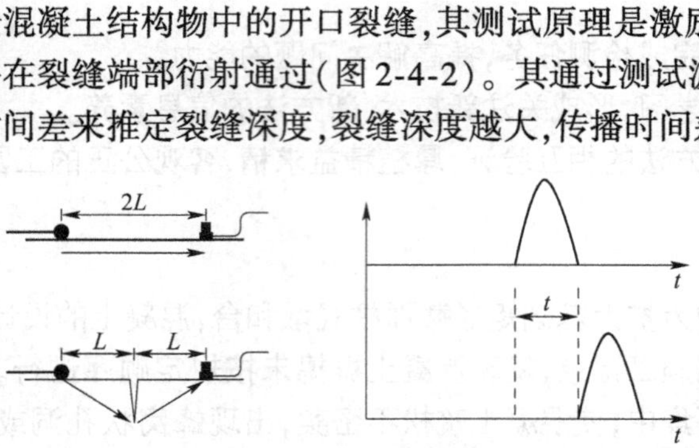

冲击回波法检测混凝土裂缝应用探析

图 2-4-2 冲击弹性波法检测混凝土裂缝深度的原理

3. 表面波法

表面波法采用冲击弹性波中的瑞利波(表面波的一种,简称 R 波)的衰减特性来测试混凝土构造物中的裂缝深度。R 波在媒体表面受冲击所产生的弹性波中,能量最大,信号采集容易,对裂缝更为敏感。R 波在遇到裂缝时,其传播在某种程度上被遮断,在通过裂缝以后波的能量和振幅会减少。因此,根据裂缝前后的波的振幅的变化(振幅比),便可以推算其深度(图 2-4-3)。

三、检测仪器设备

1. 冲击弹性波检测仪

检测时，宜采用成熟、先进、专业程度高的冲击弹性波检测仪。冲击弹性波检测仪应具有信号采集与数据分析功能。信号采集应包括信号激振、信号拾取、信号放大、模数转换等装置；数据分析应包括数字信号显示、存储、分析、成像等功能。冲击弹性波检测仪应具备波速、幅值、时域、频率、相位等分析功能。冲击弹性波检测仪的信号激振装置应能激发出不同频率的冲击弹性波。激振装置宜采用不同尺寸的钢球等作为冲击器。针对不同的混凝土构件厚度，宜参考表 2-4-1 选择适宜的激振装置；实际检测时，应根据现场反射信号识别度进行选取。

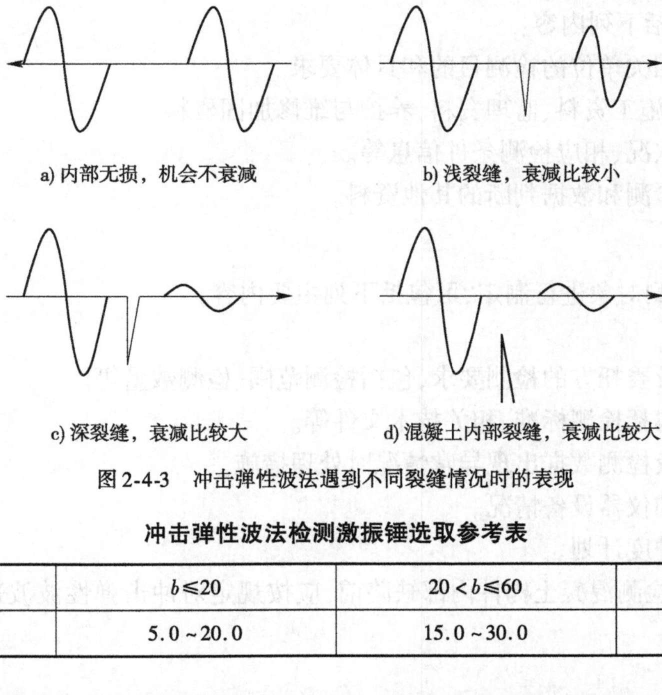

图 2-4-3 冲击弹性波法遇到不同裂缝情况时的表现

冲击弹性波法检测激振锤选取参考表 表 2-4-1

构件厚度(cm)	$b \leqslant 20$	$20 < b \leqslant 60$	$60 < b \leqslant 80$
锤头直径(mm)	5.0 ~ 20.0	15.0 ~ 30.0	25.0 ~ 50.0

冲击弹性波检测仪的校准周期不宜超过 1 年，校准方法应按《冲击回波法检测混凝土缺陷技术规程》(JGJ/T 411—2017) 中 3.2 的规定。当存在下列情况之一时，应校准冲击弹性波检测仪：

(1) 新仪器启用前。

(2) 在更换信号转换配件，如采集信号的传感器、信号放大器等可能影响测试性能的装置时。

(3) 超过校准有效期。

(4) 其他需要校准的情况。

2. 加速度传感器

信号拾取装置宜采用加速度传感器，且应符合下列规定：

(1) 应根据检测对象、检测目的、检测方法等进行选择，且频响范围满足检测要求。

(2)可自检测灵敏度、线性度和稳定性等指标，以确保传感器的准确性和可靠性。

(3)可采用其他有助于提升信噪比的信号拾取装置。

3.信号放大装置

信号放大装置的增益倍率宜为1～100倍，频带应大于加速度传感器的有效频响范围。模数转换装置分辨率不应小于16Bit，并应适用于单通道和双通道数据采集模式，最大采样率不宜小于500kHz。

四、检测方法及步骤

1.一般规定

资料收集宜包括下列内容：

(1)委托方和相关单位的检测目的和具体要求。

(2)设计资料、施工资料、监理资料、养护与维修加固资料。

(3)结构技术状况、相应检测条件信息等。

(4)辅助现场检测和数据判断的其他资料。

2.检测方案

应根据实际被测对象进行制定，可包括下列主要内容：

(1)工程概况。

(2)检测目的及委托方的检测要求，包括检测范围、检测数量等。

(3)检测依据包括检测标准、相关技术文件等。

(4)检测方法及检测数据出现异常情况时处理措施。

(5)检测人员和仪器设备情况。

(6)检测工作进度计划。

冲击弹性波法检测混凝土构件内部缺陷前，应按规定对冲击弹性波波速等基准参数进行标定。

3.现场检测

(1)冲击弹性波法检测混凝土裂缝深度时，宜采用测线的布置方式。

(2)垂直裂缝布置一条测线，沿测线对称于裂缝在两侧布置测点，每条测线不宜少于6个测点，且测点间距宜介于20～100mm。

(3)检测时，可先设置大步距测点，进行粗检，根据相位反转情况预估裂缝的预计深度。然后在预计深度范围内，设置小步距测点，进行加密检测，以获得更精准的深度值。

五、检测数据分析与评定

1.数据分析

冲击弹性波法检测混凝土构件裂缝深度的数据分析应符合下列规定：

根据检测结果频谱图，找出检测主频 f_c 或检测卓越周期 T_c，与基准主频 f_s 或基准卓越周

期 T_s 进行比较，结合被检测构件形状、预埋件位置等进行综合分析判断，确定裂缝深度。

2. 结果判定

冲击弹性波法检测混凝土构件裂缝深度的结果判定和解释应符合下列规定：

(1)根据首波相位反转情况，确定裂缝深度。

(2)数据质量不满足要求、检测结果无法明确判定时，应进行现场复检。必要时，可选择不少于3处采用原位钻孔、取芯等方式进行实体验证。

六、检测报告

检测报告应包括混凝土波速标定值、裂缝深度检测结果、裂缝示意图、检测结论等，记录表见表2-4-2。表格电子版可扫描下方二维码下载，或见本书配套《桥梁工程检测实训指导手册》表7-2。

表2-4-2 冲击弹性波检测混凝土裂缝深度记录表

【"1+X"加油站】"冲击弹性波法检测混凝土裂缝深度"技术技能训练

【拓展阅读】

【工程案例】冲击弹性波面波法在裂缝深度检测的实际应用

【创新意识】《机智过人》之智能桥梁设计系统：揭秘一座桥梁的诞生

项目三
PROJECT THREE

混凝土钢筋位置及保护层厚度检测

混凝土结构钢筋位置及保护层厚度检测是针对混凝土结构中钢筋的实际布设位置、数量、走向以及钢筋外表面至混凝土表面的距离(即保护层厚度)所开展的专项检测,其核心目的是验证结构是否符合设计要求,评估钢筋的耐久性、结构的受力性能及安全性。该检测方法主要可分为破损检测和无损检测两类。

破损检测法需在不显著影响结构整体承载力的前提下,对结构或构件进行局部破坏性操作以直接获取钢筋相关信息。主要方法有钻孔法、剔凿法等,例如通过在混凝土表面钻孔或局部剔凿,直接观察钢筋的位置、数量,并测量保护层厚度。此类方法结果直观且准确度高,易被认可,但会对混凝土结构造成局部破坏,可能影响结构的耐久性,且检测后需进行修补,因此不宜大范围采用,多用于对无损检测结果的验证或重要部位的检测。

无损检测法以钢筋与混凝土在电磁性能等方面的差异为基础,在不损伤结构性能的前提下,通过检测相关物理量来确定钢筋位置及保护层厚度。其主要方法有电磁感应法、雷达法、超声法等。其中,电磁感应法应用最为广泛,所用仪器轻便、操作简便、检测速度快、费用低廉,能在较大范围内快速确定钢筋的位置、走向及保护层厚度,在常规检测中具有明显优势;雷达法适用于较复杂结构或钢筋分布密集区域的检测,可通过电磁波的反射信号清晰呈现钢筋的三维分布状态;超声法则可结合声波传播路径的变化,辅助判断钢筋位置及保护层厚度。无损检测法因对结构无损伤、便于大范围检测等特点,成为混凝土钢筋位置及保护层厚度检测的主要手段。

学习目标

1. 知识目标

(1)了解混凝土钢筋位置及保护层厚度检测的重要性

(2)掌握混凝土钢筋位置及保护层厚度检测的基本方法。

(3)了解混凝土钢筋位置及保护层厚度检测的质量控制。

(4)正确完成给定的混凝土钢筋位置及保护层厚度检测任务。

2. 能力目标

(1)能够熟练、正确使用钢筋扫描仪进行钢筋位置检测。

(2)能够规范使用钢筋扫描仪进行钢筋保护层厚度检测。

(3)能够精确处理试验数据,科学评价混凝土钢筋布置情况。

3. 素质目标

(1)依托真实工程案例,培养工程实践能力和职业素养,增强责任感。

(2)通过对钢筋位置和保护层厚度的判定,提高见微知著的能力。

(3)通过不同检测方法的相互验证,厚植精益求精、客观公正的工匠精神。

任务描述

某渡改桥拟建于南门渡口上游200m处,项目全长973.732m,其中桥长427.08m,引道长546.652m(西岸引道长168.96m,东岸引道377.692m),该桥为预应力简支T梁,桥面宽为净9m+1.5m(人行道)×2,总宽为12.5m。设计荷载为公路—Ⅱ级,全桥两端桥台各设有一道80型异型钢伸缩缝,中间设有4处为GQF-MZL160型伸缩缝。

施工完成,为顺利完成交工验收,积累科学技术资料,受大桥建设工程项目管理部的委托,某检测中心对该桥进行了现场调查及检测。由各方人员经现场确认,对桥梁钢筋数量及保护层厚度进行了抽检。

知识技能学习

一、检测依据

《混凝土中钢筋检测技术标准》(JGJ/T 152—2019)。

《公路工程质量检验评定标准　第一册　土建工程》(JTG F80/1—2017)。

钢筋位置及保护层厚度检测探秘

二、钢筋位置及保护层厚度检测目的及意义

钢筋绑扎是混凝土结构工程的"中间工序""隐蔽工程"。《混凝土结构工程施工质量验收规范》(GB 50204—2015)指出"钢筋的混凝土保护层厚度关系到结构的承载力、耐久性、防火等性能",必须抽取一定数量的梁、板类构件进行钢筋保护层厚度的测试作为结构实体检验的一个内容。

结构钢筋扫描技术主要有电磁感应法钢筋保护层厚度测试仪和混凝土雷达仪两大类,且均已收入住房和城乡建设部标准《混凝土中钢筋检测技术标准》(JGJ/T 152—2019)。

三、检测原理

1. *电磁感应法*

(1)定义。电磁感应法是指用电磁感应原理检测混凝土中钢筋位置、直径及混凝土保护层厚度的方法。

(2)检测原理。仪器传感器产生交变电磁场,该电磁场作用于被测结构构件时,当遇到结构构件内部的金属介质,则产生较为强烈的感生电磁场,仪器传感器接收到感生电磁场并转化

为电信号,从而可以判断钢筋的位置、保护层厚度和钢筋直径等,如图 3-0-1 所示。

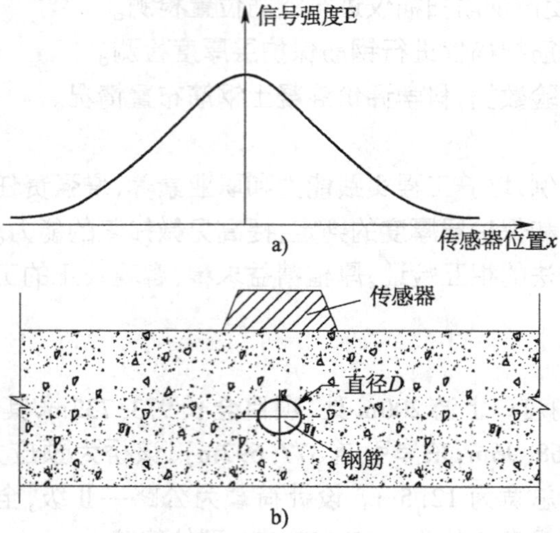

图 3-0-1　电磁感应法检测原理

当仪器的传感器位于钢筋正上方时,接收信号最强,因此通过传感器在被测钢筋上方移动时接收信号的强弱,可以判断钢筋的位置。从检测技术考虑,信号峰值只能在接收信号越过峰值后出现下降趋势的时候才能判断,所以钢筋位置的自动判定是在传感器越过了钢筋正上方后才能肯定,这种现象称为“钢筋扫描的滞后效应”。

(3)检测方法。目前仪器实现变换检测模式的方法一般有以下两种:

①正交测量法。传感器置于被测钢筋上方,在与钢筋平行和垂直的方向上各测量一次,通过所测得的信号强弱差异,经分析得出钢筋直径。该方法因传感器需要改变位置,引入了两次的测量误差。

②内部切换法。当传感器置于钢筋正上方时,仪器自动切换传感器的测量状态,进行两次测量,得出钢筋直径。该方法不需要变换传感器位置,减少了人为操作所带来的测量误差,比较快捷方便。

2. 雷达法

(1)定义。雷达法是指通过发射和接收到的毫微秒级电磁波来检测混凝土中钢筋位置、混凝土保护层厚度的方法。

(2)雷达法检测原理如图 3-0-2 所示。

(3)技术特点。雷达波检测法具有如下的技术特点:

①对混凝土有很强的穿透能力,可测较大深度。

②可实现非接触探测,可做实时检测,探测速度快。

③过减小波长和增大频率宽度,实现高分辨力的探测。

四、检测仪器设备

1. 钢筋扫描仪

钢筋扫描仪是桥梁混凝土结构检测中用于探测钢筋位置、分布及保护层厚度的核心无损检测设备。其工作原理基于电磁感应技术,通过发射特定频率的电磁波,利用钢筋与混凝土之间的电磁特性差异,接收反射信号并转化为电信号,最终在显示屏上呈现钢筋的位置、数量、走向及保护层厚度数值。

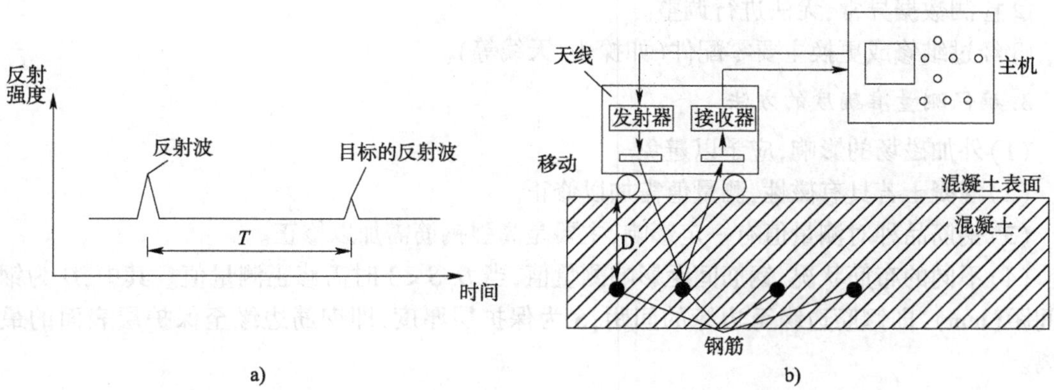

图 3-0-2　雷达法检测原理

在桥梁检测中,它可快速定位梁、板、柱等构件内钢筋的实际布设情况,验证是否与设计图纸一致;精确测量保护层厚度,评估钢筋锈蚀风险;还能辅助判断钢筋是否存在间距异常、数量缺失等施工缺陷。该仪器操作简便,无须破坏结构表面,检测效率高,适用于桥梁各部位的常规普查与重点核查,是保障结构耐久性评估的关键设备。

2. 钢尺

钢尺是桥梁检测中最基础的长度测量工具,通常采用不锈钢材质制成,具有抗磨损、便携性强等特点,常见规格有 2m、5m、10m 等。钢尺的使用需注意保持平直,避免因弯折、拉伸导致测量误差,是桥梁几何参数检测、缺陷记录等基础工作中不可或缺的工具。

3. 铅笔

常用硬度为 HB 或 2B 的铅笔,其笔芯硬度适中,既便于在检测记录表、图纸或结构表面做标记,又能保证痕迹清晰且易于擦拭修改。

五、检测方法及步骤

1. 一般规定

(1)不适用于含有铁磁性原材料的混凝土中钢筋的检测。

(2)根据钢筋设计资料,确定检测区域钢筋的可能分布状况,选择适当的检测面。

(3)检测面应清洁、平整,并避开金属预埋件。

(4)对于具有饰面层的构件,应清除饰面层后在混凝土面上进行检测。

(5)钻孔、剔凿的时候不得损坏钢筋,实测采用游标卡尺,量测精度为 0.1mm。

2. 仪器性能要求

(1)检测前应采用校准试件进行校准,当混凝土保护层厚度为 10 ~ 50mm 时,混凝土保护层厚度检测的允许误差为 ±1mm,钢筋间距检测的允许误差为 ±3mm。

(2)仪器应定期进行校准,正常情况下,仪器校准有效期为一年。当发生下列情况之一时,应对仪器进行校准:

①新仪器启用前。

②检测数据异常,无法进行调整。

③经过维修或更换主要零配件(如探头、天线等)。

3. 确保测量准确度的方法

(1)外加磁场的影响,应予以避免。

(2)混凝土若具有磁性,测量值需加以修正。

(3)钢筋品种对测量值有一定影响,主要是高强钢筋需加以修正。

(4)不同的布筋状况,钢筋间距影响测量值,当 $D/S<3$ 时需修正测量值。其中,D 为钢筋净间距(mm),即钢筋边缘至边缘的间距;S 为保护层厚度,即钢筋边缘至保护层表面的最小距离。

4. 电磁感应法

(1)钢筋位置检测

①严格意义的"钢筋位置"应该是指由钢筋三维方向的坐标所确定的位置,包含了钢筋排列方式和保护层厚度。但一般意义上的钢筋位置检测仅指从混凝土构件表面经过仪器扫描检测确认钢筋排列方向、轴线位置,不包括保护层厚度,或者说对保护层厚度的精度要求不高。

电磁感应法检测钢筋位置及保护层厚度应用及实操

钢筋位置及保护层厚度检测示范教学

钢筋保护层厚度检测

②对于一定深度的钢筋,当钢筋轴线与仪器传感器轴线平行且垂直距离最小时,传感器的响应信号最强。

③对于混凝土结构构件中钢筋位置的检测,最好应具备一定的结构知识,并结合设计图纸等资料判断构件中钢筋的走向,尽可能使仪器传感器以平行于钢筋轴线的方向扫描。扫描过程中应尽可能避开垂直方向的钢筋以免受到干扰。

④当对结构中钢筋排列方向不是很明确的时候,可以采用所谓的"旋转扫描法"。

a. 沿直线匀速移动传感器,当仪器提示找到一根钢筋时,在附近位置左右旋转传感器,找到信号最大的位置,此时传感器轴线即与钢筋轴线平行。

b. 保持传感器角度不变,平行移动传感器,找到信号最大的位置,即钢筋的准确位置。

旋转扫描法适用于不能判断钢筋大致布局和走向的特殊构件。

(2)保护层厚度检测

①保护层厚度检测应该在钢筋准确定位的基础上进行,即按上述步骤,确定钢筋轴线位置后,将传感器平行放置于钢筋正上方,仪器即可显示保护层厚度值。

②仪器显示的保护层厚度值是钢筋深度和直径的函数,因此,为准确测得保护层厚度,还应该在仪器上准确设置钢筋直径。

③保护层厚度的测量准确程度还受相邻钢筋、混凝土原材料(主要是集料)是否含铁磁性物质、钢筋材质等因素影响,其中相邻钢筋的影响最大。

(3)操作步骤

①检测前,应对仪器进行预热和调零。检测过程中,应适时核查仪器的零点状态。

②进行钢筋位置检测前,宜结合设计资料了解钢筋布置状况。检测时,应避开钢筋接头和绑扎丝,钢筋间距应满足仪器的要求。探头在检测面上移动,直到仪器保护层厚度示值最小,此时探头中心线与钢筋轴线应重合,在相应位置做好标记。按上述步骤将相邻的其他钢筋位置逐一标出。

③钢筋位置确定后进行保护层厚度的检测。

a. 设定仪器量程范围及钢筋直径,沿被测钢筋轴线选择相邻钢筋影响较小的位置,并应避开钢筋接头和绑扎丝,读取保护层厚度检测值。在每根钢筋的同一位置重复检测 1 次,读取数值。

b. 当对同一处读取的 2 个保护层厚度值相差大于 1mm 时,该组检测数据无效,并应查明原因,在该处重新进行检测。若 2 个保护层厚度值相差仍大于 1mm,则应该更换检测仪器或采用钻孔、剔凿的方法核实。

注意:大多数仪器要求钢筋直径已知方能准确检测保护层厚度,此时仪器必须按照钢筋实际直径对应进行设置。

c. 当实际保护层厚度值小于仪器最小示值时,应采用在探头下附加垫块的方法进行检测。垫块对仪器检测结果不应产生干扰,表面应光滑平整,其各方向厚度值偏差不应大于 0.1mm。所加垫块厚度 C_0 在计算保护层厚度时应予扣除。

④检测钢筋间距时,应将设计间距相同的连续相邻钢筋一一标出,不得遗漏,并不宜少于 7 根钢筋,然后量测所有相邻钢筋的间距 s_i,并记录其间隔数。

⑤遇到下列情况之一时,应选取不少于 30% 的已测钢筋且不应少于 6 处(当实际检测数量不到 6 处时应全部抽取),采用钻孔、剔凿等方法验证。

a. 认为相邻钢筋对检测结果有影响。

b. 钢筋实际直径未知或有异议。

c. 钢筋实际根数、位置与设计有较大偏差。

d. 构件饰面层未清除的情况下检测钢筋保护层厚度。

e. 钢筋以及混凝土材质与校准试件有显著差异。

钢筋间距检测操作视频

5. 雷达法

检测的时候必须根据被测结构中钢筋的排列特点,使雷达仪天线垂直于被测钢筋移动,仪器天线将接收的信号转换成被测部位的断面图,直观地显示被测钢筋的影像,然后可将检测结果打印出来或者利用仪器所配置的软件进行分析,可以得到被测部位断面中的钢筋间距、深度等参数。

雷达法检测的操作步骤如下:

(1)根据被测结构或构件中钢筋的排列方向,雷达仪探头或天线沿垂直于被测钢筋轴线方向扫描,仪器采集并记录下被测部位的反射信号,经过适当处理后,仪器可显示被测部位的断面图像,根据钢筋的反射波位置来确定钢筋间距 s_i 和保护层厚度值。

(2)检测钢筋间距时,应将设计间距相同的连续相邻钢筋一一标出,不得遗漏,并不宜少于7根钢筋,然后量测所有相邻钢筋的间距 s_i,并记录其间隔数。

(3)遇到下列情况之一时,应选取不少于30%的已测钢筋且不应少于6处(当实际检测数量不到6处时应全部抽取),采用钻孔、剔凿等方法验证。

①认为相邻钢筋对检测结果有影响。

②钢筋实际根数、位置与设计有较大偏差或无资料可参考。

③混凝土含水率较高。

④饰面层电磁性能与混凝土有较大差异。

⑤钢筋以及混凝土材质与校准试件有显著差异。

钢筋位置及保护层厚度检测具体步骤

六、检测数据分析与评定

1. 钢筋保护层厚度

(1)抽样方法

①对于梁类、板类构件,应各抽取构件数量的2%且不少于5个构件进行检验。

②当有悬挑构件时,抽取的构件中悬挑梁类、板类构件所占比例均不宜小于50%。

③对于结构部位,应由监理(建设)单位、施工单位等各方根据结构构件的重要性共同选定。

(2)检测部位

①对于梁类构件,应对全部纵向受力钢筋的保护层厚度进行检验。

②对于板类构件,应抽取不少于6根纵向受力钢筋的保护层厚度进行检验。

③对于每根钢筋,应在有代表性的部位测量1点。

(3)检测方法

可采用非破损或者局部破损的方法,也可采用非破损方法并用局部破损方法进行校准,检测误差不应大于1mm。

(4)指标要求

纵向受力钢筋的允许偏差,对梁类构件为+10mm,-7mm;对板类构件为+8mm,-5mm。

钢筋锈蚀检测

(5)结果评定

对梁类、板类构件纵向受力钢筋的保护层厚度应分别进行验收。符合下列要求可按合格验收:

①全部钢筋保护层厚度检验的合格点率不小于90%时,判定合格。

②全部钢筋保护层厚度检验的合格点率小于90%但不小于80%时,可再抽取同样数量的构件进行检验,同时两次抽样总和计算的合格点率必须不小于90%,才能判定为合格。

③每次抽样检验结果中不合格点的最大偏差均不应大于规范允许偏差的1.5倍。对于梁类构件,也就是说不能大于+15mm,-10.5mm;对于板类构件,不能大于+12mm,-7.5mm。

2. 钢筋位置检测

钢筋位置检测主要是为了了解其间距,如楼板中纵向受力钢筋间距是影响其承载能力的重要因素。钢筋间距的计算相对较为简单,可以根据一定长度内有几根钢筋(几个间隔)来计算平均间距。如果钢筋分布不均匀,最好将所测部位的钢筋分布以绘图形式记录下来,并记录每根钢筋间距，以便整改。

七、检测报告

检测报告应包括混凝土中钢筋的间距、保护层厚度、钢筋布置示意图、检测结论等，记录表见表 3-1-1。表格电子版可扫描下方二维码下载，或见本书配套《桥梁工程检测实训指导手册》表 8-1。

表 3-1-1　钢筋位置及保护层厚度检测记录表

【"1 + X"加油站】"混凝土钢筋位置及保护层厚度检测"技术技能训练

【拓展阅读】

【工程案例】某渡改桥交工验收钢筋数量及保护层厚度检测结果分析

项目四
PROJECT FOUR

钢结构检测

桥梁工程中的钢结构检测是确保桥梁质量和安全性的重要环节。钢结构桥梁作为现代交通网络的关键组成部分，其承载能力和耐久性对于保障交通顺畅和人们生命安全至关重要。钢结构检测的内容广泛，主要包括原材料理化性能检测、焊材理化性能检测、焊缝理化检测、高强度螺栓力学检测、抗滑移系数检测、桥梁缆索钢丝理化性能检测等。这些检测项目旨在全面评估钢结构的材料质量、焊接质量、连接可靠性及整体稳定性。

在检测过程中，无损探伤技术被广泛应用。利用声、光、磁、电等物理特性，在不损害被检测构件的前提下，测量被检物是否存在孔洞、裂纹、偏析等缺陷，并进一步确定这些缺陷的大小、数量、位置等。无损探伤技术包括磁粉探伤、超声探伤、涡流探伤和渗透探伤等多种方法。每种方法都有其特定的应用场景和优势。

除了无损探伤技术之外，钢结构检测还包括外观检测、尺寸检测、内部缺陷检测、连接检测和稳定性检测等多个方面。外观检测主要检查钢结构构件的表面有无裂纹、气孔、夹渣、锈蚀等缺陷；尺寸检测则是对钢结构构件的长度、宽度、高度、厚度等尺寸进行测量，确保构件的尺寸符合设计要求；内部缺陷检测采用超声波探伤、射线探伤等无损检测方法，检测钢结构构件内部是否存在裂纹、气孔、夹渣等缺陷；连接检测则检查焊缝、螺栓、铆钉等连接方式的可靠性和承载能力；稳定性检测则对钢结构的整体稳定性进行分析，包括受压构件的稳定性、受弯构件的稳定性等。

任务一 构件焊接质量检验

学习目标

1. 知识目标

(1)了解钢结构构件焊接质量检验的重要性。

(2)掌握构件焊接质量检验的方法。

(3)掌握构件焊接质量检验的质量控制。

(4)规范完成构件焊接质量检验的任务。

2. 能力目标

(1)能够熟练、正确进行构件焊接质量检验。

(2)能够科学评价钢结构焊接质量。

3. 素质目标

(1)依托真实工程案例,培养工程实践能力和职业素养,增强责任感。

(2)通过规范文明操作,培养良好的职业道德和安全意识。

(3)通过学习超级工程案例,践行创新精神和增强文化自信。

任务描述

港珠澳大桥桥梁工程 CB05-G1 标合同段工程范围是九洲航道桥以东浅水区非通航孔 85m 组合梁桥梁钢结构的制造。85m 组合梁钢主梁为倒梯形结构,主要由上翼缘板、腹板、底板、腹板加劲肋、底板加劲肋、横隔板及横肋板组成。现要求对大桥的钢结构焊接质量进行检测,以保证工程质量。

知识技能学习

一、检测依据

《钢结构现场检测技术标准》(GB/T 50621—2010)。

《钢结构工程施工质量验收标准》(GB 50205—2020)。

钢结构焊接质量检验

二、检测原理

构件焊接质量检验的检测原理是基于焊接接头的物理特性、力学性能及缺陷与各类物理场(如声波、电磁波、磁场、射线等)的相互作用规律,通过专用仪器设备捕捉这些相互作用产生的信号变化,从而判断焊接接头是否存在缺陷及性能是否达标。其核心是利用缺陷(如裂纹、气孔、夹渣、未熔合、未焊透等)与正常焊缝区域在密度、声阻抗、电磁感应、射线吸收等方面的差异,实现对焊接质量的精准检测。

具体检测方法有以下几种:

外观检测:依据肉眼或放大镜对焊接接头的宏观形态进行观察,基于焊接接头的几何尺寸(如余高、焊脚尺寸、焊缝宽度)、表面状况(如咬边、焊瘤、凹陷、裂纹)等宏观特征与标准要求的对比,判断焊接外观是否符合规范。例如,通过观察焊缝表面是否存在连续或断续的线性凹陷(咬边),可直接评估焊接过程中熔池金属与母材结合的均匀性。

渗透检测:利用液体的毛细作用原理,将含有荧光染料或着色染料的渗透剂涂覆在焊接接头表面,渗透剂会因毛细作用渗入表面开口缺陷(如表面裂纹、气孔)中;随后清除表面多余渗透剂,施加显影剂,显影剂会将缺陷内的渗透剂吸附出来,形成清晰可见的缺陷影像,从而发现表面开口类缺陷。该原理适用于检测各种非多孔性材料的表面开口缺陷,不受材料磁性影响。

磁粉检测:基于铁磁性材料被磁化后,在缺陷处会产生漏磁场的原理。当焊接接头(铁磁性材料)被磁化时,若存在裂纹、未熔合等缺陷,缺陷处的磁力线会发生畸变并产生漏磁场;此时撒上磁粉(干磁粉或湿磁悬液),磁粉会被漏磁场吸附,形成与缺陷形状相对应的磁痕,通过观察磁痕可判断缺陷的位置、形状和大小。该原理仅适用于铁磁性材料的表面及近表面缺陷检测。

超声检测:利用超声波在不同介质界面处的反射、折射和衰减特性。超声波由探头发射进入焊接接头,在传播过程中,若遇到缺陷(如气孔、夹渣、裂纹)或焊缝与母材的界面,会产生反射回波;探头接收回波信号并转化为电信号,通过显示屏呈现回波的位置、幅度和波形。根据回波的时间(反映缺陷深度)、幅度(反映缺陷大小)和波形特征(反映缺陷性质),可判断缺陷的存在及具体参数。该原理适用于检测内部埋藏缺陷,检测深度较大,对裂纹等危害性缺陷的敏感性高。

射线检测:基于射线(如 X 射线、γ 射线)穿透物质时的衰减规律。射线穿过焊接接头时,缺陷区域(如气孔、夹渣)与正常焊缝区域对射线的吸收能力不同,导致透过的射线强度存在差异;通过胶片感光或数字成像设备记录这种差异,形成射线影像(底片或数字图像),影像中缺陷区域会呈现出与周围不同的黑度或灰度,从而识别缺陷的位置、形状和大小。该原理适用于检测内部体积型缺陷,可直观呈现缺陷的平面投影形态。

下面将以超声检测为主进行讲述。

三、检测仪器设备

超声波检测仪等,辅以标准样板、钢尺、量规和放大镜等工具进行检测。

四、检测方法及步骤

1. 焊前检验

焊前检验是指焊接实施之前对准备工作的检验,包括对原材料的检验、对焊接结构设计的鉴定及对其他可能影响焊接质量因素的检验(如对焊工考试、电源的质量、工具和电缆的检查)。检验应根据图纸要求和相应的国家标准及行业标准进行。

2. 焊接过程中的检验

在焊接过程中主要检验焊接规范性、焊缝尺寸和结构装配质量。

(1)焊接规范性的检验

焊接规范性是指焊接过程中的工艺参数符合规范操作要求,如焊接电流、焊接电压、焊接速度、焊条(焊丝)直径、焊接的道数、焊接的层数、焊接顺序、能源的种类和极性等。正确的焊接规范操作要求是在焊前进行试验总结取得的。只有在焊接过程中严格执行规范化操作,才能保证接头质量的优良和稳定。对焊接规范性的检查,不同的焊接方法有不同的内容和要求。

①手工焊规范性的检验。

一是检验焊条的直径和焊接电流是否符合要求;二是要求焊工严格执行焊接工艺规定的焊接顺序、焊接道数、电弧长度等。

②埋弧自动焊和半自动焊焊接规范性的检验。

除了检查焊接电流、电弧电压、焊丝直径、送丝速度、焊接速度（对自动焊而言）之外，还要认真检查焊剂的牌号、颗粒度、焊丝伸出长度等。

③接触焊规范性的检验。

对于对焊，主要检查夹头的输出功率、通电时间、顶锻量、工件伸出长度、工件焊接表面的接触情况、夹头的夹紧力和工件与夹头的导电情况等。

a. 电阻对焊时，还要注意焊接电流、加热时间和顶锻力之间的相互配合。压力正常但加热不足，或加热正确但压力不足都会形成未焊透。电流过大或通电时间过长会使接头过热，降低其机械性能。

b. 闪光对焊时，特别要注意检查烧化时间和顶锻速度。若焊接时顶锻力不足，焊件断头表面可能因氧化物未被挤出而形成未焊透或白斑等缺陷。

c. 对于点焊，要检查焊接电流、通电时间、初压力以及加热后的压力、电极表面及工件被焊处表面情况等是否符合工艺规范要求。对焊接电流、通电时间、加热后的压力三者之间配合是否恰当要认真检查，否则会产生缺陷。若加热后的压力过大，则会使工件表面显著凹陷和部分金属被挤出，压力不足会造成未焊透；若电流过大或通电时间过长则会引起金属飞溅和焊点缩孔。

d. 对于缝焊，要检查焊接电流、滚轮压力和通电时间是否符合工艺规范。通电时间过短会形成焊点不连续，电流过大或压力不足会使焊缝区过烧。

④气焊规范性的检验。

主要检查焊丝的牌号、直径，焊嘴的号码，并检查可燃气体的纯度和火焰的性质。如果选用过大的焊嘴会使焊件烧坏，过小的焊嘴会形成未焊透；使用过分的还原性火焰会使金属渗碳，而使用过分的氧化焰会使金属激烈氧化。这些都会使焊缝金属机械性能降低。

（2）焊缝尺寸的检查

焊缝尺寸的检查应根据工艺卡或行业标准所规定的要求进行，一般采用特制的量规和样板来测量。图 4-1-1 和图 4-1-2 是普通样板和万能量规量测的示意图。

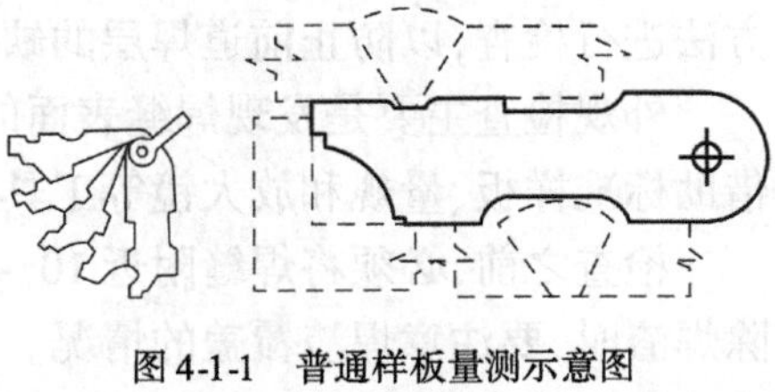

图 4-1-1 普通样板量测示意图

（3）结构装配质量的检验

在焊接前进行装配质量检验是保证结构焊成后符合图纸要求的重要措施。对装配结构应做如下几项检查：

①按图纸检查各部分尺寸、基准线及相对位置是否正确，是否留有焊接收缩余量和机械加工余量。

②检查焊接接头的坡口形式及尺寸是否正确。

③检查点固焊的焊缝布置是否恰当，能否起到固定作用，是否会给焊后带来过大的内应力，并检查点固焊缝的缺陷。

④检查焊接处是否清洁，有无缺陷（如裂缝、凹陷、夹层等）。

3. 焊后成品的检验

焊接产品虽然在焊前和焊接过程中进行了检查，但由于焊接过程中外界因素的变化，如操作规范的不稳定、能源的波动都有可能引起缺陷的产生。为了保证产品的质量，对成品必须进行质量检验。钢结构或构件一般用外观检验法检测表面缺陷，内部缺陷则用超声波探伤和射线探伤检测。

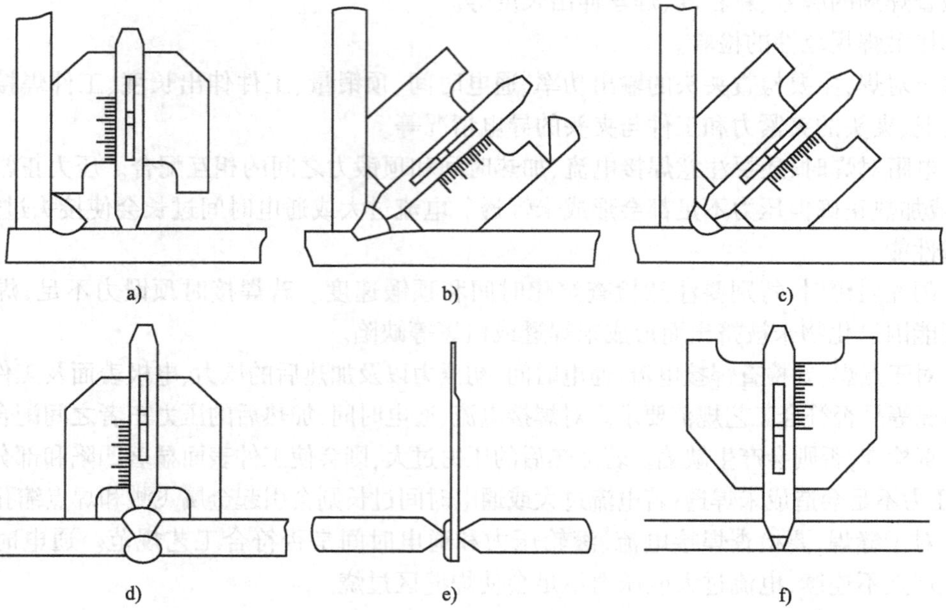

图 4-1-2 万能量规量测示意图

焊接接头的外观检测是一种手续简便而应用广泛的经验方法，是成品检验的一项重要内容。这种方法有时也适用于焊接过程中，如厚壁焊件做多层焊时，每焊完一层焊道便采用这种方法进行检查，以防止前道焊层的缺陷被带到下一层焊道中去。

外观检查主要是发现焊缝表面的缺陷和尺寸上的偏差。这种检查一般是通过肉眼观察，借助标准样板、量规和放大镜等工具进行检测的，故有肉眼观察法或目视法之称。

检查之前，必须将焊缝附近 10 ~ 20mm 基本金属上所有飞溅及其他污物清除干净。在清除焊渣时，要注意焊渣覆盖的情况。一般来说，根据熔渣覆盖的特征和飞溅的分布情况，可粗略地预料在该处会出现什么缺陷。例如，贴焊缝面的熔渣表面有裂纹痕迹，往往在焊缝中也有裂纹；若发现有飞溅成线状集结在一起，则可能因电流产生磁场磁化工件后，金属微粒堆积在裂纹上。因此，应在该处仔细地检查是否有裂纹。

对合金钢的焊接产品必须进行两次外部检查，即紧接着焊接之后和经过 15 ~ 30d 以后。这是因为有些合金钢内产生的裂纹形成得很慢，以致在第二次检查时才发现裂缝。

对未填满的弧坑应特别仔细检查，因该处可能会有星形散射状裂纹。

若焊缝表面出现缺陷，焊缝内部便有存在缺陷的可能。例如，焊缝表面出现咬边或满溢，则内部可能存在未焊透或未熔合；焊缝表面多孔，则焊缝内部可能有气孔或非金属夹杂物存在。

五、检测报告

钢结构构件加工焊接焊缝外观质量检查记录见表 4-1-1。表格电子版可扫描下页二维码下载。

钢结构构件加工焊接焊缝外观质量检查记录表

表 4-1-1

工程名称： 检查日期：

缺陷类型					未焊满		根部收缩		咬边		弧坑裂纹		结果
焊缝质量等级					二级	三级	二级	三级	二级	三级	二级	三级	
允许偏差(mm)					≤0.2 + 0.02t ≤1.0	≤0.2 + 0.04t ≤2.0	≤0.2 + 0.02t ≤1.0	≤0.2 + 0.04t ≤2.0	≤0.05t 且≤0.5，连续长度≤100 且焊缝两侧咬边总长≤10%焊缝全长	≤0.1t 且≤1.0，长度不限	不允许	允许存在个别长度≤0.2 的弧坑裂纹	
					每 100.0 焊缝内缺陷总长≤25.0		长度不限						
检查构件			焊缝		检查情况								
构件名称	编号	数量	类型	条数									

说明：1. 每条检查一处，总抽查数不小于 10 处。

2. 焊缝感观质量，每批同类构件抽查 10%，且不小于 3 处，被抽查件中每件焊缝按数量各抽查 5%，总抽查处不少于 5 处。

3. 二级焊缝咬边深度≤0.5，但不得超过焊缝长度≤100%。

4. t 为接头较薄件母材厚度

施工员： 质检员：

表 4-1-1 钢结构构件加工焊接焊缝外观质量检查记录表

【"1+X"加油站】"构件焊接质量检验"技术技能训练

【拓展阅读】

【工程案例】港珠澳大桥智能焊接——焊缝信息管理及跟踪系统应用

【文化自信】《港珠澳大桥》纪录片

任务二 钢结构焊缝检测

学习目标

1. 知识目标

(1)了解钢结构焊缝检测的重要性。

(2)掌握钢结构焊缝检测的基本方法。

(3)独立完成钢结构焊缝检测检测任务。

2. 能力目标

(1)能够熟练、正确使用超声波检测仪进行钢结构焊缝检测。

(2)能够精确处理试验数据,科学评价焊缝损伤情况。

3. 素质目标

(1)依托真实工程案例,培养工程实践能力和职业素养,增强责任感。

(2)通过规范文明操作,形成良好的职业道德和安全意识。

(3)通过学习超级工程案例,践行创新精神和增强文化自信。

任务描述

某大桥通航孔采用 85m 组合梁桥梁钢结构的制造。85m 组合梁钢主梁为倒梯形结构,主要由上翼缘板、腹板、底板、腹板加劲肋、底板加劲肋、横隔板及横肋板组成。

现根据建设单位的要求,对大桥的钢结构焊缝进行检测,以保证工程质量。

知识技能学习

一、检测依据

《钢结构现场检测技术标准》(GB/T 50621—2010)。
《钢结构工程施工质量验收标准》(GB 50205—2020)。

钢结构焊缝检测探究

二、钢结构焊缝常见缺陷

1. 产生了大量气孔

在焊接过程中,焊接的钢体高温金属会吸收较多的气体,在钢体温度降低时内部结构的气体无法及时排出,形成了空穴,影响了焊接工作的开展。

大量气孔主要是由于在焊接操作过程中,焊剂没有完全变干,电弧偏吹偏吹形成的。

2. 存在较多的裂纹和缝隙

在焊接过程中,钢材受到各种不确定因素的影响,发生热胀冷缩的现象,致使在焊接时除操作过程中,焊接人员焊接的角度存在细微的偏差,钢材受到热力影响产生大量裂纹和缝隙。

3. 夹存过多的熔渣

在后期的焊接过程中,金属中的条状、点状熔渣及相关异物会粘连在焊缝金属内部,坡口内部产生过多的油类污垢,在焊接过程中影响焊接的连接质量,使相关工程项目的质量得不到保证。

4. 焊缝速度较快,钢体没有真正焊接

部分焊接技术人员没有彻底掌握专业的焊接技术,操作方法不规范,当焊接的金属没有符合焊接标准时即金属没有熔化彻底的时候,就对钢体进行焊缝接连。

在操作过程中,因相关人员的焊接速度较快,对钢体产生的焊接电流较小,且金属之间的缝隙较小,造成了相关钢材焊接不牢固现象的发生。

三、探伤方法

1. 超声波探伤

(1)探伤原理

人耳可听得见的声波频率范围为 20～20000Hz。频率比 20000Hz 更高的声波称为超声波。

超声波脉冲(通常为 1.5MHz)从探头射入被检测物体,如果其内部有缺陷,缺陷与材料之间便存在界面,则一部分入射的超声波在缺陷处被反射或折射,则原来单方向传播的超声能量有一部分被反射,通过此界面的能量就相应减小。这时,在反射方向可以接到此缺陷处的反射波,在传播方向接收到的超声能量会小于正常值,这两种情况的出现都能证明缺陷的存在。在探伤中,利用探头接收脉冲信号的性能也可检查出缺陷的位置及大小。前者称为反射法,后者称为穿透法。

(2)探伤方法

①脉冲反射法。图 4-2-1 为用单探头(一个探头兼作反射和接收装置)探伤的原理图。

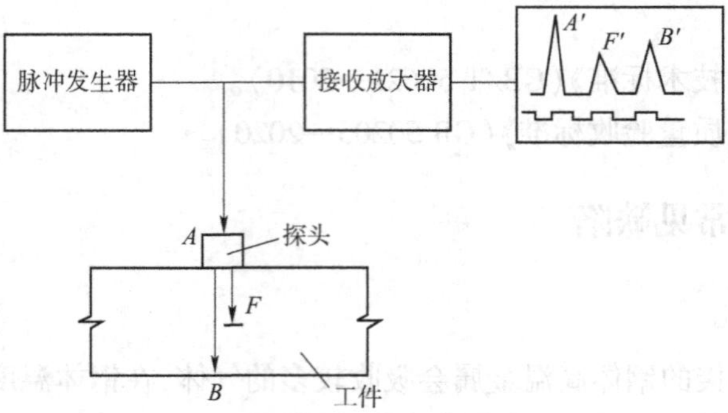

图 4-2-1 脉冲反射法探伤原理图

脉冲发生器所产生的高频电脉冲激励探头的压电晶片振动,使之产生超声波。超声波垂直入射到工件中,当通过界面 A、缺陷 F 和底面 B 处,均有部分超声波反射回来,这些反射波各自经历了不同的往返路程回到探头上,探头又重新将其转变为电脉冲,经接收放大器放大后,即可在荧光屏上显现出来。其对应点的波形分别称为始波 A'、缺陷波 F' 和底波 B'。当被测工件中无缺陷存在时,则在荧光屏上只能见到始波 A' 和底波 B'。缺陷的位置(深度 AF)可根据各波形之间的间距之比等于所对应的工件中的长度之比求出,即

$$AF = \frac{AB}{A'B'} \cdot A'F' \tag{4-2-1}$$

式中:AB——工件的厚度,可以测出;

$A'B'$ 和 $A'F'$ 可从荧光屏上读出。

缺陷的大小可用当量法确定。这种探伤方法称为纵波探伤或直探头探伤。振动方向与传播方向相同的波称为纵波;振动方向与传播方向相垂直的波称为横波。

②横波脉冲反射法。当入射角不等于零的超声波入射到固体介质中,且超声波在此介质中的纵波和横波的传播速度均大于在入射介质中的传播速度时,则同时产生纵波和横波。又由于材料的弹性模量 E 总是大于剪切模量 G,因此纵波传播速度总是大于横波传播速度。根据几何光学的折射规律,纵波折射角也总是大于横波折射角。当入射角取得足够大时,可以使纵波等于或大于 90°,从而使纵波在工作中消失,这时工件中就得到了单一的横波。

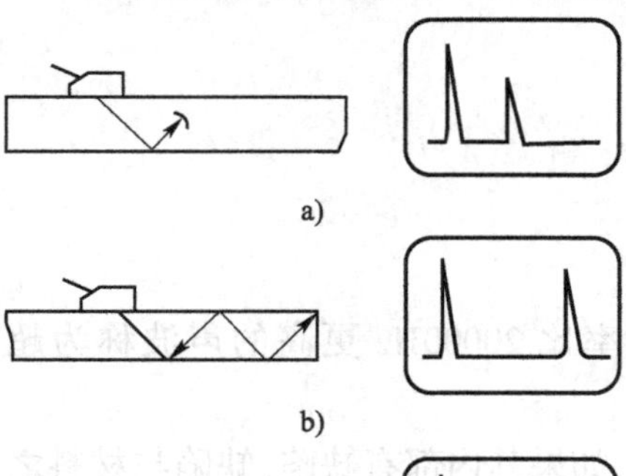

图 4-2-2 横波脉冲反射波型示意图

图 4-2-2 表示单探头横波探伤的情况。横波入射工件后,遇到缺陷时便有一部分被反射回来,即可以从荧光屏上见到脉冲信号,如图 4-2-2a)所示;若探头离工件端面很近,会有端面反射,如图 4-2-2b)所示,因此,应该注意与缺陷区分;若探头离工件端面很远,横波又没有遇到

缺陷,有可能由于过度衰减而出现图 4-2-2c)所示的情况(超声波在传播中存在衰减)。

横波探伤定位在生产中采用标准试块调节或三角试块比较法。缺陷的大小同样用当量法确定。

③穿透法。穿透法是根据超声波能量变化情况来判断工件内部状况的,应用时应将发射探头和接收探头分别置于工件的两相对表面。发射探头发射的超声波能量是一定的;在工件不存在缺陷时,超声波穿透一定工件厚度后,在接收探头上所接收到的能量也是一定的。当工件存在缺陷时,由缺陷的反射使接收到的能量减少,断定工件存在缺陷。

根据发射波的不同种类,穿透法有脉冲波穿透探伤法和连续波穿透探伤法两种,如图 4-2-3 和图 4-2-4 所示。

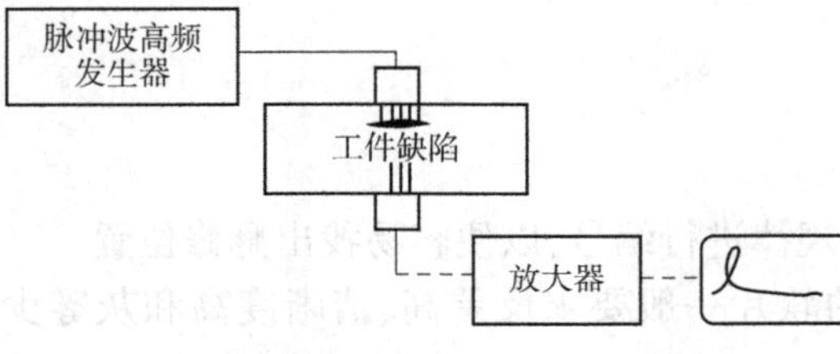

图 4-2-3 脉冲波穿透探伤法示意图

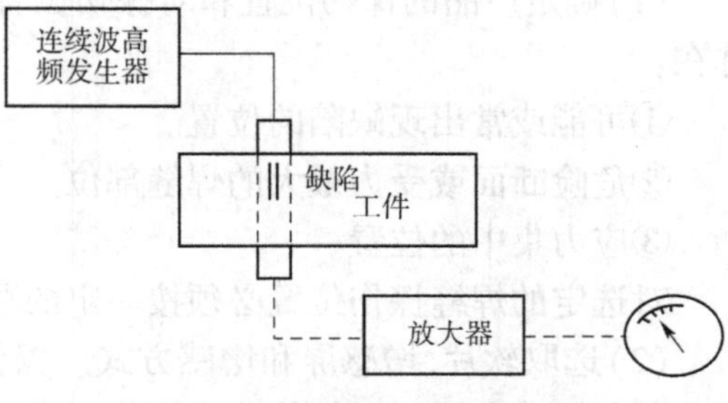

图 4-2-4 连续波穿透探伤法示意图

穿透探伤法的灵敏度不如脉冲反射法高,且受工件形状的影响较大,但较适宜检查成批生产的工件。例如,板材一类的工件,可以通过接收能量的精确对比而得到高的精度,宜实现自动化。

2. 射线探伤

射线探伤是利用射线可穿透物质和在物质中有衰减的特性来发现缺陷的一种探伤方法。按所用的射线不同,射线探伤可以分为 X 射线探伤、伽马射线探伤和高能射线探伤三种。由于显示缺陷的方法不同,每种射线探伤又有电离法、荧光屏观察照相法和工业电视法几种。运用最广的是 X 射线照相法,下面将介绍其探伤原理和过程。

X 射线照相法探伤是利用射线在物质中的衰减规律和对某些物质产生的光化及荧光作用为基础进行探伤的。图 4-2-5a)所示是平行射线束透过工作的情况。

(1)从射线强度的角度来看,当照射在工件上的射线被减弱至 J_0,由于工件材料对射线的衰减,穿过工件的射线被减弱至 J_C。当工件存在缺陷时,如图 4-2-5a)中的 A、B 点所示,因该点的射线透过的工件实际厚度减少,则穿过的射线强度 J_A、J_B 比没有缺陷的 C 点射线强度大一些。

(2)从射线对底片的光化作用角度来看,射线强的部分对底片的光化作用强烈,即感光量大。感光量

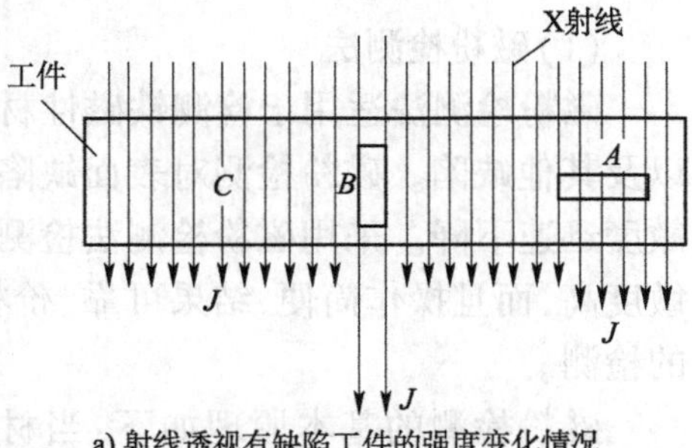

a) 射线透视有缺陷工件的强度变化情况

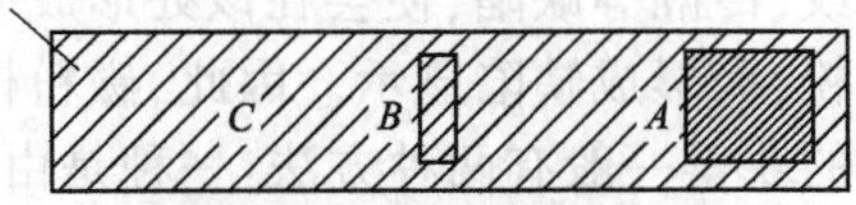

b) 不同射线强度对底片作用的黑度变化情况

图 4-2-5 射线穿过工件的情况和底片作用的情况

较大的底片经暗室处理后变得较黑,如图4-2-5b)中A、B点比C点黑。因此,工件中的缺陷通过射线在底片上产生黑色的影迹,这就是X射线探伤照相法的探伤原理。

四、检测仪器设备

超声波检测仪,同前。

五、检测方法及步骤

1. X射线照相法探伤的工序

(1)确定产品的探伤位置和对探伤位置进行编号。在探伤工作中,抽查的焊缝位置一般选在:

①可能或常出现缺陷的位置。

②危险断面或受力最大的焊缝部位。

③应力集中的位置。

对选定的焊缝探伤位置必须按一定的顺序和规律进行编号,以便容易找出翻修位置。

(2)选取软片、增感屏和增感方式。探伤用的软片一般要求反差高、清晰度高和灰雾少。增感屏和增感方式可根据软片或探伤要求选择。

(3)选取焦点、焦距和照射方向。照射方向尤其重要,一定选择最佳透照角度。

(4)放置铅字号码、铅箭头及像质计。一定按《焊缝无损检测 射线检测 第1部分:X射线的胶片技术》(GB/T 3323.1—2019)要求放置。

(5)选定曝光规范。曝光规范要根据探伤机型事先作出,探伤时按工件的厚度和材质选取。

(6)进行暗室处理。

(7)焊缝质量的评定。由专业人员按《焊缝无损检测 射线检测 第1部分:X射线的胶片技术》(GB/T 3323.1—2019)进行评定,根据图纸中的技术要求或行业标准确定验收。

2. 磁粉检测法和渗透检测法

(1)磁粉检测法

磁粉检测法适用于检测铁磁性材料或构件(包括铁、镍、钴等)表面上或近表面的裂纹以及其他缺陷。磁粉检测对表面缺陷最灵敏,对表面以下的缺陷随埋藏深度的增加检测灵敏度迅速下降。采用磁粉检测法检测磁性材料的表面缺陷,比采用超声波或射线检测的灵敏度高,而且操作简便、结果可靠、价格便宜,因此被广泛用于磁性材料表面和近表面缺陷的检测。

磁粉检测的基本原理如下:当材料或构件被磁化后,若在构件表面或近表面存在裂纹、冷隔等缺陷,便会在该处形成一漏磁场,此漏磁场将吸引、聚集检测过程中施加的磁粉,而形成缺陷显示。因此,磁粉检测首先是对被检构件外加磁场进行磁化。外加磁场的获得一般有两种方法:一种是由可以产生大电流(几百安培至上万安培)的磁力探伤机直接给被检构件通大电流而产生磁场;另一种是把被检构件放在螺旋管线圈产生的磁场中,或是放在电磁铁产生的磁场中使构件磁化。当构件被磁化后,在构件表面上均匀喷撒微颗粒的磁粉（磁粉平均粒度为 5 ~ 10μm），一般用四氧化三铁或三氧化二铁作为磁粉。

如果被检测的材料或构件没有缺陷，则磁粉在构件表面均匀分布。当材料或构件上有缺陷时，由于缺陷（如裂纹、气孔、非金属夹杂物等）内含有空气或非金属，其磁导率远远小于构件的磁导率；由于磁阻的变化，位于材料或构件表面或近表面的缺陷处产生漏磁场，形成一个小磁极。磁粉将被小磁极所吸引，缺陷处由于堆积比较多的磁粉而被显示出来，形成肉眼可以看到的缺陷图像。为了使磁粉图像便于观察，可以采用与材料或被检构件表面有较大反衬颜色的磁粉。常用的磁粉有黑色、红色和白色。为了提高检测灵敏度，还可以采用荧光磁粉，在紫外线照射下使之更容易观察到构件中缺陷的存在（图 4-2-6）。

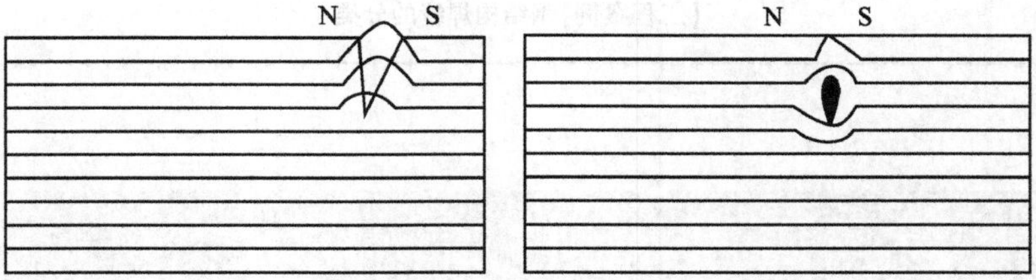

a) 表面缺陷　　b) 近表面缺陷

图 4-2-6　缺陷漏磁场的产生

（2）渗透检测法

液体渗透检测法是一种检查构件或材料表面缺陷的一种方法，它不受材料磁性的限制，比磁粉检测法的应用范围更加广泛。

液体渗透检测的基本原理：利用黄绿色的荧光渗透液或红色的着色渗透液对窄狭缝隙良好的渗透性，经过渗透清洗、显示处理以后显示放大了的探伤显示痕迹，用目视法来观察，对缺陷的性质和尺寸作出适当的评价。

液体渗透检测应用于各种金属、非金属、磁性、非磁性材料及零件表面缺陷的检查。可以说，除表面多孔性材料以外，几乎一切材料的表面开口缺陷都可以应用此方法获得满意的检测结果。

渗透检测法的优点是应用不受限制，原理简明易懂，使用经济，设备简单，显示缺陷直观，并可以同时显示各个不同方向的各类缺陷。渗透探伤对大型构件和不规则零件的检查以及现场机件的检查，更能显示其特殊的优点。但渗透探伤对埋藏于表皮层以下的缺陷是无能为力的，它只能检查开口暴露于表面的缺陷，且有操作程序繁杂等缺点。

在现代工业探伤中应用的液体渗透探伤分成两大类，即荧光渗透探伤和着色渗透探伤。随着化学工业的发展，这两种渗透探伤技术已日益完善，基本上具有同等的检测效果，被广泛应用于建筑、机械、航空、仪表、压力容器和化工等各个领域。

六、检测报告

钢结构焊缝质量检查记录见表 4-2-1（格式与表 4-1-1 类似），表格电子版可扫描下页二维码下载。

表 4-2-1 钢结构焊缝质量检查记录表

【"1 + X"加油站】"钢结构焊缝检测"技术技能训练

【拓展阅读】

【工程案例】钢结构焊缝的分类

任务三 涂层厚度检测*

学习目标

钢结构防腐涂层检测探究

涂层厚度及立柱基底金属壁厚检测

1. 知识目标

(1)了解涂层厚度检测的重要性。

(2)掌握涂层厚度检测的基本方法。

(3)规范完成涂层厚度检测任务。

2. 能力目标

(1)能够熟练、正确使用涂层厚度检测仪进行涂层厚度检测。

(2)能够精确处理试验数据,科学评价涂层厚度。

3. 素质目标

(1)依托真实工程案例,培养工程实践能力和职业素养,增强责任感。

(2)通过规范文明操作,培养良好的职业道德和安全意识。

(3)通过学习超级工程案例,践行创新精神和增强文化自信。

任务描述

某高速公路建设项目有11km的交通安全设施工程,对其中的防眩设施设计要求如下:防眩网、防眩网立柱、基础立柱、支撑立柱等钢构件均应进行热浸镀锌浸塑复合涂层的防腐处理,紧固件、连接件等钢构件均应进行热浸镀锌浸塑锌聚酯复合涂层的防腐处理,紧固件、连接件的镀锌量为120g/m²,其他钢构件的镀锌量为275g/m²,涂层颜色均为薄荷绿,聚酯涂层厚度大于0.076mm,浸塑涂层厚度大于0.25mm;防眩板材料为高密度聚乙烯(HDEP),防眩板颜色为草绿色。

根据建设单位要求,对防眩网立柱、基础立柱、支撑立柱等钢构件进行涂层厚度检测。

知识技能学习

一、检测依据

《钢结构现场检测技术标准》(GB/T 50621—2010)。
《钢结构工程施工质量验收标准》(GB 50205—2020)。
《钢结构防火涂料应用技术规程》(T/CECS 24—2020)。

二、检测原理

人耳可听得见的声波频率范围为20~20000Hz。频率比20000Hz更高的声波叫作超声波。超声波脉冲(通常为1.5MHz)从探头射入被检测物体,如果其内部有缺陷,缺陷与材料之间便存在界面,则一部分入射的超声波在缺陷处被反射回来,形成反射波。这些反射波会被超声波检测仪接收并转化为相应的信号,通过分析这些信号,我们可以推断出涂层厚度。超声波检测具有检测速度快、操作简便、成本低廉等优点,是一种可靠、高效的无损检测手段。

三、检测仪器设备

涂层厚度检测仪器设备有涂层厚度测定仪、涂镀层测厚仪、漆膜测厚仪、测针、钢尺等。

1. 涂层厚度测定仪

涂层厚度测定仪可无损测量磁性金属基体(如钢、铁、合金和硬磁性钢等)上非磁性涂层的厚度(如铝、铬、铜、珐琅、橡胶、油漆等)及非磁性金属基体(如铜、铝、锌、锡等)上非导电覆层的厚度(如珐琅、橡胶、油漆、塑料等)。

2. 涂镀层测厚仪

涂镀层测厚仪具有测量误差小、可靠性高、稳定性好、操作简便等特点,是控制和保证产品质量必不可少的检测仪器,被广泛地应用在制造业、金属加工业、化工业、商检等检测领域。

涂层厚度测定仪及其使用如图4-3-1所示。

四、检测方法

1. 资料收集

现场检测前,需要收集以下资料:
(1)工程名称及设计单位、施工单位、监理单位和建设单位名称。
(2)结构或构件名称、外形尺寸、数量。
(3)相关设计图纸、施工记录。
(4)检测原因。

2. 检测方法

不同类型涂料的涂层厚度,分别采用下列方法检测:

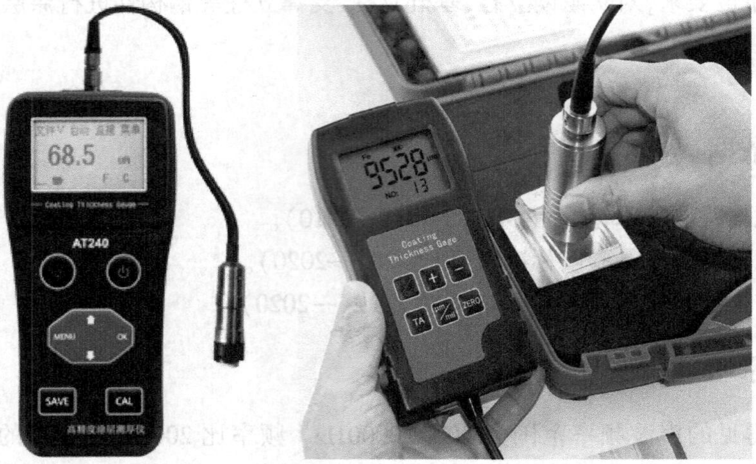

a)　　　　　　　　b)

图 4-3-1　涂层厚度测定仪

（1）漆膜厚度，用漆膜测厚仪检测，抽检构件的数量不应少于《建筑结构检测技术标准》（GB/T 50344—2019）中 A 类检测样本的最小容量，也不应少于 3 件；每件测 5 处，每处的数值为 3 个相距 50mm 的测点干漆膜厚度的平均值。

（2）对薄型防火涂料涂层厚度，采用涂层厚度测定仪检测，检测方法应符合《钢结构防火涂料应用技术规程》（T/CECS 24—2020）的规定，按同类构件数抽查 10%，且均不应少于 3 件。

（3）对厚型防火涂料涂层厚度，采用测针和钢尺检测，量测方法应符合《钢结构防火涂料应用技术规程》（T/CECS 24—2020）的规定。

涂层的厚度值和偏差值应按《钢结构工程施工质量验收标准》（GB 50205—2020）的规定进行评定。

五、检测报告

检测报告见表 4-3-1。表格电子版可扫描下方二维码下载，或见本书配套《桥梁工程检测实训指导手册》表 9-1。

表 4-3-1　钢结构涂层厚度检测报告　　　　【“1 + X”加油站】“涂层厚度检测”技术技能训练

【拓展阅读】

【工程案例】浅谈钢结构腐蚀类型、防腐措施以及涂层检测内容

任务四 高强螺栓及组合件力学性能试验

学习目标

1. 知识目标

(1)了解扭剪型高强螺栓连接副预拉力复验方法。
(2)了解高强度大六角头螺栓连接副扭矩系数的复验方法。
(3)掌握高强度螺栓连接抗滑移系数的检测方法。
(4)正确完成高强度螺栓连接抗滑移系数的检测任务。

2. 能力目标

(1)能够熟练、正确进行扭剪型高强螺栓连接副预拉力复验。
(2)能够熟练、正确进行高强度大六角头螺栓连接副扭矩系数复验。
(3)掌握高强度螺栓连接抗滑移系数的检测。
(4)能够精确处理试验数据,科学评价高强螺栓连接质量。

3. 素质目标

(1)依托真实工程案例,培养工程实践能力和职业素养,增强责任感。
(2)通过规范文明操作,培养良好的职业道德和安全意识。
(3)通过学习超级工程案例,践行创新精神和增强文化自信。

任务描述

港珠澳大桥桥梁工程 CB05-G1 标合同段工程范围是九洲航道桥以东浅水区非通航孔85m 组合梁桥梁钢结构的制造。85m 组合梁钢主梁为倒梯形结构,主要由上翼缘板、腹板、底板、腹板加劲肋、底板加劲肋、横隔板以及横肋板组成。现要求对钢结构的高强螺栓及组合件力学性能进行检测,以保证工程质量。

知识技能学习

一、检测依据

《钢结构设计标准》(GB 50017—2017)。
《钢结构工程施工质量验收标准》(GB 50205—2020)。

二、检测原理

通过力学试验检测高强螺栓连接副预拉力、扭矩系数及抗滑移系数等力学参数。

三、检测仪器设备

主要使用万能材料试验机、压力传感器、电阻应变仪等。

四、检测方法

(一)扭剪型高强螺栓连接副预拉力的复验方法

(1)复验用的螺栓应在施工现场待安装的螺栓批中随机抽取,每批应抽取5套高强度螺栓连接副进行复验。

(2)连接副预拉力可采用各类轴力计测试。

(3)试验用的电测轴力计、油压轴力计、电阻应变仪、扭矩扳手等计量器具,应在试验前进行标定,其误差不得超过2%。

(4)采用轴力计方法复验连接副预拉力时,应将螺栓直接插入轴力计。紧固螺栓分初拧、终拧两次进行,初拧应采用手动扭矩扳手或专用定扭电动扳手;初拧值应为预拉力标准值的50%左右。终拧应采用专用电动扳手,至尾部梅花头拧掉时,读出预拉力值。

(5)每套高强度螺栓连接副只应做一次试验,不得重复使用。在紧固中垫圈发生转动时,应更换高强度螺栓连接副,重新做试验。

(6)复验高强度螺栓连接副的预拉力平均值应符合表4-4-1的规定,其变异系数按式(4-4-1)计算并应小于或等于10%。

扭剪型高强度螺栓紧固预应力 表4-4-1

螺栓直径(mm)	16	20	22	24
每批紧固预拉力的平均值μ(kN)	≤120	≤186	≤231	≤270
	≥99	≥154	≥191	≥222

$$\delta = \frac{\sigma_P}{\overline{P}} \times 100\% \tag{4-4-1}$$

式中:δ——紧固预拉力的变异系数;

σ_P——该批螺栓紧固预拉力的标准差,kN,宜保留两位小数;

$\overline{P}$——该批螺栓紧固预拉力的平均值,kN。

(二)高强度大六角头螺栓连接副扭矩系数的复验方法

(1)复验用螺栓应在施工现场待安装的螺栓批中随机抽取,每批应抽取8套高强度螺栓连接副进行复验。

(2)高强度螺栓连接副扭矩系数复验用的计量器具应在试验前进行标定,误差不得超过2%。

(3)每套高强度螺栓连接副只应做一次试验,不得重复使用。

(4)高强度螺栓连接副扭矩系数的复验应将螺栓穿入轴力计,在测出螺栓预拉力P的同时,应测定施加于螺母上的施拧矩值T,并应按式(4-4-2)计算扭矩系数K。

$$K = \frac{T}{Pd} \tag{4-4-2}$$

式中：T——施拧扭矩，N·m；

d——高强度螺栓的螺纹规格（螺纹大径），mm；

P——螺栓预拉力，kN。

（5）进行连接副扭矩系数试验时，螺栓预拉力值应符合表4-4-2的规定。

螺栓预拉力范围　　表4-4-2

螺栓规格（mm）	M12	M16	M20	M24	M27
P（kN）	≤59	≤133	≤177	≤250	≤324
	≥49	≥93	≥142	≥206	≥265

（三）高强度螺栓连接抗滑移系数试验方法

1. 基本要求

（1）制造厂和安装单位应分别以钢结构制造批为单位进行抗滑移系数试验。制造批可按单位工程划分规定的工程量，每2000t为一批，不足2000t的可视为一批。选用两种及两种以上表面处理工艺时，每种处理工艺应单独检验。每批三组试件。

（2）抗滑移系数试验应采用双摩擦面的两栓或三栓拼接的拉力试件（图4-4-1）。

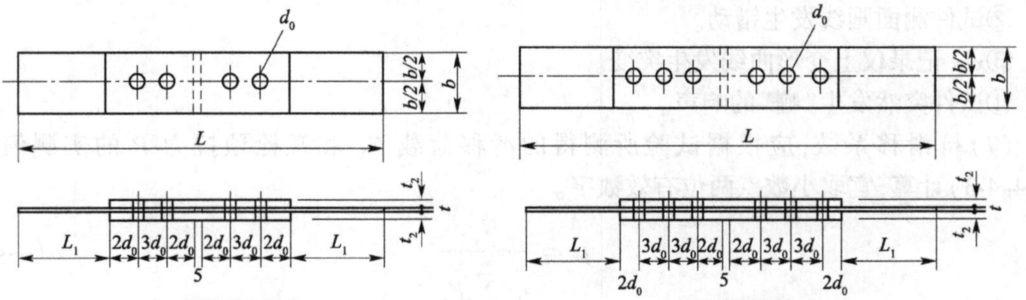

图4-4-1　抗滑移系数试件的形式和尺寸（尺寸单位：mm）

（3）抗滑移系数试验用的试件应由金属结构厂或有关制造厂加工，试件与所代表的钢结构件应为同一材质、同批制作、采用同一摩擦面处理工艺和具有相同的表面状态，并应用同一批、同一性能等级的高强度螺栓连接副，在同一环境条件下存放。

（4）试件钢板的厚度 t_1、t_2 应根据钢结构中有代表性的板材厚度来确定，试件板宽度 b 规定见表4-4-3。

试件板的宽度（单位：mm）　　表4-4-3

螺栓直径	16	20	22	24
板宽 b	60	75	80	85

（5）试件板面应平整、无油污，孔和板的边缘无飞边、无毛刺。

2. 试验方法

（1）试验用的试验机误差应控制在1%以内。

（2）试验用的贴有电阻片的高强度螺栓、压力传感器和电阻应变仪，应在试验前用试验机进行标定,其误差应在2%以内。

(3)试件的组装顺序应符合下列规定:

①先将冲钉打入试件孔定位,然后逐个换成装有压力传感器或贴有电阻片的高强度螺栓,或换成同批经预拉力复验的扭剪型高强度螺栓。

②紧固高强度螺栓应分初拧、终拧。初拧应达到螺栓预拉力标准值的50%左右。终拧后,螺栓预拉力应符合下列规定:

a.对装有压力传感器或贴有电阻片的高强度螺栓,采用电阻应变仪实测控制试件每个螺栓的预拉力值应在$0.05P \sim 1.05P$(P为高强度螺栓设计预拉力值)范围内。

b.不进行实测时,扭剪型高强度螺栓的预拉力(紧固轴力)可按同批复验预拉力的平均值取用。

③试件应在其测面画出观察滑移的直线。

(4)将组装好的试件置于拉力试验机上,试件的轴线应与试验机夹具中心严格对中。

(5)加荷时,应先加10%的抗滑移设计荷载值,停1min后,再平稳加荷,加荷速度为3~5kN/s。直拉至滑动破坏,测得荷载N_V。

(6)在试验中当发生以下情况之一时,所对应的荷载可定为试件的滑移荷载:

①试验机发生回针现象。

②试件测面画线发生错动。

③x-y记录仪上变形曲线发生突变。

④试件突然发生"嘣"的响声。

(7)抗滑移系数,应根据试验所测得的滑移荷载N_V和螺栓预拉力P的实测值,按式(4-4-3)计算,宜取小数点两位有效数字。

$$\mu = \frac{N_v}{n_f \sum_{i=1}^{m} P_i} \tag{4-4-3}$$

式中:N_v——由试验测得的滑移荷载,kN;

n_f——摩擦面面数,取$n_f=2$;

$\sum_{i=1}^{m} P_i$——试件滑移一侧高强度螺栓预拉力实测值或同批螺栓连接副的预拉力平均值之和(取3位有效数字),kN;

m——试件一侧螺栓数量。

五、检测报告

检测报告见表4-4-4。表格电子版可扫描下方二维码下载。

表4-4-4 高强度螺栓施工质量(终拧扭矩)检测报告

【"1+X"加油站】"高强螺栓及组合件力学性能试验"技术技能训练

高强度螺栓施工质量(终拧扭矩)检测报告　　表 4-4-4

委托日期:______年______月______日　　试验编号:______

发出日期:______年______月______日　　建设单位:______

委托单位:______　　工程名称:______

检测部位:______　　施工单位:______

检测日期:______年______月______日　　监理单位:______

扭矩法						转角法
编号	螺栓公称直径(mm)	扭矩(N·m)	扭矩系数实测值	扭矩系数平均值	标准偏差	

检测结果:

单位工程技术负责人意见:

签章:

检测单位:　　负责人:　　审核人:　　检测人:

项目五
PROJECT FIVE

地基承载力检测

地基是指承受结构物荷载作用的土体、岩体。地基是建筑物的重要组成部分。

凡是基础直接建造在未经加固的天然地层上的地基都称为天然地基。若天然地基较软弱，需先经过人工加固，再修建基础，这种地基称为人工地基。地基工程是道路桥梁工程重要的组成部分。地基工程的质量好坏是道路桥梁工程构造物是否安全和能否正常使用的关键。地基工程属于隐蔽工程，受地形、地质、水文等综合因素的影响，问题复杂且变异性大。通过地基工程检测技术进行现场监测和检测是确保地基工程质量的重要手段。

地基承载力指地基在同时满足变形和强度两个条件下，单位面积所能承受的最大荷载。地基承载力是地基工程质量检测的主要部分。

原位测试指在工程地质勘查现场，在不扰动或基本不扰动土层的情况下对土层进行测试，以获得所测土层的物理力学性质指标及划分土层的一种岩土工程勘察技术。

土体原位测试方法很多，可以归纳为下列两类：

(1)土层剖面测试法：主要包括静力触探、动力触探、扁铲松胀仪试验及波速法等。土层剖面测试法具有可连续进行、快速经济的优点。

(2)专门测试法：主要包括载荷试验、旁压试验、标准贯入试验、抽水和注水试验、十字板剪切试验等。专门测试法可得到土层中关键部位土的各种工程性质指标，精度高，测试成果可直接供设计部门使用。其精度超过室内试验的成果。

常见地基检测试验及其基本原理

黏性土地基承载力检测的常用方法主要包括静力触探、动力触探、标准贯入试验等。

任务一 静力触探试验

学习目标

1. 知识目标

(1)了解静力触探试验原理。

(2)了解静力触探仪的结构、探头种类。

(3)掌握触探数据分析和触探指标应用。

(4)掌握静力触探报告编写规则。

2. 能力目标

(1)能够正确使用静力触探仪开展静力触探试验。

(2)能够熟练掌握静力触探仪的维护及使用。

(3)能够准确分析并处理静力触探数据。

(4)能够利用静力触探数据分析地基土相关物理力学性能指标。

3. 素质目标

(1)通过团队协作完成检测任务,提高解决问题的能力。

(2)通过新技术的学习,形成关注新技术、新方法的信息素养。

(3)通过不同检测方法的相互验证,厚植精益求精、客观公正的工匠精神。

任务描述

某桥的桥跨组合为 3×20m,桥台为扩大基础,桥墩为桩柱式基础,为进一步验证该桥桥台及各桥墩合适的持力层和基桩类型,现要求采用静力触探试验对桥址所在地的地基土承载力进行验证,并对桥址所在地的地基土进行力学分层。

知识技能学习

一、检测依据

《岩土工程勘察规范(2009 年版)》(GB 50021—2001)。

《建筑地基基础工程施工质量验收标准》(GB 50202—2018)。

《静力触探试验规程》(YS/T 5223—2019)。

《水运工程静力触探技术规程》(JTS/T 242—2020)。

静力触探试验前世今生

二、检测原理

静力触探试验(CPT)是把一定规格的圆锥形探头借助机械匀速压入土中,利用探头内的力传感器,通过电子传感器将探头受到的贯入阻力记录下来的一种测试方法。由于各类土层的物理力学性质不一样,探头遇到的阻力也不一样。贯入阻力的大小与土层的性质有关,土软,阻力就小;土硬,阻力就大。土的软硬就是土的强度(承载力)的一种表现,贯入阻力间接地反映了土的承载力。因此,通过贯入阻力的变化情况,可以达到了解土层的工程性质的目的。

三、检测仪器设备

静力触探仪有机械式静力触探仪和电测式静力触探仪两种。目前我国使用的静力触探仪以电测式为主。

静力触探的主要缺点是,对碎石类土和密实砂土难以贯入,也不能直接观测土层。在地质勘探工作中,静力触探常和钻探取样联合运用。

(一)静力触探仪的构造

静力触探仪一般由三部分构成:①触探头,即阻力传感器。②量测记录仪表,其作用是将土层的贯入阻力反映和记录下来。③贯入系统,包括触探主机与反力装置。其作用是共同负责将装有传感器的探头压入土中。静力触探仪的贯入力一般为20~100kN,最大贯入力为200kN,因为细长的探杆受力极限不能太大,太大易弯曲或折断。贯入力为20~30kN者,一般为手摇链式电测十字板-触探两用仪;贯入力大于50kN者,一般为液压式主机。

1. 探头

探头是静力触探仪的关键部件,包括摩擦筒和锥头两部分。它有严格的规格与质量要求。目前,国内外使用的探头按结构分为单桥探头、双桥探头和孔压探头三种类型。探头构造图及实物图如图5-1-1、图5-1-2所示。

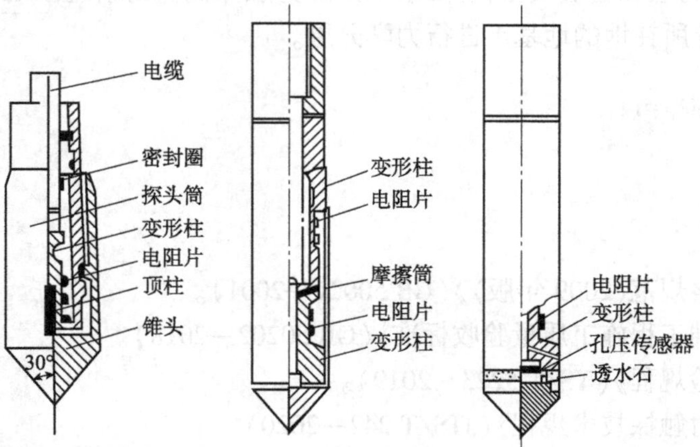

a) 单桥探头　b) 双桥探头　c) 孔压探头

图5-1-1　探头构造图

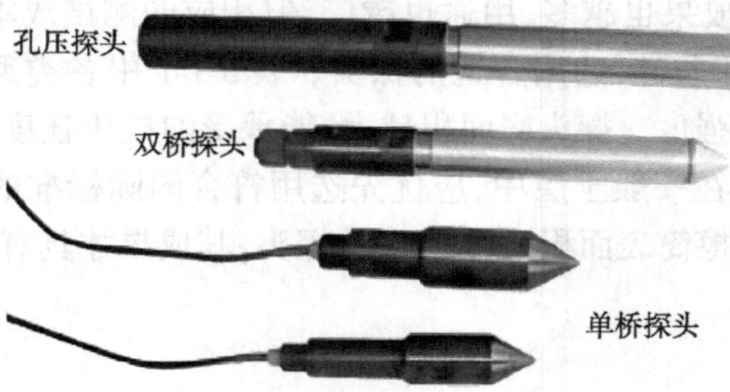

图 5-1-2 探头实物图

(1)单桥探头是我国所特有的一种探头类型。它是将锥头与外套筒连在一起,因而只能测量一个参数,即探头阻力(p_s)。单桥探头具有结构简单、造价低、坚固耐用等特点。此种探头曾经对推动我国静力触探测试技术的发展和应用起到了积极的作用,自20世纪60年代初开始应用以来,我国积累了相当丰富的经验,已建立了关于测试成果和土的工程性质之间众多的经验关系式。由于测试成本低,单桥探头被勘测单位广泛采用。但应指出,单桥探头功能少,其规格与国际标准也不统一,不便于开展国际交流,其应用受到限制。

(2)双桥探头是一种将锥头与摩擦筒分开,可同时测锥头阻力(q_c)和侧壁摩擦力(f_s)两个参数的探头。国内外普遍采用,用途很广。

(3)孔压探头一般是在双桥探头基础上再安装一种可测触探时产生的超孔隙水压力装置的探头。孔压探头最少可测三种参数,即锥尖阻力(q_c)、侧壁摩擦力(f_s)及孔隙水压力(u),由于其功能多,用途广,在国外已得到普遍应用。在我国,也得到越来越多的应用。国际标准探头的规格:锥头顶角60°,底面积10cm²,侧壁摩擦筒面积150cm²,透水石在锥底。

(4)其他。除上述三种探头外,还有可测波速、孔斜、温度及密度等的多功能探头,此处不再一一介绍。

常用探头的规格见表5-1-1。

常用探头规格 表5-1-1

探头种类	型号	锥头			摩擦筒		标准
		顶角(°)	直径(mm)	底面积(cm^2)	长度(mm)	表面积(cm^2)	
单桥	Ⅰ-1	60	35.7	10	57		我国独有
	Ⅰ-2	60	43.7	15	70		
	Ⅰ-3	60	50.4	20	81		
双桥	Ⅱ-0	60	35.7	10	133.7	150	国际标准
	Ⅱ-1	60	35.7	10	179	200	
	Ⅱ-2	60	43.7	15	219	300	
孔压	—	60	35.7	10	133.7	150	国际标准
	—	60	43.7	15	179	200	

探头的功能越多,测试成果也越多,用途也越广,但相应的测试成本及维修费用也越高。因此,我们应根据测试目的和条件,选用合适的探头。表 5-1-1 中各类型探头的底面积不同,主要是为了适应不同的土层强度。探头底面积越大,能承受的抗压强度越高;另外,可有更多的空间安装附加传感器。但在一般土层中,应优先选用符合国际标准的探头,即探头顶角为 60°,底面积为 $10cm^2$,侧壁摩擦筒表面积为 $150cm^2$ 的探头,其成果才具有较好的可比性和通用性,也便于开展技术交流。

2. 量测记录仪表

我国的静力触探几乎全部采用电阻应变式传感器。因此,与其配套的记录仪器主要有以下 4 种类型:①电阻应变仪;②自动记录绘图仪;③数字式测力仪;④数据采集仪(微机控制)。

3. 贯入系统

静力触探贯入系统由触探主机(贯入装置)(图 5-1-3、图 5-1-4)和反力装置两大部分组成。触探主机的作用是将底端装有探头的探杆一根一根地压入土中。触探主机按其贯入方式不同分类,可分为间歇贯入式和连续贯入式;按其传动方式的不同分类,可分为机械式和液压式;按其装配方式不同可分为车装式、拖斗式和落地式等。

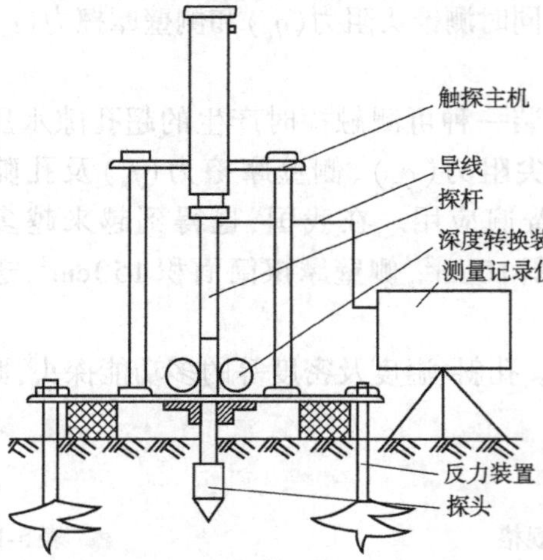

图 5-1-3 贯入装置示意图

图 5-1-4 贯入系统

(二)静力触探仪的技术要求

静力触探试验的技术要求应符合下列规定:

(1)探头圆锥锥底截面积应采用 $10cm^2$ 或 $15cm^2$,单桥探头侧壁高度应分别采用 57mm 或 70mm,双桥探头侧壁面积应采用 150 ~ $300cm^2$,锥头锥角应为 60°。

(2)探头测力传感器应连同仪器、电缆应定期标定,室内探头标定测力传感器的非线性误差、重复性误差、滞后误差、温度漂移、归零误差均应小于 1% FS,现场试验归零误差应小于 3%,绝缘电阻不小于 500MΩ。

(3)深度记录的误差不应大于触探深度的 ±1%。

(4)当贯入深度超过 30m 或穿过厚层软土后再贯入硬土层时,应采取措施防止孔斜或断杆,也可配置测斜探头,量测触探孔的偏斜角,校正土层界线的深度。

(5)孔压探头在贯入前,应在室内保证探头应变腔为已排除气泡的液体所饱和,并在现场采取措施保持探头的饱和状态,直至探头进入地下水位以下的土层为止。在孔压静探试验过程中不得上提探头。

(6)当在预定深度进行孔压消散试验时,应量测停止贯入后不同时间的孔压值,其计时间隔由密而疏合理控制;试验过程中不得松动探杆。

(三)静力触探仪的使用

1.静力触探仪的检定

静力触探仪的检定周期为3个月。当静力触探仪存在下列情况之一时,应送法定检定机构重新检定:

(1)新静力触探仪使用前。

(2)超过检定有效期限。

(3)触探头或传感器维修、更换后。

(4)率定值不合格。

(5)触探头遭受撞击或摔打等损害。

2.静力触探仪的率定

(1)静力触探头率定前的准备工作应符合下列规定:

①率定用测力计或传感器的精度不低于0.5%FS。

②连接触探头和记录仪并统调平衡,当确认正常后,方可开始率定。

③当采用电阻应变仪时,应将仪器的灵敏系数调至与触探头中传感器所粘贴的电阻应变片的灵敏系数相同。

④触探头应垂直稳固放置在率定架上。

⑤对于新的触探头应反复(3~5次)预压到额定载荷。

(2)触探头的率定应采用固定桥压法,其率定方法与数据分析应符合下列规定:

①选定量测仪器的供桥电压,且供桥电压应在率定过程中保持恒定。

②逐级加荷,每级宜为最大贯入力的1/10。

③每级加荷均应标明输出电压值或测记相应的应变量。

④每次率定,加卸荷不得少于3遍,同时对顶柱式传感器还应转动顶柱至不同角度,观察载荷作用下读数的变化。

⑤计算每一级荷载下输出电压(应变量)的平均值,绘制以荷载为纵坐标,输出电压值(应变量)为横坐标的率定直线。

⑥触探头的率定系数可按下列公式回归计算获得:

$$K=\frac{P}{A\varepsilon}\quad 或\quad K=\frac{P}{AU_{\mathrm{p}}} \tag{5-1-1}$$

式中:K——触探头的率定系数,MPa/με 或 MPa/mV;

P——率定时所施加的压力,N;

A——触探头截面积或摩擦筒面积,mm^2;

ε——P 所对应的应变量,$\mu\varepsilon$;

U_p——P 所对应的输出电压,mV。

四、检测方法及步骤

1. 试验前的准备工作

(1)收集基本技术资料。

(2)设置反力装置。

(3)安装好加压和量测设备,并用水准尺将底板调平。

(4)检查电源电压是否符合要求。

(5)检查仪表及传感器是否正常。

(6)检查探头外套筒及锥头的工作情况。

2. 检测目的与适用范围

静力触探试验适用于软土、一般黏性土、粉土、砂土和含少量碎石的土。静力触探试验可根据工程需要采用单桥探头、双桥探头或带孔隙水压力量测的单、双桥探头,可测定比贯入阻力(p_s)、锥头(q_c)、侧壁摩阻力(f_s)和贯入时的孔隙水压力(u)。

静力触探是工程地质勘察中的一项原位测试方法,其作用如下:

(1)划分土层,判定土层类别,查明软、硬夹层及土层在水平和垂直方向的均匀性。

(2)评价地基土的工程特性,包括容许承载力、压缩性质、不排水抗剪强度、水平向固结系数、饱和砂土液化势、砂土密实度等。

(3)探寻和确定桩基持力层,预估打入桩沉桩可能性和单桩承载力。

(4)检验人工填土的密实度及地基加固效果。

3. 现场试验步骤

(1)将仪表与探头接通电源,打开仪表和稳压电源开关,使仪器预热15min。

(2)根据土层软硬情况,确定工作电压,将仪器调零,并记录孔号、探头号、标定系数、工作电压及日期。

(3)先压入0.5m,稍停后提升10cm,使探头与地温相适应,记录仪器初读数 ε_0。试验中每贯入10mm 测记读数 ε_1 一次,之后每贯入3~5m,应提升5~10cm,以检查仪器初读数 ε_0。

(4)探头应匀速垂直压入土中,贯入速度控制在1.2m/min。

(5)接卸钻杆时,切勿使入土钻杆转动,以防止接头处电缆被扭断,同时应严防电缆受拉,以免拉断或破坏密封装置。

(6)防止探头在阳光下暴晒,每结束一孔,应及时将探头锥头部分卸下,将泥沙擦洗干净,以保持顶柱及外套筒能自由活动。

五、检测数据分析与评定

1. 单孔资料的整理

(1)初读数的处理

初读数是指探头在不受土层阻力的条件下,传感器的初始应变的读数。影响初读数的因素很多,最主要的影响因素是温度。因为现场工作过程的地温与气温同探头标定时的温度不一样。消除初读数影响的办法,可采用每隔一定深度将探头提升一次,在其不受力的情况下将应变仪调零一次,或测定一次初读数。后者在进行应变量计算时,按下式消除初读数的影响

$$\varepsilon = \varepsilon_1 - \varepsilon_0 \tag{5-1-2}$$

式中:ε——应变量,$\mu\varepsilon$;

ε_1——探头压入时的读数,$\mu\varepsilon$;

ε_0——初读数,$\mu\varepsilon$。

(2)贯入阻力的计算

将电阻应变仪测出的应变量 ε,换算成比贯入阻力 p_s(单桥探头),或锥头阻力 q_c 及侧壁摩擦力 f_s(双桥探头),计算公式如下:

$$P_s = a\varepsilon \tag{5-1-3}$$

$$q_c = a_1\varepsilon_q \tag{5-1-4}$$

$$f_s = a_2\varepsilon_f \tag{5-1-5}$$

式中:a、a_1、a_2——应变仪标定的单桥探头、双桥探头的锥头传感器及摩擦传感器的标定系数,MPa;

ε、ε_q、ε_f——单桥探头、双桥探头的锥头及侧壁传感器的应变量,$\mu\varepsilon$。

自动记录仪绘制出的贯入阻力随深度变化曲线,其本身就是土层力学性质的柱状图,只需在其纵、横坐标上绘制比例标尺,即可在图上直接量出 p_s 或 q_c、f_s 值的大小。

(3)摩阻比的计算

摩阻比是以百分率表示的双桥探头的各对应深度的锥头阻力和侧壁摩擦力的比值,即

$$R_f = \frac{f_s}{q_c} \times 100\% \tag{5-1-6}$$

式中:R_f——摩阻比。

2.原始数据的修正

(1)深度修正

当记录深度与实际深度有出入时,应按深度线性修正深度误差。若触探的同时量测触探杆的偏斜角 θ(相对铅垂线),也需要进行深度的修正。假定偏斜的方位角不变,每 1m 测一次偏斜角,则深度修正 Δh_i 为

$$\Delta h_i = 1 - \cos\left(\frac{\theta_i - \theta_{i-1}}{2}\right) \tag{5-1-7}$$

式中:Δh_i——第 i 段深度修正值;

θ_i、θ_{i-1}——第 i 次及第 $i-1$ 次实测的偏斜角。

到深度 h_n 处,总的深度修正值为 $\sum_{i=1}^{n} \Delta h_i$,实际的深度应为 $h_n - \sum_{i=1}^{n} \Delta h_i$。

(2)零飘修正

零飘修正是指根据归零检查的深度间隔按线性内插法对测试值加以修正。

3. 绘制触探曲线

单桥探头和双桥探头应绘制 p_s-H 曲线、q_c-H 曲线、f_s-H 曲线、F_R-H 曲线；孔压探头尚应绘制 u_i-H 曲线、q_t-H 曲线、f_t-H 曲线、B_q-H 曲线和孔压消散 u_t-lg$t$ 曲线，如图 5-1-5 所示。

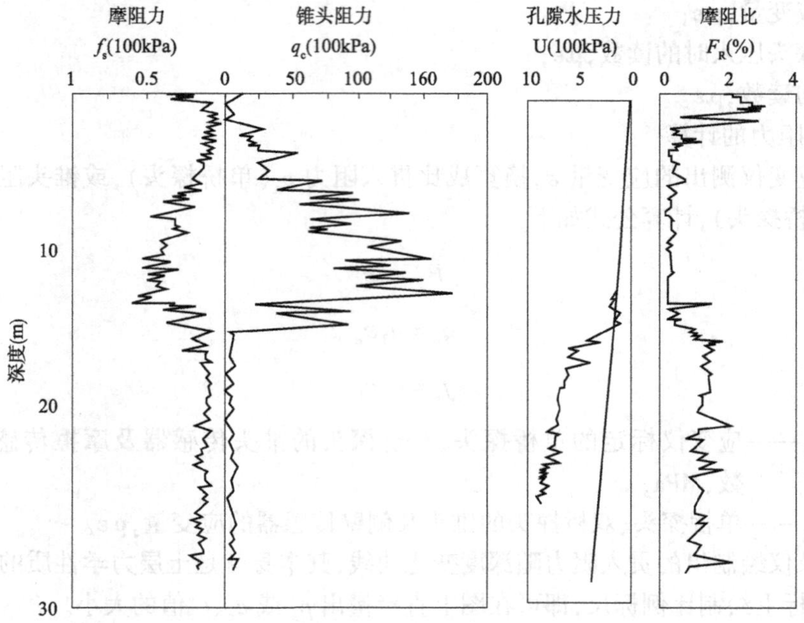

图 5-1-5 静力触探成果曲线

F_R-摩阻比；u_i-孔压探头贯入土中量测的孔隙水压力(初始孔压)；q_t-真锥头阻力(经孔压修正)；f_t-真侧壁摩阻力(经孔压修正)；B_q-静探孔压系数，$B_q=\dfrac{u_f-u_o}{q_t-\sigma_{vo}}$；$u_i$-试验深度处总静水压力(kPa)；$\sigma_{vo}$-试验深度处总上覆压力(kPa)；$u_t$-孔压消散过程时刻 t 的孔隙水压力。

4. 划分土层界限

根据静力触探曲线对土进行力学分层，或参照钻孔分层结合静探曲线的大小和形态特征进行土层工程分层，确定分层界线。

土层划分应考虑超前与滞后的影响，其确定方法如下：

(1)当上下层贯入阻力相差不大时，取超前深度和滞后深度的中点或中点偏向小阻值土层 5～10cm 处作为分层界面。

(2)当上下层贯入阻力相差 1 倍以上，由软层进入硬层或由硬层进入软层时，取软层最后一个或第一个贯入阻力小值偏向硬层 10cm 处作为分层界面。

(3)当上下层贯入阻力无甚变化时，可结合 f_s 或 R_f 的变化确定分层界面。

5. 分层贯入阻力

计算单孔各分层的贯入阻力，可采用算术平均法，或按触探曲线采用面积法，计算时应剔除个别异常值(如个别峰值)，并剔除超前值、滞后值。计算勘察场地的分层阻力时，可按各孔穿越该层的厚度加权平均计算场地分层的平均贯入阻力,或将各孔触探曲线叠加后,绘制低值与峰值包络线,以便确定场地分层的贯入阻力在深度上的变化规律及变化范围。

六、注意事项

影响静力触探测试成果的因素很多,只有深入地了解这些影响因素,才能更好地校正和应用测试成果;同时,对测试设备的标准化及测试方法的科学化也有很大的促进作用。下面将对一些主要影响因素进行叙述和讨论。

1. 探头及探杆的规格

探头形状及尺寸的标准化与科学化对测试成果的应用、交流和对比都有很重要的意义。

国外普遍使用直径相同的锥头、摩擦筒及探杆。国内原有的标准不统一,现已向同径方向发展。目前,国内外已普遍规定静力触探的锥头为圆锥形,其顶角为60°,所不同的是锥头底面积。国际上建议锥头底面积一般为$10cm^2$;仅对坚硬土层才允许使用$15cm^2$或$20cm^2$的锥头。

2. 贯入速率

贯入速率不同,贯入阻力也不同。但在常用贯入速率(2cm/s左右)的情况下,对贯入阻力的影响很小。

事实上,静力触探的贯入速率一般采用1~2cm/s。

3. 孔压探头的饱和问题

如用可测孔隙水压力的探头进行触探时,必须对探头进行严格饱和。只有这样,才能准确地测量出触探时所产生的超孔隙水压力及超孔隙水压力消散值。如果未饱和或饱和不彻底,就会滞缓孔隙水压力的传递速度,使部分超孔隙水压力消耗于压缩在探头中的未排尽的空气上,严重影响测试成果的准确性。

4. 温度影响

温度变化会引起探头内部的电阻应变片变长,从而使其阻值发生变化,导致测量结果的误差。

产生温度变化的重要原因之一是地面温度与地下温度的不同,特别在夏天和冬天。此外,还有应变片通电时间过长,产生电阻热;探头摩擦产生摩擦热。

措施:①采用温度补偿或自动温度补偿应变片来补偿温度变化对探头测试数据的影响;②防止暴晒与受冻;③探头贯入地下0.5~1.0m,停止贯入5~10min,使探头的温度与地下的温度一致,然后调零。

5. 透水滤器位置的影响

孔压探头上透水滤器的安装位置不同,所测孔隙水压力值也不同(图5-1-6)。一般认为,当将透水滤器装在锥尖或圆锥侧面上时,对孔隙水压力的变化反应灵敏,但易遭受破坏和磨损;将透水滤器装在圆锥底面上,也可以较灵敏地反映孔隙水压力的变化,并且使用寿命较长。

在饱和土层中进行触探时,会产生超孔隙水压力。在不同土层中,这种孔隙水压力u值差别很大,因而对锥头 q_c 值的影响也不同,如在饱和软黏土中,u 对 q_c 的影响十分显著。

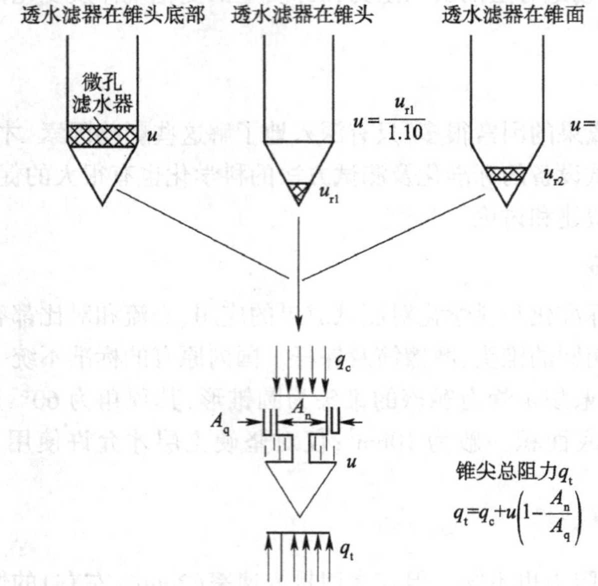

图 5-1-6　透水滤器位置与孔压关系

不同土层的 u 值,可能相差很大。在砂土中,q_t 与 q_c 仅相差 1%;但在淤泥质土中,q_t 与 q_c 相差达 50% 以上,不容忽视。

七、成果应用

1. 应用范围

静力触探试验的应用范围如下:

(1)查明地基土在水平方向和垂直方向的变化,划分土层,确定土的类别。

(2)确定建筑物地基土的承载力和变形模量以及其他物理力学指标。

(3)选择桩基持力层,预估单桩承载力,判别桩基沉入的可能性。

(4)检查填土及其他人工加固地基的密实程度和均匀性,判别砂土的密度及其在地震作用下的液化可能性。

(5)湿陷性黄土地区用来查找浸水湿陷事故的范围和界线。

2. 按贯入阻力进行土层分类

(1)分类方法。利用静力触探进行土层分类,由于不同类型的土可能有相同的 p_s 值、q_c 值或 f_s 值,因此单靠某一个指标,是无法对土层进行正确分类的。在利用贯入阻力进行分层时,应结合钻孔资料进行判别分类。当使用双桥探头时,由于不同土的 q_c 值和 f_s 值不可能都相同,因而可以利用 q_c 值和 f_s/q_c(摩阻比)两个指标来区分土层类别。对比结果证明,用这种方法划分土层类别效果较好。

(2)利用 q_c 值和 f_s/q_c 分类的一些经验数据分类,见表 5-1-2。

按静力触探指标划分土类 表 5-1-2

土的名称	q_c（MPa）	f_s/q_c（%）	q_c（MPa）	f_s/q_c（%）	q_c（MPa）	f_s/q_c（%）	q_c（MPa）	f_s/q_c（%）
淤泥质土及软黏性土	0.2~1.7	0.5~3.5	<1	10~13	<1	>1	≤6	>6
黏土	1.7~9	0.25~5	1~1.7	3.8~5.7	1~7	>3	>30	4~8
粉质黏土			1.4~3	2.2~4.8				
粉土	2.5~20	0.6~3.5	3~6	1.1~1.8	0.5~3	0.5~3	>30	2~4
砂类土	2~32	0.3~1.2	>6	0.7~1.1	<1.2	<1.2	>30	0.6~0.2

(3)《铁路工程地质原位测试规程》(TB 10018—2018)使用双桥探头资料，可按图 5-1-7 划分土类。该方法利用了 q_c 和 R_f 两个参数，其根据在于不同的土类不但具有差异较大的 q_c 值，而且其摩阻比 R_f 对此更为敏感。例如，大部分砂土 R_f 均小于 1%，而黏土通常都大于 2%，所以使用这两个参数划分土类有较好的效果。

该法的优点是提供了边界方程，缺点是比较粗糙。

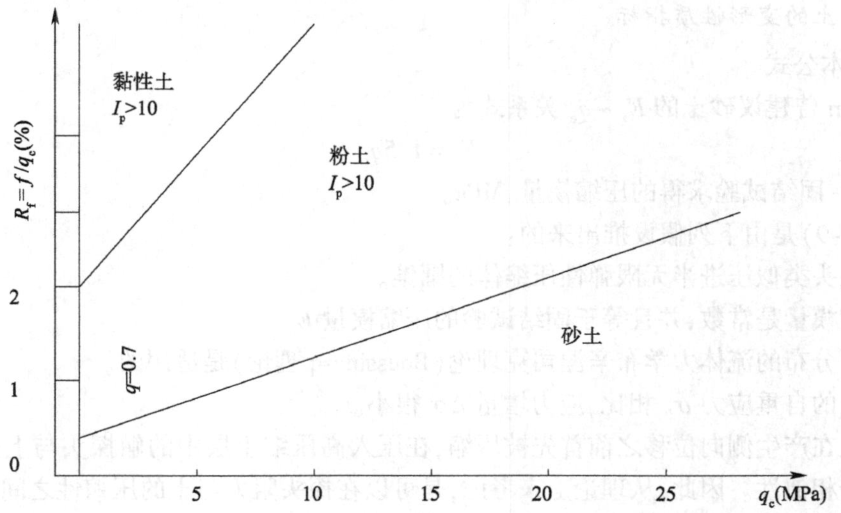

图 5-1-7 用双桥探头划分土类

R_f-摩阻比；q_c <0.7MPa 可划分为软土

注：上边直线方程：$R_f=0.2973q_c+1.6$；下边直线方程：$R_f=0.1013q_c+0.32$。

3. 确定地基土的承载力

目前，为了利用静力触探确定地基土的承载力，国内外都是根据对比试验结果提出经验公式，以解决生产上的应用问题。

建立经验公式的途径主要是将静力触探试验结果与载荷试验求得的比例界限值进行对比，通过对比数据的相关分析，得到用于特定地区或特定土性的经验公式。

粉土 $f_0 = 36p_s + 44.6$

砂土 $f_0 = 19.7p_s + 65.6$

一般黏性土 $f_0 = 104p_s + 26.9$ (5-1-8)

老黏土 $f_0 = 100p_s$

式中：f_0——地基承载力基本值，kPa；

p_s——单桥探头的比贯入阻力，MPa。

4. 确定不排水抗剪强度 C_u 值

用静力触探求饱和软黏土的不排水综合抗剪强度(C_u)。目前是用静力触探成果与十字板剪切试验成果对比，建立 p_s 与 C_u 之间的关系，以求得 C_u 值，其相关式见表 5-1-3。

软土 C_u(kPa)与 p_s、q_c(MPa)相关公式 表 5-1-3

序号	公式	适用范围
1	$C_u = 30.8p_s + 4$	$0.1 \leq p_s \leq 1.5$ 软黏土
2	$C_u = 50p_s + 1.6$	$p_s < 0.7$
3	$C_u = 71q_c$	镇海软黏土
4	$C_u = (71 \sim 100)q_c$	软黏土

5. 确定土的变形性质指标

(1)基本公式

Buisman 曾建议砂土的 $E_s \sim q_c$ 关系式为

$$E_s = 1.5q_c \tag{5-1-9}$$

式中：E_s——固结试验求得的压缩模量，MPa。

式(5-1-9)是由下列假设推出来的：

①触探头类似压进半无限弹性压缩体的圆锥。

②压缩模量是常数，并且等于固结试验的压缩模量 E_s。

③应力分布的流体力学布辛涅司克理论(Boussinesq 理论)是适用的。

④与土的自重应力 σ_0 相比，应力增量 $\Delta\sigma$ 很小。

由于土在产生侧向位移之前首先被压缩，在压入高压缩土层中的触探头与上述假设条件之间存在着相似性。因此，从理论上来考虑，是可以在探头阻力与土的压缩性之间建立相关关系的经验公式。

(2)经验式

E_0、p_s 和 E_s、p_s 的经验式列于表 5-1-4。

按比贯入阻力 p_s 确定 E_0 和 E_s 表 5-1-4

序号	公式	适用范围
1	$E_s = 3.72p_s + 1.26$	$0.3 \leq p_s < 5$
2	$E_0 = 9.79p_s - 2.63$	$0.3 \leq p_s < 3$
	$E_0 = 11.77p_s - 4.69$	$3 \leq p_s < 6$

续上表

序号	公式	适用范围
3	$E_s=3.63(p_s+0.33)$	$p_s<5$
4	$E_s=2.17p_s+1.62$ $E_s=2.12p_s+3.85$	$0.7<p_s<4$ 北京近代土 $1<p_s<9$ 北京老土
5	$E_s=1.9p_s+3.23$	$0.4\leqslant p_s\leqslant 3$
6	$E_s=2.94p_s+1.34$	$0.24<p_s<3.33$
7	$E_s=3.47p_s+1.01$	无锡地区 $p_s=0.3\sim3.5$
8	$E_s=6.3p_s+0.85$	贵州地区红黏土

6. 估计饱和黏性土的天然重度

利用静力触探比贯入阻力 p_s 值，结合场地或地区性土质情况(含有机物情况、土质状态)可估计饱和黏性土的天然重度，见表 5-1-5。

按比贯入阻力 p_s 估计饱和黏性土的天然重度 γ 表 5-1-5

p_s(MPa)	0.1	0.3	0.5	0.8	1.0	1.6
γ(kN/m³)	14.1~15.5	15.6~17.2	16.4~18.0	17.2~18.9	17.5~19.3	18.2~20.0
p_s(MPa)	2.0	2.5	3.0	4.0	≥4.5	
γ(kN/m³)	18.7~20.5	19.2~21.0	19.5~20.7	20.0~21.4	20.3~22.2	

7. 确定砂土的内摩擦角

砂土的内摩擦角可根据静力触探参数参照表 5-1-6 取值。

按比贯入阻力 p_s 确定砂土的内摩擦角 ϕ 表 5-1-6

p_s(MPa)	1	2	3	4	6	11	15	30
ϕ(°)	29	31	32	33	34	36	37	39

8. 估算单桩承载力

静力触探试验可以看作一小直径桩的现场载荷试验。对比结果表明，用静力触探成果估算单桩极限承载力是行之有效的。通常采用双桥探头实测曲线进行估算。下面将采用双桥探头实测曲线估算单桩承载力的经验式介绍如下。

按双桥探头 q_c、f_s 估算单桩竖向承载力计算式如下：

$$p_u = a\,\bar{q}_c A + U_p \sum \beta_i f_{si} l_i \tag{5-1-10}$$

式中：p_u——单桩竖向极限承载力，kN；

a——桩尖阻力修正系数，对黏性土取 2/3，对饱和砂土取 1/2；

q_c——桩端上下探头阻力，取桩尖平面以上 4d(d 为桩的直径)范围内按厚度的加权平均值，然后再和桩尖平面以下 1d 范围的 q_c 值平均，kPa；

f_{si}——第 i 层土的探头侧壁摩阻力，kPa；

β_i——第 i 层土桩身侧摩阻力修正系数，按式(5-1-11)、式(5-1-12)计算；

U_p——桩身周长，m；

其余符号意义同前。

黏性土 $$\beta_i = 10.04 f_{si}^{-0.55} \tag{5-1-11}$$

砂土 $$\beta_i = 5.05 f_{si}^{-0.45} \tag{5-1-12}$$

确定桩的承载力时，安全系数取 2～2.5，以端承力为主时取 2，以摩阻力为主时取 2.5。

八、检测报告

静力触探试验报告见表 5-1-7。表格电子版可扫描下方二维码下载，或见本书配套《桥梁工程检测实训指导手册》表 10-1。

表 5-1-7 静力触探试验报告

【"1 + X"加油站】"静力触探试验"技术技能训练

【拓展阅读】

【工程案例】由地基问题造成的事故

任务二 动力触探试验

学习目标

1. 知识目标

(1) 了解动力触探试验原理。

(2) 了解动力触探仪的结构、探头种类。

(3) 掌握触探数据分析和触探指标应用。

(4) 掌握动力触探报告编写规则。

2. 能力目标

(1)能够正确使用动力触探仪开展动力触探试验。

(2)能够熟练掌握动力触探仪的维护及使用。

(3)能够准确分析并处理动力触探数据。

(4)能够利用动力触探数据分析地基土相关物理力学性能指标。

3. 素质目标

(1)通过分组活动,培养团队协作能力。

(2)通过规范文明操作,培养良好的职业道德和安全环保意识。

(3)通过小组讨论、上台演讲评述,培养与客户的沟通能力。

任务描述

某大桥的桥台为扩大基础,桥墩为桩柱式基础,为进一步验证该桥的桥台及各桥墩合适的持力层和基桩类型,现要求采用动力触探试验对桥址所在地的地基土承载力进行验证,并对桥址所在地的地基土进行力学分层。

知识技能学习

一、检测依据

《岩土工程勘察规范(2009 年版)》(GB 50021—2001)。

《建筑地基基础工程施工质量验收标准》(GB 50202—2018)。

《冶金工业岩土勘察原位测试规范》(GB/T 50480—2008)。

动力触探试验探秘

二、检测原理

动力触探试验的工作原理是利用一定的落锤能量将与触探杆相连接的探头打入土中,根据打入的难易程度(表示为贯入度或贯入阻力)来判断土的工程性质的一种原位测试方法。动力触探一般用于确定各类土的容许承载力,也可用于查明土层在水平和垂直方向上的均匀程度,还可用于确定桩基持力层的位置和预估单桩承载力。

动力触探测试可分为圆锥动力触探和标准贯入试验两大类。

根据锤击能量,圆锥动力触探试验的类型分为可分为轻型、重型和超重型三种。轻型动力触探适用于一般黏土及素填土;重型动力触探适用于中、粗砾砂和碎石土;超重型动力触探适用于卵石、砾石类土。

触探指标定义为每贯入一定深度所需的锤击数。轻型动力触探以每贯入0.30m 的锤击数,以N_{10}表示;重型和超重型动力触探以每贯入0.10m 所需的锤击数,分别以$N_{63.5}$和N_{120}表示。也可用动贯入阻力作为触探指标。

图 5-2-1 动力触探试验(DPT)能量平衡示意图

动力触探的基本原理可以用能量平衡法来分析,能量平衡示意图如图 5-2-1 所示。

对于一次锤击作用下的功能转换按能量守恒原理，其关系式为

$$E_m = E_k + E_c + E_f + E_p + E_e \tag{5-2-1}$$

式中：E_m——穿心锤下落能量；

E_k——锤与触探器碰幢时损失的能量；

E_c——触探器弹性变形所消耗的能量；

E_f——贯入时用于克服杆侧壁摩阻力所耗能量；

E_p——由于土的塑性变形而消耗的能量；

E_e——由于土的弹性变形而消耗的能量。

各项能量的计算式如下：

(1)落锤能量：

$$E_m = Mgh \cdot \eta \tag{5-2-2}$$

式中：M——重锤质量，kg；

h——重锤落距，m；

g——重力加速度，$g = 9.81\text{m/s}^2$；

η——落锤效率（考虑受绳索、卷筒等摩擦的影响，当采用自动脱钩装置时 $\eta = 1$）。

(2)碰撞时的能耗，根据牛顿碰撞理论得：

$$E_k = \frac{m \cdot Mgh(1 - k^2)}{M + m} \tag{5-2-3}$$

式中：m——触探器质量，kg；

k——与碰撞体材料性质有关的碰撞作用恢复系数；

其余符号意义同式(5-2-2)。

(3)触探器弹性变形的能耗：

$$E_c = \frac{R^2 \cdot l}{2Ea} \tag{5-2-4}$$

式中：l——触探器贯入部分长度，m；

E——探杆材料弹性模量，MPa；

a——探杆截面积，m^2；

R——土对探头的贯入总阻力，kN。

(4)土的塑性变形能：

$$E_p = R \cdot S_p \tag{5-2-5}$$

式中：R——土对探头的贯入总阻力，kN；

S_p——每锤击后土的永久变形量（可按每锤击时实测贯入度 e 计）。

(5)土的弹性变形能：

$$E_e = 0.5R \cdot S_e \tag{5-2-6}$$

式中：R——意义同式(5-2-4)；

S_e——每锤击时土的弹性变形量。

S_e 值在试验时未测出，可利用无限半空间上作用集中荷载时的明德林（Mindlin）解答并通

过击数与土的刚度建立的如下关系确定。

$$S_e = \frac{0.66R \cdot D}{A \cdot N \cdot p_0 \cdot \beta} \tag{5-2-7}$$

式中：R——土对探头的贯入总阻力，kN；

D——探头直径，m；

A——探头截面积，m^2；

N——永久贯入量为0.1m时的击数；

p_0——基准压力，$p_0 = 1kPa$；

β——土的刚度系数（经验值：黏性土，$\beta = 800$；砂土，$\beta = 4000$）。

将式(5-2-1)～式(5-2-6)合并整理得：

$$R = \frac{Mgh}{S_p + 0.5S_e} \cdot \frac{M + mk^2}{M + m} - \frac{R^2 l}{2Ea} - f \tag{5-2-8}$$

式中：f——土对探杆侧壁摩擦力，kN；

其他符号意义同式(5-2-1)～式(5-2-6)。

如果将探杆假定为刚性体，即杆无变形，不考虑杆侧壁摩擦力影响，则式(5-2-8)变成海利(Hiley A.)动力公式：

$$R = \frac{Mgh}{S_p + 0.5S_e} \cdot \frac{M + mk^2}{M + m} \tag{5-2-9}$$

考虑在动力触探测试中，只能量测到土的永久变形，故将与弹性有关的变形略去，因此，土的动贯入阻力 R_d 也可表示为式(5-2-10)，称为荷兰动力公式。

$$R_d = \frac{gM^2 h}{Ae(M + m)} \tag{5-2-10}$$

式中：R_d——探头单位面积上的阻力，kPa；

e——贯入度，mm，即每击的贯入深度，$e = \Delta S/n$，其中ΔS 为每一阵击(n 击)的贯入深度，mm；

M——重锤质量，kg；

h——锤落高度，m；

m——探触器质量，kg；

A——圆锥探头底面积，m^2。

三、检测仪器设备

动力触探仪具有以下优点：

(1)设备简单，且坚固耐用。

(2)操作及测试方法简单易学。

(3)适用性广，砂土、粉土、砾石土、软岩、强风化岩石及黏性土均可(如静力触探试验不适用的砾石土等，可选用动力触探试验)。

(4)快速、经济，能连续测试土层。

(5)有些动力触探仪，可同时取样，观察描述。

(6)应用历史悠久,积累的经验丰富,使用广泛。

1. 动力触探仪的构造

动力触探仪使用的设备包括动力设备和贯入系统两大部分。动力设备的作用是提供动力源,为便于野外施工,多采用柴油发动机;对于轻型动力触探仪也有采用人力提升方式的。贯入系统是动力触探的核心,由穿心锤、探杆和探头组成。

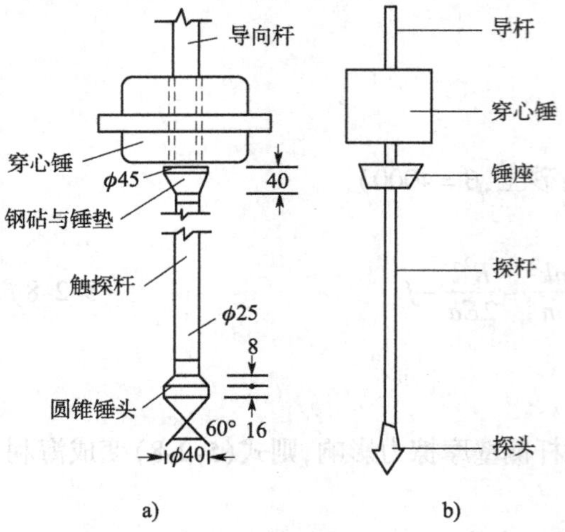

图 5-2-2 轻型动力触探仪的贯入系统(尺寸单位:mm)

虽然各种动力触探试验设备的质量相差悬殊,但其仪器设备的结构形式却大致相同。图 5-2-2 示出了目前常用的机械式动力触探中的轻型动力触探仪的贯入系统,它包括穿心锤、导向杆、锤垫、探杆和探头 5 个部分。其他类型的贯入系统在结构上与此类似,差别主要表现在细部规格上。轻型动力触探仪使用的落锤质量小,可以使用人力提升的方式,因此锤体结构相对简单;重型和超重型动力触探仪的落锤质量大,使用时需借助机械脱钩装置,因此锤体结构要复杂得多。常用的机械脱钩装置(提引器)的结构各异,但基本上可分为以下两种形式:

①内挂式(提引器挂住重锤顶帽的内缘而提升)。它是利用导杆缩径,使提引器内活动装置(钢球、偏心轮或挂钩等)发生变位,完成挂锤、脱钩及自由下落的往复过程。

②外挂式(提引器挂住重锤顶帽的外缘而提升)。它是利用上提力完成挂锤,靠导杆顶端所设弹簧锥套或凸块强制挂钩张开,使重锤自由下落。

2. 动力触探仪的技术要求

根据所用穿心锤的质量将动力触探试验分为轻型、中型、重型和超重型等种类。动力触探仪类型及相应的探头和探杆规格见表 5-2-1。

动力触探仪类型及相应的探头和探杆规格 表 5-2-1

类型	锤质量(kg)	落距(cm)	探头规格		探杆外径(mm)	触探指标(贯入一定深度的锤击数)	备注
			锥角(°)	底面积(cm^2)			
轻型	10	50	60	12.6	25	贯入 30cm 锤击数 N_{10}	工民建勘察规范等推荐
	10	30	45	4.9	12	贯入 10cm 锤击数 N_{10}	英国 BS 规程
中型	28	80	60	30	33.5	贯入 10cm 锤击数 N_{28}	工民建勘察规范推荐
重型	63.5	76	60	43	42	贯入 10cm 锤击数 $N_{63.5}$	岩土工程勘察规范推荐
超重型	120	100	60	43	60	贯入 10cm 锤击数 N_{120}	水电部土工试验规程推荐

在各种类型的动力触探中,轻型动力触探仪适用于一般黏性土及素填土,特别适用于软

土;重型动力触探仪适用于砂土及砾砂土;超重型动力触探仪适用于卵石、砾石类土。穿心锤的质量之所以不同,是由于自然界土类千差万别;锤大动能大,可击穿硬土;锤小动能小,既可击穿软土,又能得到一定锤击数,使测试精度提高。现场测试时应根据地基土的性质选择适宜的动力触探仪类型。

轻型、重型和超重型动力触探仪探头的尺寸如图 5-2-3、图 5-2-4 所示。国际上使用的探头规格较多,而我国的常用探头直径约 5 种,锥角基本上只有 60°一种。动力触探仪穿心锤与探头、探杆实物如图 5-2-5 所示。

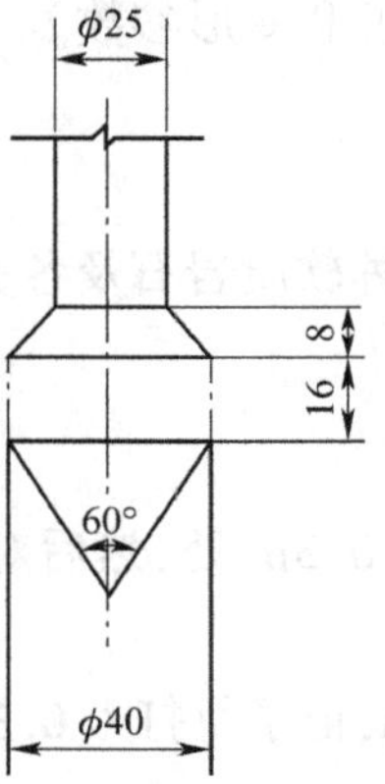

图 5-2-3 轻型动力触探仪探头
(尺寸单位:mm)

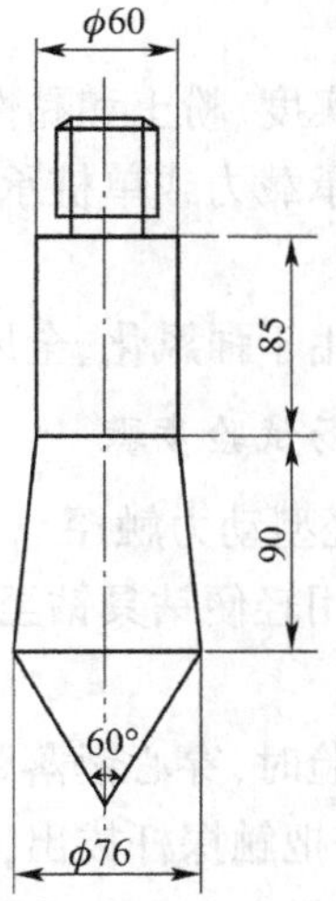

图 5-2-4 重型、超重型动力触探仪探头
(尺寸单位:mm)

探触杆应符合《土工仪器的基本参数及通用技术条件》(GB/T 15406—2007)的规定。触探杆的接头应与触探杆具有相同的直径,每个接头的容许最大偏心为 0.2mm。重型和超重型动力触探仪探头直径的最大允许磨损尺寸为 2mm;探头尖端的最大允许磨损尺寸为 5mm。

重型和超重型动力触探仪的锤座直径应小于 100mm,并不大于锤底面直径的一半。锤座、导向杆与触探杆的轴中心必须成一直线。锤座和导杆的总质量不应超过 30kg。

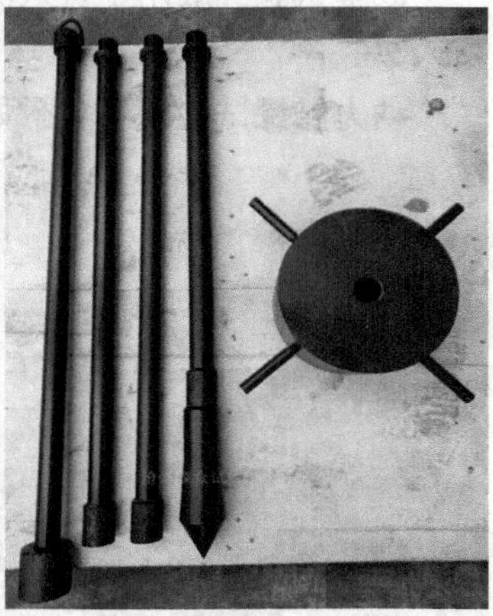

图 5-2-5 动力触探仪穿心锤与探头、探杆实物图

四、检测方法及步骤

1. 收集基本技术资料

(1)工程名称及设计单位、施工单位、监理单位(监督)和建设单位的名称。

(2)岩土工程勘察资料。

(3)受检地基设计资料。

(4)受检地基施工记录。

圆锥动力触探试验探秘

2. 检测目的与适用范围

(1)目的

①定性评价。

a. 评定场地土层的均匀性。

b. 查明土洞、滑动面和软硬土层界面。

c. 确定软弱土层或坚硬土层的分布。

d. 检验评估地基土加固与改良的效果。

②定量评价。

a. 确定砂土的密实度、粉土和黏性土的状态、土的强度和变形参数。

b. 评价地基土的承载力或单桩承载力。

(2)适用范围

动力触探试验适用于强风化、全风化的硬质岩石,各种软质岩石及各类土。

轻型圆锥动力触探

3. 现场试验步骤

(1)轻型动力触探

①先用轻便钻具钻至试验土层高程以上 0.3m 处,然后对所需试验土层进行连续触探。

②试验时,穿心锤落距为(0.50 ±0.02)m,记录每打入 0.30m 所需的锤击数。

③若想取样,则需把触探杆拔出,换钻头进行取样。

④遇坚硬土层,当贯入 0.30m 锤击数大于 100 击或贯入 0.15m 大于 50 击,即可停止试验。如需对下卧土层进行试验时,可用钻具穿透坚实土层后再贯入。

⑤本试验一般用于贯入深度小于 4m 土层,必要时也可在贯入 4m 后,用钻具清孔后继续贯入 2m。

动力触探试验现场实景如图 5-2-6 所示。

图 5-2-6 动力触探试验现场实景

(2)重型动力触探

①试验前将触探架安装平稳,使触探保持垂直地进行,垂直度的最大偏差不得超过 2%。触探杆应保持平直,连接牢固。

②贯入时,应使穿心锤自由下落,落锤落距为(0.76 ± 0.02)m。地面上的触探杆的高度不宜过高,以免倾斜与摆动过大。

③锤击速率宜为 15 ~ 30 击/min。打入过程应尽可能连续,所有超过 5min 的间断都应在记录中予以注明。

④及时记录每贯入 0.10m 所需的锤击数。其方法可在触探杆上每隔 0.10m 画出标记,然后直接或用仪器记录锤击数;也可以记录每一阵击的贯入度,然后再换算为每贯入 0.10m 所需的锤击数。

⑤对于一般砂、圆砾和卵石,触探深度不宜超过 12 ~ 15m;超过该深度时,需考虑触探杆的

侧壁摩阻的影响。

⑥每贯入0.1m所需锤击数连续3次超过50击时，即停止试验。如需对土层继续进行试验时，可改用超重型动力触探仪。

⑦本试验也可在钻孔中分段进行。一般可先进行贯入，然后进行钻探直至动力触探所及深度以上1m处，取出钻具将触探器放入孔内再进行贯入。

(3)超重型动力触探

①贯入时穿心锤自由下落，落距为(1.00±0.02)m。贯入深度一般不宜超过20m，超过该深度时，需考虑触探杆侧壁摩阻的影响。

②其他步骤可参照本节重型动力触探步骤①~⑥进行。

4.动力触探试验的技术要求

(1)采用自动落锤装置。

(2)触探杆最大偏斜度不应超过2%，锤击贯入应连续进行；同时防止锤击偏心、探杆倾斜和侧向晃动，保持探杆垂直度；锤击速率宜为15~30击/min。

(3)每贯入1m，宜将探杆转动1.5圈；当贯入深度超过10m时，每贯入20cm宜转动探杆一次。

(4)对轻型动力触探，当$N_{10}>100$或贯入15cm锤击数超过50时，可停止试验；对重型动力触探，当连续3次$N_{63.5}>50$时，可停止试验或改用超重型动力触探。

五、检测数据分析与评定

1.检测数据的整理

在每个动探孔完成后，应在现场及时核对所记录的击数、尺寸有无错漏，项目是否齐全；核对完毕后，在记录表上签上记录者的名字和测试日期。

2.原始数据的修正

(1)轻型动力触探

①轻型动力触探不考虑锤击数修正，根据每贯入30cm的实测击数绘制N_{10}-h曲线图。

②根据每贯入30cm的锤击数对地基土进行力学分层，然后计算每层实测击数的算术平均值。

按式(5-2-11)计算每层实测击数的算术平均值：

$$N'_{10}=\frac{1}{n}\sum_{i=1}^{n}N_{10} \tag{5-2-11}$$

式中：N'_{10}——N_{10}的算数平均值；

N_{10}——实测锤击数；

n——参加统计的测点数。

对于轻型动力触探为每贯入30cm的锤击数，重型、超重型为每贯入10cm的锤击数。

(2)重型动力触探

按照《公路工程地质原位测试规程》(JTG 3223—2021)中规定，重型圆锥动力触探试验实测锤击数应按杆长修正，见式(5-2-12)。

$$N_{63.5}=\alpha\times N_{s,63.5} \tag{5-2-12}$$

式中：$N_{63.5}$——修正后的重型动力触探锤击数，击/10cm；

α——修正系数，按表5-2-2取值；

$N_{s,63.5}$——实测重型圆锥动力触探锤击数，击/10cm。

重型圆锥动力触探锤击数修正系数 α 表5-2-2

杆长 L (m)	$N_{s,63.5}$(击/10cm)								
	5	10	15	20	25	30	35	40	≥50
≤2	1.00	1.00	1.00	1.00	1.00	1.00	1.00	1.00	—
4	0.96	0.95	0.93	0.92	0.90	0.89	0.87	0.86	0.84
6	0.93	0.90	0.88	0.85	0.83	0.81	0.79	0.78	0.75
8	0.90	0.86	0.83	0.80	0.77	0.75	0.73	0.71	0.67
10	0.88	0.83	0.79	0.75	0.72	0.69	0.67	0.64	0.61
12	0.85	0.79	0.75	0.70	0.67	0.64	0.61	0.59	0.55
14	0.82	0.76	0.71	0.66	0.62	0.58	0.56	0.53	0.50
16	0.79	0.73	0.67	0.62	0.57	0.54	0.51	0.48	0.45
18	0.77	0.70	0.63	0.57	0.53	0.49	0.46	0.43	0.40
20	0.75	0.67	0.59	0.53	0.48	0.44	0.41	0.39	0.36

(3)超重型动力触探

超重型圆锥动力触探的实测锤击数 N_{120} 进行杆长修正时，先按式(5-2-13)换算成相当于重型圆锥动力触探的实测击数 $N_{63.5}$ 后，再按式(5-2-12)进行修正。

$$N_{s,63.5}=3N_{120}-0.5 \tag{5-2-13}$$

3. 绘制动力触探击数沿深度分布曲线

以杆长校正后的击数为横坐标，以贯入深度为纵坐标，绘制曲线图(图5-2-7)。因为采集的数据表示每贯入某一深度的锤击数，所以曲线图一般绘制成沿深度方向的直方图(图5-2-8)。在某一地区进行多次勘测实践后，就可以建立起当地土类与锤击数的关系。

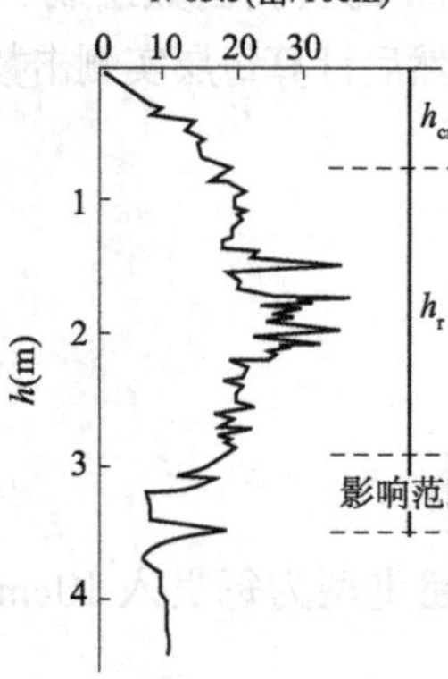

图5-2-7 按每阵击贯入量换算成 $N_{63.5}$ 的曲线

h-贯入深度；h_{cr}-临界深度；h_r-有效厚度

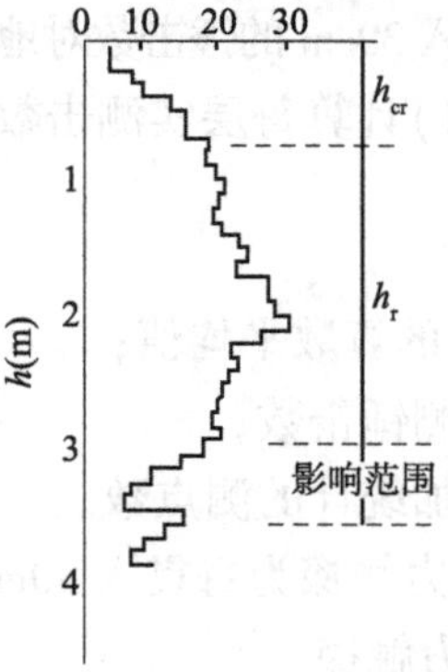

图5-2-8 按每贯入10cm时的 $N_{63.5}$ 的曲线

h-贯入深度；h_{cr}-临界深度；h_r-有效厚度

《岩土工程勘察规范(2009年版)》(GB 50021—2001)对于动力触探的曲线绘制和试验成

果作了如下规定：

(1)单孔动力触探应绘制动探击数与深度曲线或动贯入阻力与深度曲线，进行力学分层。

(2)计算单孔分层动探指标，应剔除超前或滞后影响范围内及个别指标异常值。

(3)当土质均匀，动探数据离散性不大时，可取各孔分层平均动探值，用厚度加权平均法计算场地分层平均动探值。

(4)当动探数据离散性大时，宜采用多孔资料或与钻探资料及其他原位测试资料进行综合分析。

(5)根据动探指标和地区经验，确定砂土孔隙比、相对密度，粉土、黏性土状态，土的强度、变形参数，地基土承载力和单桩承载力等设计参数；评定场地均匀性，查明土坡、滑动面、层面，检验地基加固与改良效果。

4. 测试成果整理

(1)求锤击数 N：如果土层不太硬，并能较容易地贯穿 0.30m 的试验段，则取贯入 0.30m 的锤击数 N。如果土层很硬，不宜强行打入时，可用下式换算相应于贯入 0.30m 的锤击数 N。

$$N=\frac{0.3n}{\Delta S} \tag{5-2-14}$$

式中：n——所选取的贯入深度的锤击数；

ΔS——对应锤击数 n 的贯入深度，m。

(2)绘制 N-h 关系曲线。

六、成果应用

(1)根据 $N_{63.5}$ 估计碎石土的密实度，见表 5-2-3。表内 $N_{63.5}$ 为经修正后锤击数的平均值，适用于平均粒径小于等于 50mm 且最大粒径不超过 100mm 的卵石、碎石、圆砾、角砾。

碎石土的密实度 表 5-2-3

重型圆锥动力触探锤击数 $N_{63.5}$	密实度
$N_{63.5}\leqslant 5$	松散
$5<N_{63.5}\leqslant 10$	稍密
$10<N_{63.5}\leqslant 20$	中密
$N_{63.5}>20$	密实

(2)根据 $N_{63.5}$ 估计天然地基的容许承载力 $[\sigma_0]$，见表 5-2-4。

$N_{63.5}$ 与承载力的关系 表 5-2-4

$N_{63.5}$	3	4	5	6	8	10	12	14	16
σ_0(kPa)	140	170	200	240	320	400	480	540	600
$N_{63.5}$	18	20	22	24	26	28	30	35	40
σ_0(kPa)	660	720	780	830	870	900	930	970	1000

(3)根据 N_{10} 估计天然地基的容许承载力 $[\sigma_0]$，见表5-2-5和表5-2-6。

黏性土地基容许承载力 表5-2-5

N_{10}	15	20	25	30
$[\sigma_0]$(kPa)	105	145	190	230

素填土承载力标准值(黏性土和粉土组成的素填土) 表5-2-6

N_{10}	15	20	30	40
$[\sigma_0]$(kPa)	85	115	135	160

根据轻型动力触探试验确定承载力时应按下式修正锤击数：

$$N_{10} = \overline{N} - 1.645\sigma \tag{5-2-15}$$

七、检测报告

动力触探试验报告见表5-2-7。表格电子版可扫描下方二维码下载。“圆锥动力触探试验检测报告工程”示例见本书配套《桥梁工程检测实训指导手册》表11-1。

表5-2-7 动力触探试验报告　　【“1+X”加油站】“动力触探试验”技术技能训练

任务三 标准贯入试验

学习目标

1. 知识目标

(1)了解标准贯入试验的原理。

(2)了解标准贯入设备的结构、探头种类。

(3)掌握贯入数据分析和贯入指标应用。

(4)掌握标准贯入试验报告编写规则。

2. 能力目标

(1)能够正确使用标准贯入试验仪开展动力触探试验。

(2)能够熟练掌握标准贯入试验仪器的维护及使用。

(3)能够准确分析并处理动力触探数据。

(4)能够利用标准贯入试验数据分析地基土相关物理力学性能指标。

3. 素质目标

(1)通过分组活动,培养团队协作能力。

(2)通过规范文明操作,培养良好的职业道德和安全环保意识。

(3)通过小组讨论、上台演讲评述,培养与客户沟通的能力。

任务描述

某桥位于某河流之上,全长约500m,设计为双向四车道,是连接两岸的重要交通通道。桥梁主体结构采用钢结构,基础形式为桩基承台。由于桥梁所处位置地质条件复杂,地基土类型多样,包括黏土、砂土和卵石层等,且存在软弱土层和不良地质现象,拟采用标准贯入试验对地基土进行详细的勘查和评估,查明桥梁地基土的分布、厚度、物理力学性质以及可能存在的软弱土层和不良地质现象,为桥梁的设计、施工和质量控制提供科学的依据。

知识技能学习

一、检测依据

《岩土工程勘察规范(2009年版)》(GB 50021—2001)。

《建筑地基基础工程施工质量验收标准》(GB 50202—2018)。

《标准贯入试验规程》(YS/T 5213—2018)。

二、标准贯入试验的基本操作及特点

1. 标准贯入试验的基本操作

标准贯入试验采用质量为63.5kg的穿心锤,以76cm的自由落距,将一定规格尺寸的标准贯入器在孔底预打入土中15cm,然后开始记录锤击数,再将标准贯入器打入土中30cm,用此30cm的锤击数作为标准贯入试验的指标。

2. 标准贯入试验的特点

标准贯入试验是国内外广泛应用的一种现场原位测试手段。该试验方法方便、经济,不仅适用于砂土测试,也适用于黏性土的测试。标准贯入锤击数N,可用于判定砂土的密实度、黏性土的稠度、地基土的容许承载力、砂土的振动液化、桩基承载力等,是检验地基处理效果的重要手段。

图5-3-1 标准贯入试验设备

三、检测仪器设备

标准贯入试验设备(图5-3-1)主要由标准贯入器、

触探杆和穿心锤等部件组成,各部分结构尺寸见表 5-3-1。

各部分结构尺寸　　表 5-3-1

穿心锤		锤的质量(kg)	63.5
		落距(cm)	76
贯入器	对开管	长度(mm)	>500
		外径(mm)	51
		内径(mm)	35
	管靴	长度(mm)	50~76
		刃口角度(°)	18~20
		刃口单刃厚度(mm)	1.6
触探杆		直径(mm)	42
		相对弯曲	<1/1000

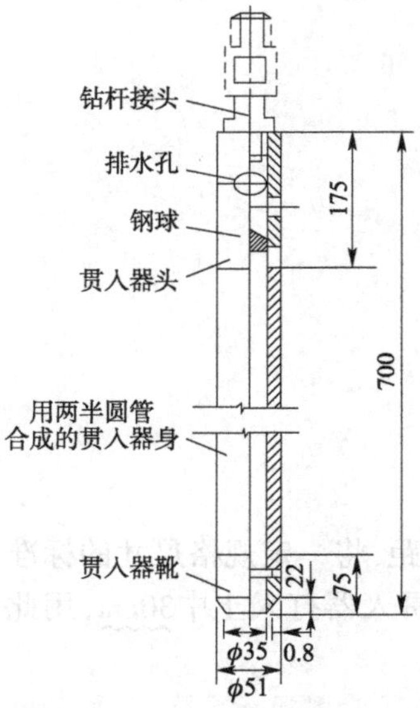

图 5-3-2　标准贯入器结构图
(尺寸单位:mm)

(1)贯入器:标准规格的圆筒形探头,是由两个半圆管合成的取土器。标准贯入器结构如图 5-3-2 所示。

(2)穿心锤(落锤):重 63.5kg,自由落距 76cm,应配有自动落锤装置。

(3)触探杆(钻杆):外径 42mm 的钻杆。

(4)锤垫:承受锤击的钢垫,附导向杆,两者总质量以不超过 30kg 为宜。

四、检测方法及步骤

标准贯入试验的测试方法在世界上已基本统一。按《岩土工程勘察规范(2009 年版)》(GB 50021—2001)规定,其测试程序和相关要求如下。

1. 试验前的准备工作

(1)工程名称及设计单位、施工单位、监理(监督)单位和建设单位的名称。

(2)岩土工程勘察资料。

(3)受检地基设计资料。

(4)受检地基施工记录。

标准贯入试验及其应用

2. 检测目的与适用范围

标准贯入试验的目的:用测得的标准贯入锤击数 N,判断砂土的密实程度或黏性土的稠度,以确定地基土的容许承载力;评定砂土的振动液化势和估计单桩的承载力;确定土层剖面和取扰动土样进行一般物理性试验。

标准贯入试验主要适用于一般黏性土、粉土和砂土，不适用于软塑～流塑的软土。

3. 现场试验步骤

标准贯入试验的测试方法在世界上已基本统一。根据《土工试验方法标准》（GB/T 50123—2019）规定，其测试程序和相关要求如图 5-5-3 所示。

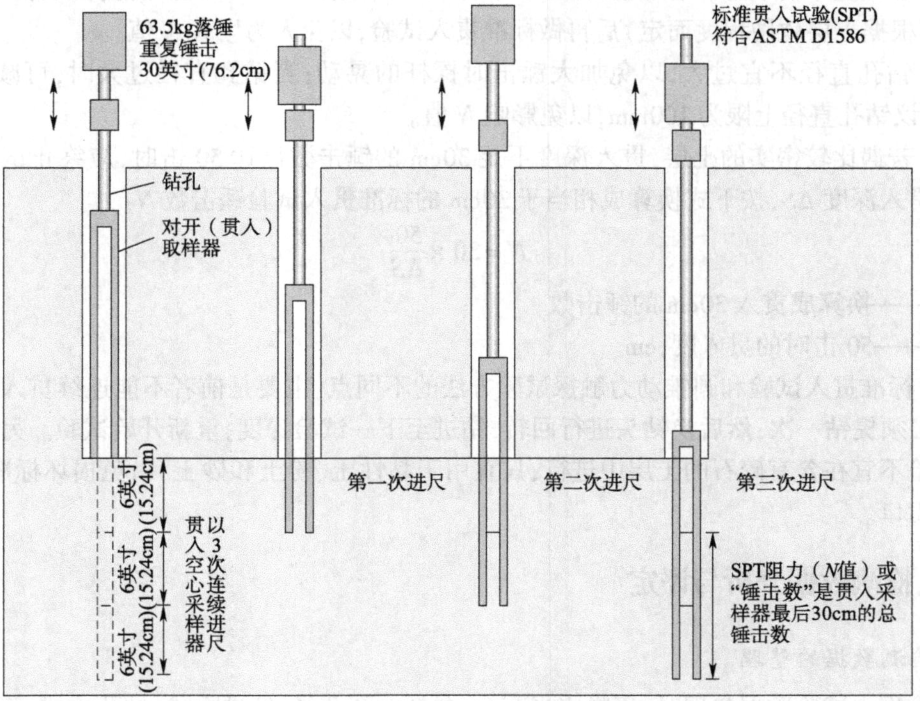

图 5-3-3　标准贯入试验步骤示意图

（1）用钻具钻至试验土层高程以上 0.15m 处，清除残土。清孔时，应避免试验土层受到扰动。当在地下水位以下的土层中进行试验时，应使孔内水位保持高于地下水位，以免出现涌砂和塌孔；必要时，应下套管或用泥浆护壁。

（2）贯入前应拧紧钻杆接头，将贯入器放入孔内，避免冲击孔底，注意保持贯入器、钻杆、导向杆连接后的垂直度。孔口宜加导向器，以保证穿心锤中心施力。贯入器放入孔内后，应测定贯入器所在深度，要求残土厚度不大于 0.1m。

（3）将贯入器以击打频率 15～30 击/min，先打入土中 0.15m，不计锤击数；然后开始记录每打入 0.10m 及累计 0.30m 的锤击数 N，并记录贯入深度与试验情况。若遇密实土层，锤击数超过 50 击时，不应强行打入，并记录 50 击的贯入深度。

（4）旋转钻杆，然后提出贯入器，取贯入器中的土样进行鉴别、描述记录，并测量其长度。将需要保存的土样仔细包装、编号，以备试验之用。

（5）重复步骤（1）～（4），进行下一深度的标准贯入试验，直至所需深度。一般每隔 1m 进行一次标准贯入试验。

4. 动力触探试验的技术要求

（1）必须保持孔内水位高出地下水位一定高度，以免塌孔，保持孔底土处于平衡状态，不使孔底发生涌砂变松，影响 N 值。

(2)下套管不要超过试验高程。

(3)必须缓慢地下放钻具，避免对孔底土的扰动。

(4)细心地清除孔底浮土；孔底浮土应尽量少，其厚度不得大于10cm。

(5)如钻进中需取样，则不应在锤击法取样后立刻做标准贯入试验，而应在继续钻进一定深度（可根据土层软硬程度而定）后再做标准贯入试验，以免人为增大 N 值。

(6)钻孔直径不宜过大，以免加大锤击时探杆的晃动；当钻孔直径过大时，可减少 N 至50%，建议钻孔直径上限为100mm，以免影响 N 值。

(7)若遇比较密实的土层，贯入深度不足30cm的锤击数已达50击时，应终止试验，并记录实际贯入深度 ΔS，按下式换算成相当于30cm的标准贯入试验锤击数 N：

$$N = 30 \times \frac{50}{\Delta S} \tag{5-3-1}$$

式中：N——换算成贯入30cm的锤击数；

ΔS——50击时的贯入度，cm。

(8)标准贯入试验和圆锥动力触探试验方法的不同点，主要是前者不能连续贯入，每贯入0.45m必须提钻一次，然后换钻头进行回转，钻进至下一试验深度，重新开始试验。另外，标准贯入试验不宜在含有碎石的土层中进行，只宜用于黏性土、粉土和砂土，以免损坏标准贯入器的管靴刃口。

五、检测数据分析与评定

1. 检测数据的整理

标准贯入试验数据整理时，资料应当齐全，包括钻孔孔径、钻进方式、护孔方式、落锤方式、地下水位及孔内水位（泥浆高程）、初始贯入度、预打击数、标准贯入击数、记录深度、贯入器所取扰动土样的鉴别描述等。

2. 原始数据的修正

由于钻杆的弹性压缩会引起能量损耗，钻杆过长时传入贯入器的动能降低，因而减少每击的贯入深度，即提高了锤击数，所以需要根据杆长对锤击数进行修正：

$$N = \alpha N_0 \tag{5-3-2}$$

式中：N——修正后的锤击数；

α——修正系数，按钻杆长度由表5-3-2选用；

N_0——实际记录的锤击数。

标准贯入试验钻杆长度修正系数　　表5-3-2

钻杆长度(mm)	3	6	9	12	15	18	21
α	1.00	0.92	0.86	0.81	0.77	0.73	0.70

3. 绘制动力触探击数沿深度分布曲线

绘制标准贯入试验锤击数 N 与深度 H 的关系曲线（图5-3-4），或在地质剖面图上，标出试验深度处的 N 值。

4. 测试成果整理

结合钻探及其他原位试验,依据 N 值在深度上的变化,对各土层的 N 值进行统计,统计时要剔除个别异常值。

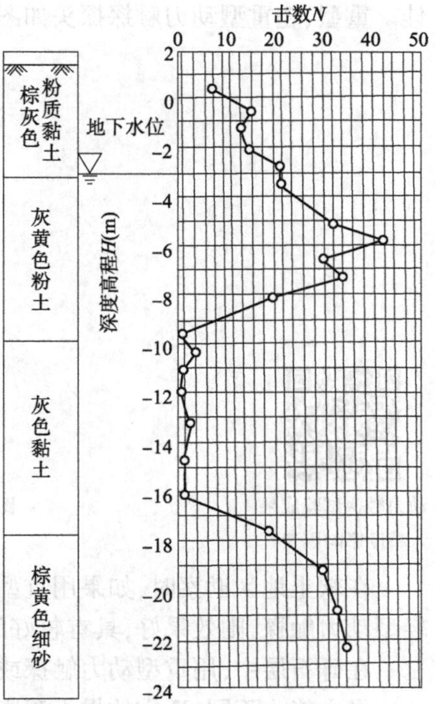

图 5-3-4 N-H 关系曲线

六、影响动力触探试验测试成果精度的主要因素及对策

动力触探测试的设备和测试方法多种多样,影响其试验成果精度的因素很多,归结起来可以分为两大类,即土层及测试机理方面的影响和设备类型及测试方法的影响。

1. 动力触探的有效锤击能量

动力触探的锤击能量,即穿心锤质量(Q)与落距(H)的乘积。锤击能量,除了用于克服土对触探头的贯入阻力之外,还消耗于穿心锤与锤垫的碰撞、探杆的弹性变形、探杆与孔壁土的摩擦及人拉绳或钢丝绳对锤自由下落的阻力等。用于克服土对触探头阻力的锤击能量为有效锤击能量,只占整个锤击能量的一部分。有效锤击能量的大小是影响动力触探成果 N 值的最主要因素。目前,最好的办法是在触探头或锤垫上安装测试能量的传感器,直接测定有效锤击能量,即所谓电测动力触探。

由于影响有效锤击能量的因素较多,且影响程度时大时小,所以动力触探的锤击数含有较大误差,离散性大,再现性差。如果能够把有效锤击能量直接和锤击数建立起相关关系,则动力触探的试验精度将会大幅提高。探头的单位动贯入阻力 R_d 和锤击数成正比关系,因此可以用探头的动贯入阻力作为动力触探的成果,评价土的工程性质。

动力触探探头大小、穿心锤质量等差别较大,可以用动贯入阻力将各种动探作归一化处理,即可相互通用。

2. 动力触探测试设备和测试方法的标准化

目前,各国所用动力触探设备的种类很多,很不统一,只有少数国家对一种或几种动力触探设备和测试方法做了统一。

在测试设备和测试方法的标准化方面,落锤技术比较关键,人力牵引的锤击数要小于自动落锤的锤击数。因此,自动落锤的锤击数再现性好,结果可靠。但应注意的是,如采用人力牵引落锤,在应用人力牵引落锤的锤击数资料时,应予修正(参考人力牵引落锤与自动落锤的锤击数之间的关系)。当前,自动落锤装置在国内外均受到重视。

3. 动力触探设备贯入能力的影响

动力触探设备贯入能力是由锤重、落距、探头截面积及形状等因素决定的。在实际勘测工作中,应根据不同勘察目的和地层,选用不同贯入能力的动力触探设备;否则,探测成果精度不佳。重型、超重型动力触探探头如图 5-3-5 所示。

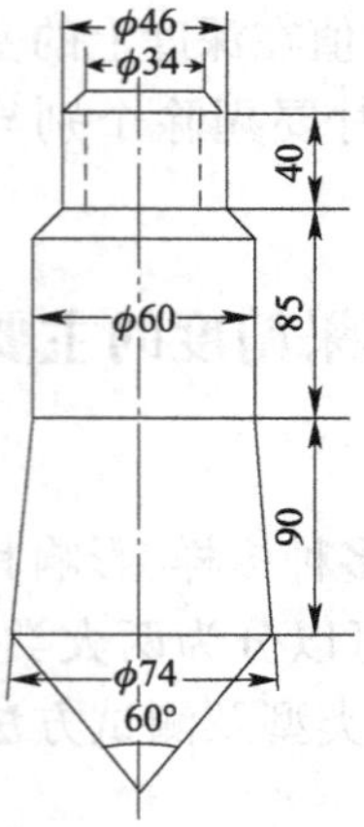

图 5-3-5 重型、超重型动力触探探头(尺寸单位:mm)

动力触探试验成果精度影响因素

在软土地区勘察时,如果用重型动力触探设备,往往是锤击数小于 1,精度很差;如果采用轻型动力触探,则效果好,具有较好的敏感性,能较好地反映软土强度的变化。

在砾石层中,用重型动力触探或超重型动力触探效果较好。

贯入能力不同,适宜的贯入深度也不同。一般认为,最佳的最大贯入深度,轻型动力触探为 6 ~ 10m,重型动力触探为 14 ~ 25m,超重型动力触探为 40m。

4. 探杆长度的影响

关于探杆长度的影响,世界各国看法很不一致。许多国家认为没有影响,探杆长度不必进行校正。其原因如下:随着测试深度的增加,探杆质量增加,其影响是减少锤击数;但随着测试深度的增加,探杆和孔壁之间的摩擦力和土的侧向压力也增加了,其影响是增加锤击数。因此两者的影响可部分抵消,不必对探杆长度进行校正。只有我国和日本的个别规范规定,必须对探杆长度进行校正。

通过标准贯入试验实测,发现真正传输给杆件系统的锤击能量有很大差异,它受机具设备、钻杆接头的松紧、落锤方式、导向杆的摩擦及其他偶然因素等影响。

国内对标准贯入试验测试锤击数的修正是通过对杆长的修正来实现的,其理论依据是牛顿碰撞理论。杆件系统质量不得超过锤重 2 倍,限制标准贯入试验测试深度小于 21m;但实际使用深度已远超过 21m,最大达 100m。通过实测杆件的锤击应力波,发现锤击传输给杆件的能量变化远大于杆长变化时能量的衰减,因此建议不考虑杆长修正。但考虑到过去建立的 N 值与土的物理力学性质指标、承载力的经验关系,所用 N 值均经杆长修正,而抗震规范评定砂土、粉土液化时,对 N 值又不做修正。在实际应用时,应根据具体岩土工程问题,参照有关规范考虑,是否作杆长修正。

5. 钻进方式的影响

在标准贯入试验中,要在测试前钻孔,其钻进方式和质量对 N 值有较大影响。规定不允许冲击钻进,冲击钻进会使测试土层受压而使 N 值增大,因此必须采用回转钻进。在砂层中钻进时必须采用泥浆护壁,以保持孔壁稳定;否则,测试时锤击探杆探头的震动很易使孔壁坍

塌,产生埋钻事故。钻进时应注意以下几点:

(1)需保持孔内水位高出地下水位一定高度,以免塌孔;保持孔底土处于平衡状态,不使孔底发生涌砂变松,影响 N 值。

(2)下套管不要超过试验高程。

(3)需缓慢地下放钻具,避免孔底土的扰动。

(4)细心清除孔底浮土,孔底浮土应尽量少,其厚度不得大于10cm。

(5)如钻进中需取样,则不应在锤击法取样后立刻做标准贯入,而应在继续钻进一定深度(可根据土层软硬程度而定)后再做标准贯入,以免人为增大 N 值。

(6)钻孔直径不宜过大,以免加大锤击时探杆的晃动;钻孔直径过大时,可减少 N 值至50%,建议钻孔直径上限为100mm,以免影响 N 值。

6. 土的深度(土的有效上覆压力)的影响

随着贯入深度的增加,土的有效上覆压力和侧压力都会增加,都会增大贯入阻力,增大锤击数。很多研究者都对此进行了研究,并对锤击数进行了深度影响校正。例如,在判定砂土振动液化时,常采用 Seed 等所建议的标准贯入试验锤击数深度影响修正公式:

$$N'_{63.5} = C_N N_{63.5}$$
$$C_N = 1 - 1.25\lg\sigma'_{v0} \tag{5-3-3}$$

式中:$N'_{63.5}$——修正后的标准贯入击数;

$N_{63.5}$——实测的标准贯入击数;

C_N——修正系数;

σ'_{v0}——实测深度处土的有效上覆压力,kPa。

7. 探杆偏斜影响

实践表明,触探杆的偏斜会增加探杆与孔壁的摩擦,减小有效锤击能量,对锤击数也有较大影响。因此,测试时应保证探头、探杆、导向杆的垂直度,防止锤击偏心及侧向晃动等。防止措施如下:

(1)锤垫离地面不宜太高。

(2)孔口加导向器。

(3)用窄长木板顶住钻机扶持钻(探)杆,以减少探杆晃动或偏斜。

《岩土工程勘察规范(2009年版)》(GB 50021—2001)规定:触探杆最大偏斜度不应超过2%,锤击贯入应连续进行,同时应防止锤击偏心、触探杆倾斜及侧向晃动;锤击速率宜为15~30击/min。

七、注意事项

(1)标准贯入试验孔采用回转钻进,并保持孔内水位略高于地下水位。当孔壁不稳定时,可用泥浆护壁,钻至试验高程以上15cm处,清除孔底残土后再进行试验。

(2)重视钻进工艺及清孔质量,对贯入器开始贯入15cm的击数也予以记录,以判断孔底有无残土或土的扰动程度。

(3)采用自动脱钩的自由落锤法进行锤击,并减小导向杆与锤间的摩阻力,避免锤击时的偏心和侧向晃动,保持贯入器、探杆、导向杆连接后的垂直度,锤击速率应小于30击/min。

(4)对试验段(贯入15~45cm部分)要求测定每锤击一次后的累积贯入量。一次贯入量不足2cm时,记录每贯入10cm的锤击数。绘制锤击数与累积贯入量的关系曲线,以分析土层是否均匀,最后选取30cm试验段的锤击数作为N值记录下来。

(5)标准贯入试验锤击数N值,可对砂土、粉土、黏性土的物理状态,土的强度、变形参数、地基承载力、单桩承载力,砂土和粉土的液化,成桩的可能性等作出评价。应用N值时是否修正和如何修正,应根据建立统计关系时的具体情况确定。

八、成果应用

对于标准贯入试验,国内外已积累了大量的实践资料,给出了砂性土和黏性土一些物理性质和标准贯入试验锤击数的经验关系,可供工程中使用。

(1)根据标准贯入试验锤击数N估计砂土的密实度,见表5-3-3。

砂土密实度表 表5-3-3

标准贯入试验锤击数N	密实度
$N \leqslant 10$	松散
$10 < N \leqslant 15$	稍密
$15 < N \leqslant 30$	中密
$N > 30$	密实

(2)根据标准贯入试验锤击数N估计天然地基的容许承载力$[\sigma_0]$,见表5-3-4和表5-3-5。

根据标准贯入试验确定承载力时应按式(5-3-3)修正锤击数:

$$N = \overline{N} - 1.645\sigma \tag{5-3-4}$$

砂土地基容许承载力$[\sigma_0]$(单位:kPa) 表5-3-4

土类	标准贯入试验锤击数N			
	10	15	30	50
中、粗砂	180	250	340	500
粉、细砂	140	180	250	340

一般黏性土和老黏性土的容许承载力$[\sigma_0]$(单位:kPa) 表5-3-5

N	3	5	7	9	11	13	15	17	19	21	23
$[\sigma_0]$	120	160	200	240	280	320	360	420	500	580	660

(3)根据标准贯入试验锤击数N估计黏性土的状态,见表5-3-6(经验资料)。

标准贯入试验锤击数 N 与黏性土稠度状态的关系 表 5-3-6

N	<2	2~4	4~7	7~18	18~35	>35
液性指数 I_L	$I_L>1$	$0.75<I_L\leqslant 1$	$0.5<I_L\leqslant 0.75$	$0.25<I_L\leqslant 0.5$	$0<I_L\leqslant 0.25$	$I_L\leqslant 0$
稠度状态	流塑	软塑	可塑	可塑~硬塑	硬塑	坚硬

(4)根据标准贯入试验锤击数 N 估计土的内摩擦角 φ,见表 5-3-7。

N 值与土的内摩擦角 φ 的关系 表 5-3-7

研究者	N 值				
	<4	4~10	10~30	30~50	>50
Peck	<28.5°	28.5°~30°	30°~36°	36°~41°	>41°
Meyerhof	<30°	30°~35°	35°~40°	40°~45°	>45°

九、检测报告

标准贯入试验报告应包括工程基本信息、试验类别、桩号、点号、锤击数、试验规程及评定依据等,见表 5-3-8。表格电子版可扫描附录中二维码下载。“标准贯入试验记录表”见本书配套《桥梁工程检测实训手册》表 12-3。

标准贯入试验报告 表 5-3-8

试验编号________________ 试验类别________________

委托单位________________ 工程名称________________

试验日期________________ 检测部位________________

桩号	点号	锤击数				
		0~30cm	30~60cm	60~90cm	90~120cm	120~150cm

续上表

示意图	
备注	试验规程及评定依据________________

批准： 复核： 试验： 年 月 日(盖章)

表 5-3-8 标准贯入试验报告

【"1 + X"加油站】"标准贯入试验"技术技能训练

【拓展阅读】

【工程案例】某桥梁台背回填质量检测

任务四 载荷试验★

学习目标

1. 知识目标

(1) 了解平板载荷试验原理。

(2) 了解平板载荷设备的结构、种类。

(3) 掌握载荷试验数据分析和成果应用。

(4)理解平板载荷试验报告编写规则。

2. 能力目标

(1)能够正确使用平板载荷试验设备开展试验。

(2)能够熟练掌握平板载荷试验仪器的维护及使用。

(3)能够准确分析并处理平板载荷试验数据。

(4)能够规范利用平板载荷试验数据分析地基土相关物理力学性能指标。

3. 素质目标

(1)通过分组活动,培养团队协作能力。

(2)通过规范文明操作,培养良好的职业道德和安全环保意识。

(3)通过综合实训任务,厚植精益求精的工匠精神。

任务描述

某大桥,设计为双向六车道,全长约1200m,是连接两个重要城市的关键交通节点。桥梁主体结构为钢筋混凝土箱梁,基础形式为桩基承台。由于桥梁所处位置地质条件复杂,地基土主要由第四纪全新统冲洪积层组成,包括黏土、砂土和卵石层等,且存在软弱土层和不良地质现象,因此需要对地基土进行详细勘察和评估,查明桥梁地基土的分布、厚度、物理力学性质以及可能存在的软弱土层和不良地质现象,为桥梁的设计、施工和质量控制提供科学依据。本任务拟采用浅层平板载荷试验评估地基土的承载力和变形模量。

知识技能学习

一、检测依据

《岩土工程勘察规范(2009年版)》(GB 50021—2001)。

《建筑地基基础工程施工质量验收标准》(GB 50202—2018)。

《公路桥涵地基与基础设计规范》(JTG 3363—2019)。

二、检测原理

平板静力载荷测试(Plate Load Test,PLT,以下简称载荷测试),是模拟建筑物基础工作条件的一种测试方法,起源于20世纪30年代的苏联、美国等。其基本原理是通过对地基施加不同级别的荷载,并观察地基在荷载作用下的变形和破坏情况,从而推算出地基的承载力。其方法是在保持地基土的天然状态下,在一定规格的方形或圆形承压板上向地基土逐级施加荷载,每级荷载增量持续时间相同或接近,测记每级荷载作用下荷载板沉降量的稳定值,加载至总沉降量为25mm或达到加载设备的最大容量为止,然后卸载,记录土的回弹值,持续时间应不小于一级荷载增量的持续时间。根据试验记录绘制荷载P和沉降量S的关系曲线(图5-4-1)。分析研究地基土的强度与变形特性,

图5-4-1 荷载与沉降量的关系

求得地基土容许承载力与变形模量等力学数据。

地基在荷载作用下达到破坏状态的过程可以分为直线变性阶段、剪切阶段和破坏阶段三个阶段(图5-4-2)。

载荷试验综述

载荷试验应用

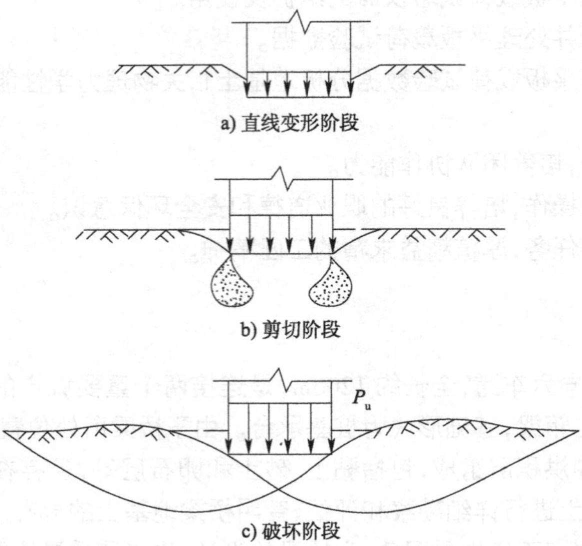

a) 直线变形阶段

b) 剪切阶段

c) 破坏阶段

图5-4-2　荷载作用下的地基变形三阶段

(1)直线变性阶段

当 $P \leqslant P_r$(称为临塑荷载或比例界限)时,相当于 P-S 曲线上的 oa 段,P-S 曲线接近于直线,土中各点的剪应力均小于土的抗剪强度,土体处于弹性平衡状态,这一阶段荷载板的沉降主要是由于土中孔隙的减少引起,土颗粒主要是竖向变位,且随时间渐趋稳定而土体压密,所以也称压密阶段。曲线上相应于 a 点的荷载称为比例界限 P_r。

(2)剪切阶段

当 $P_r < P < P_u$(称为极限荷载)时,相当于 P-S 曲线上的 ab 段。这一阶段 P-S 曲线已不再保持线性关系,沉降的增长率 $\Delta S/\Delta P$ 先随荷载的增加而增大。在这个阶段,除土体的压密外,在承压板边缘已有小范围局部土体的剪应力达到或超过了土的抗剪强度,并开始向周围土体发生剪切破坏(产生塑性变形区);土体的变形是由于土中孔隙的压缩和土颗粒剪切移动同时引起的;土粒同时发生竖向和侧向变位,且随时间不易稳定,称为局部剪切阶段。随着荷载的继续增加,土中塑性区的范围也逐步扩大,直到土中形成连续的滑动面,由荷载板两侧挤出而破坏。因此,剪切阶段也是地基中塑性区的发生及发展阶段。相应于 P-S 曲线上 b 点的荷载称为极限荷载 P_u。

(3)破坏阶段

当 $P \geqslant P_u$ 时,相当于 P-S 曲线上的段 bc。当荷载超过极限荷载后,荷载板急剧下沉,即使不增加荷载,沉降也不能稳定,同时土中形成连续的滑动面,发生整体剪切破坏,土从承压板下挤出,在承压板周围土体发生隆起及环状或放射状裂隙,称为破坏阶段。该阶段,在滑动土体范围内各点的剪应力达到或超过土体的抗剪强度;土体变性主要由土颗粒剪切变位引起,土粒主要是侧向移动,且随时间不能达到稳定,地基土失稳而破坏。

三、载荷试验的特点

载荷试验相当于在工程原位进行的缩尺原型试验,即模拟建筑物地基土的受荷条件,比较直观地反映地基土的变形特性。该法具有直观和可靠性高的特点,在原位测试中占有重要地位,往往成为其他方法的检验标准。

四、检测仪器设备

平板载荷试验因试验土层软硬程度、压板大小和试验面深度等不同,采用的测试设备也很多。除早期常用的压重加荷台试验装置外,目前国内采用的试验装置,大体可归纳为由承压板、加荷系统、反力系统、观测系统四部分组成。其各部分机能:加荷系统控制并稳定加荷的大小,通过反力系统反作用于承压板,承压板将荷载均匀传递给地基土,地基土的变形由观测系统测定。

1. 承压板

(1)承压板技术要求

承压板可用混凝土、钢筋混凝土、钢板、铸铁板等制成,多以肋板加固的钢板为主。承压板要求具有足够的刚度,不破损、不挠曲,压板底部光平,尺寸和传力重心准确,搬运和安置方便。承压板形状可加工成正方形或圆形,其中圆形压板受力条件较好,使用最多。

(2)承压板面积

根据《岩土工程勘察规范(2009 年版)》(GB 50021—2001),载荷试验宜采用圆形刚性承压板,根据土的软硬或岩体裂隙密度选用合适的尺寸;土的浅层平板载荷试验,承压板面积不应小于 $0.25m^2$,对软土和粒径较大的填土不应小于 $0.5m^2$;土的深层平板载荷试验,承压板面积宜选用 $0.5m^2$;岩石载荷试验,承压板的面积不宜小于 $0.07m^2$。铁道部第一设计院(现中铁第一勘察设计院集团有限公司)则根据自己的经验,按如下原则选取:

①碎石类土:承压板直径宜大于碎、卵石最大粒径的 10 倍。

②岩石地基:承压板面积 $1000cm^2$。

③细颗粒土:承压板面积 $1000 \sim 5000cm^2$。

④视试验的均质土层厚度和加荷系统的能力、反力系统的抗力等确定,以确保载荷试验能得出极限荷载。

2. 加荷系统

加荷系统是指通过承压板对地基施加荷载的装置,大致包括以下两种:

(1)压重加荷装置。一般将规则方正或条形的钢锭、钢轨、混凝土件等重物,依次对称置放在加荷台上,逐级加荷。此类装置费时费力且控制困难,已很少采用。

(2)千斤顶加荷装置。根据试验要求,采用不同规格的手动液压千斤顶加荷,并配备不同量程的压力表或测力计控制加荷值。

3. 反力系统

一般反力系统由主梁、平台、堆载体(锚桩)等构成。

4. 量测系统

图 5-4-3 平板载荷试验量测系统

量测系统包括基准梁、位移计、磁性表座、油压表(测力环)。其中,机械类位移计可采用百分表,其最小刻度0.01mm,量程一般为5~30mm,为常用仪表;电子类位移计一般具有量程大、无人为读数误差等特点,可以实现自动记录和绘图。油压表一般为机械式,人工测读。

测试用的仪表均需定期标定,一般一年标定一次或维修后标定。标定工作原则上送到具有相应资质的计量局或专业厂进行。

平板载荷试验的量测系统如图 5-4-3 所示。

五、检测方法及步骤

平板载荷试验及可视化仿真实验教学

1. 试验前的准备工作

当场地尚未开挖基坑时,需在研究的土层上挖试坑,坑底高程与基底设计高程相同。如在基底压缩层范围内有若干不同性质的土层,则对每一土层均应挖一试坑,坑底达到土层顶面,在坑底置放刚性压板。试坑宽度不小于压板宽度的 3 倍。常见的荷载试验反力与加载布置方式如图 5-4-4 所示。

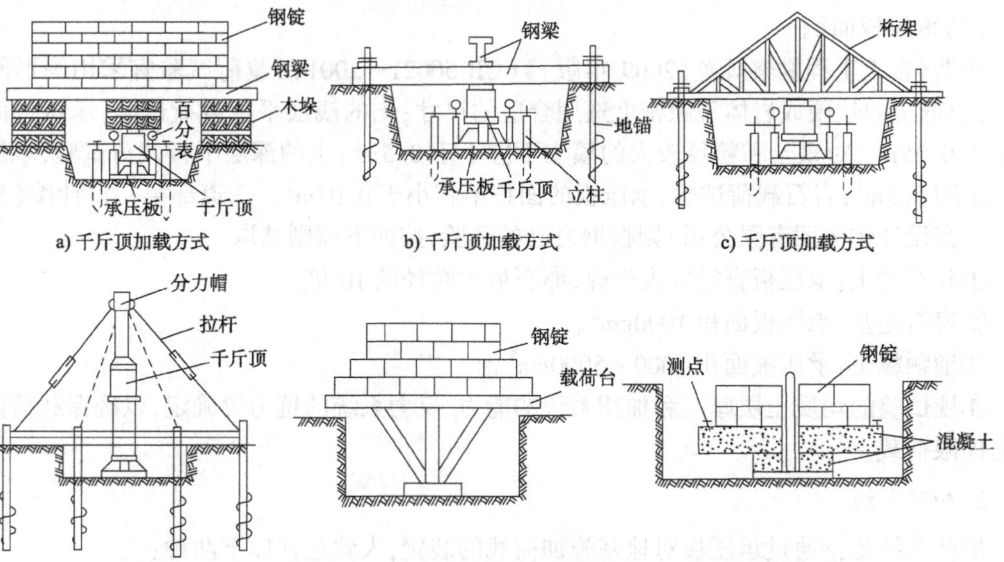

a) 千斤顶加载方式 b) 千斤顶加载方式 c) 千斤顶加载方式

d) 千斤顶加载方式 e) 重物加载方式 f) 重物加载方式

图 5-4-4 常见的荷载试验反力与加载布置方式

加荷稳压装置包括承压板、千斤顶及稳压器等。反力装置常用平台堆载或地锚。当试坑较深时,反力也可由基槽承担,如图 5-4-5 所示。

设备安装时应确保荷载板与地基表面接触良好,且反力系统和加荷系统的共同作用力与承压板中心在一条垂线上。当对试验的要求较高时,可在加荷系统与反力系统之间,安装一套传力支座装置。其基本原理是借助球面、滚珠等,调节反力系统与加荷系统之间的力系平衡,使荷载始终保持竖直传力状态。

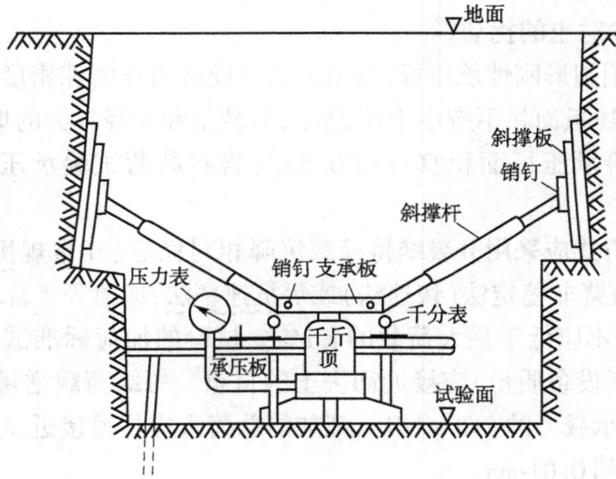

图 5-4-5 常见的荷载试验反力与加载布置方式(基槽承载式)

2. 检测目的与适用范围

载荷试验是确定地基承载力的主要方法。载荷试验按试验深度分为浅层载荷试验和深层载荷试验;按承压板形状分为平板载荷试验和螺旋板载荷试验;按载荷性质分为静力载荷试验和动力载荷试验。其中,浅层平板载荷试验适用于地表浅层地基土(包括各种填土和碎石土);深层平板载荷试验适用于埋深等于或大于 3m 和地下水位以上的地基土;螺旋板载荷试验适用于深层地基土或地下水位以下的地基土。

载荷试验可适用于各种地基土,特别适用于各种填土及含碎石的土。

载荷试验的试验目的是确定地基的承载力和变形特性,螺旋板载荷试验尚可估算地基土的固结系数。

载荷试验是在保持地基土的天然状态下,在一定面积的刚性承压板上向地基土逐级施加荷载,并观测每级荷载下地基土的变形,是测定地基土的压力与变形特性的一种原位测试方法。测试所反映的是承压板下 1.5 ~2.0 倍承压板直径或宽度范围内,地基土强度、变形的综合性状。这里主要介绍浅层平板静力载荷试验。浅层平板静力荷载试验示意图如图 5-4-6 所示。

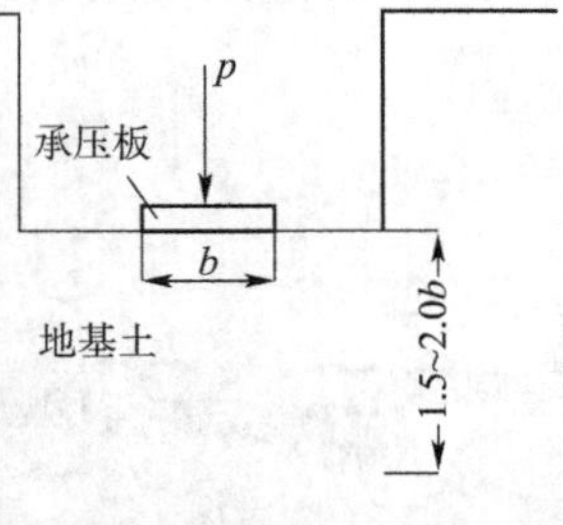

图 5-4-6 浅层平板静力荷载试验示意图

3. 现场试验步骤

(1) 载荷试验应布置在有代表性的地点,每个场地不宜少于 3 个。正式加荷前,应将试验面打扫干净,以观测地面变形,将百分表的指针调至接近于最大读数位置;当场地内岩体不均时,应适当增加。浅层平板载荷试验应布置在基础底面高程处。

(2) 浅层平板载荷试验的试坑宽度或直径不应小于承压板宽度或直径的 3 倍,以消除侧向土自重引起的超载影响;深层平板载荷试验的试井直径应等于承压板直径;当试井直径大于承压板直径时,紧靠承压板周围土的高度不应小于承压板直径。

(3)试坑或试井底的岩土体应避免扰动,保持其原状结构和天然湿度,并在承压板下铺设厚度不超过20mm的砂垫层找平,尽快安装试验设备;当螺旋板头入土时,应按每转一圈下入一个螺距进行操作,减少对土的扰动。

(4)载荷试验宜采用圆形刚性承压板,根据土的软硬或岩体裂隙密度选用合适的尺寸;土的浅层平板载荷试验承压板面积不应小于0.25m^2,对软土和粒径较大的填土不应小于0.5m^2;土的深层平板载荷试验承压板面积宜选用0.5m^2;岩石载荷试验承压板的面积不宜小于0.07m^2。

(5)载荷试验加荷方式应采用分级维持荷载沉降相对稳定法(常规慢速法);当有地区经验时,可采用分级加荷沉降非稳定法(快速法)或等沉速率法;加荷等级宜取10~12级,并不应少于8级,荷载量测精度不应低于最大荷载的±1%。试验的加荷标准试验的加荷标准如下:试验的第一级荷载(包括设备质量)应接近卸去土的自重。每级荷载增量(加荷等级)一般取被试地基土层预估极限承载力的1/8~1/10;施加的总荷载应尽量接近试验土层的极限荷载。沉降值的量测精度应达到0.01mm。

①慢速法。

a.对于土体,每级荷载施加后,按间隔10min、10min、10min、15min、15min分别测读一次沉降,以后间隔30min测读一次沉降,当连续2h内每小时沉降量不大于0.1mm时,可认为沉降已达相对稳定标准,再施加下一级荷载。

b.当试验对象是岩体时,间隔1min、2min、2min、5min测读一次沉降,以后每隔10min测读一次,当连续3次读数差小于等于0.01mm时,可认为沉降已达相对稳定标准,再施加下一级荷载。

②快速法。每加一级荷载按间隔15min观测一次沉降。每级荷载维持2h,即可施加下一级荷载。最后一级荷载可观测至沉降达到上述沉降相对稳定标准或仍维持2h。

③等沉降速率法。控制承压板以一定的沉降速率沉降,测读与沉降相应的所施加的荷载,直至试验达到破坏阶段。

(6)按规定逐级加荷和记录百分表读数,达到沉降稳定标准后再施加下一级荷载。承压板的沉降可采用百分表、沉降传感器或电测位移计量测,其精度不应低于±0.01mm。

平板载荷试验现场实景如图5-4-7所示。

图5-4-7 平板载荷试验现场实景

4.载荷试验的技术要求

(1)一般在加荷五级或已能定出比例界限点后,注意观测地基土产生塑性变形使承压板周围地面出现裂纹和土体侧向挤出的情况,记录并描绘地面裂纹形状(放射状或环状,长、短、粗、细)及出现时间。

(2)试验过程的各级荷载要始终确保稳压,百分表行程接近零值时应在加下一级荷载前调整,并随时注意平台上翘、锚桩拔起、撑板上爬、撑杆倾斜、坑壁变形等不安全因素,及时采取处置措施,必要时可终止试验。

(3)试验点附近应有取土孔提供土工试验指标或其他原位测试资料,试验后,应在承压板中心向下开挖取土试验，并描述 2 倍承压板直径或宽度范围内土层的结构变化。

(4)当出现下列情况之一时，可终止试验：

①承压板周边的土体出现明显侧向挤出，周边岩土出现明显隆起或径向裂缝持续发展。

②本级荷载的沉降量急剧增大(大于前级荷载沉降量的 5 倍)，*P-S* 曲线出现明显陡降。

③在某级荷载下 24h 沉降速率不能达到相对稳定标准。

④总沉降量与承压板直径(宽度)之比超过 0.06。

(5)当需要卸载观测回弹时，每级卸荷量可为加荷量的 2 倍，历时 1h，每隔 15min 观测一次。荷载完全卸除后，继续观测 3h。

六、检测数据分析与评定

试验数据处理
及试验结果整理

1. 原始读数的计算复核

对位于承压板上百分表的现场记录读数，求取其平均值，计算出各级荷载下各观测时间的累计沉降量；对于监测地面位移的百分表，分别计算出各地面百分表的累计升降量。经确认无误后，可以绘制所需要的各种实测曲线，供进一步分析之用。

2. 异常数据处理

大量实测结果表明，当地基土的均匀性尚可且测试过程正常时，测试得出的主要曲线(*P-S* 曲线)是比较光滑的。所谓异常数据，是指背离这一规律性的数据。比如，*P-S* 曲线上的某一点背离曲线很多，或随着加载的进行压板变形过小甚至产生反方向的位移，油压表或百分表的读数产生跳跃，等等。最好的办法是防止出现异常数据，其措施是重视仪器仪表的保养维修、定期标定并经常检查，试验过程中要经常观察，及时发现问题，尽早排除设备故障，同时，承压板的选择，基准梁的选择安装等都非常重要。

在资料分析阶段发现个别点数据异常时，只要不对结果的判释有太大的影响，可以将其舍去。

若测试中的异常点过多，则该次试验为不合格，应重新进行试验。

3. 曲线绘制

一般地，地基静载试验主要应绘制 *P-S* 曲线，但根据需要，还可绘制各级荷载作用下的沉降和时间之间的关系曲线以及地面变形曲线。

完整的 *P-S* 曲线包含了 3 个阶段，如图 5-4-8 所示。

(1)*OA* 段为弹性阶段，曲线特征为近似线性，基本上反映了地基土的弹性性质，*A* 点为比例界限，对应的荷载称为临塑荷载。

(2)*AB* 段为塑性发展阶段，曲线特征为曲率加大，表明地基土由弹性过渡到弹塑性，并逐步进入破坏。

(3)*BC* 段为破坏阶段，曲线特征为产生陡降段；*C* 点对应的荷载称为破坏荷载，在该级荷载作用下压

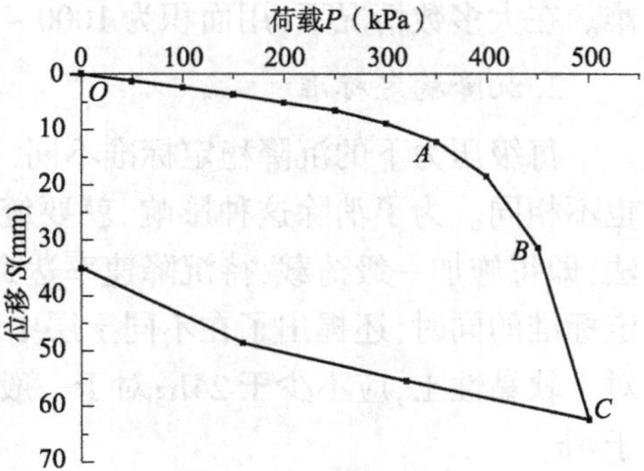

图 5-4-8 某地基静载试验的荷载-位移曲线(*P-S* 曲线)

板的沉降通常不能稳定或总体位移太大；C 点荷载的前一级荷载（不一定是 B 点）称为极限荷载。

若绘出的 P-S 曲线的直线段不通过坐标原点，可按直线段的趋势确定曲线的起始点，以便对 P-S 曲线进行修正。

4. 曲线特征值的确定

P-S 曲线的三段：OA 线段（压实阶段）、AB 线段（剪变阶段）、BC 线段（破坏阶段）具有两个特征值，分别为比例界限值和极限荷载值。

特征值的确定方法如下：

（1）当 P-S 曲线具有明显的直线段及转折点时，一般将转折点所对应的压力定为比例界限值，将曲线陡降段的渐近线和横坐标的交点定为极限界限值（图 5-4-8）。

（2）当曲线无明显直线段及转折点时（一般为中、高压缩性土），可用下述方法确定比例极限。

①一级荷载压力下，其沉降增量 ΔS_n 超过前一级荷载压力下的沉降增量 ΔS_{n-1} 的 2 倍（$\Delta S_n \leqslant 2\Delta S_{n-1}$）的点所对应的压力，即比例界限。

②$\lg P$-$\lg S\left(\text{或 } P\text{-}\dfrac{\Delta S}{\Delta P}\right)$曲线，曲线上的转折点所对应的压力即为比例界限。其中，ΔP 为荷载增量，ΔS 为相应的沉降增量。

七、注意事项

载荷测试方法比较简单，成果也比较可靠，但费时、费力。因此，应深入分析其影响因素，消除不利影响，使测试成果精度符合要求。影响载荷测试成果的主要因素有以下几方面。

1. 承压板尺寸

不同的承压板尺寸对试验土层的沉降量和极限压力值均有一定影响。载荷测试研究结果表明，在不超过直线变形阶段的荷载作用下，当承压板边长或直径（b）小于某值时，S（沉降量）与 b 成反比；当 b 大于某值时，S 与 b 成正比。

由于载荷测试是模拟基础工作条件的一种试验方法，基础宽度一般均超过 30cm，因此承压板不宜过小。但是，如承压板面积过大，势必所加总荷载也随之增大，这又增加了测试的困难。在大多数情况下，用面积为 $1000 \sim 5000\text{cm}^2$ 的承压板进行试验，所获得的成果是可靠的。

2. 沉降稳定标准

每级压力下的沉降稳定标准不同，则所观测的沉降量及所得出的 P-S 曲线和变形模量等也不相同。为了消除这种影响，就要统一稳定标准。在载荷试验中，广泛应用的是相对稳定法，即每施加一级荷载，待沉降速率达到相对稳定后再加下一级荷载。有的规程在规定相对稳定标准的同时，还提出了在不同土层中观测时间的附加规定。例如，每级荷载下的观测时间，对于软黏性土，应不少于 24h；对于一般黏性土，不少于 8h；对于碎石土、砂土、老黏性土，不少于 4h。

如果按上述标准做一个载荷试验，所需时间，少则 2d，多则 10d 以上。载荷试验的主要缺点是试验周期长。为了改变这种状况，对可塑至坚硬状态的黏性土、砂类土、碎石类土可采用快速法，即自每级加荷操作历时（按经验估算）的一半开始，每隔15min观测一次，每级荷载保持2h。按10级荷载计算，做一个载荷试验只需20h。经过一些单位的实践和研究表明，按快速法经外推计算的成果，可用于评价地基的容许承载力。

3. 承压板埋深

承压板埋深应与基础埋深一致，这样求出的地基容许承载力等才比较符合实际。相同面积的承压板，埋深不同，所求出的 *P-S* 曲线上的比例界限值也不一样。根据土力学基础埋深原理，一般来讲，埋深越浅，*P-S* 曲线的比例界限值越小，如果埋深如过大，会增加试验的困难。

4. 地基土的均匀性

载荷测试的影响深度一般为1.5～2.0倍承压板宽度或直径。在这个影响深度内，土层的时代、成因、类型及含水率一般应是相同的。只有这样，载荷测试成果才能反映同一土层的真实指标（土的工程性质），达到载荷测试的目的。

若建筑场地土层较多，又都是重要建筑物的持力层，则要分层做载荷测试。如果建筑场土层较薄，达不到2倍承压板宽度（直径）的厚度，所求出的载荷测试成果就很难应用，满足不了基础设计的需要。这时，就要考虑采用符合要求的小承压板或做其他类型的试验，以满足设计要求。

八、成果应用

（1）地基土的变形模量 E_0

土的变形模量是指土在单轴受力，无侧限情况下的应力与应变之比。

在 *P-S* 曲线上，开始一段呈直线，即认为荷载较小时，土体是线弹性的，因而可利用弹性理论公式求得土的变形模量。下式适用于同一层位的均匀地基。

①当承压板位于地表时，则

$$E_0 = \omega(1-\mu^2)\frac{Pb}{S} \tag{5-4-1}$$

式中：b——承压板的宽度或直径，mm；

P——*P-S* 曲线上 a 点所对应的压力，N；

S——*P-S* 曲线上 a 点的沉降量，mm；

ω——沉降影响系数，刚性的方形承压板取0.886，刚性的圆形承压板取0.785；

μ——地基土的泊松比，应通过试验测定，见表5-4-1。

土的泊松比 μ 值（侧膨胀系数） 表5-4-1

土的种类和状态	μ
碎石类土	0.15～0.20
砂土	0.20～0.25
粉土	0.25

续上表

土的种类和状态		μ
粉质黏土	坚硬状态	0.25
	可塑状态	0.30
	软塑或流动状态	0.35
黏土	坚硬状态	0.25
	可塑状态	0.35
	软塑或流动状态	0.42

②当承压板位于地表以下时,则

$$E_0 = \omega I_1 (1 - \mu^2) \frac{Pb}{S} \tag{5-4-2}$$

式中:I_1——深度修正系数,当承压板埋深 $h \leqslant B$ 时,$I_1 \approx 1 - 0.27\frac{h}{b}$;否则 $I_1 \approx 0.5 + 0.23\frac{b}{h}$。

(2)地基承载力的确定

根据现场载荷试验所确定的 P-S 曲线,可以按下述方法确定地基承载力基本值 f_0。

①当 P-S 曲线有明显的比例界限点 a 时,取 $f_0 = P_r$。

②当 P-S 曲线上的 a、b 两点能确定,且 $P_u < 2P_r$ 时,取 $f_0 = P_u/2$。

③若 P-S 曲线上的 a、b 两点不能准确确定时,可按地基变形来确定 f_0。一般情况下,对低压缩性土和砂土,可取沉降量 $S = (0.01 \sim 0.015)b$ 所对应的压力 P 作为 f_0;对中、高压缩性土,可取沉降量 $S = 0.02b$ 所对应的压力 P 作为 f_0。

九、检测报告

平板载荷试验报告应包括工程基本信息、试验所用仪器设备、检测方法、加载方式等,见表5-4-2。表格电子版可扫描下页二维码下载。“浅层平板载荷试验记录表”见本书配套《公路工程检测实训指导手册》表13-1。

平板载荷试验报告　　表5-4-2

工程名称		建设单位	
施工单位		监理单位	
勘察单位		检测性质	
设计单位		检测依据	
建筑面积(m^2)		设计桩径	
设计桩长(m)		桩顶高程	
工程桩总数		检测点数	
施工日期		检测日期	
典型置换率		承压板尺寸(m^2)	
检测方法		承载力设计值(kPa)	
加载方式		预定最大加载(kPa)	

续上表

<table>
<tr><td colspan="2">满足要求的点</td><td colspan="4"></td></tr>
<tr><td rowspan="4">满足要求的点</td><td>点号</td><td></td><td></td><td></td><td></td></tr>
<tr><td>承载力基本值(kPa)</td><td></td><td></td><td></td><td></td></tr>
<tr><td>对应沉降(mm)</td><td></td><td></td><td></td><td></td></tr>
<tr><td>对应地质情况</td><td></td><td></td><td></td><td></td></tr>
<tr><td>场区</td><td colspan="2"></td><td colspan="2">地基土承载力标准值(kPa)</td><td></td></tr>
<tr><td colspan="6">检测结论:</td></tr>
</table>

表 5-4-2　平板载荷试验报告

【"1 + X"加油站】"载荷试验"技术技能训练

【拓展阅读】

【工程案例】某高速公路粉喷桩加固软土地基载荷试验

项目六
PROJECT SIX
基桩检测

基桩检测包括基桩完整性检测和基桩承载力检测。

一、基桩完整性检测

桩基础是建筑物的一种主要基础形式，按照不同的分类方法可把桩基础分为若干类。按照施工方法分类，可把桩基分为预制桩和灌注桩。

预制桩是将在工厂或施工现场制成的各种材料、各种形式的桩(如木桩、混凝土方桩、预应力混凝土管桩、钢桩等)，通过锤击、静压或振动等方法将桩打入、压入或振入土中。建筑施工领域采用较多的预制桩主要是混凝土预制桩和钢桩两大类。

灌注桩是在施工现场的桩位上，通过机械钻孔或人工挖掘等方法形成桩孔，然后在孔内下入钢筋笼，灌注混凝土，形成钢筋混凝土灌注桩。灌注桩按其成孔方法不同，可分为钻孔灌注桩、沉管灌注桩、人工挖孔灌注桩等。

桩基工程是隐蔽工程，施工难度大，技术要求高，许多情况还是水下灌注混凝土，容易出现质量问题。

1. 混凝土预制桩

混凝土预制桩大多用柴油锤、蒸汽锤或自由落锤打入土中。打桩过程容易发生以下质量问题：

(1)垫层过软会降低锤击能量的传递，打入困难；垫层过硬，增大锤击应力，容易击碎桩头。打桩时应选用合适的锤垫和桩垫。一般最大锤击应力不容许超过混凝土抗压强度的65%。

(2)打桩的拉应力易引起桩身开裂。打桩拉应力的产生及大小与桩尖土的特性、桩侧土阻力分布、入土深度、锤偏心程度和垫层特性有关。若桩较长，桩尖土质较差，锤击入射压力应力波从桩尖反射为拉力波，最大拉应力大多发生在打桩初期桩身中部一定范围，0.3～0.7倍桩长位置；当桩尖土质较坚硬，入射波在桩尖的反射仍为压力波，压力波传至桩顶，此时锤已回跳离开桩顶，应力波从自由桩顶反射形成拉力波，这时最大拉应力一般发生在桩的上部。当拉应力超过混凝土抗拉强度时，混凝土将开裂。

(3)如果桩锤选用不合适，桩将难以打至预定设计高程或不满足贯入度要求。

(4)桩头钢筋网片设置、配筋不符合要求或桩顶混凝土保护层过厚，桩顶不平，桩身混凝土强度等级低于设计要求等，打桩时都易击碎桩头。

(5)桩距设计不合理,或打桩次序安排不合理,往往导致打桩时将邻近桩挤压折断。

(6)桩在运输、起吊过程中,支点和吊点的选择、配置不合理,导致桩身断裂。

(7)桩尖遇到硬土层、孤石或障碍物,因锤击次数过多,冲击能量过大引起桩身破裂或折断。

2.沉管灌注桩

沉管灌注桩分为锤击沉管、振动沉管和静压沉管三种工艺。沉管灌注桩质量不够稳定,施工故障率高。其主要问题有:

(1)锤击或振动过程的振动力向周围土体扩散,沉管周围的土体以垂直振动为主,而一定距离后的土层水平振动大于垂直振动,再加上侧向挤土作用,极易振断初凝的邻桩。软硬土层交界处尤为严重。

(2)若管距小于3倍桩径,沉管过程可能会使地表土体隆起,从而在邻桩桩身产生一竖向拉力,使初凝混凝土拉裂。

(3)拔管速度过快,管内混凝土灌注高度过低,不足以产生一定的排挤压力,在淤泥层易产生缩颈。

(4)地层存在有承压水的砂层,砂层上又覆盖有透水性差的黏土层时,孔中灌注混凝土后,由于动水压力作用,沿桩身至桩顶出现冒水现象。冒水桩一般都会演变成断桩。

(5)振动沉管采用活瓣桩尖时,活瓣张开不灵活,混凝土下落不畅,引起断桩或混凝土密实度差的现象时有发生。当桩尖持力层为透水性良好的砂层时,若沉管和混凝土灌注不及时,易从活瓣的合缝处渗水,稀释桩尖部分的混凝土,使得桩端阻力丧失。

(6)预制桩尖混凝土质量不满足要求,沉管时被击碎塞入桩管内,拔管至一定高度后,桩尖下落且被孔壁卡住,桩身的下段无混凝土,产生俗称的"吊脚桩"。

(7)钢筋笼埋设高度控制不准。

3.冲、钻孔灌注桩

在地下水位较高的场地进行灌注桩施工时,成孔方法有冲抓式、旋挖式、冲击式、回转式和潜钻式等。成孔过程可采用就地造浆或制备泥浆护壁,以防止孔壁坍塌。混凝土灌注采取带隔水栓的导管水下灌注混凝土工艺。灌注过程操作不当容易出现以下问题:

(1)由于停电或其他原因,灌注混凝土没有连续进行,间断一定时间后,隔水层凝固,形成硬壳,后续混凝土无法下灌,只好拔出导管,一旦泥浆进入管内必然形成断桩。如用增大管内混凝土压力等办法冲破隔水层,形成新的隔水层,破碎的旧隔水层混凝土必将残留在桩身中,造成桩身局部混凝土低劣。

(2)水下灌注混凝土的桩径不宜小于600mm。如果桩径过小,由于导管和钢筋笼占据一定空间,加上孔壁摩擦作用,混凝土上升不畅,容易堵管,形成断桩或钢筋笼上浮。

(3)泥浆护壁成孔,对不同土层,应配制不同密度的泥浆,否则孔壁容易坍塌。

(4)在采用正循环法清孔时,应根据孔的深浅,控制洗孔时间或孔口泥浆密度。清孔时间过短,孔底沉渣过厚,将影响桩端承载力发挥。

(5)混凝土和易性不好时,易产生离析现象。

(6)导管连接处漏水时将形成断桩。

4. 人工挖孔灌注桩

在地下水丰富的场地采用人工挖孔灌注桩容易发生以下质量问题：

(1)地下水渗流严重的土层，易使土壁崩塌，土体失稳塌方。

(2)土层出现流沙现象或有动水压力时，护壁底部土层会突然失去强度，泥土随水急速涌出，产生井涌，使护壁与土体脱空，或引起孔形不规则。

(3)挖孔时如果边挖边抽水，当地下水位下降时，护壁易受到下沉土层产生的负摩擦作用，使护壁受到拉力，产生环向裂缝；当护壁所受的周围土压力不均匀时，又将产生弯矩和剪力作用，易引起垂直裂缝。而桩制作完毕，护壁和桩身混凝土结为一体，护壁是桩身的一部分，护壁裂缝破损或错位必将影响桩身质量和侧阻力的发挥。

(4)当孔较深时，若没有采用导管灌注混凝土，混凝土从高处自由下落易产生离析。

(5)孔底水不易抽干或未抽干情况下灌注混凝土，桩尖混凝土将被稀释，会降低桩端承载力。

二、基桩承载力检测

桩基是一种应用十分广泛的基础形式，如何正确评价桩的承载能力，选择合理的设计参数是一个关系到桩基是否安全与经济的重要问题。现有确定基桩承载力的方法有两类：一类是静荷载试验；另一类是各种桩的动测方法。

由于桩的承载条件不同，桩的承载力可分为竖向承载力（包括竖向抗压承载力和抗拔承载力）和横向（水平）承载力。桩的静载试验是获得桩轴向抗压、抗拔及横向承载力的最基本、最可靠的方法，其他各种测定方法（如静力触探、动测法等）的成果，都必须与静载试验相比较，才能判明其准确性。国内外规范一致规定，重要工程都应通过静载试验确定单桩承载力。

桩的破坏包括桩本身材料破坏和地基土的强度破坏。

1. 桩身的材料破坏

灌注桩在轴向抗压试验中，桩体的破坏包括：

(1)因水泥用量不足、不密实、漏浆、离析等致使混凝土强度不足引起的破坏。

(2)因缩颈、错位、断桩、夹泥等成桩畸形引起的破坏。

(3)预制桩则会出现在地基浅部屈曲，桩头由于无网筋或箍筋间距过大，加载后桩头出现沿主筋方向的竖向裂缝。钢管桩则会出现压屈破坏。

在单桩横向静载试验中，当混凝土桩最大弯矩断面受拉区混凝土退出工作，钢筋发生屈服，或钢桩该断面最大应力达到屈服应力，桩体材料强度达到极限状态而破坏。

2. 桩的地基土强度破坏

当桩顶轴向受压，周围地基土破坏时，在桩周围土体形成一个近似圆柱形的剪切破坏面，桩端下滑动土体的滑动线一般不会延伸至地面。对于黏性土层中的桩来说，表示荷载与沉降的曲线出现陡降，相应于曲线拐点处的荷载即为桩的极限荷载；对于持力层为砂土或粉土中的打入桩来说，曲线呈缓变型，破坏特征点不明显，从曲线上难以确定单桩极限承载力。在这种情况下，一般根据上部构筑物的允许沉降来确定桩的极限承载力。各行业规程都有明确规定，一般规定桩顶沉降值为 40 ~ 60mm 时的相应荷载为桩的极限承载力。桩在极限荷载下，其总侧阻力发挥充分,总端阻力则可能发挥充分(陡降型曲线),或部分得到发挥(缓变型曲线)。对于承受侧向荷载的桩,随着侧向荷载的增加,桩侧土塑性区也逐渐扩大加深,而一般单桩横向承载力受周围土横向位移制约。

任务一 低应变反射波法检测基桩完整性★

学习目标

1. 知识目标

(1)了解低应变反射波法检测基桩完整性试验原理。

(2)了解低应变动测仪设备的结构和工作原理。

(3)掌握低应变反射波法检测基桩完整性试验数据分析和波形图分析。

(4)掌握低应变反射波法检测基桩完整性试验报告编写规则。

2. 能力目标

(1)能够正确使用低应变动测仪开展基桩完整性检测试验。

(2)能够熟练掌握低应变动测仪的维护及使用。

(3)能够准确分析并处理低应变反射波法检测基桩完整性试验数据。

(4)能够利用低应变反射波法检测基桩完整性试验数据分析基桩完整性。

3. 素质目标

(1)通过分组活动和试验组织,培养团队协作能力。

(2)依托真实工程案例,培养工程实践能力和职业素养,增强责任感。

(3)通过小组讨论、数据分析和报告编制,培养沟通、分析和总结能力。

任务描述

某桥32根基桩浇筑完成,但由于施工现场保护措施不足,部分基桩声测管弯折或堵塞,不满足普遍进行超声检测基桩完整性的条件,根据现场监理反馈情况,该项目建设单位(业主)要求对该桥基桩进行完整性普查,要求按照规范要求制定检测方案,并排除可能存在的质量缺陷。

知识技能学习

低应变检测基桩完整性及示范教学

一、检测依据

《建筑基桩检测技术规范》(JGJ 106—2014)。

《公路工程基桩检测技术规程》(JTG/T 3512—2020)。

二、检测原理

低应变反射法
检测前世今生

在桩顶面实施低能量的瞬态或稳态激振，使桩在弹性范围内做弹性振动，并由此产生应力波的纵向传播，同时利用波动和振动理论，经仪器接收与数据处理，识别来自桩身不同部位的反射信息，据此判断桩身完整性。其检测方法主要包括低应变反射波法、机械阻抗法、水电效应法等。其中，低应变反射波法物理意义明确、测试设备轻便简单、检测速度快、成本低，适用于工程桩大面积普查，是基桩质量（完整性）普查的良好手段。

低应变反射波法是目前国内外使用最广泛的一种基桩无损检测方法，它运用一维弹性波理论对实测桩顶速度或加速度响应信号的时域特征和频域特征来分析判定被检桩的桩身完整性，其中包括桩身存在的缺陷位置及其影响程度、桩端与持力层的结合状况。

三、检测仪器设备

低应变反射波法检测桩身完整性原理清楚，应用的检测设备相对也比较简单。目前国内在这方面使用的测桩仪器品种很多，既有进口仪器，也有国产仪器。测桩仪器的主要组成部分基本相同，即包括信号采集及处理仪、传感器、激振设备和专用附件。低应变检测仪器操作流程如图 6-1-1 所示。

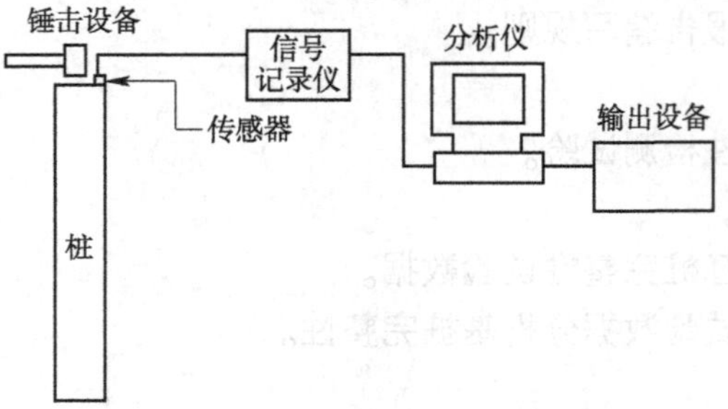

图 6-1-1　低应变检测仪器操作流程

1. 信号采集及处理仪

信号采集及处理仪应具有现场显示、记录、存储和分析功能。

2. 传感器

目前低应变反射波法测桩中使用较普遍的是压电晶体式加速度传感器，也有使用磁电式速度传感器的，主要用于接收桩顶被激发后加速度（速度）波在不同波阻抗界面的反射信号。选用传感器时应根据桩型尺寸、激振力、桩-土体系的条件，应力波要与可能出现的频率和振幅大小相匹配。一般来讲，压电晶体式加速度传感器灵敏度高，谐振频率大，测试精度较高，特别对距桩顶较近处有缺陷或桩身有微小裂缝的桩，使用压电晶体式加速度传感器更为合适。磁电式速度传感器固有频率相对较低，安装谐振频率变化较大，且易产生自身振荡，一般情况下其测试精度不如压电晶体式加速度传感器，但其低频、宽脉冲的特性可测试较深的缺陷。

3. 激振设备

根据桩型和检测目的，宜选择不同材质和质量的力锤或力棒，以获得所需的激振频率和能量。

瞬态激振设备应包括能激发宽脉冲和窄脉冲的力锤和锤垫，其中力锤可装有力传感器；稳态激振设备应包括激振力可调、扫频范围为 10～2000Hz 的电磁式稳态激振器。

低应变反射波法使用的激振设备有手锤（钢质、铜质、工程塑料或尼龙），带有测力传感器的力锤、力棒等。锤的大小应根据桩长、桩周土阻力大小及缺陷位置、缺陷程度等情况选择使用。当桩比较长，或桩周土阻力较大，用小锤不易得到桩底反射信号，难以检测出桩深部的缺陷或两处以上的缺陷时，可使用质量较大或刚度较小的锤，此时的冲击波脉冲较宽，且以低频成分为主，在传播过程中应力波衰减较慢。反之，若要检测距桩顶较近的缺陷或微裂缝，可使用质量较小或刚度较大的锤击装置，此时冲击波脉冲相对较窄，且高频成分多，浅部缺陷的反射容易识别。一般情况下同一台仪器应配备几种不同的力锤和锤垫，根据现场具体情况使用。

基桩动测仪套装及典型波形图如图 6-1-2 所示。

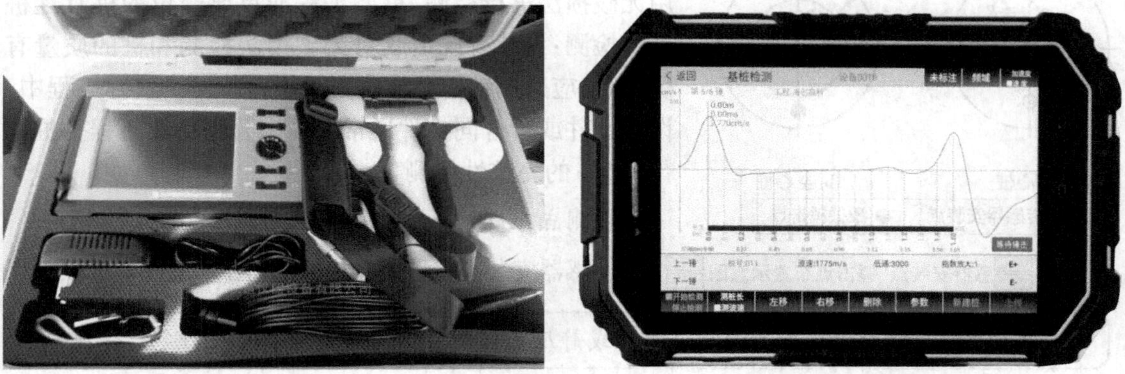

图 6-1-2　基桩动测仪套装及典型波形图

【思考】　低应变反射波法在基桩检测中的优劣势和适用范围如何？

四、检测方法及步骤

1. 收集基本技术资料

(1)对被检工程应进行现场调查，搜集其工程地质资料、基桩设计图纸、施工记录、监理日志等，了解施工工艺及施工过程中出现的异常情况。

(2)根据现场实际情况选择合适的激振设备、传感器及检测仪，检查测试系统各部分之间是否连接良好，确认整个测试系统是否处于正常工作状态。

(3)桩顶应凿至新鲜混凝土面，并用打磨机将测点和激振点磨平。

(4)应测量并记录桩顶截面尺寸。

(5)混凝土灌注桩的检测宜在成桩14d 以后进行。

(6)预制桩的检测应在相邻桩施工完成后再进行。

2. 抽样数量及适用范围

桩身完整性检测的抽检数量应综合考虑工程的重要性、抗震设防等级、地质条件、成桩工艺、检测目的、施工水平，以及承台下的桩的数量等情况来确定。

《建筑基桩检测技术规范》(JGJ 106—2014)对此做了如下具体的规定：

(1)柱下三桩或三桩以下的承台抽检桩数不得少于 1 根。

(2)设计等级为甲级，或地质条件复杂、成桩质量可靠性较低的灌注桩，抽检数量不应少于总桩数的 30%，且不得少于 20 根；其他桩基工程的抽检数量不应少于总桩数的 20%，且不得少于10根。

(3)地下水位以上且终孔后桩端持力层已通过校验的人工挖孔桩,以及单节混凝土预制桩,抽检数量可适当减少,但不宜少于总桩数的10%,且不宜少于10根。

《公路工程基桩检测技术规程》(JTG/T 3512—2020)对基桩检测数量没有明确规定。《公路桥涵施工技术规范》(JTG/T 3650—2020)规定:对桩身的完整性进行检验时,检测的数量和方法应符合设计或合同的规定;宜选择有代表性的桩采用无破损法进行检测,重要工程或重要部位的桩宜逐桩进行检测;设计有规定或对无破损法检测和桩的质量有疑问时,应采用钻取芯样法对桩进行检测。实际工程中,设计文件或者合同文件通常会要求公路桥梁工程基桩进行100%的完整性检测。

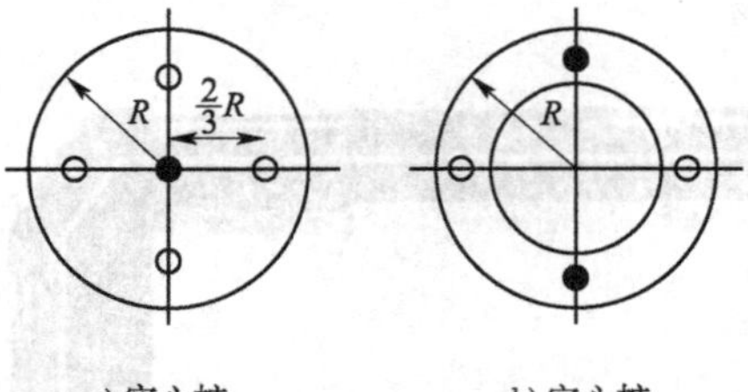

图6-1-3 传感器安装点、锤击点布置示意图

3. 测点布置

传感器安装点、锤击点布置示意图,如图6-1-3所示。

【思考】 低应变反射波法测试打入或静压式预制桩为何要在相邻的桩打完后进行?

低应变反射波法检测实施

4. 现场测试

在桩顶选择好位置,用牛油或胶泥等黏结材料安装和固定好传感器。在检测过程中要求做到传感器不产生滑动、信号线不抖动,不能用手持传感器和信号线,并保证传感器安装平面与桩的中心轴线垂直。用手锤敲击桩顶,激起的纵向应力波以波速 c 由桩顶沿桩身向桩底传播,当桩身阻抗发生变化(如断桩、缩颈、裂缝等)时,部分应力波在阻抗变化处向上发生反射,其余以透射波的形式继续向桩底传播,在桩底反射后又沿桩身向上传播,这些向上传播的应力波被安装在桩顶上的加速度(速度)传感器接收,由专用计算机通过模-数(A/D)转换器并被积分成速度信号存储起来。试验人员根据测得的速度时域曲线进行各种处理分析,最终对桩身完整性和桩身混凝土质量作出判断。

(1)传感器安装应符合下列规定:

①传感器的安装可采用石膏、黄油、橡皮泥等耦合剂,粘结应牢固,并与桩顶面垂直。

②对混凝土灌注桩,激振点宜选择在桩中心,传感器宜安装在距桩中心2/3半径处,且距离桩的主筋不小于50mm;当桩径小于1000mm时,不宜少于2个测点;当桩径大于或等于1000mm时应设置3~4个测点;测点宜以桩心为中心对称布置。

③对混凝土预制桩,当边长或桩径小于600mm时,不宜少于2个测点;当边长或桩径大于或等于600mm时,不宜少于3个测点。

④对预应力混凝土管桩不应少于2个测点。

(2)激振时应符合下列规定:

①混凝土灌注桩、混凝土预制桩的激振点宜在桩顶中心部位;预应力混凝土管桩的激振点和传感器安装点与桩中心连线的夹角不应小于45°,且宜为90°。

②激振锤和激振参数宜通过现场对比试验选定。短桩或浅部缺陷桩的检测宜采用轻锤短脉冲激振;长桩、大直径桩或深部缺陷桩的检测宜采用重锤宽脉冲激振,也可采用不同的锤垫

来调整激振脉冲宽度。

③采用力棒激振时，应自由下落；采用力锤敲击时，应使其作用力方向与桩顶面垂直。

(3)检测工作应遵守下列规定：

①采样频率和最小的采样长度应根据桩长和波形分析确定。

②各测点的重复检测次数不应少于3次，且检测波形具有良好的一致性。

③当干扰较大时，可采用信号增强技术进行重复激振，提高信噪比；当信号一致性差时，应分析原因，排除人为和检测仪器等干扰因素，重新检测或增加检测点数量。

④对存在缺陷的桩，应改变检测条件重复检测，相互验证。

低应变反射波法检测基桩完整性工程实景如图6-1-4所示。

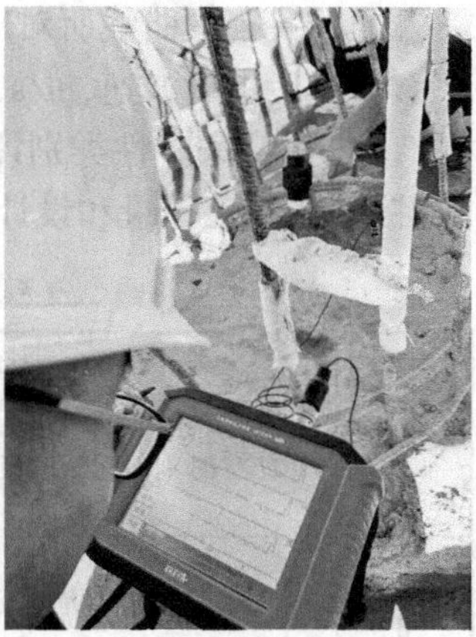

图6-1-4 低应变反射波法检测基桩完整性工程实景

【思考】 为什么低应变反射波法只适用于桩径小于2.0m且桩长不大于40m的基桩？

五、检测结论

低应变法检测基桩完整性试验

(1)桩身完整性分析宜以时域曲线为主，辅以频域分析，并结合施工情况、岩土工程勘察资料和波型特征等因素进行综合分析判定。

(2)桩身波速平均值的确定。

低应变反射波法检测应用

①当桩长已知、桩端反射信号明显时，选取相同条件下不少于5根Ⅰ类桩的桩身波速按下列公式计算其平均值：

$$c_m = \frac{1}{n}\sum_{i=1}^{n} c_i \tag{6-1-1}$$

$$c_i = \frac{2L \times 1000}{\Delta T} = 2L \cdot \Delta f \tag{6-1-2}$$

低应变法检测基桩完整性

式中：c_m——桩身波速平均值，m/s；

c_i——第i根桩的桩身波速计算值，m/s；

L——完整桩桩长，m；

ΔT——时域信号第一峰与桩端反射波峰间的时间差，ms；

Δf——幅频曲线桩端相邻谐振峰间的频差，Hz，计算时不宜取第一与第二峰；

n——基桩数量($n \geqslant 5$)。

②当桩身波速平均值无法按上款确定时，可根据本地区相同桩型及施工工艺的其他桩基工程的测试结果，并结合桩身混凝土强度等级与实践经验综合确定。

(3)桩身缺陷位置应按下列公式计算：

$$x = \frac{1}{2000} \cdot \Delta t_x \cdot c = \frac{1}{2} \cdot \frac{c}{\Delta f_x} \tag{6-1-3}$$

式中：x——测点至桩身缺陷之间的距离，m；

Δt_x——时域信号第一峰与缺陷反射波峰间的时间差，ms；

Δf_x——幅频曲线所对应缺陷的相邻谐振峰间的频差，Hz；

c——桩身波速，m/s，无法确定时用 c_m 值替代。

(4)桩身完整性类别评判应结合时域或频域曲线的完整性，并结合场地的岩土工程特征、成桩工艺、施工记录和设计桩型等因素，按表 6-1-1 综合分析评判。

桩身完整性类别评判表 表 6-1-1

类别	时域信号特征	频域信号特征
Ⅰ	$2L/c$ 时刻前无缺陷反射波，有桩底反射波信号	可见规律的等间距桩底谐振峰，其相邻频差 $\Delta f \approx c/(2L)$
Ⅱ	$2L/c$ 时刻前有局部轻微缺陷反射波，有桩底反射波信号	桩底谐振峰基本等距，其相邻频差 $\Delta f \approx c/(2L)$，局部轻微缺陷产生的谐振峰与桩底谐振峰之间的频差 $\Delta f_x > c/(2L)$
Ⅲ	$2L/c$ 时刻前有明显的缺陷反射波，桩底反射信号不明显，其他特征介于Ⅱ类和Ⅲ类之间	
Ⅳ	$2L/c$ 时刻前有严重的缺陷反射波，或因桩身严重缺陷使波形呈多次大振幅反射，无桩底反射信号	严重缺陷峰-峰值排列基本等间距，相邻频差 $\Delta f_x > c/(2L)$，无桩底谐振峰；或因桩身浅部严重缺陷只出现单一谐振峰

六、注意事项

低应变法检测基桩完整性波形分析

(1)混凝土灌注桩采用时域信号分析时，应结合有关施工和岩土工程勘察资料，正确区分由扩径突变处产生的二次同相反射与因桩身截面渐扩后急速恢复至原桩径处的一次同相反射，以避免对桩身完整性的误判。

(2)对于嵌岩桩，当桩端反射信号为单一反射波且与锤击脉冲信号同相时，应结合岩土工程勘察和设计等有关资料，以及桩端同相反射波幅的相对高低来推断嵌岩质量，必要时选用其他方法进行有效核验。

(3)桩身完整性的分析当出现下列情况之一时，宜结合其他检测方法：

①超过有效检测长度范围的超长桩，其测试信号不能明确地反映桩身下部和桩端的情况。

②桩身截面渐变或多变，且变化幅度较大的混凝土灌注桩。

③桩长的推算值与实际桩长明显不符，且缺乏相关资料加以解释或验证。

④实测信号复杂、无规律，无法对其进行准确的桩身完整性分析和评价。

⑤对于预制桩，时域曲线在接头处有明显反射，但又难以判定是断裂错位还是接桩不良。

七、检测报告

检测报告应符合《公路工程基桩检测技术规程》(JTG/T 3512—2020)的规定，现场记录表及检测报告分别见表6-1-2 和表6-1-3。表格电子版可扫描下页二维码下载。参考格式见本书配套《桥梁工程检测实训指导手册》表 14-2 和表 14-3，并应包括下列内容：

(1)工程名称、地点，委托方、建设单位、勘察单位、设计单位、监理单位和施工单位。

(2)检测目的、检测依据、检测数量、检测日期等。

(3)地质条件描述。

(4)被检桩的桩号、桩位和相关施工记录。

(5)检测方法、原理、仪器设备和过程叙述。

(6)测点和激振点布置图,并应包括每根被检桩各测点的波形,桩身缺陷位置及程度的分析说明。

(7)与检测内容相应的检测结论。

(8)必要的说明和建议,如对扩大或验证检测的建议。

表 6-1-2 低应变反射波法检测基桩完整性现场记录表

表 6-1-3 低应变反射波法检测基桩完整性检测报告

【"1+X"加油站】"低应变反射波法检测基桩完整性"技术技能训练

【拓展阅读】

【工程案例】某小区住宅楼因基桩整体失稳被迫爆破拆除

任务二 高应变动测法检测基桩完整性

学习目标

1. 知识目标

(1)了解高应变动测法检测基桩完整性试验原理。

(2)了解动测仪设备的结构和工作原理。

(3)掌握高应变动测法检测基桩完整性的数据分析。

(4)掌握高应变动测法检测基桩完整性的报告编写规则。

2. 能力目标

(1)能够正确使用基桩动测仪开展基桩完整性检测试验。

(2)能够熟练掌握基桩动测仪的维护及使用。

(3)能够准确分析并处理高应变动测法检测基桩完整性试验数据。

(4)能够利用高应变动测法检测基桩完整性试验数据分析基桩完整性。

3. 素质目标

(1)通过分组活动和试验组织,培养团队协作能力。

(2)通过小组讨论、数据分析和报告编制,培养沟通、分析和总结能力。

(3)通过不同检测方法的相互验证,厚植精益求精、客观公正的工匠精神。

任务描述

某高速公路地质勘探报告显示,主线某桥梁位置地质特点为软弱土层,出于一次性完成基桩完整性检测和承载力检测的试验目标,决定对该桥的基桩采用高应变动测法进行抽查。请根据规范制定试验检测方案,并排除可能存在的问题。

知识技能学习

一、检测依据

《建筑基桩检测技术规范》(JGJ 106—2014)。

《公路工程基桩检测技术规程》(JTG/T 3512—2020)。

二、检测原理

当桩顶受到强烈的轴向锤击力作用时,波将自上而下地在桩身和地基中传播,两者之间由于阻抗的显著差别会被激发出较大的塑性相对位移和地基对桩身的阻力。高应变动测法是指根据桩顶实测的力和振动速度信号,通过波动理论反分析来推算桩身阻抗、应力和桩侧土阻力分布、桩端阻力等工程力学性指标,并由此推定被检桩的完整性、轴向抗压极限承载力,或选择桩型和桩长(统称为试打桩)、监控桩锤工作效率和在打桩施工过程中桩身承受的最大锤击应力(统称为打桩监测)。

三、检测仪器设备

《建筑基桩检测技术规范》(JGJ 106—2014)对检测仪器设备有具体要求,检测仪器的主要技术性能指标要符合现行行业标准《基桩动测仪》(JG/T 3055)的有关规定,检测系统包括信号采集及处理器和传感器、激振设备和贯入度测量仪等。

1. 信号采集及处理器和传感器

信号采集及处理器和传感器的性能应符合下列规定:

(1)信号采样点数不应少于1024点,采样间隔宜取100~200μs。当用曲线拟合法推算被检基桩的极限承载力时,信号记录长度应确保桩端反射后不小于20ms或达到$5L/c$。

(2)信号采集及处理器的采样频率应可调,其模-数转换精度不应低于12bit,通道之间的相位差不应大于50μs。

(3)力信号宜采用工具式应变传感器测量,其安装谐振频率应大于2kHz,在1000με范围内的非线性误差不应大于±1%。

(4)速度信号宜采用压电式加速度传感器测量,其安装谐振频率应大于10kHz,且在1~

3000Hz 范围内，灵敏度变化不大于 ±5%，在冲击加速度量程范围内非线性误差不大于 ±5%。

(5)传感器的灵敏度系数应计量检定。

2. 激振设备

(1)激振宜采用由铸铁或铸钢整体制作的自由落锤。锤体应材质均匀，形状对称，底面平整，高径比不得小于 1。

(2)当采取自由落锤安装加速度传感器的方式实测锤击力时，重锤应整体铸造，且高径比应在 1.0～1.5 范围内。

(3)检测单桩竖向抗压承载力时，激振锤的质量不得小于基桩极限承载力的 1.2%。

3. 贯入度测量仪

桩的贯入度应采用精密仪器基桩动测仪测定，见图 6-2-1。

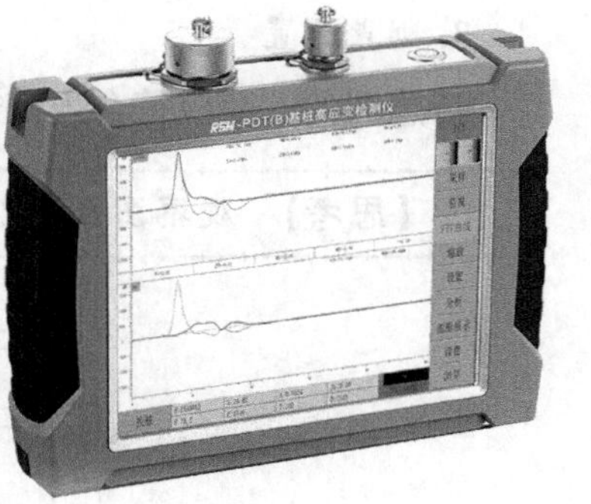

图 6-2-1　基桩动测仪

【思考】　高应变动测法是否适用于无可靠对比验证资料的灌注桩？

四、检测方法及步骤

1. 收集基本技术资料

测试前应先进行现场调查，包括测试场地的条件、成桩或沉桩后的间歇时间及安全问题等。对混凝土预制桩和钢桩，一般不进行加固；若桩顶破损严重，对不能承受锤击的桩头则需进行修复或加固处理。混凝土灌注桩一般应进行桩顶加固：凿除顶部原有强度较低的混凝土，将桩接长至试验所需高度，接长部分的混凝土强度应高于原桩身混凝土强度 1～2 级；为防止锤击时桩顶出现纵向裂缝，宜在加固段四周设置钢套箍或顶部设置 2～3 层钢筋网片，有条件时也可用环氧砂浆加固桩顶；顶部接长部分的形状和面积应与原桩身相同，这样可以避免界面反射波的干扰。此外，应详细了解桩型尺寸、桩长和有关地质资料，以便选择合适的冲击设备。

2. 抽样数量及适用范围

抽样数量分为以下两种情况：

(1)根据《建筑基桩检测技术规范》(JGJ 106—2014)规定进行例行抽检，抽检比例不宜少于总桩数的5%，且不得少于5 根。

(2)当发现基桩工程存在质量问题时，必须对基桩施工质量、承载能力作出总体评价时，应由有关方面协商，适当增加抽检桩数，一般不少于总桩数的10%，且不得少于10 根。必要时，还应进行低应变反射波法检测普查基桩桩身结构完整性。

高应变动测法适用于检测混凝土灌注桩、预制桩和钢桩的单桩竖向抗压极限承载力及桩身完整性；监测混凝土预制桩和钢桩打入时桩身应力及锤击能量传递比，为选择沉桩工艺参数及桩长选择提供依据。

进行单桩的竖向抗压极限承载力检测应具有相同条件下的动－静试验对比资料和现场工程实践经验。

超长桩、大直径扩底桩、嵌岩桩和 Q-S 曲线具有缓变型特征的大直径灌注桩，不宜采用高应变动测法进行单桩的竖向抗压极限承载力检测。

3. 测点布置

传感器的安装应符合规范规定，如图 6-2-2 所示。

【思考】 观察图 6-2-2 的测点布置，你是否能发现传感器测点布置的规律？

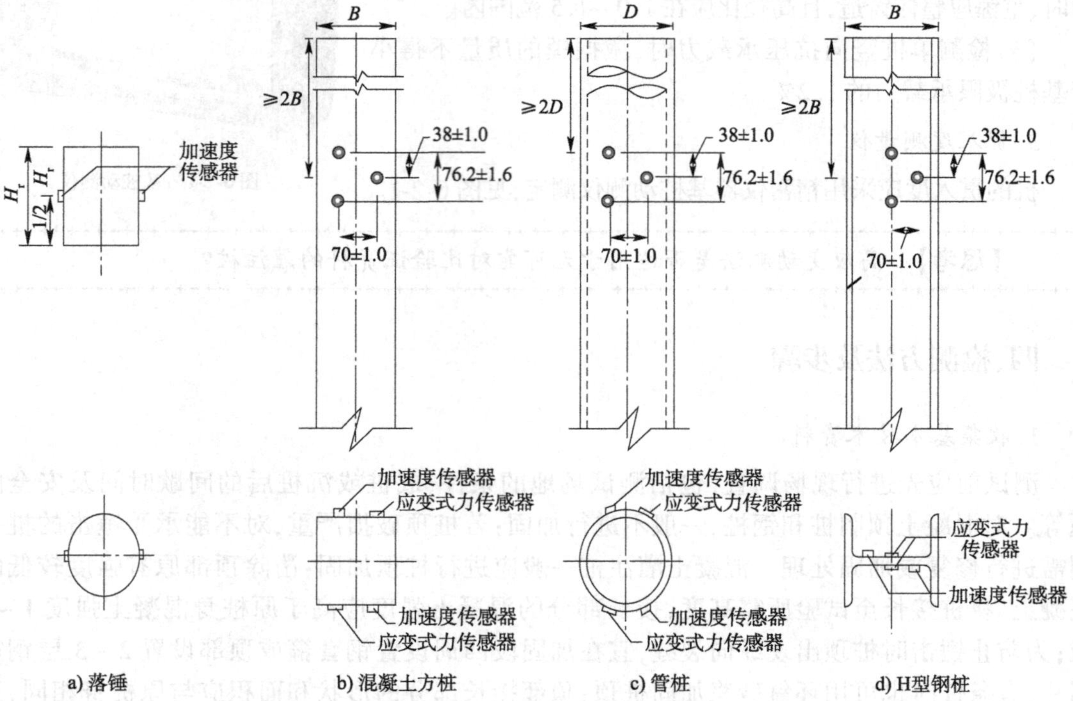

图 6-2-2 传感器安装示意图(尺寸单位：mm)

4. 现场测试

(1) 正式试验前应仔细检查仪器并正确设定有关参数。新购置的传感器可按厂家提供的标定参数设定，使用后重新标定过的传感器应按最近一次的标定值设定参数。

(2) 检测混凝土预制桩和钢桩的极限承载力的最短休止期应满足下列条件：

①砂土 7d。

②粉土10d。

③非饱和黏性土15d。

④饱和黏性土25d。

(3) 检测混凝土灌注桩的极限承载力时，其桩身混凝土强度等级应达到设计要求，且应满足第(2)条规定的最短休止期。

(4) 检测前的桩头处理应符合下列规定：

①桩顶面应平整，桩头高度应满足安装锤击装置和传感器的要求，锤重心应与桩顶对中。

②加固处理桩头时应满足下列要求：

a. 新接桩头顶面应平整且垂直于被检桩轴线，侧面应平直，截面积应与被检桩相同，所用混凝土的强度应高于被检桩的强度。

b. 被检桩主筋应全部接至新接桩头内，并设置间距不大于150mm 的箍筋及上下间距不应大于120mm 的 2 ~ 3 层钢筋网片。

(5) 检测时在桩顶面应铺设锤垫。锤垫宜由 10 ~ 30mm 厚的木板或胶合板等匀质材料制作，垫面略大于桩顶面积。

(6) 传感器的安装应符合下列规定：

①桩顶下两侧面应对称安装加速度传感器和应变传感器各 1 台，其与桩顶的距离不应小于 1.5 倍的桩径或边长。传感器安装面应平整，所在截面的材质和尺寸与被检桩相同。

②应变传感器与加速度传感器的中心应位于同一水平线上，同侧两种传感器间的水平距离不宜大于 100mm。传感器的中轴线应与桩的轴线保持平行。

③在安装应变式力传感器时，应对初始应变进行监测，其值不得超过规定的限值。

(7) 被检桩基本参数的设定应符合下列规定：

①测点以下桩长和截面积可根据设计文件或施工记录提供的数据设定。

②桩身材料质量密度宜按表 6-2-1 取值。

桩身材料质量密度 ρ（单位：kg/m^3） 表 6-2-1

混凝土灌注桩	混凝土预制桩	预应力混凝土管桩	钢桩
2400	2450 ~ 2500	2550 ~ 2600	7850

③桩身平均波速可结合本地经验或按同场地同类型已检桩的平均波速初步设定，现场检测完成后应予以调整。

④传感器安装位置处的桩身截面面积应按实际直径或边长计算确定，波速的设定宜综合考虑材料的设计强度和龄期的影响。

⑤桩身材料的弹性模量应按下式计算：

$$E = \rho \cdot c^2 \tag{6-2-1}$$

式中：E——桩身材料弹性模量，Pa；

c——桩身波速，m/s；

ρ——桩身材料质量密度，kg/m^3。

(8) 激振应符合下列要求：

①当采用自由落锤为激振设备时，宜重锤低击，锤的最大落距不宜大于 2.0m。

②对于斜桩，应采用相应的打桩机械或类似装置沿桩轴线激振。

③实测桩的单击贯入度应确认与所采集的振动信号相对应。当用于推算桩的极限承载力时，桩的单击贯入度不得低于2mm 且不宜大于6mm。

④当检测桩的极限承载力时，锤击次数宜为2 ~ 3 击。

(9) 当检测桩身完整性和承载力时，应及时分析实测信号质量、桩顶最大锤击力和动位移、贯入度以及桩身最大拉(压)应力、桩身缺陷程度及其发展情况等，并由此综合判定本次采集信号的有效性。每根被检桩的有效信号数不应少于 2 组。

五、检测结论

(1)锤击信号选取与调整应符合下列规定:

①当分析被检桩的承载力时,宜在第一击和第二击实测有效信号中选取能量和贯入度较大者。

②桩身波速平均值可根据已知桩长、力和速度信号上的桩端反射波时间或下行波上升沿的起点到上行波下降沿的起点之间的时差确定。

③传感器安装位置处原设定波速可不随调整后的桩身平均波速而改变。确有合理原因需作调整时,应对传感器安装处桩身的弹性模量按式(6-2-1)重新设置,且应对原实测力信号进行修正。

④当力和振动速度信号的上升沿重合性差时,应分析原因,不得随意调整。

(2)推算被检桩的极限承载力前,应结合工程地质条件和设计参数,利用实测信号特征对桩的荷载传递性状、桩身缺陷程度和位置及连续锤击时缺陷的逐渐扩大或闭合情况进行定性判别。

(3)采用实测曲线拟合法推算被检桩的极限承载力应符合下列规定:

①采用的桩和土的力学模型应能分别反映被检桩和地基土的物理力学性状;在各计算单元中,所用土的弹性极限位移不应超过相应桩单元的最大计算位移。

②曲线拟合时间段长度在 t_1+2L/c 后的延续时间不应小于 20ms 或 $3L/c$ 中的较大值。

③分析所用的模型参数应在岩土工程的合理范围内,可根据工程地质和施工工艺条件进行桩身阻抗变化或裂隙拟合。

④拟合曲线应与实测曲线基本吻合,贯入度的计算值应与实测值基本一致,且整体曲线的拟合质量系数宜控制在合适的范围之内。

(4)当采用凯司法推算单桩的极限承载力时,应符合下列规定:

①当只适用于桩侧和桩端土阻力均已充分发挥的摩擦型桩。

②当用于混凝土灌注桩时,桩身材质、截面应基本均匀。

③单桩轴向抗压极限承载力可按下列公式计算:

$$Q_{uc}=\frac{1}{2}\left\{(1-J_c)\cdot[F(t_1)+Z\cdot V(t_1)]+(1+J_c)\cdot\left[F\left(t_1+\frac{2L}{c}\right)-Z\cdot V\left(t_1+\frac{2L}{c}\right)\right]\right\} \tag{6-2-2}$$

$$Z=\frac{EA}{c} \tag{6-2-3}$$

式中:Q_{uc}——单桩轴向抗压极限承载力,kN;

J_c——凯司法阻尼系数;

t_1——速度信号第一峰对应的时刻,ms;

$F(t_1)$——t_1 时刻的锤击力,kN;

$V(t_1)$——t_1 时刻的振动速度,m/s;

Z——桩身截面力学阻抗,kN·s/m;

L——测点以下桩长,m;

E——桩身材料弹性模量,kPa;

A——桩身截面面积,m^2;

c——桩身波速,m/s。

④凯司法阻尼系数 J_c 应根据基本相同条件下桩的动-静载对比试验结果确定,或由不少于50%被检桩的曲线拟合结果推算,但当其极差相对于平均值大于30%时不得使用。

(5)对于等截面桩,测点下第一个缺陷可根据桩身完整性系数 β 值按表6-2-2判定,其位置 x 按式(6-2-4)计算:

$$x = \frac{c \cdot (t_x - t_1)}{2000} \tag{6-2-4}$$

式中:x——测点至桩身缺陷之间的距离,m;

t_1——速度信号第一峰对应的时刻,ms;

t_x——缺陷反射峰对应的时刻,ms。

桩身完整性判断 表6-2-2

类别	β 值	类别	β 值
Ⅰ	$0.95<\beta\leqslant1.0$	Ⅲ	$0.6\leqslant\beta<0.8$
Ⅱ	$0.8\leqslant\beta\leqslant0.95$	Ⅳ	$\beta<0.6$

(6)当出现下列情况之一时,应按工程地质和施工工艺条件,采用实测曲线拟合法或其他检测方法综合判定桩身完整性:

①桩身有扩径、截面渐变或多变的混凝土灌注桩。

②桩身存在多处缺陷是桩。

③力和速度曲线在上升沿或峰值附近出现异常,桩身浅部存在缺陷或波阻抗变化复杂的桩。

(7)在进行试打桩分析时,桩端持力层的判定应综合考虑岩土工程勘察资料,并应对推算的单桩极限承载力进行复打校核。

(8)桩身最大锤击拉应力和桩身最大锤击压应力可分别按下列公式计算:

①桩身最大锤击拉应力:

$$\sigma_t = \frac{1}{2A}\max\left\{Z \cdot V\left(t_1 + \frac{2L}{c}\right) - F\left(t_1 + \frac{2L}{c}\right) - Z \cdot V\left(t_1 + \frac{2L-2x}{c}\right) - F\left(t_1 + \frac{2L-2x}{c}\right)\right\} \tag{6-2-5}$$

式中:σ_t——桩身最大锤击拉应力,kPa;

A——桩身截面面积,m^2;

Z——桩身截面力学阻抗,kN·s/m;

c——桩身波速,m/s;

x——测点至计算点之间的距离,m;

L——完整桩桩长,m。

②桩身最大锤击压应力：

$$\sigma_p = \frac{F_{max}}{A} \tag{6-2-6}$$

式中：σ_p——桩身最大锤击压应力，kPa；

F_{max}——实测最大锤击力，kN；

A——桩身截面面积，m^2。

（9）桩锤实际传递给桩的能量可按下式计算：

$$E_n = \int_0^T FV\mathrm{d}t \tag{6-2-7}$$

式中：E_n——桩锤传递给桩的实际能量，J；

T——采样结束的时刻，s；

F——桩顶锤击力信号，N；

V——桩顶实测振动速度信号，m/s。

六、注意事项

（1）当出现下列情况之一时，采集的信号不得作为有效信号：

①传感器安装处混凝土开裂或出现严重的塑性变形，使力信号最终未归零。

②信号采集后发现传感器已有松动或损坏现象。

③锤击严重偏心，一侧力信号呈现严重的受拉特征。

（2）当试打桩用于评价其承载力时，应按桩端进入的土层逐一进行测试；当持力层较厚时，应在同一土层中进行多次测试。

（3）桩身锤击应力监测应包括桩身最大锤击拉应力和最大锤击压应力两部分。桩身最大锤击拉应力宜在预计桩端进入软土层或桩端穿过硬土层进入软夹层时测试；桩身最大锤击压应力宜在桩端进入硬土层或桩侧土阻力较大时测试。

七、检测报告

报告格式见《桥梁工程检测实训指导手册》，并应包括下列内容：

（1）实测力和速度信号曲线及由加速度信号经两次积分后得到的桩顶位移信号曲线。

（2）拟合曲线、模拟的静荷载-沉降曲线、土阻力和桩身阻抗沿深度的变化曲线。

（3）凯司法中所取定的 J_c 值。

（4）试打桩和打桩监控所采用的桩锤和锤垫类型，监测得到的锤击数、桩侧和桩端阻力、桩身锤击拉（压）应力、能量传递比等随入土深度的变化关系。

（5）试桩附近的地质柱状图及土的物理力学性能指标。

高应变法检测基桩完整性现场记录表见表 6-2-3。表格电子版可扫描下页二维码下载。

高应变法检测基桩完整性现场记录表

表 6-2-3

第　　页共　　页

工程名称				工程地点			
合同编号		检测编号		锤重(kN)		检测日期	

现场设定值							
截面积 $A(cm^2)$	桩身材料质量密度 $\sigma(kN/m^3)$	波速 $c(m/s)$	阻尼系数 J_c	传感器标定系数			
				F_1	F_2	A_1	A_2

桩号	桩长(m)	测点下桩长(m)	入土深度(m)	接桩长度(m)	桩径(截面)(mm)	现场实测值				检测情况	备注
						落距(m)					
						贯入度(m)					
						落距(m)					
						贯入度(m)					
						落距(m)					
						贯入度(m)					
						落距(m)					
						贯入度(m)					
						落距(m)					
						贯入度(m)					

检测：　　　　校对：　　　　审核：　　　　签发：

表 6-2-3　高应变法检测基桩完整性现场记录表

【“1＋X”加油站】“高应变动测法检测基桩完整性”技术技能训练

任务三 超声波法检测基桩完整性★

学习目标

1. 知识目标

(1)了解超声波法检测基桩完整性的原理。

(2)了解超声仪的结构和工作原理。

(3)掌握超声波法测基桩完整性的数据处理和分析方法。

(4)掌握检测报告编制规则。

2. 能力目标

(1)能够熟练、正确使用超声仪开展基桩完整性检测。

(2)能够熟练使用分析软件对基桩完整性类别进行分析判定。

(3)能够规范编制基桩完整性检测报告。

3. 素质目标

(1)通过分组活动,现场试验协调,培养团队协作能力。

(2)通过小组讨论、波形分析和报告编制,培养理性沟通、逻辑思维能力。

(3)通过新技术的学习,形成关注新技术的信息素养,了解人工智能(Artifical Intelligence,简称 AI)技术在工程应用中的伦理和社会影响,提升专业伦理和社会责任感。

任务描述

某高速公路地质勘探报告显示,主线某桥梁位置多为溶洞、岩溶地质,设计桩长普遍大于 50m,因此决定对该桥的基桩采用超声波法进行完整性抽查。请根据规范制定试验检测方案,并根据试验结果分析判断各桩的成桩质量和桩身完整性。

知识技能学习

超声波检测前世今生

一、检测依据

《建筑基桩检测技术规范》(JGJ 106—2014)。

《公路工程基桩检测技术规程》(JTG/T 3512—2020)。

超声波检测基桩完整性原理

二、检测原理

利用超声波法检测混凝土灌注桩混凝土质量是超声检测混凝土质量的一项具体应用。该法是在检测混凝土缺陷技术的基础上发展起来的。其方法是在桩的混凝土灌注前,沿桩的长度方向平行预埋若干根检测用声测管,作为超声发射和接收换能器的通道,通过水的耦合,超声波从一根声测管中发射,在另一根声测管中接收,或从单孔中发射并接收,测出超声波穿过被测混凝土介质时的各项声学参数,并按超声测缺原理分析混凝土质量。由于超声波在混凝土中遇到缺陷时会产生绕射、反射和折射,因此其到达接收换能器的声时、波幅及主频发生改变。超声波法就是利用这些声波特征参数来判别桩身的完整性。其测试原理如图 6-3-1 所示。

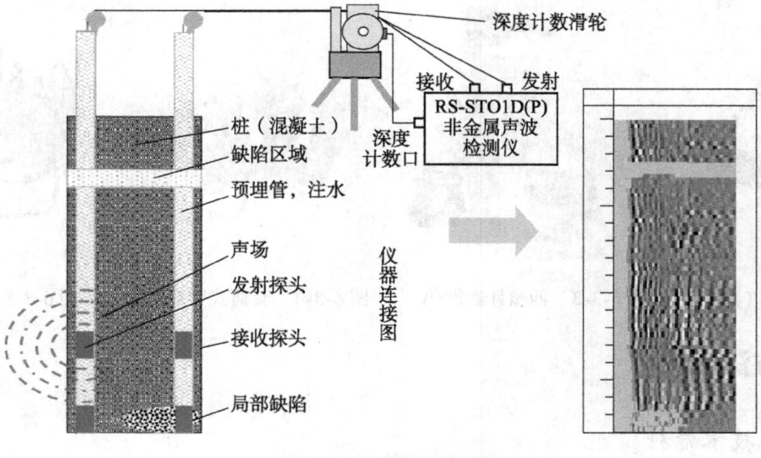

图 6-3-1 测试原理图

三、检测仪器设备

检测仪系统应包括超声波检测仪、接收放大器与数据采集器、径向振动换能器等。

1. 超声波检测仪

(1)凡符合超声波检测仪国家标准的仪器均能使用,不管是数字式超声波检测仪还是模拟式超声波检测仪。

(2)声波发射应采用高压阶跃脉冲或矩形脉冲,其电压最大值不应小于 1000V,且分档可调。

2. 接收放大器与数据采集器

接收放大器与数据采集器应符合下列规定:

(1)接收放大器的频带宽度为 5 ~ 200kHz,增益分辨率不应小于 0.1dB,放大器的噪声有效值不大于 10μV;波幅测量范围不小于 100dB,测量误差小于 1dB。

(2)声时测量范围大于 2000μs,声时分辨率优于 1μs,计时误差不应大于 2%。

(3)模数转换器的采集精度不应低于 8bit,采样频率不应小于 10MHz,最大采样长度不应小于 8kB。

3. 径向振动换能器

径向振动换能器应符合下列规定:

(1)径向水平面无指向性。

(2)谐振频率宜大于 25kHz。

(3)在1MPa水压下能正常工作。

(4)收、发换能器的导线均应有长度标注，其标注允许偏差不应大于10mm。

(5)接收换能器宜带有前置放大器，频带宽度宜为5～60kHz。

(6)单孔检测采用一发双收一体型换能器，其发射换能器至接收换能器的最近距离不应小于300mm，两台接收换能器的间距宜为200mm。

此外，还有一些检测仪器设备，如图6-3-2～图6-3-5所示。

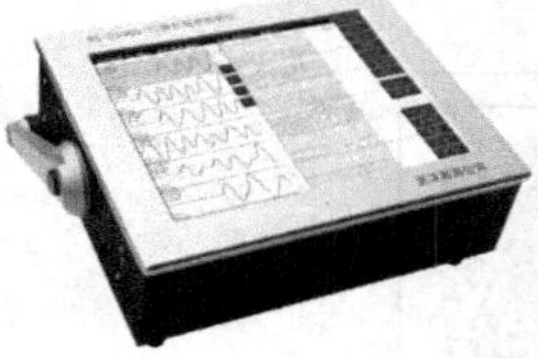
图6-3-2 RS-ST06D(T)主机

图6-3-3 四槽计数滑轮

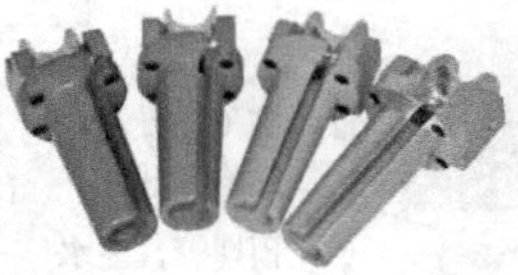
图6-3-4 套筒式管口滑轮

图6-3-5 全套探头(5只)

四、检测方法及步骤

1.收集基本技术资料

检测前的准备应符合下列规定：

(1)了解灌注桩有关技术资料及施工情况：了解桩的类型、尺寸、高程、成孔方法及工艺、地质资料、有关的设计参数、混凝土参数、混凝土施工工艺、过程及施工中出现的问题等。

(2)被检桩的混凝土龄期应大于14d。

(3)声测管内应灌满清水，且保证畅通。

(4)标定超声波检测仪发射至接收的系统延迟时间t_0。

(5)准确量测声测管的内、外径和两相邻声测管外壁间的距离，量测精度为±1mm。

(6)若以取芯孔道作为声测通道，则其垂直度误差不应大于0.5%，检测前应进行孔内清洗。

2.适用范围

本方法适用于直径不小于800mm的混凝土灌注桩的完整性检测，它包括跨孔透射法和单孔折射法。对于跨孔透射法，当桩径较小时，声测管间距也较小，其测试误差相对较大，同时预埋声测管可能引起附加的灌注桩施工质量问题。因此，《公路工程基桩检测技术规程》(JTG/T 3512—2020)规定声波透射法只适用于桩径不小于800mm的灌注桩。单孔折射法是根据公路桥梁对基桩的质量要求，检测钻芯孔孔壁周围的混凝土质量时采用的方法。

3.声测管布置

声测管的埋设应符合下列规定：

(1)当桩径小于1000mm时，应埋设2根管；当桩径大于或等于1000mm且小于或等于1600mm时，应埋设3根管；当桩径大于1600mm且小于2500mm时，应埋设4根管；当桩径大于或等于2500mm时，应适当增加声测管数量。声测管埋设示意图如图6-3-6所示。

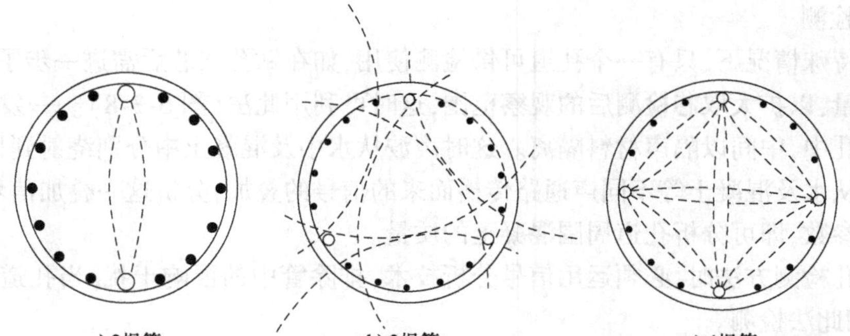

a) 2根管　　b) 3根管　　c) 4根管

图 6-3-6　声测管埋设示意图

声测管命名及管距量测

（2）声测管宜采用金属管，壁厚不应小于 2mm，其内径应比换能器外径至少大15mm，管的连接宜采用螺纹连接或套管焊接等工艺，且不渗漏。

（3）声测管应牢固焊接或绑扎在钢筋笼的内侧，且互相平行、定位准确，并埋设至桩底，管口宜高出桩顶面高程100mm 以上。

（4）声测管管底应封闭，管口应加盖；管底、管口及各连接部位应密封。

（5）声测管的布置以路线前进方向的顶点为起始点，按顺时针方向进行编号和分组，每 2 根编为一组。

【思考】 实际工程中，超声波法检测基桩完整性，声测管的编号规则是怎样的？

4. 现场测试

根据声测管埋置的不同情况，可以有如下三种测试类型。

1）双孔检测

在桩内预埋 2 根以上的管道，把发射探头和接收探头分别置于 2 根管道中检测时超声脉冲穿过两管道之间的混凝土。这种检测方法的实际有效范围为超声脉冲从发射换能器到接收换能器所穿过的范围。

随着两台换能器沿桩的纵轴方向同步升降，使超声脉冲扫过桩的整个纵剖面，从而得到各项声参数沿桩的纵剖面的变化数据。为了扩大在桩横截面上的有效检测控制面积，必须使声测管的布置合理。双孔测量时，根据两探头相对高程的变化，可分为平测、斜测、扇形扫测等方式，如图 6-3-7 所示，在检测时视实际需要灵活掌握。

超声波检测实施

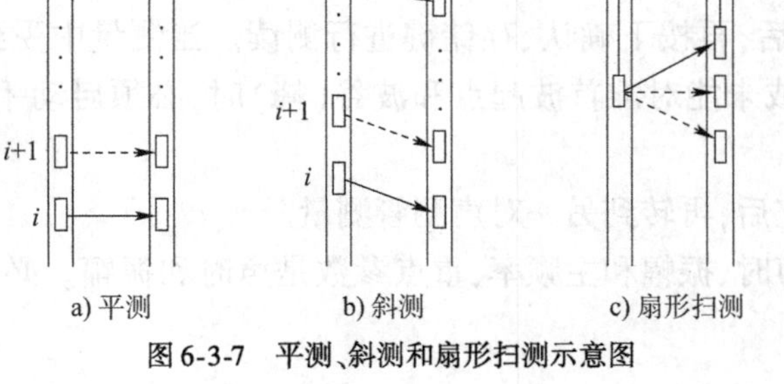

a) 平测　　b) 斜测　　c) 扇形扫测

图 6-3-7　平测、斜测和扇形扫测示意图

2)单孔检测

在某种特殊情况下,只有一个孔道可供检测使用,如在钻孔取芯后需进一步了解芯样周围混凝土的质量,以扩大取芯检测后的观察范围,这时可利用此法(图6-3-8)。一发双收换能器放置在一个孔中,中间以隔声材料隔离。这时声波从水中及混凝土中分别绕射到接收换能器,接收信号为从水及混凝土等不同声通路传播而来的信号的叠加,分析这一叠加信号,测出不同声通路的声参数,即可分析孔道周围混凝土的质量。

运用单孔检测方法时,必须运用信号分析技术,排除管中的混响干扰,当孔道中有钢质套管时,不能用此法检测。

3)桩外孔检测

当桩的上部结构已施工,或桩内未预埋管道时,可在桩外的土基中钻孔作为检测通道。检测时在桩顶上放置一较强功率的低频平探头,向下沿桩身发射超声脉冲,接收探头从桩外孔中慢慢放下,超声脉冲沿桩身混凝土向下传播,并穿过桩与测孔之间的土层,进入接收探头,逐点测出声时、波高等系数作为判断依据(图6-3-8)。这种方式的可测深度受仪器发射功率的限制,一般只能测到10m左右。

数据采集

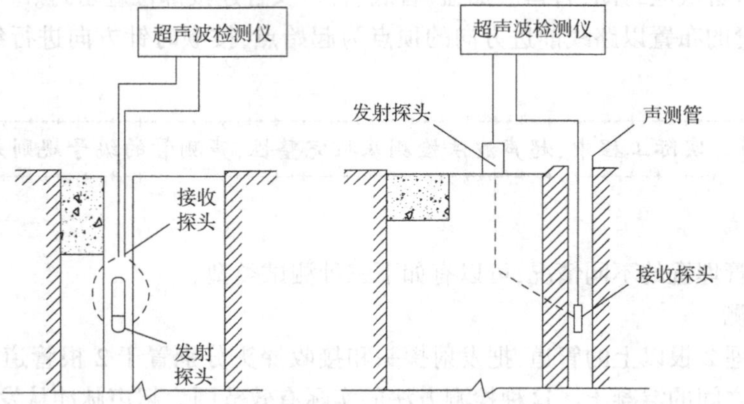

图6-3-8 单孔检测和桩外孔检测

以上三种测试类型中,双孔检测是桩基超声脉冲检测的基本形式,其他两种方法在检测和结果分析上都比较困难,只能作为特殊情况下的补救措施,后文主要介绍双孔检测。

(1)常规对测

①将发、收换能器分置于两台声测管中,从管顶或管底开始,以一定间距同步升降发、收换能器,进行等高度的逐点对测。测试间距各测试规程有所不同。

②测试中通常采用自动测读模式。当探头升到指定测点,观察自动判读线正确地对准首波起点和波谷(峰)后,再按下确认、存储键进行测读。当测量中受到干扰或接收信号弱,自动判读线来回跳动或未能对准首波起点和波谷(峰)时,必须启动手动测量模式进行手动测读。

③一对声测管测完后,再转到另一对声测管测量。

测试的参数包括声时、振幅和主频率,重点参数是声时和振幅。必要时,也可注意观察和记录波形的变化。

(2)重点部位的加密测量和斜测

当在常规对测中发现某测点测值异常时,首先在该测点上下加密测点,即以 10 ~ 20cm 的间距测量。一方面验证常规对测的结果;另一方面可以借此确定异常部位的范围。在确定此处测值异常后,应采用斜测法进行进一步的探测,如图 6-3-9 所示。

所谓斜测,就是将发、收换能器彼此错开一定距离进行测量。错开距离一般在 1 ~ 2m 范围内,如果测试中信号有足够幅度,错开距离大一点有利于对缺陷的判断。斜测的间距宜为 10 ~ 20cm。通过斜测可对缺陷性质、严重情况作出判断。

①局部缺陷。如图 6-3-9a)所示,在对测中发现某测线测值异常(图中用实线表示),进行斜测,在多条斜测线中,如果仅有一条测线(实线)测值异常,其余皆正常,则可以判断这只是一个局部的缺陷,位置就在两条实线的交点处。

②缩颈或声测管附着泥团。如图 6-3-9b)所示,在对测中发现某(些)测线测值异常(实线),进行斜测。如果斜测线中通过异常对测点发、收处的测线测值异常,而穿过两声测管连线中间部位的测线测值正常,则可判断桩中心部位是正常混凝土,缺陷应出现在桩的边缘,声测管附近,有可能是缩颈或声测管附着泥团。当某根声测管陷入缺陷包围时,由它构成的两个测试面在该高程处都会出现异常测值。

③层状缺陷(断桩)。如图 6-3-9c)所示,在对测中发现某(些)测线测值异常(实线),进行斜测。若斜测线中除通过异常对测点发收处的测线测值异常外,所有穿过两声测管连线中间部位的测线测值均异常,则可判定该两声测管间缺陷是连成一片。如果 3 个测试面均在此高程处出现这种情况,且不是在桩的底部,测值又低得严重,则可判定是整个断面的缺陷,如夹泥层或疏松层,即断桩。

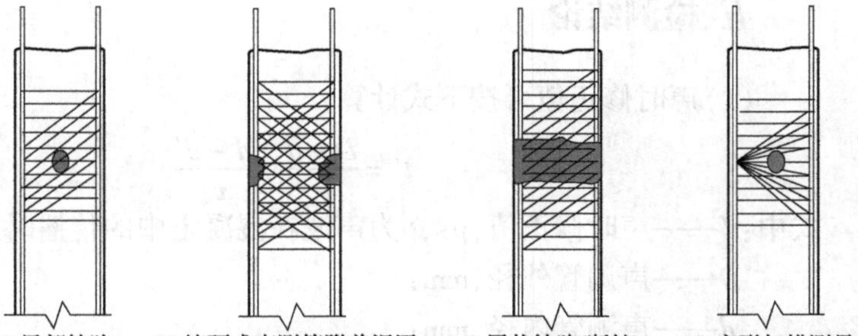

图 6-3-9 灌注桩的斜交叉测量

对于整个桩断面的缺陷,有个例外的情况需要注意:如果上述情况出现在桩的底部,则往往是桩底沉渣所造成。但在判断沉渣高度时,有时会遇到这样的情况:孔底沉渣如果有一定厚度,当混凝土从灌注导管冲出时,有可能将沉渣挤向四周,形成锅底形状,如图 6-3-10 所示。由于声测管被分布于孔边沿的沉渣所包裹,在这些高程上对测时也会出现 3 个测试面测试数据异常低下的情况,由于在桩的底部,斜测布点数量有限,在判断沉渣厚度上,如果遇到这种情况,有可能将沉渣厚度判为图 6-3-10 中的 h。

斜测有两面斜测和一面斜测。最好进行两面斜测,以便相互印证,特别是像图 6-3-9b)所示缩颈或包裹声测管的缺陷,两面斜测可以避免误判。

④扇形扫描测量。为减少换能器升降次数,作为一种辅助手段,也可扇形扫描测量,如

图 6-3-9)所示,一台换能器固定某高程不动,另一台换能器逐点移动,测线呈扇形。需要注意的是,扇形测量中测距是各不相同的,虽然波速可以计算,相互比较,但是振幅测值却没有相互可比性,只能根据相邻测点测值的突变来发现测线是否遇到缺陷。

超声波法检测基桩完整性工程实景见图 6-3-11。

超声波法检测基桩完整性具体步骤

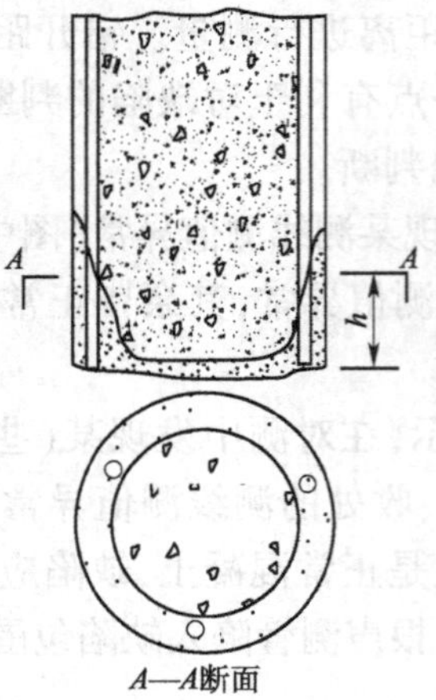

图 6-3-10 桩底沉渣情况

图 6-3-11 超声波法检测基桩完整性工程实景

【思考】 当某断面波形显示为疑似缺陷区时,如何采用不同的检测方法判断缺陷大小或排除疑似缺陷?

超声波法检测应用

五、检测结论

(1)声时修正值可按下式计算:

$$t' = \frac{D-d}{v_t} + \frac{d-d'}{v_w} \tag{6-3-1}$$

式中:t'——声时修正值,μs,t 为声波在混凝土中的传播时间(简称声时);

D——声测管外径,mm;

d——声测管内径,mm;

d'——换能器外径,mm;

v_t——声测管壁厚度方向声速值,km/s;

v_w——水的声速值,km/s。

超声波法检测基桩完整性试验及示范教学

(2)声时、声速和声速平均值应按下列公式计算,并绘制声速-深度曲线、波幅-深度曲线。

$$t = t_i - t_0 - t' \tag{6-3-2}$$

$$v_i = \frac{l}{t} \tag{6-3-3}$$

$$v_m = \sum_{i=1}^{n} \frac{v_i}{n} \tag{6-3-4}$$

式中:t——声时值,μs;

t_i——超声波第 i 测点声时值,μs;

t_0——声波检测系统延迟时间，μs；

t'——声时修正值，μs；

v_i——第 i 个测点声速值，km/s；

l——两根检测管外壁间的距离，mm；

v_m——混凝土声速平均值，km/s；

n——测点数。

(3)单孔折射法的声时、声速值应按下列公式计算：

$$\Delta t = t_2 - t_1 \tag{6-3-5}$$

$$v_i = \frac{h}{\Delta t} \tag{6-3-6}$$

式中：Δt——两台接收换能器间的声时差，μs；

t_1——近道接收换能器声时，μs；

t_2——远道接收换能器声时，μs；

v_i——第 i 测点的声速值，km/s；

h——两台接收换能器间的距离，mm。

(4)桩身混凝土缺陷应根据下列方法综合判定：

①声速判据。当实测混凝土声速值低于声速临界值时应将其作为可疑缺陷区。

$$v_i < v_D \tag{6-3-7}$$

式中：v_i——第 i 个测点声速值，km/s；

v_D——声速临界值，km/s。

声速临界值采用正常混凝土声速平均值与 2 倍声速标准差之差，即

$$v_D = \bar{v} - 2\sigma_V \tag{6-3-8}$$

$$\bar{v} = \sum_{i=1}^{n} \frac{v_i}{n} \tag{6-3-9}$$

$$\sigma_V = \sqrt{\sum_{i=1}^{n} \frac{(v_i - \bar{v})^2}{n-1}} \tag{6-3-10}$$

式中：$\bar{v}$——正常混凝土声速平均值，km/s；

σ_V——正常混凝土声速标准差；

v_i——第 i 个测点声速值，km/s；

n——测点数。

当检测剖面 n 个测点的声速值普遍偏低且离散性很小时，宜采用声速低限值判据，即实测混凝土声速值低于声速低限值时，可直接判定为异常。

$$v_i < v_L \tag{6-3-11}$$

式中：v_i——第 i 个测点声速值，km/s；

v_L——声速低限值，km/s。

声速低限值应由预留同条件混凝土试件的抗压强度与声速对比试验结果，结合本地区实际经验确定。

②波幅判据。用波幅平均值减 6dB 作为波幅临界值，当实测波幅低于波幅临界值时，应

将其作为可疑缺陷区。

$$A_D = A_m - 6 \tag{6-3-12}$$

$$A_m = \sum_{i=1}^{n} \frac{A_i}{n} \tag{6-3-13}$$

式中：A_D——波幅临界值，dB；

A_m——波幅平均值，dB；

A_i——第 i 个测点相对波幅值，dB；

n——测点数。

③PSD 判据。采用斜率法作为辅助异常判据，当 PSD 值在某测点附近变化明显时，应将其作为可疑缺陷区。

$$\mathrm{PSD} = \frac{(t_i - t_{i-1})^2}{z_i - z_{i-1}} \tag{6-3-14}$$

式中：t_i——第 i 个测点声时值，μs；

t_{i-1}——第 $i-1$ 个测点声时值，μs；

z_i——第 i 个测点深度，m；

z_{i-1}——第 $i-1$ 个测点深度，m。

(5)对于混凝土声速和波幅值出现异常并判为可疑缺陷区的部位，应按要求确定桩身混凝土缺陷的位置及影响程度。

(6)对支承桩或嵌岩桩，宜同时采用低应变反射波法检测桩段的支承情况。

(7)桩身完整性类别判定：

①Ⅰ类桩：各声测剖面每个测点的声速、波幅均大于临界值，波形正常。

②Ⅱ类桩：某一声测剖面个别测点的声速、波幅略小于临界值，但波形基本正常。

③Ⅲ类桩：某一声测剖面连续多个测点或某一深度桩截面处的声速、波幅值小于临界值，PSD 值变大，波形畸变。

④Ⅳ类桩：某一声测剖面连续多个测点或某一深度桩截面处的声速、波幅值明显小于临界值，PSD 值突变，波形严重畸变。

六、注意事项

测试中应注意声测管接头的影响。当换能器正好位于接头处，有时接头会使声学参数测值明显降低，特别是振幅测值。其原因是接头处存在空气夹层，强烈反射声波能量。判断方法：①将换能器移开 10cm，测值立刻正常，反差极大，往往属于这种情况；②通过斜测也可作出判断。

检测方法应符合下列要求：

(1)测点间距不宜大于 250mm。发射、接收换能器应以相同高程同步升降，其累计相对高差不应大于 20mm(平测)，或保持固定高差同步升降(斜测)，并随时校正。

(2)在对同一根桩的检测过程中，声波发射电压和仪器设置参数应保持不变。

(3)将多根声测管以两根为一个检测剖面进行全组合，分别对所有检测剖面完成检测。

(4)对于声时值和波幅值出现异常的部位，应采用水平加密、等差同步或扇形扫测等方法进行细测，结合波形分析确定桩身混凝土缺陷的位置及其严重程度。

七、检测报告

检测报告编制应符合《公路工程基桩检测技术规程》(JTG/T 3512—2020)的规定。超声波法检测基桩“现场记录表”及“检测报告”分别见表6-3-1和表6-3-2。表格电子版可扫描下方二维码下载。参考格式见本书配套《桥梁工程检测实训指导手册》表15-2和表15-3,并应包括下列内容:

检测报告及实景展示

声波透射法检测基桩完整性

(1)工程名称、地点,委托方、建设单位、勘察单位、设计单位、监理单位和施工单位。

(2)检测目的、检测依据、检测数量、检测日期等。

(3)地质条件描述。

(4)被检桩的桩号、桩位和相关施工记录。

(5)检测方法、原理、仪器设备和过程叙述。

(6)声测管布置图,并应包括每根被检桩各剖面的声速—深度、波幅—深度曲线及各自的临界值,声速、波幅的平均值,桩身缺陷位置及程度的分析说明。

(7)与检测内容相应的检测结论。

(8)必要的说明和建议,如对扩大或验证检测的建议。

表6-3-1 超声波法检测基桩完整性现场记录表

表6-3-2 超声波法检测基桩完整性检测报告

【“1+X”加油站】“超声波法检测基桩完整性”技术技能训练

【拓展阅读】

【拓展知识】常见缺陷性质与声学参数的关系

任务四 钻芯法检测基桩完整性★

学习目标

1. 知识目标

(1)了解钻芯法检测基桩完整性的原理。

(2)了解取芯机的构造和工作原理。

(3)掌握检测报告编制规则。

2. 能力目标

(1)能够熟练、正确地使用取芯机开展基桩完整性检测。

(2)能够依据芯样情况对基桩完整性类别进行分析判定。

(3)能够规范编制基桩完整性检测报告。

3. 素质目标

(1)依托真实工程案例,培养工程实践能力和职业素养,增强责任感。

(2)通过不同检测方法的相互验证,厚植精益求精、客观公正的工匠精神。

(3)了解钻芯法工程应用中的伦理和社会影响,提升专业伦理和社会责任感。

任务描述

某桥梁2—2号基桩在低应变动测法完整性普查和超声波法完整性检测中均判断10.5m处存在局部空洞或夹泥病害,但施工单位对于检测结果有异议,为进一步验证该桩的完整性和病害影响程度,决定对该桩进行钻芯法取样检测。请按规范制订检测方案并根据芯样情况判定该桩的完整性和病害影响程度。

知识技能学习

一、检测依据

《建筑基桩检测技术规范》(JGJ 106—2014)。

《公路工程基桩检测技术规程》(JTG/T 3512—2020)。

二、钻芯法概述

钻芯法检测前世今生

钻芯法是检测现浇混凝土灌注桩的成桩质量的一种有效手段,不受场地限制,特别适用于大直径混凝土灌注桩。钻芯法不仅可以直观测试灌注桩的完整性,而且能够检测桩长、桩底沉渣厚度以及桩底岩土层的性状。另外,钻芯法还是检验灌注桩桩身混凝土强度的可靠的方法,这些检测内容是其他方法无法替代的。在各种桩身完整性检测方法中,钻芯法最为直观可靠。但该法取样部位有局限性,只能反映钻孔范围内的小部分混凝土质量,存在较大的盲区,容易以点带面造成误判或漏判。钻芯法对查明大面积的混凝土疏松、离析、夹泥、孔洞等比较有效,但对局部缺陷和水平裂缝等判断就不一定十分准确,而且存在设备庞大、费工费时、价格昂贵的缺点。因此,钻芯法不宜用于大批量检测,而只能用于抽样检查,或作为对无损检测结果的验证手段。实践经验表明,采用钻芯法和超声法联合检测、综合判定的办法评定大直径灌注桩的质量是十分有效的办法。

三、检测仪器设备

1. 钻机

钻机应具有足够的刚度,操作灵活,固定和移动方便,并应有水冷却系统。混凝土灌注桩芯样的钻取宜采用液压操纵的钻机，钻机应配备单动双管钻具以及相应的孔口管、扩孔器、卡簧、扶正稳定器和可捞取松软渣样的钻具，设备参数应符合以下规定：

(1)额定最高转速不低于790r/min。

(2)转速调节范围不少于4挡。

(3)额定配用压力不低于1.5MPa。

(4)钻杆应顺直，直径宜为50mm。

(5)水泵的排水量应为50～160L/min、泵压为1.0～2.0MPa。

2. 钻头

检测时，应根据混凝土设计强度等级选用合适粒度、浓度、胎体硬度的金刚石钻头，且外径不宜小于100mm。钻头胎体不得有肉眼可见的裂纹、缺边、少角、倾斜及喇叭口变形。

3. 锯切机

锯切芯样试件用的锯切机应具有冷却系统和牢固夹紧芯样的装置，配套使用的金刚石圆锯片应有足够刚度。

4. 取芯机

芯样试件端面的补平器和磨平机应满足芯样制作的要求。

取芯机结构示意图如图6-4-1所示。

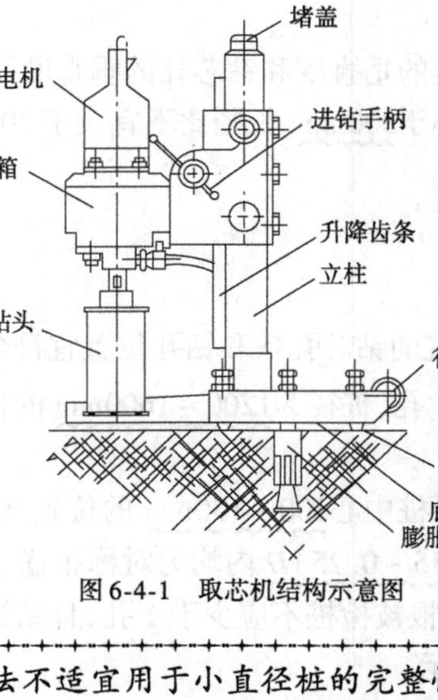

图6-4-1 取芯机结构示意图

【思考】 为什么钻芯法不适宜用于小直径桩的完整性检测？

四、检测方法及步骤

(一)收集基本技术资料

检测前的准备工作应符合下列规定：

①了解灌注桩有关技术资料及施工情况：了解桩的类型、尺寸、高程、成孔方法及工艺、地

质资料、有关的设计参数、混凝土参数、混凝土施工工艺、过程及施工中出现的问题等。

②被检桩的混凝土龄期应达到28d，或被检桩同条件养护试件强度应达到设计强度要求。

③抽检数量不应少于总桩数的10%。

④对于端承型大直径灌注桩，当无法确定单桩竖向抗压承载力时，可采用钻芯法测定桩底沉渣厚度并钻取桩端持力层岩土芯样检测桩端持力层；抽检数量不应少于总桩数的 10%，且不应少于 10 根。

（二）试验目的

①验证桩身完整性，即验证桩身材料密实性和连续性，如验证桩身混凝土胶结状况，有无气孔、松散或断桩等，判定桩身完整性类别。

②检测桩身混凝土强度是否符合设计或规范的要求。

③桩底沉渣厚度是否符合设计或规范的要求。

④桩底持力层的岩土性状（强度）和厚度是否符合设计或规范要求。

⑤检测施工记录桩长是否真实。

（三）适用范围

本方法适用于检测混凝土灌注桩的桩长、桩身混凝土强度、桩底沉渣厚度和桩身完整性，判定或鉴别桩底持力层岩土性状。

当被检桩长径比较大时，成孔的垂直度和钻芯孔的垂直度很难控制，钻芯孔容易偏离出桩身，因此要求当被检桩桩径不宜小于800mm，长径比不宜大于 30。

钻芯法检测实施

（四）现场测试

1. 现场取芯

（1）每根被检桩的钻芯孔数和钻孔位置宜符合下列规定：

①桩径小于1200mm 的桩钻 1 孔，桩径为1200～1600mm 的桩钻 2 孔，桩径大于1600mm 的桩钻 3 孔。

②当钻芯孔为 1 个时，宜在距桩中心100～150mm 的位置开孔；当钻芯孔为 2 个或 2 个以上时，开孔位置宜在距桩中心(0.15～0.25)D 内均匀对称布置。

（2）对桩端持力层的钻探，每根被检桩不应少于 1 孔，且钻探深度应满足设计要求。

其测试现场图如图 6-4-2 所示。

2. 芯样试件截取与加工

（1）截取混凝土抗压芯样试件应符合下列规定：

①当桩长为 10～30m 时，每孔截取3 组芯样；当桩长小于 10m 时，可取 2 组；当桩长大于 30m 时，不少于4 组。

②上部芯样位置距桩顶设计高程不宜大于 1 倍桩径或 1m，下部芯样位置距桩底不宜大于 1 倍桩径或 1m，中间芯样宜等间距截取。

③缺陷位置取样时，应截取 1 组芯样进行混凝土抗压试验。

④当同一基桩的钻芯孔数大于1个,其中1孔在某深度存在缺陷时,应在其他孔的该深度处截取芯样进行混凝土抗压试验。

图6-4-2 测试现场图

(2)当桩端持力层为中、微风化岩层且岩芯可制作成试件时,应在接近桩底部位截取一组岩石芯样;如遇分层岩性时宜在各层取样。

(3)每组芯样应制作3个芯样抗压试件。芯样试件应按下述内容进行加工和测量:

①应采用双面锯切机加工芯样试件,加工时应将芯样固定,锯切平面垂直于芯样轴线。锯切过程中应淋水冷却金刚石圆锯片。

②当锯切后的芯样试件不能满足平整度及垂直度要求时,应选用以下方法进行端面加工:

a. 在磨平机上磨平。

b. 用水泥砂浆或水泥净浆或硫黄胶泥(硫黄)等材料在专用补平装置上补平。水泥砂浆或水泥净浆补平厚度不宜大于5mm,硫黄胶泥(硫黄)补平厚度不宜大于1.5mm。补平层应与芯样结合牢固,受压时补平层与芯样的结合面不得提前破坏。

③试验前,应对芯样试件的几何尺寸做下列测量:

a. 平均直径:用游标卡尺测量芯样中部,在相互垂直的两个位置上,取其两次测量的算术平均值,精确至0.5mm。

b. 芯样高度:用钢卷尺或钢板尺进行测量,精确至1mm。

c. 垂直度:用游标量角器测量两个端面与母线的夹角,精确至0.1°。

d. 平整度:用钢板尺或角尺紧靠在芯样端面上,一边转动钢板尺,一边用塞尺测量与芯样端面之间的缝隙。

④当芯样试件有裂缝或有其他较大缺陷,芯样试件内含有钢筋,以及试件尺寸偏差超过下列数值时,不得用作抗压强度试验:

a. 芯样试件高度小于0.95d或大于1.05d时(d为芯样试件平均直径)。

b. 沿试件高度任一直径与平均直径相差达2mm及以上时。

c. 试件端面的不平整度在100mm长度超过0.1mm时。

d. 试件端面与轴线的不垂直度超过 2°时。

e. 芯样试件平均直径小于 2 倍表观混凝土粗集料最大粒径时。

3. 芯样试件抗压强度试验

(1)芯样试件制作完毕可立即进行抗压强度试验。

(2)混凝土芯样试件的抗压强度试验应按《混凝土物理力学性能试验方法标准》(GB/T 50081—2019)的有关规定执行。

(3)抗压强度试验完成后,若发现芯样试件平均直径小于 2 倍试件内混凝土粗集料最大粒径,且强度值异常时,该试件的强度值不得参与统计平均。

(4)混凝土芯样试件抗压强度应按下列公式计算:

$$f_{cu} = \xi \frac{4P}{\pi d^2} \tag{6-4-1}$$

式中:f_{cu}——混凝土芯样试件抗压强度,MPa,精确至 0.1MPa;

P——芯样试件抗压试验测得的破坏荷载,N;

d——芯样试件的平均直径,mm;

ξ——混凝土芯样试件抗压强度折算系数,应考虑芯样尺寸效应、钻芯机械对芯样扰动和混凝土成型条件的影响,通过试验统计确定;当无试验统计资料时,宜取为 1.0。

(5)桩底岩芯单轴抗压强度试验可按《建筑地基基础设计规范》(GB 50007—2011)附录 J 执行。

钻芯法检测应用

五、检测结论

(1)混凝土芯样试件抗压强度代表值应按 1 组 3 块试件强度值的平均值确定。当同一被检桩同一深度部位有 2 组或 2 组以上混凝土芯样试件抗压强度代表值时,取其平均值为该桩该深度处混凝土芯样试件抗压强度代表值。

(2)被检桩中不同深度位置的混凝土芯样试件抗压强度代表值中的最小值为该桩混凝土芯样试件抗压强度代表值。

(3)桩端持力层性状应根据芯样特征、岩石芯样单轴抗压强度试验、动力触探或标准贯入试验结果,综合判定桩底持力层岩土性状。

(4)桩身完整性类别应结合钻芯孔数、现场混凝土芯样特征、芯样单轴抗压强度试验结果,按表 6-4-1 的规定和表 6-4-2 的特征进行综合判定。

桩身完整性分类表 表 6-4-1

桩身完整性类别	分类原则
Ⅰ类桩	桩身完整
Ⅱ类桩	桩身有轻微缺陷,不会影响桩身结构承载力的正常发挥
Ⅲ类桩	桩身有明显缺陷,对桩身结构承载力有影响
Ⅳ类桩	桩身存在严重缺陷

桩身完整性判定 表 6-4-2

类别	特征
Ⅰ	混凝土芯样连续、完整、表面光滑、胶结好,集料分布均匀,呈长柱状,断口吻合,芯样侧面仅见少量气孔
Ⅱ	混凝土芯样连续、完整、胶结较好,集料分布基本均匀,呈柱状,断口基本吻合,芯样侧面局部见蜂窝麻面、沟槽
Ⅲ	大部分混凝土芯样胶结较好,无松散、夹泥或分层现象,但有下列情况之一: 芯样局部破碎且破碎长度不大于 10cm; 芯样集料分布不均匀; 芯样多呈短柱状或块状; 芯样侧面蜂窝、麻面,沟槽连续
Ⅳ	钻进很困难; 芯样任一段松散、夹泥或分层; 芯样局部破碎且破碎长度大于 10cm

(5)成桩质量评价应按单桩进行。当出现下列情况之一时,应判定该被检桩不满足设计要求:

①桩身完整性类别为Ⅳ类的桩。

②被检桩混凝土芯样试件抗压强度代表值小于混凝土设计强度等级的桩。

③桩长、桩底沉渣厚度不满足设计或规范要求的桩。

④桩端力层岩土性状(强度)或厚度未达到设计或规范要求的桩。

(6)钻芯孔偏出桩外时,仅对钻取芯样部分进行评价。

(7)试验记录表格。钻芯法检测基桩完整性现场记录表见表 6-4-3,表格电子版可扫描本任务后的二维码下载。参考格式见本书配套《桥梁工程检测实训指导手册》表 16-3。

钻芯法检测基桩完整性现场记录表 表 6-4-3

桩号			孔号		工程名称			
时间		钻进(m)			芯样编号	芯样长度(m)	残留芯样	芯样初步描述及异常情况记录
自	至	自	至	计				

检测日期: 机长: 记录: 页次:

六、注意事项

(1)当被检桩混凝土集料最大粒径小于30mm时,可选用外径为91mm的钻头;不检测混凝土抗压强度时,可选用外径为76mm的钻头。

(2)钻机设备安装必须周正、稳固、底座水平。钻芯机立轴中心、天轮中心(天车前沿切点)与孔口中心必须在同一铅垂线上。应确保钻机在钻芯过程中不发生倾斜、移位,钻芯孔垂直度偏差不大于0.5%。

(3)当桩顶面与钻芯机底座的距离较大时,应安装孔口管,孔口管应垂直且牢固。

(4)钻进过程中,钻孔内循环水流不得中断,应根据回水含砂量及颜色调整钻进速度。

(5)提钻卸取芯样时,应拧卸钻头和扩孔器,严禁敲打卸芯。

(6)每回次进尺宜控制在1.5m内;钻至桩底时,应采取适宜的钻芯方法和工艺钻取沉渣并测定沉渣厚度,并采用适宜的方法对桩端持力层岩土性状进行鉴别。

(7)钻取的芯样应自上而下按回次顺序放进芯样箱中,芯样侧面上应清晰地标明回次数、块号、本回次总块数,并应按规范要求的格式(参考格式见《桥梁工程检测实训指导手册》)及时记录钻进情况和钻进异常情况,对芯样质量做初步描述。

(8)钻芯过程中,应按规范要求的格式(参考格式见《桥梁工程检测实训指导手册》)对芯样混凝土、桩底沉渣以及桩端持力层作详细编录。

(9)钻芯结束后,应对芯样和标有工程名称、桩号、钻芯孔号、芯样试件采取位置、桩长、孔深、检测单位名称的标示牌的全貌进行拍照。

(10)当单桩质量评价满足设计要求时,应采用0.5~1.0MPa压力,从钻芯孔孔底往上用水泥浆回灌封闭;否则应封存钻芯孔,留待处理。

七、检测报告

检测报告编制应符合《公路工程基桩检测技术规程》(JTG/T 3512—2020)的规定。钻芯法检测基桩完整性报告(混凝土芯样柱状图)见表6-4-4。表格电子版可扫描本任务后的二维码下载。参考格式见《桥梁工程检测实训指导手册》表16-4,并应包括下列内容:

(1)工程名称、地点,委托方、建设单位、勘察单位、设计单位、监理单位和施工单位。

(2)检测目的、检测依据、检测数量、检测日期等。

(3)地质条件描述。

(4)检测桩数、钻孔数量、混凝土芯样进尺、岩芯进尺、总进尺、混凝土芯样试件组数、岩石芯样试件组数等。

(5)取芯开孔的准确位置图,编制每孔的柱状图。

(6)芯样单轴抗压强度试验结果。

(7)芯样全长照片和缺陷部位的特写照片,并进行相应准确位置说明。

(8)异常情况说明,桩身完整性类别评判,对扩大或验证检测的建议。

钻芯法检测基桩完整性报告(混凝土芯样柱状图) 表 6-4-4

<table>
<tr><td rowspan="2">桩号</td><td rowspan="2">1</td><td rowspan="2">混凝土
强度等级</td><td rowspan="2"></td><td rowspan="2">高程
(m)</td><td>设计
桩顶</td><td></td><td rowspan="2">开孔
时间</td><td rowspan="2"></td></tr>
<tr><td>检测时
桩顶</td><td></td></tr>
<tr><td colspan="2">设计桩径</td><td colspan="2"></td><td colspan="2">钻孔深度</td><td></td><td>终孔
时间</td><td></td></tr>
<tr><td>孔号</td><td>孔深
(m)</td><td>层厚
(m)</td><td>柱状图</td><td colspan="5">混凝土芯描述</td></tr>
<tr><td rowspan="3"></td><td></td><td></td><td></td><td colspan="5"></td></tr>
<tr><td></td><td></td><td></td><td colspan="5"></td></tr>
<tr><td></td><td></td><td></td><td colspan="5"></td></tr>
<tr><td>备注</td><td colspan="8"></td></tr>
</table>

检测： 校对： 审核： 签发：

表6-4-3 钻芯法检测基桩完整性现场记录表

表6-4-4 钻芯法检测基桩完整性报告(混凝土芯样柱状图)

【"1+X"加油站】"钻芯法检测基桩完整性"技术技能训练

【拓展阅读】

【工程案例】某大桥基桩钻芯法检测

任务五 单桩竖向抗压静载试验(静压试验)

学习目标

1. 知识目标

(1)了解静压试验的原理。

(2)了解静压试验所用仪器设备的构造和工作原理。

(3)掌握检测报告编制规则。

2. 能力目标

(1)能够安全、正确地开展静压试验。

(2)能够规范采集试验数据。

(3)能够根据数据判定单桩竖向抗压极限承载力。

(4)能够规范编制单桩竖向抗压静载试验检测报告。

3. 素质目标

(1)通过团队协作完成检测任务,提高解决问题的能力。

(2)通过不同检测方法的相互验证,厚植精益求精、客观公正的工匠精神。

(3)通过数据分析处理、报告编制,培养逻辑思维和分析判断能力。

任务描述

某桥全部基桩均完成完整性检测,根据建设单位(业主)要求,对其中部分基桩进行单桩竖向抗压极限承载力检测,通过桩身应变、位移检测桩侧和桩端阻力,判定基桩竖向抗压承载力是否满足设计要求。请根据规范编制试验方案,并根据结果进行单桩竖向抗压极限承载力判定。

知识技能学习

一、检测依据

《建筑基桩检测技术规范》(JGJ 106—2014)。

《公路工程基桩检测技术规程》(JTG/T 3512—2020)。

单桩竖向抗压静载试验探秘

二、检测原理

单桩竖向抗压静载试验,就是采用接近于竖向抗压桩实际工作条件的试验方法。荷载作用于桩顶,桩顶产生位移(沉降),不仅可以得到单根试桩 Q-S 曲线,还可以获得每级荷载下桩顶沉降随时间的变化曲线;当桩身中埋设量测元件时,可以直接测得桩侧各土层的极限摩阻力和端承力。

三、检测仪器设备

静载试验设备主要由主梁、次梁、锚桩或压重等反力装置,千斤顶、油泵加载装置,压力表、压力传感器或荷重传感器等荷载测量装置,百分表或位移传感器等位移测量装置组成。

1. 试验加载装置

单桩竖向抗压静载试验一般采用单台或多台同型号、同规格千斤顶并联加载,千斤顶的合力中心应与桩轴线重合。千斤顶加载反力装置可根据现有条件选用下列三种形式之一。

(1)锚桩横梁反力装置

锚桩横梁反力装置能提供的反力,应不小于预估最大试验荷载的1.3~1.5倍,符合现行《公路桥涵施工技术规范》(JTG/T 3650)规定。锚桩至少需要4根。如用灌注桩作锚桩,其钢筋笼要通长配置;如用预制长桩,要加强接头的连接。锚桩按抗拔桩的规定计算确定,并应对试验过程中锚桩上拔量进行监测。横梁的刚度、强度与锚桩拉筋断面在试验前要进行验算,试验布置如图 6-5-1 所示。在大承载力桩试验中,横梁质量大,需要以其他工程桩作支撑点,且基准梁也应放在其他工程桩上较为稳妥。该方案的不足之处是当需要进行大吨位灌注桩试验时无法随机抽样。

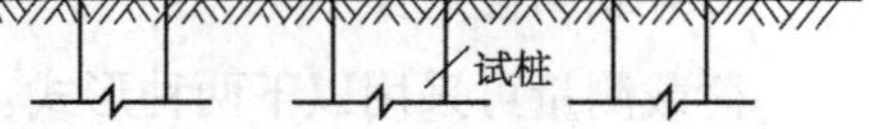

图 6-5-1 锚桩横梁反力装置示意图

(2)堆重平台反力装置

堆载材料一般为铁锭、混凝土块或砂袋,堆载重力不得小于预估试桩破坏荷载的1.2倍。堆载最好在试验前一次加上,并均匀稳固放置于平台上,如图 6-5-2 所示。在软土地基上大量堆载将引起地面较大下沉,基准梁要支撑在其他工程桩上,并远离沉降影响范围。作为基准梁的工字钢应尽可能长一些,但其高跨比宜大于 1/40。堆载的优点是可对试桩随机抽样,适用于不配筋或少配筋的桩。

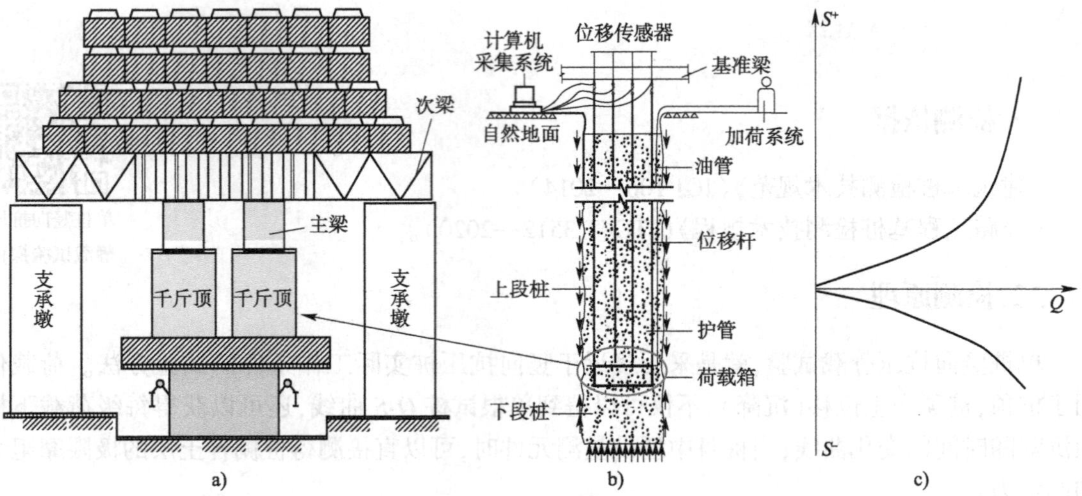

图 6-5-2 堆重平台反力装置示意图

(3)锚桩堆重联合反力装置

当试桩最大加载量超过锚桩的抗拔能力时,在锚桩上或横梁上配重,由锚桩与堆载共同承受千斤顶反力。

静载试验加载反力装置可根据现场条件选择锚桩横梁反力装置、压重平台反力装置、锚桩压重联合反力装置、地锚反力装置等。静载试验加载反力装置应符合以下规定:

①静载试验加载反力装置能提供的反力不得小于最大加载量的 1.2 倍。

②应对静载试验加载反力装置的全部构件进行强度和变形验算。

③应对锚桩抗拔力(地基土、抗拔钢筋、桩的接头)进行验算;采用工程桩作锚桩时,锚桩的数量应不少于 4 根,并应检测锚桩上拔量。

④压重施加于地基的压应力不宜大于地基承载力特征值的 1.5 倍,有条件时宜利用工程桩作为堆载支点。

⑤压重宜在检测前一次加足,并均匀稳固地放置于平台上。

⑥千斤顶应严格进行物理对中。多台千斤顶并联加载时,其上、下部应设置足够刚度的钢垫箱,并使千斤顶合力通过试桩中心。

2. *荷载测量装置*

荷载测量可采用以下两种形式:

(1)通过用放置在千斤顶上的荷重传感器直接测定。

(2)通过并联于千斤顶油路的压力表或压力传感器测定油压,根据千斤顶率定曲线换算荷载。传感器的测量误差不应大于 1%,压力表精度应优于或等于 0.4 级。

目前市场上用于静载试验的油压表的量程主要有 25MPa、40MPa、60MPa、100MPa,应根据千斤顶的配置和最大试验荷载要求合理选择油压表。试验用压力表、油泵、油管在最大加载时的压力不应超过仪器规定工作压力的80%,且不应小于额定工作压力的20%。

3. *沉降测量装置*

测量仪表必须精确,沉降测量一般采用大量程百分表或电子位移计,测量误差不应大于

0.1%FS，分辨力应优于或等于0.01mm。对于直径或边宽大于500mm的桩，在桩的2个正交直径方向，对称布置4个位移测点；对于直径或边宽小于或等于500mm的桩，可对称布置2个位移测点。沉降测定平面离开桩顶的距离不应小于200mm，测点应牢固地固定于桩身。基准梁应具有足够的刚度，其一端固定在基准桩上，另一端应简支于基准桩上。固定和支承百分表的夹具和横梁在构造上应确保不受气温、振动及其他外界因素的影响而发生竖向变位。为了防止堆载引起的地面下沉影响测读精度，应用水准仪对基准梁系统进行监控。

各行业部门对试桩、锚桩和基准桩之间的中心距离有不同规定，《公路工程基桩检测技术规程》（JTG/T 3512—2020）相关规定见表6-5-1。

被检桩、锚桩（锚杆、压重平台支墩边）和基准桩之间的中心距离 表6-5-1

反力装置	距离		
	被检桩中心与锚桩中心或压重平台支墩边	被检桩中心与基准桩中心	基准桩中心与锚桩中心或压重平台支墩边
锚桩横梁	≥4(3)D且>2.0m	≥4(3)D且>2.0m	≥3D且>2.0m
压重平台	≥4(3)D且>2.0m	≥4(3)D且>2.0m	≥3D且>2.0m

注：1. D为被检桩、锚桩的设计直径或边宽，取较大者。

2. 如被检桩或锚桩为扩底桩或多支盘桩时，被检桩与锚桩的中心距离不应小于2倍扩大端直径。

3. 括号内数值可用于工程桩抽样检测时多排桩设计桩中心距离小于4D的情况。

4. 表中为试桩的直径或边长D≤800mm的情况；若试桩直径D>800mm时，基准桩中心至试桩中心或压重平台支承边的距离不宜小于4.0m。

【思考】 被检桩、锚桩和基准桩的间距要求是出于什么考虑？

四、检测方法及步骤

单桩竖向抗压静载试验实施

1. 收集基本技术资料

（1）被检工程应进行现场调查，搜集其工程地质资料、基桩设计图纸和施工记录、监理日志等，了解施工工艺及施工过程中出现的异常情况。

（2）根据现场实际情况选择合适的加载装置、反力装置、荷载测量装置和变形测量装置，检查测试系统各部分之间是否连接良好，确认整个测试系统处于正常工作状态。

2. 抽样数量及适用范围

一个工程中应取多少根桩进行静载试验，各个部门规范没有统一。《建筑地基基础设计规范》（GB 50007—2011）规定：检验桩数不得少于同条件下总桩数的1%，且不得少于3根。《建筑基桩检测技术规范》（JGJ 106—2014）规定：同条件下的试桩数量不应少于3根，且不宜少于总桩数的1%；当工程桩总数在50根以内时，不应少于2根。《公路桥涵施工设计规范》（JTG/T 3650—2020）规定：施工阶段的试桩数量宜根据设计要求和工程地质条件确定，但不宜少于2根。

实际测试时，可根据工程具体情况参考相关规范进行。

3. 试验准备

(1)桩头处理

①预制桩。

预制桩包括预制方桩和预应力管桩。如果未进行截桩处理、桩头质量正常,单桩设计承载力合理,可不进行处理。预应力管桩尤其是进行了截桩处理的预应力管桩,可采用填芯处理,填芯高度 h 一般为 1 ~ 2m,可放置钢筋也可不放钢筋,填芯用的混凝土宜按 C25 ~ C30 配制,也可用特制夹具箍住桩头。

②灌注桩。

灌注桩桩头处理应先凿掉桩顶部的松散破碎层和低强度混凝土,露出主筋,冲洗干净桩头后再浇注桩帽。

(2)系统检查

在所有试验设备安装完毕之后,应进行一次系统检查。其方法是对试桩施加一较小的荷载进行预压。其目的包括:消除整个量测系统和被检桩本身由于安装、桩头处理等人为因素造成的间隙而引起的非桩身沉降;排除千斤顶和管路中之空气;检查管路接头、阀门等是否漏油等。如果一切正常,卸载至零,待百分表显示的读数稳定后,并记录百分表初始读数,即可开始进行正式加载。

4. 现场测试

单桩竖向抗压静载试验工程实景如图 6-5-3 所示。

图 6-5-3 单桩竖向抗压静载试验工程实景

一般采用慢速维持荷载法,即逐级加载,每级荷载达到相对稳定后,再加下一级荷载,直到试桩破坏,然后卸载到零。我国沿海软土地区也较多采用快速维持荷载法,即每隔 1h 加一级荷载。快速维持荷载法所得的极限荷载所对应的沉降值比慢速维持荷载法的值偏小 10 多个百分点。

另外,还有多循环加卸载法(每级荷载达到相对稳定后卸载到零)及等贯入速率法。此法的加荷速率常取 0.5mm/min,加载至总贯入量为 50 ~ 70mm,或荷载不再增大为止。

下面以慢速维持荷载法为例进行介绍。

(1)加载要求

进行单桩竖向抗压静载试验时,试桩的加载应满足以下要求:

①对于以桩身承载力控制极限承载力的工程桩试验,加载至设计承载力的 1.5 ~ 2.0 倍。

②对于嵌岩桩,当桩顶沉降量很小时,最大加载量不应小于设计承载力的2倍。

③当堆载为反力时,堆载重力应不小于试桩预估极限承载力的1.2倍。

④加载重心应与试桩轴线相一致。

⑤每级荷载加载持续时间不少于2h。

(2)荷载分级

加载时应分级进行,使荷载传递均匀,无冲击。加载过程中,荷载不能超过每级的规定值。按试桩的预计最大试验加载量等分为10~15级进行逐级等量加载。也可将沉降变化较小的第一、二级加载合并,预估的最后一级加载和在试验过程中提前出现临界破坏那一级荷载也可分成两次加载,这对判定极限承载力精度将有所帮助。

(3)测读桩沉降的间隔时间

①下沉未达到稳定状态不得进行下一级加载。

②每级加载的观测时间规定为:每级加载完毕后,每隔15min观测一次;累计1h后,每隔30min观测一次。

(4)稳定标准

每级加载下沉量,在下列时间内如不大于0.1mm即可认为稳定。

①桩端下为巨粒土、砂类土、坚硬黏质土,最后30min。

②桩端下为半坚硬的细粒土,最后1h。

(5)加载终止条件

①当总位移量大于或等于40mm,本级荷载的下沉量大于或等于前一级荷载下沉量的5倍时,加载即可终止。取此终止时荷载小一级的荷载为极限荷载。

②当总位移量大于或等于40mm,本级荷载加上后24h未达稳定时,加载即可终止。取此终止时荷载小一级的荷载为极限荷载。

③在巨粒土、密实砂类土以及坚硬的黏质土中,当总下沉量小于40mm,但荷载已大于或等于设计荷载设计规定的安全系数,加载即可终止。取此时的荷载为极限荷载。

④施工过程中的检验性试验,一般加载应继续到桩的2倍的设计荷载为止。如果桩的总沉降量不超过40mm,以及最后一级加载引起的沉降不超过前一级加载引起的沉降的5倍,则该桩可以停止试验。

(6)卸载规定

①卸载应分级进行,每级卸载量为加载增量的2倍。卸载后隔15min测读一次,读两次后,隔30min再读一次,即可卸下一级荷载。

②卸载到零后,至少在2h内每30min观测一次,如果桩尖下为砂类土,则开始30min内,每15min观测一次;如果桩尖下为黏质土,开始1h内,每15min观测一次。全部卸载后,隔3~4h再读一次。

(7)试验记录

①为了便于应用与统计,所有试验数据应及时填写记录(参考格式见《桥梁工程检测实训指导手册》),并应对成桩和试验过程中出现的异常现象作出必要说明。

②绘制有关试验成果曲线,一般绘制 Q-S(按整个图形比例横:竖=2:3,取 Q、S 的坐标比例)、S-lg$t$、S-lg$Q$ 曲线以及其他进行辅助分析所需曲线。图6-5-4为最典型的 Q-S 曲线。

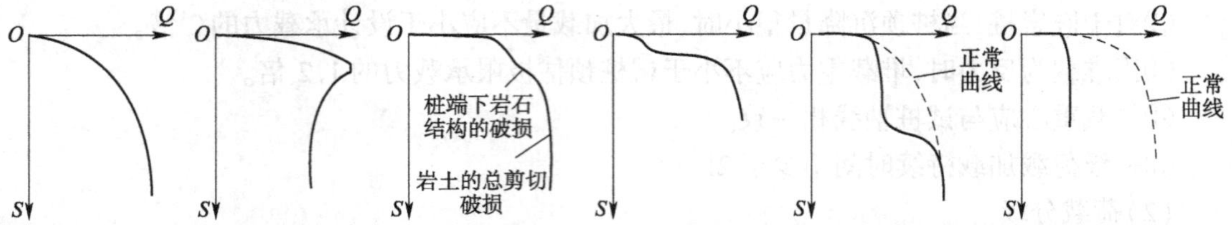

a) 软至半硬黏土中或松砂中的摩擦桩　b) 硬黏土中的摩擦桩　c) 桩端支承在软弱而有孔隙的岩石上　d) 桩端开始离开了坚硬岩石，当被试验荷载压下后又重新支承在岩石上　e) 桩身的裂缝被试验的下压荷载闭合　f) 桩身混凝土被试验荷载剪断

图 6-5-4　典型的单桩竖向抗压静载试验曲线

【思考】　影响基桩竖向抗压承载力的因素有哪些？这些因素分别如何影响基桩承载力？

单桩竖向抗压静载试验应用

五、检测结论

1. 试桩竖向极限承载力的确定

在工程实践中，除了遵循有关的规范规程外，可参照下列标准确定极限承载力：

(1) 当 Q-S 曲线的陡降段明显时，取相应于陡降段起点的荷载。

(2) 对于缓变型 Q-S 曲线，一般可取 $S=40\sim60$mm 对应的荷载。

(3) 对于细长桩（$L/D>80$）和超长桩（$L/D>100$），一般可取桩沉降 $S=2QL/(3E_cA_p)+20$mm 所对应的荷载或取 $S=60\sim80$mm 对应的荷载。

(4) 取 S-lg$t$ 曲线尾部出现明显向下弯曲的前一级荷载。

(5) 对于摩擦型灌注桩，取 S-lg$Q$ 曲线出现陡降直线段的起始点所对应的荷载值。

(6) 对于大直径钻孔灌注桩，取桩端沉降 $S_b=0.025D$ 所对应的荷载为极限荷载；国内建议取 $S=(0.03\sim0.06)D$（大桩径取低值，小直径取高值）所对应的荷载为极限承载力。

(7) 当桩顶沉降量尚小，但因受荷条件的限制而提前终止试验时，其极限承载力一般应取最大加荷值；在桩身材料破坏的情况下，其极限承载力可取破坏前一级的荷载值。

2. 单桩竖向抗压极限承载力标准值的确定

单桩竖向抗压极限承载力的标准值应根据试桩位置、实际地质条件、施工情况等综合确定。

(1) 当各试桩条件基本相同时，单桩竖向抗压极限承载力标准值可按下面的方法确定：

①计算试桩结果的统计特征值，其方法是：

确定正常条件下几根试桩的极限承载力实测值 Q_{ui}。

计算几根试桩实测极限承载力平均值 Q_{um}：

$$Q_{um}=\frac{1}{n}\sum_{i=1}^{n}Q_{ui} \tag{6-5-1}$$

计算每根试桩的极限承载力实测值与平均值之比 a_i：

$$a_i=\frac{Q_{ui}}{Q_{um}} \tag{6-5-2}$$

按下式计算 a_i 的标准偏差 S_n：

$$S_n=\sqrt{\sum_{i=1}^{n}\frac{(a_i-1)^2}{n-1}} \tag{6-5-3}$$

②确定单桩竖向抗压极限承载力标准值 Q_{uk}，此时应分两种情况分别进行：

当 $S_n\leqslant 0.15$ 时， $$Q_{uk}=Q_{um} \tag{6-5-4}$$

当 $S_n>0.15$ 时， $$Q_{uk}=\lambda Q_{um} \tag{6-5-5}$$

(2)单桩竖向抗压极限承载力标准值折减系数 λ 可由变量 a_i 的分布，按下面的方法确定：

①当试桩数 $n=2$ 时，按表 6-5-2 确定。

②当试桩数 $n=3$ 时，按表 6-5-3 确定。

单桩竖向抗压极限承载力折减系数 $\lambda(n=2)$ 表 6-5-2

a_2-a_1	0.21	0.24	0.27	0.30	0.33	0.36	0.39	0.42	0.45	0.48	0.51
λ	1.00	0.99	0.97	0.96	0.94	0.93	0.91	0.90	0.90	0.88	0.85

单桩竖向抗压极限承载力折减系数 $\lambda(n=3)$ 表 6-5-3

a_2	a_3-a_1							
	0.30	0.33	0.36	0.39	0.42	0.45	0.48	0.51
0.84	—	—	—	—	—	—	0.93	0.92
0.92	0.99	0.98	0.98	0.97	0.96	0.95	0.94	0.93
1.00	1.00	0.99	0.98	0.97	0.96	0.95	0.93	0.92
1.08	0.98	0.97	0.95	0.97	0.93	0.91	0.90	0.88
1.16	—	—	—	—	—	—	0.86	0.84

③当试桩数 $n\geqslant 4$ 时，按下式计算：

$$A_0+A_1\lambda+A_2\lambda+A_3\lambda+A_4\lambda=0 \tag{6-5-6}$$

$$A_0=\sum_{i=1}^{n-m}a_i^2+\frac{1}{m}(\sum_{i=1}^{n-m}a_i)^2 \tag{6-5-7}$$

$$A_1=-\frac{2n}{m}\sum_{i=1}^{n-m}a_i \tag{6-5-8}$$

$$A_2=0.127-1.127n+\frac{n^2}{m} \tag{6-5-9}$$

$$A_3=0.147(n-1) \tag{6-5-10}$$

$$A_4=-0.042(n-1) \tag{6-5-11}$$

取 $m=1$、2、3、4 满足式(6-5-6)的 λ 即为所求。

六、注意事项

(1)被检桩桩顶应保持平整，强度应符合规范要求，露出地面的长度应满足设置量测仪表的要求。

(2)被检桩的桩型、地质条件、截面尺寸、桩长、成桩工艺和质量控制标准应与工程桩一致。

(3)为设计提供依据的试验桩，应加载至桩侧与桩端的岩土阻力达到极限状态；当桩的承载力由桩身强度控制时，可按设计要求的加载量进行加载。

(4)工程桩验收检测时，加载量不应小于设计要求的单桩承载力特征值的2.0倍。

(5)单桩竖向抗拔承载力特征值应按单桩竖向抗拔极限承载力的50%取值。当工程桩不允许带裂缝工作时，应取桩身开裂的前一级荷载作为单桩竖向抗拔承载力特征值，并与按极限荷载50%取值确定的承载力特征值相比，取低值。

(6)陆上试桩时，桩顶部宜高出试坑底面，试坑底面宜与桩承台底高程一致。水上试桩时，应搭设牢固试验平台，平台高程应考虑水位及风浪影响，被检桩桩顶部应高出试验平台高程。

七、检测报告

检测报告见表6-5-4(表格电子版可扫描下页二维码下载)，应包括以下信息：

(1)委托方名称，工程名称、地点，建设单位、勘察单位、设计单位、监理单位及施工单位名称，设计相关要求。

(2)工程地质概况。

(3)被检桩的桩位图、桩型、混凝土强度等级、截面尺寸、桩长、桩号、桩位、桩顶高程。

(4)检测目的、检测依据、检测数量、成(沉)桩日期、检测日期、检测方法、检测仪器设备等。

(5)被检桩的检测数据，实测与计算分析曲线和汇总结果。

(6)检测结论。

(7)被检桩桩位对应的地质钻孔柱状图。

(8)被检桩及锚桩的尺寸、材料强度、锚桩数量、配筋情况。

(9)加载反力装置种类；堆载法应提供堆载质量，锚桩法应有反力梁布置平面图。

(10)加、卸载方法，荷载分级表。

(11)单桩竖向抗压承载力判断依据。

(12)进行分层摩阻力测试时，传感器类型、安装位置、轴力计算方法、各级荷载下桩身轴力变化曲线以及各土层的桩侧摩阻力和桩端阻力等。被检桩为灌注桩或为设计提供依据的试验桩，应提供成孔质量检测结果。

(13)必要的说明和建议，如对扩大或验证检测的建议。

单桩竖向抗压静载试验(静压试验)检测报告 表6-5-4

工程名称		工程地点	
合同编号		检测编号	
委托单位		建设单位	
设计单位		勘测单位	
施工单位		检测单位	
监理单位		结构形式	
桩型		设计桩端持力层	

续上表

总桩数						设计单桩竖向抗压承载力特征值(kN)				
见证人						见证号				
桩号	桩长（m）	桩径（mm）	扩大头直径（mm）	最大试验荷载（kN）	最大荷载下桩顶沉降（mm）	残余变形（mm）	单桩竖向抗压极限承载力（kN）	实测单桩竖向抗压承载力特征值(kN)	施工日期	检测日期
备注										

项目负责人：　　　　校对：　　　　检测人员：

表6-5-4　单桩竖向抗压静载试验（静压试验）检测报告

【“1＋X”加油站】“单桩竖向抗压静载试验（静压试验）”技术技能训练

任务六　单桩竖向抗拔静载试验（静拔试验）

学习目标

1. 知识目标

（1）了解静拔试验的原理。

（2）了解静拔试验所用仪器设备的构造和工作原理。

（3）掌握检测报告编制规则。

2. 能力目标

（1）能够安全、正确地开展静拔试验。

(2)能够规范采集试验数据。

(3)能够根据数据判定单桩竖向抗拔极限承载力。

(4)能够规范编制单桩竖向抗拔静载试验检测报告。

3. 素质目标

(1)通过团队协作完成检测任务,提高解决实际问题的能力。

(2)依托真实工程案例,培养工程实践能力和职业素养,增强责任感。

(3)通过示范引领,运用先进的仪器设备进行检测,培养创新能力。

任务描述

某桥全部基桩均完成完整性检测,根据建设单位(业主)要求,对其中部分基桩进行单桩竖向抗拔极限承载力检测,通过桩身应变、位移检测和桩的抗拔侧阻力,判定基桩竖向抗拔承载力是否满足设计要求,请根据规范编制试验方案,并根据结果进行单桩竖向抗拔极限承载力判定。

知识技能学习

一、检测依据

《建筑基桩检测技术规范》(JGJ 106—2014)。

《公路工程基桩检测技术规程》(JTG/T 3512—2020)。

二、检测原理

高耸建(构)筑物往往承受较大的水平力,导致部分桩承受上拔力,多层地下室的底板也会承受较大水浮力,而设置抗拔桩是重要的措施。迄今为止,桩基础上拔承载力的计算还没有从理论上得以很好解决,现场原位抗拔试验就显得相当重要。通过单桩竖向抗拔静载试验,可以确定单桩竖向极限抗拔承载力;判断竖向抗拔承载力是否满足设计要求;通过桩身内力及变形测试,可以测定桩的抗拔摩阻力。

三、检测仪器设备

单桩竖向抗拔承载力试验装置如图6-6-1所示,包括加载装置、反力装置、荷载测量装置和变形测量装置等。

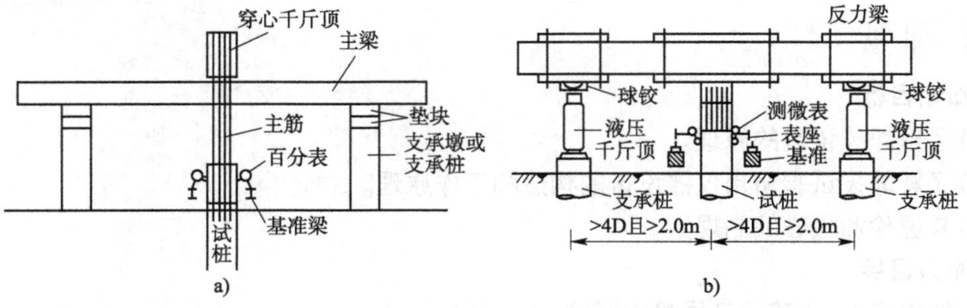

图6-6-1 单桩竖向抗拔静载荷试验示意图

1. 加载装置

可采用油压千斤顶加载，其技术要求与单桩竖向抗压静载试验一致。千斤顶的反力装置一般采用两根锚桩和承载梁组成，试桩和承载梁用拉杆连接，将千斤顶置于两根锚桩之上，顶推承载梁，引起试桩上拔。

2. 反力装置

应尽量利用工程桩为反力锚桩，反力桩顶面应平整并具有足够强度。若灌注桩作为锚桩，宜沿桩身通长配筋，以免出现桩身的破损。被试桩与锚桩间距可按表 6-5-1 确定。

当采用天然地基提供支座反力时，拔桩时的加载相当于给支座处地面加载，支座附近的地面会出现不同程度的沉降，施加于地基的压应力不应超过地基承载力容许值的1.5 倍。为防止支座处地基沉降对基准桩产生影响，应使基准桩与支座、试桩各自之间的间距满足表 6-5-1 的规定，同时基准桩需打入试坑地面以下一定深度（一般不小于 1m）。

3. 荷载和变形测试装置

荷载可用并联于千斤顶上的高精度压力表测定油压，并根据率定曲线核算荷载；也可用放置在千斤顶上的应力环、压力传感器直接测定。上拔量一般用百分表量测，其布置方法与单桩抗压试验相同。桩身测量元件与单桩抗压试验相同。

【思考】 当被检桩存在扩径或扩大头病害时，是否会对单桩竖向抗拔静载试验结果产生影响？

四、检测方法及步骤

1. 收集基本技术资料

（1）被检工程应进行现场调查，搜集其工程地质资料、基桩设计图纸和施工记录、监理日志等，了解施工工艺及施工过程中出现的异常情况。

（2）根据现场实际情况选择合适的加载装置、反力装置、荷载测量装置和变形测量装置，检查测试系统各部分之间是否连接良好，确认整个测试系统处于正常工作状态。

2. 抽样数量及适用范围

根据《公路工程基桩检测技术规程》（JTG/T 3512—2020）规定，对抽样检测的工程桩，应按设计要求确定最大加载量，检测数量应满足设计要求，不宜少于 3 根；对为设计提供依据的试验桩，应加载至桩侧土破坏或桩身结构破坏，试桩数量应满足设计要求，且不少于 3 根。

3. 试验准备

（1）试桩检查

对混凝土灌注桩、有接头处理的预制桩，宜在静拔试验前采用低应变反射波法或超声波法检测被检桩的桩身完整性。对于为设计提供依据的抗拔灌注桩，施工时应进行成孔质量检测，桩身中、下部位出现明显扩径的桩，不宜作为静拔试验桩；对于有接头的预制桩，应复核接头强度。若使用基准桩作为反力装置,为尽可能减少由于桩头不平整产生的应力集中,应在预制或现浇混凝土基准桩的顶部设置刚性支撑垫,并在桩头与支撑垫之间注浆。

注意:要求注浆快干且无收缩性,注浆层厚度小于6mm,并且其压缩强度高于基准桩。

(2)系统检查

在所有试验设备安装完毕之后,应进行一次系统检查。其方法是对试桩施加一较小的荷载进行预加载。其目的包括:消除整个量测系统和被检桩本身由于安装、桩头处理等人为因素造成的间隙,排除千斤顶和管路中之空气,检查管路接头、阀门等是否漏油等。如果一切正常,卸载至零,待百分表显示的读数稳定后,并记录百分表初始读数,即可开始进行正式加载。

4. 现场测试

(1)试验要求

试桩应按最大加载力计算桩身钢筋,且钢筋应沿桩身通长布置。从成桩到开始试验的间隔:在桩身强度达到设计要求的前提下,对于砂类土,不应少于10d;对于粉土和黏性土,不应少于15d;对于淤泥或淤泥质土,不应少于25d。

(2)加载和卸载方式

静拔试验一般采用慢速维持荷载法进行。施加的静拔力必须作用于桩的中轴线。加载应均匀、无冲击。每级加载量不大于预计最大荷载的1/15 ~ 1/10,达到相对稳定后加下一级荷载,直到试桩破坏,然后逐级卸载到零。结合工程桩实际受荷情况也可以采用多循环加载法,即每级荷载上拔量达到相对稳定后卸载到零,然后再加下一级荷载。

(3)变形观测

进行单桩竖向抗拔静载试验时,除了要对试桩的上拔量进行观测外,还应对桩周围地面土的变形情况以及桩身外露部分裂缝开展情况进行观测记录。试桩的上拔量观测,应在每级加荷后间隔5min、10min、15min各测读一次,以后每隔15min测读一次;累计1h后每隔30min观测一次。每次测读值均记录在试验记录表中。

下沉未达稳定时不得进行下一级加载。

(4)上拔稳定标准

单桩竖向抗拔静载试验上拔量相对稳定标准应以1h内的变形量不超过0.1mm,并连续出现2次为准,即可认为稳定。

(5)加载终止

试验过程中,当出现下列情况之一时,即可终止加载:

①桩顶荷载为桩受拉钢筋总极限承载力的0.9倍。

②某级荷载作用下,桩顶上拔位移量为前级荷载作用下的5倍。

③建筑部门试桩的累计上拔量超过100mm,桥桩则规定累计上拔量超过25mm。

(6)试验记录

单桩竖向抗拔静载试验概况试验记录、汇总,可参照《桥梁工程检测实训指导手册》中表格形式,并对试验过程中出现的异常现象做补充说明。

(7)试验资料整理

①绘制单桩竖向抗拔静载试验上拔荷载(U)和上拔量(Δ)之间的 U-Δ 曲线以及 Δ-lg$t$

曲线。

②当进行桩身应力、应变量测时，应根据量测结果整理出有关表格，绘制桩身应力、桩侧阻力随桩顶上拔荷载的变化曲线；必要时绘制桩土相对位移 Δ'-U/U_u（U_u 为桩的竖向抗拔极限承载力）曲线，以了解不同入土深度对抗拔桩破坏特征的影响。

单桩竖向抗拔静载试验工程实景如图 6-6-2 所示。

图 6-6-2 单桩竖向抗拔静载试验工程实景

【思考】 影响基桩竖向抗压承载力的因素有哪些？这些因素分别如何影响基桩承载力？

五、检测结论

对于陡变型 U-Δ 曲线，取陡升起始点荷载为极限承载力；对于缓变型 U-Δ 曲线，根据上拔量和 Δ-lg$t$ 曲线变化综合判定，一般取 Δ-lg$t$ 曲线尾部弯曲的前一段荷载为极限承载力。

六、注意事项

(1)被检桩桩顶应保持平整，强度应符合规范要求，露出地面的长度应满足设置量测仪表的要求。

(2)被检桩的桩型、地质条件、截面尺寸、桩长、成桩工艺和质量控制标准应与工程桩一致。

(3)在拔桩试验前，对混凝土灌注桩及有接头的预制桩采用低应变反射波法检查桩身质量，目的是防止因试验桩自身质量问题而影响静拔试验成果。

(4)对静拔试验的钻孔灌注桩在浇注混凝土前进行成孔检测，目的是查明桩身有无明显扩径现象或出现扩大头，因这类桩的抗拔承载力缺乏代表性，特别是扩大头桩及桩身中下部有明显扩径的桩，其抗拔极限承载力远远高于长度和桩径相同的非扩径桩，且相同荷载下的上拔量也有明显差别。

(5)对有接头的预制桩应进行接头抗拉强度验算。对电焊接头的管桩除验算其主筋强度外，还要考虑主筋镦头的折减系数以及管节端板偏心受拉时的强度及稳定性。镦头折减系数可按有关规范取 0.92，而端板强度的验算则比较复杂，可按经验取一个较为安全的系数。

(6)对于管桩静拔试验，存在预应力钢棒连接的问题，可通过在桩管中放置一定长度的钢筋笼并浇筑混凝土来解决。

七、检测报告

检测报告见表 6-6-1（表格电子版可扫描本任务后的二维码下载），应包括以下信息：

(1)委托方名称，工程名称、地点，建设单位、勘察单位、设计单位、监理单位及施工单位名称，设计相关要求。

(2)工程地质概况。

(3)被检桩的桩位图、桩型、混凝土强度等级、截面尺寸、桩长、桩号、桩位、桩顶高程。

(4)检测目的、检测依据、检测数量、成(沉)桩日期、检测日期、检测方法、检测仪器设备等。

(5)被检桩的检测数据,实测与计算分析曲线和汇总结果。

(6)检测结论。

(7)被检桩桩位对应的地质钻孔柱状图。

(8)被检桩及锚桩的尺寸、配筋情况。

(9)加、卸载方法,荷载分级表。

(10)单桩竖向抗拔力判断依据。

(11)进行分层摩阻力测试时,传感器类型、安装的位置、轴力计算方法、各级荷载下桩身轴力变化曲线、各土层的桩侧摩阻力和桩端阻力等。

(12)被检桩为灌注桩或为设计提供依据的试验桩,应提供成孔质量检测结果。

(13)必要的说明和建议,如对扩大或验证检测的建议。

单桩竖向抗拔静载试验(静拔试验)检测报告 表 6-6-1

工程名称: 工程 1: 编号:

检测单位						检测编号				
合同编号						建设单位				
委托单位						勘测单位				
设计单位						建筑层数				
施工单位						桩型				
监理单位						设计桩端持力层				
总桩数			检测桩数及比例(%)			设计单桩竖向抗拔承载力特征值(kN)				
检测依据										
桩号	桩长(m)	桩径(mm)	扩大头直径(mm)	最大试验荷载(kN)	最大荷载下桩顶上拔量(mm)	残余变形(mm)	单桩竖向抗拔极限承载力(kN)	实测单桩竖向抗拔承载力特征值(kN)	施工日期	检测日期
检测依据										
检测结果										
备注										
检测单位地址							联系电话			

检测单位:(盖章) 批准: 审核: 检测: 年 月 日

表 6-6-1 单桩竖向抗拔静载试验(静拔试验)检测报告

【"1 + X"加油站】"单桩竖向抗拔静载试验(静拔试验)"技术技能训练

任务七 单桩水平静载试验(静推试验)

学习目标

1. 知识目标

(1)了解静推试验的原理。

(2)了解静推试验所用仪器设备的构造和工作原理。

(3)掌握检测报告编制规则。

2. 能力目标

(1)能够安全、正确地开展静推试验。

(2)能够规范地采集试验数据。

(3)能够根据数据判定单桩水平承载力和地基上水平抗力系数。

(4)能够规范编制单桩竖向抗压静载试验检测报告。

3. 素质目标

(1)通过分组活动,现场试验协调,培养团队协作能力。

(2)通过规范文明操作,培养良好的职业道德和安全环保意识。

(3)通过不同检测方法的相互验证,厚植精益求精、客观公正的工匠精神。

(4)通过数据分析处理、报告编制,培养逻辑思维和分析判断能力。

任务描述

某桥全部基桩均完成完整性检测,根据建设单位(业主)要求,对其中部分基桩进行单桩水平临界和极限承载力检测,通过桩身应变、位移检测、测定桩身弯矩,判定单桩水平临界和极限承载力是否满足设计要求。请根据规范编制试验方案,并根据结果进行单桩水平临界和极限承载力判定。

知识技能学习

一、检测依据

《建筑基桩检测技术规范》(JGJ 106—2014)。

《公路工程基桩检测技术规程》(JTG/T 3512—2020)。

二、检测目的

单桩水平静载试验采用接近于水平受荷桩实际工作条件的试验方法,以达到下列目的:

(1)确定试桩承载能力。检验和确定试桩的水平承载能力是试验的主要目的,试桩的水平承载能力可直接由水平荷载和水平位移曲线判定,也可根据实测桩身应变来判定。

(2)确定试桩在各级荷载下弯矩分布规律。当桩身埋设有量测元件时,可以较精确地求得各级水平荷载作用下桩身弯矩的分布情况,从而为检验桩身强度,推求不同深度弹性地基系数提供依据。

(3)确定弹性地基系数。进行水平荷载作用下单桩分析时,弹性地基系数的选取至关重要。目前常用的C法、M法、K法各自假定了地基反力系数沿深度不同分布的模式,因此都有一定的适用范围。通过试验,可选择比较符合实际情况的计算图式及地基系数。

(4)推求实际地基反力系数。弹性地基系数虽然使用比较方便,但误差较大。实际地基反力系数沿深度的分布图式是比较复杂的,且随侧向位移的变化是非线性的。因此,通过试验直接获得不同深度处抗力和侧向位移之间的关系,用它分析工程桩的受力情况更符合实际要求。

三、检测仪器设备

单桩水平静载试验装置通常包括加载装置、反力装置、量测装置三部分,其示意图如图6-7-1所示。

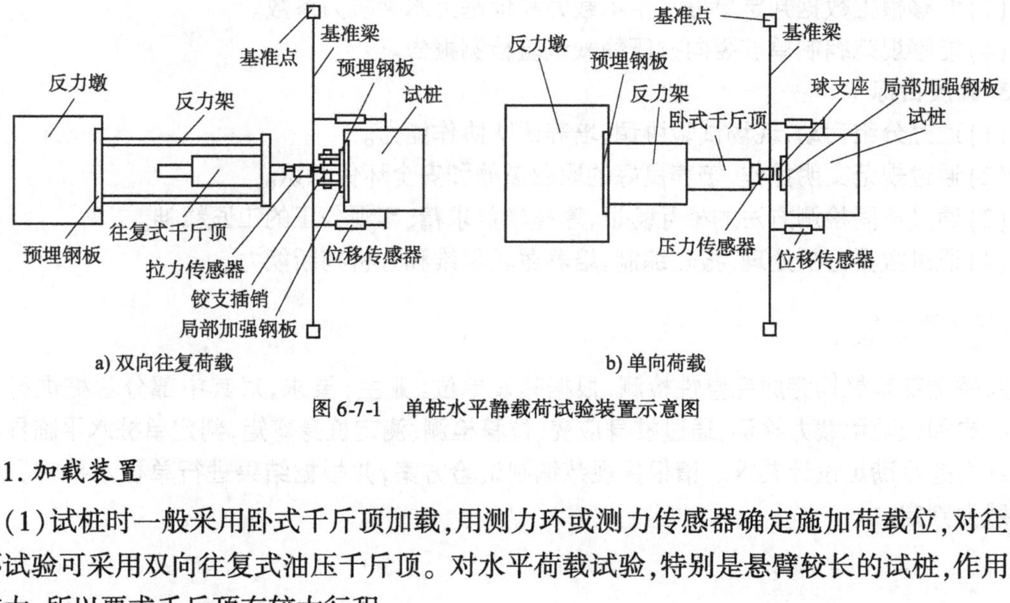

图6-7-1 单桩水平静载荷试验装置示意图

1.加载装置

(1)试桩时一般采用卧式千斤顶加载,用测力环或测力传感器确定施加荷载位,对往复式循环试验可采用双向往复式油压千斤顶。对水平荷载试验,特别是悬臂较长的试桩,作用点位移较大,所以要求千斤顶有较大行程。

(2)在千斤顶与试桩接触处宜安设一球形铰座,保证千斤顶作用力能水平通过桩身轴线。

(3)固定百分表的基准桩宜设在桩侧面靠位移的反方向,它与试桩净距不小于试桩直径的1倍。

2. 反力装置

反力装置可采用相邻桩，也可专门设置；常用的方法是利用试桩周围的工程桩或垂直加载力试验用的锚桩作为反力墩。可根据需要把2根甚至4根桩连成一整体作为反力座，有条件时也可利用周围现有结构物作反力座，必要时可浇筑专门的支座来作反力架。反力装置的承载能力及其刚度应大于被检桩的1.3倍。

当采用顶推法施加荷载时，反力桩与被检桩之间的净距不应小于5倍桩径或边长；当采用牵引法施加荷载时，反力桩与被检桩之间的净距不应小于10倍桩径或边长且不应小于6m。

3. 量测装置

(1)桩顶水平位移量测

桩的水平位移采用大量程百分表来量测。每一试桩应在荷载作用平面和该平面以上50cm左右各安装1~2只百分表，下表量测桩身在地面处的水平位移，上表量测桩顶水平位移，根据两表位移差与两表距离的比值求出地面以上桩身的转角。如果桩身露出地面较短，也可只在荷载作用水平面上安装百分表量测水平位移。

固定百分表的基准桩宜打设在试桩影响范围之外，这个距离一般不小于5D，桩的影响范围如图6-7-2所示。当基准梁设置在与加荷轴线垂直方向上或试桩位移反方向时，间距可适当缩小，但不应小于2.0m。在陆上试桩时可用入土1.5m以上的钢钎或型钢作为基准点。在港口码头设置基准点时，因为水深较大，可采用专门设置的桩位作为基准点。同组试桩的基准点一般不少于两个。搁置在基准点上的基准梁要有一定的刚度，以减少晃动。整个基准装置系统应保持相对独立。为减少温度对量测的影响，基准梁应采取简支形式，顶上有篷布遮阳。

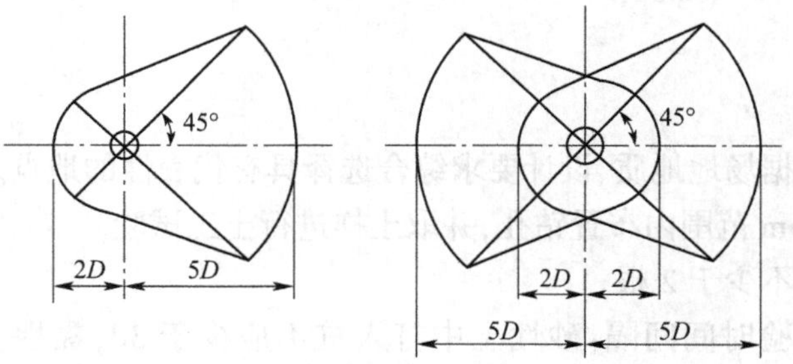

图6-7-2　试桩的影响范围

D-直径

(2)桩身弯矩量测

水平荷载作用下桩身的弯矩并不能直接量测得到，它只能通过量测得到的桩身应变来推算。因此，当需要研究桩身弯矩的分布规律时，应在桩身粘贴应变量测元件。一般情况下，量测预制桩和灌注桩桩身应变时。可采用在钢筋表面粘贴电阻应变片制成的应变计；对于钢桩，可直接把电阻应变片粘贴在桩表面，为防止打桩引起的应变片和导线的损坏，必须把它们设置在保护槽内。保护槽应尽量做到密封、不透水，应变片表面应采取严格的防潮措施；对于闭口钢管桩，也可把桩身剖开，把应变片粘贴在内壁，再焊接起来。

当利用单桩水平静载试验测量相应水平荷载作用下桩身应变(应力)并推算桩身弯矩时，各测试断面的测量传感器沿受力方向对称布置在远离中性轴的受拉和受压主筋或桩身表面；

安装传感器的纵剖面与受力方向之间的夹角应小于10°。

基桩承台底面高程下15倍桩径或边长范围内应加密测试断面,断面间距不应超过1倍桩直径或边长;对桩径大于或等于800mm的桩,宜适当加密;超过此深度,测试断面间距可适当加大。

【思考】 如被检桩存在扩径或扩大头病害时,是否会对单桩竖向抗拔静载试验结果产生影响?

四、检测方法及步骤

1. 收集基本技术资料

(1)对于被检工程,应进行现场调查,搜集其工程地质资料、基桩设计图纸和施工记录、监理日志等,了解施工工艺及施工过程中出现的异常情况。

(2)根据现场实际情况选择合适的加载装置、反力装置、荷载测量装置和变形测量装置,检查测试系统各部分之间是否连接良好,确认整个测试系统处于正常工作状态。

2. 抽样数量及适用范围

根据《公路工程基桩检测技术规程》(JTG/T 3512—2020)规定,为设计提供依据时,应加载至桩侧土体破坏或桩身结构破坏,检测数量应满足设计要求,且应不少于3根;对工程桩进行检测和评判时,应按设计要求的最大水平加载量或最大水平位移量进行控制,检测数量应满足设计要求,且不宜少于3根。

3. 试验准备

(1)试桩检查

①试桩位置应根据场地地质、设计要求综合选择具有代表性的地点。

②试桩周边2~6m范围内布置钻孔,并取土样进行土工试验。

③试桩数量一般不少于2根。

④成桩到开始试验时间间隔:砂性土中打入桩不应少于3d,黏性土中打入桩不应少于14d,钻孔灌注桩成桩后一般不少于28d。

(2)系统检查

在所有试验设备安装完毕之后,应进行一次系统检查。其方法是对试桩施加一较小的荷载进行预加载。其目的包括消除整个量测系统和被检桩本身由于安装、桩头处理等人为因素造成的间隙,排除千斤顶和管路中的空气,检查管路接头、阀门等是否漏油等。如果一切正常,卸载至零,待百分表显示的读数稳定后,并记录百分表初始读数,即可开始进行正式加载。

4. 现场测试

(1)加载和卸载方式

①对于承受反复水平荷载的基桩,可采用多循环加卸载方法;对于承受长期水平荷载的基桩,可采用单循环加载方法;当需要测量桩身应变(应力)时,应采用慢速维持荷载法进行

试验。

②荷载分级宜取预估被检桩水平极限承载力或要求最大试验荷载的1/12～1/10作为加载极差。

③单向多循环加载法：每级荷载施加后，恒载4min后测读水平位移，然后卸载到零，停2min后测读残余水平位移，至此完成一个加、卸载循环，如此循环5次便完成一级荷载的试验观测。为了保证试验结果的可靠性，加载时间尽量缩短，测量位移的时间间隔应准确，试验不得中途停歇。

④慢速维持荷载法：加、卸载分级，试验方法及稳定标准与单桩竖向抗压静载试验一致。

(2)加载终止

当试验过程出现下列情况之一时，即可终止试验：

①桩顶水平位移超过30～40mm(软土取40mm)。

②桩身已断裂。

③达到设计要求的最大水平加载量或最大水平位移允许值。

(3)试验记录

单桩水平静载试验概况记录、汇总，可参照《桥梁工程检测实训指导手册》中表格形式，并对试验过程中出现的异常现象做补充说明。

(4)试验资料整理

①绘制荷载试验曲线。

绘制单桩水平静载试验水平力(H)-时间(t)-位移(x)、水平力-位移梯度(H-$\Delta x/\Delta H$)、水平力-位移双对数($\lg H$-$\lg x$)曲线。其中，H-t-x曲线和H-$\Delta x/\Delta H$曲线是比较常用的。

当桩身埋设量测元件时，尚应绘制各级荷载作用下地面以下不同深度处q-y曲线。

②单桩水平临界荷载的确定方法。

单桩水平临界荷载(桩身受拉区混凝土明显退出工作前的最大荷载)，一般按下列方法综合确定：

a.取H-t-x曲线出现突变点的前一级荷载为水平临界荷载H_{cr}，如图6-7-3所示。

b.取H-$\Delta x/\Delta H$曲线的第一直线段的终点所对应的荷载为水平临界荷载H_{cr}，如图6-7-4所示。

c.当桩身埋设有量测元件时，取H-σ_g曲线第一突变点对应的荷载为水平临界荷载H_{cr}，如图6-7-5所示。

③单桩水平极限荷载的确定方法。

单桩水平极限荷载可根据下列方法综合确定：

a.取H-t-x曲线明显陡降的前一级荷载为极限荷载H_u。

b.取H-$\Delta x/\Delta H$曲线第二直线段的终点所对应的荷载为极限荷载H_u。

c.取桩身折断或钢筋应力达到流限的前一级荷载为极限荷载H_u。

d.当试验项目对加荷方法或桩顶位移有特殊要求时，可根据相应的方法确定水平极限荷载H_u。

当作用于桩顶的轴向荷载达到超过其竖向极限荷载的0.2倍时，单桩水平临界荷载、极限荷载都将有一定程度的提高。因此，当条件许可时，可模拟实际荷载情况，桩顶同时进行施加轴向压力的水平静载试验,以更好地了解桩身的受力情况(图 6-7-6)。

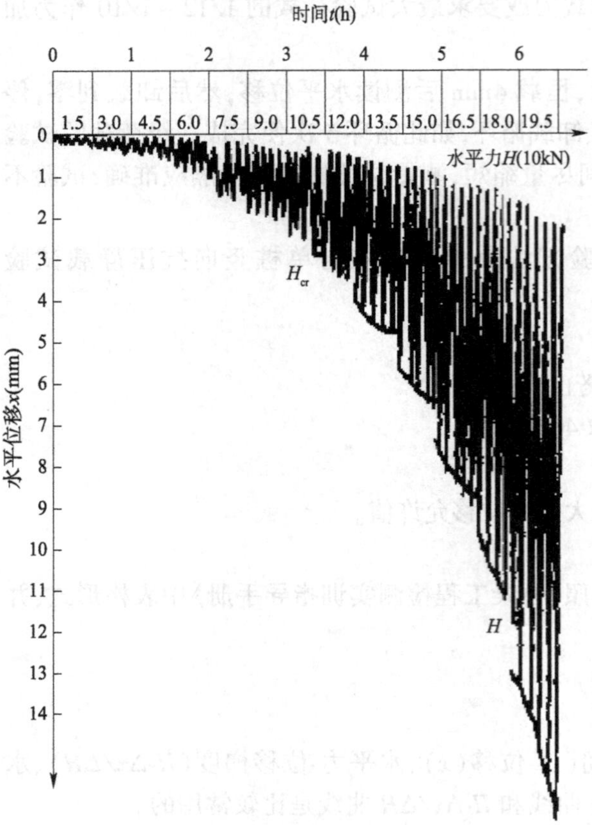

图 6-7-3　单桩水平静载荷试验 H-t-X 曲线

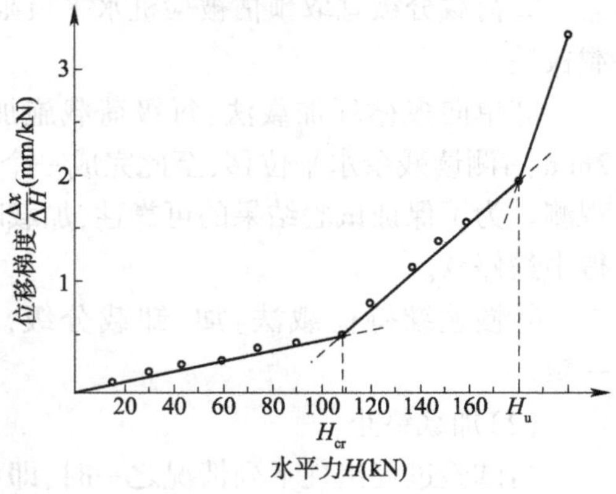

图 6-7-4　单桩 H-$\Delta x/\Delta H$ 曲线

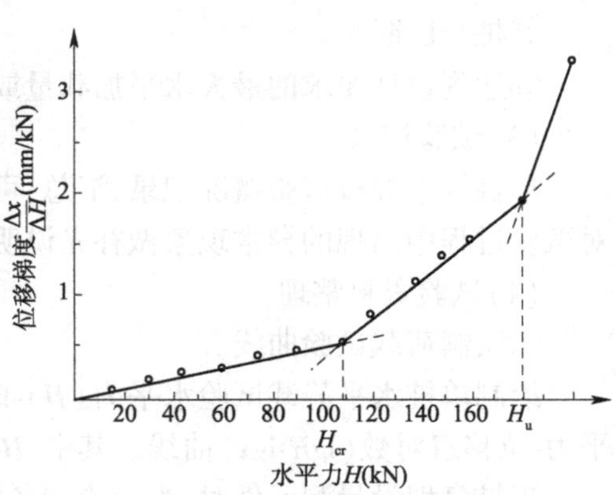

图 6-7-5　根据 H-σ_g 确定单桩的水平临界荷载

图 6-7-6　模拟静推试验

【思考】　影响基桩竖向抗压承载力的因素有哪些?这些因素分别如何影响基桩承载力?

五、检测结论

通过试验得到各测试断面测点处拉应变 ε_+ 和压应变 ε_- 之后，即可由该断面的弯曲应变 $\Delta\varepsilon=\varepsilon_+-\varepsilon_-$ 来计算相应截面弯矩。计算时应根据桩截面开裂与否选用不同的计算模式。

1. 混凝土开裂前桩身弯矩的计算

当混凝土未出现开裂时，桩身弯矩可按下式进行计算（图 6-7-7）：

$$M=\frac{E_c I\Delta\varepsilon}{b_0} \tag{6-7-1}$$

式中：b_0——拉、压应变测点的间距，m；

I——全截面（包括钢筋换算截面）对中性轴的惯性矩，m^4。

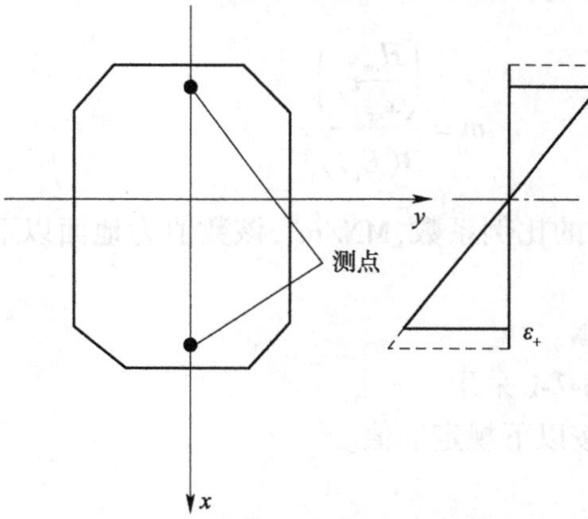

图 6-7-7　混凝土开裂前桩身弯矩的计算图式

2. 混凝土开裂后桩身弯矩的计算

当试桩断面发生开裂但未破坏时，受拉区混凝土并未完全退出工作，计算桩身弯矩时应包括一部分受拉区混凝土工作在内。此时，除了一部分混凝土超过极限强度产生开裂而退出工作外，在高度 h 内达到极限应力 σ_f 而产生塑性变形，因此，其应力按矩形分布，在中性轴附近 t 范围内混凝土应力按三角形分布。按图 6-7-8 即可计算各截面弯矩。

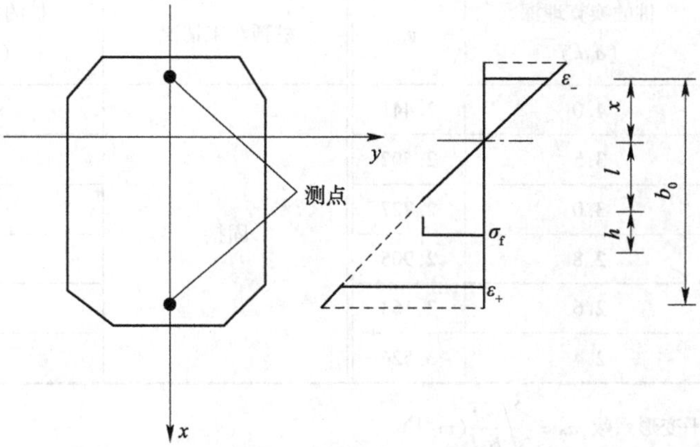

图 6-7-8　混凝土开裂后桩身弯矩的计算图式

(1)中性轴的位置:

$$x = \left| \frac{b_0 \varepsilon_-}{\varepsilon} \right| \tag{6-7-2}$$

(2)弹性区高度:

$$t = \frac{x\sigma_f}{E\varepsilon_-} \tag{6-7-3}$$

式中:σ_f——混凝土极限应力,对非预应力混凝土桩即为其极限拉应力;对预应力混凝土桩应为混凝土极限拉应力与预加应力之和,kPa。

(3)塑性区高度 h 可根据该断面受压力和受拉区拉力的平衡条件求得;

(4)该断面弯矩为受压区压力和受拉区拉力对中性轴的弯矩之和。

地基土弹性地基系数的比例系数一般按下式计算:

$$m = \frac{\left(\frac{H_{cr}}{x_{cr}} v_x\right)^{\frac{5}{3}}}{B(E_c I)^{\frac{2}{3}}} \tag{6-7-4}$$

式中:m——地基土弹性地基系数的比例系数,MN/m^4,该数值为地面以下 $2(D+1)$m 深度内各层土的综合值;

H_{cr}——单桩水平临界荷载,kN;

v_x——桩顶位移系数,按表 6-7-1 采用;

B——桩身计算宽度,m,B 按以下规定取值。

(5)圆形桩:

①当桩径 $D \leqslant 1.0$m 时,$B = 0.9(1.5D + 0.5)$。

②当桩径 $D \geqslant 1.0$m 时,$B = 0.9(D + 1)$。

(6)方形桩:

①当桩宽 $b \leqslant 1.0$m 时,$B = 1.5b + 0.5$。

②当桩宽 $b \geqslant 1.0$m 时,$B = b + 1$。

桩顶水平位移系数 v_x 表 6-7-1

桩顶约束情况	桩的换算埋深 ($a_0 h$)	v_x	桩顶约束情况	桩的换算埋深 ($a_0 h$)	v_x
铰接、自由	4.0	2.441	固接	4.0	0.940
	3.5	2.502		3.5	0.970
	3.0	2.727		3.0	1.028
	2.8	2.905		2.8	1.055
	2.6	3.163		2.6	1.079
	2.4	3.526		2.4	1.095

注:表中 a_0 为桩身水平变形系数,$a_0 = \sqrt[5]{\frac{mB}{E_c I}}$ (m^{-1})。

六、注意事项

(1)被检桩强度应符合规范要求，露出地面的长度应满足设置量测仪表的要求。

(2)被检桩的桩型、地质条件、截面尺寸、桩长、成桩工艺和质量控制标准应与工程桩一致。

(3)在静推试验前，对混凝土灌注桩及有接头的预制桩采用低应变反射波法检查桩身质量，目的是防止因试验桩自身质量问题而影响静推试验成果。

(4)对静推试验的钻孔灌注桩在浇注混凝土前进行成孔检测，其目的是查明桩身有无明显扩径现象，因这类桩的静推极限承载力缺乏代表性，特别是桩身中上部有明显扩径的桩，其静推极限承载力远远高于长度和桩径相同的非扩径桩，且相同荷载下的水平位移和应力也有明显差别。

七、检测报告

检测报告见表6-7-2(表格电子版可扫描下页二维码下载)，应包括以下信息：

(1)委托方名称，工程名称、地点，建设单位、勘察单位、设计单位、监理单位及施工单位名称，设计相关要求。

(2)工程地质概况。

(3)被检桩的桩位图、桩型、混凝土强度等级、截面尺寸、桩长、桩号、桩位、桩顶高程。

(4)检测目的、检测依据、检测数量、成(沉)桩日期、检测日期、检测方法、检测仪器设备等。

(5)被检桩的检测数据，实测与计算分析曲线和汇总结果。

(6)检测结论。

(7)被检桩桩位对应的地质钻孔柱状图的相对位置，并应注明水平荷载施加位置。

(8)被检桩的截面尺寸、配筋情况及试验装置示意图。

(9)加、卸载方法，荷载分级表。

(10)单桩水平承载力判断依据。

(11)当由钢筋应力或应变测试并推算桩身弯矩时，应有传感器类型、安装位置、内力计算方法。

(12)被检桩为灌注桩或为设计提供依据的试验桩，应提供成孔质量检测结果。

(13)必要的说明和建议，如对扩大或验证检测的建议。

单桩水平静载试验(静推试验)检测报告 表6-7-2

第 页/共 页

工程名称		工程地点	
合同编号		检测编号	
委托单位		建设单位	
设计单位		勘测单位	

续上表

施工单位		检测单位	
监理单位		结构形式	
桩型		设计桩端持力层	
总桩数		设计单桩水平承载力特征值(kN)	
见证人		见证号	

桩号	桩长(m)	桩径(mm)	单桩水平极限承载力(kN)	单桩水平临界荷载(kN)	临界荷载下地面处位移(mm)	地基土水平抗力系数的比例系数(kN/m^2)	实测单桩水平承载力特征值(kN)	施工日期	检测日期
备注									

项目负责人：　　　　校对：　　　　检测人员：

表6-7-2　单桩水平静载试验(静推试验)检测报告

【"1+X"加油站】"单桩水平抗拔静载试验(静推试验)"技术技能训练

【拓展阅读】

【客观公正】济南市建立高架桥定期检测制度

【客观公正】深圳出台新规　规范跑道建设

项目七
PROJECT SEVEN

梁板静载试验

梁板静载试验是针对桥梁结构中的梁、板构件，通过施加静荷载的方式，检测其在不同荷载作用下的受力性能、工作状态及承载能力的专项试验，其核心目的是验证梁板构件是否满足设计荷载要求，评估其实际工作性能、安全储备及耐久性，为桥梁的安全运营、维修加固提供依据。该试验方法主要可分为破坏性试验和非破坏性试验两类。

破坏性试验需在控制条件下，对梁板构件逐步施加荷载直至其破坏，以确定构件的极限承载能力、破坏形态及受力机理。其主要通过分级施加荷载，实时监测构件的应力、应变、位移等参数，直至构件出现明显破坏迹象。此类方法能直接获取构件的极限承载能力等关键数据，结果准确可靠，对于研究构件的受力性能和破坏规律具有重要意义，但会导致构件完全损坏，无法继续使用，且试验成本高、周期长，通常仅用于科研试验或对退役构件的检测，在实际工程中极少采用。

非破坏性试验（即常规静载试验）以不损伤构件结构性能为前提，在构件设计荷载范围内施加静荷载，通过测试其在荷载作用下的响应来评估工作性能。其主要方式是按照设计荷载的一定比例分级施加荷载，同时监测构件的应力、应变、位移、裂缝开展等情况，根据监测数据判断构件是否处于正常工作状态，是否存在超出允许范围的变形或应力。其中，分级加载法是最常用的方式，荷载施加稳定、数据采集准确，能较好地反映构件在不同荷载阶段的受力变化。试验所用的加载设备（如千斤顶等）操作相对简便，结合先进的监测仪器（如应变片、位移计等），可实现对构件响应的精准测量。非破坏性试验因不会对构件造成永久性损伤，能在保证试验效果的同时保留构件的使用功能，且能较为全面地反映构件的实际工作性能，成为梁板构件检测中评估其承载能力和工作状态的重要手段，在桥梁的竣工验收、定期检测及加固效果评估中广泛应用。

任务一 梁板静载试验的准备工作

学习目标

1. 知识目标

(1)了解梁板静载试验的原理。

(2)了解梁板静载试验所用仪器设备的构造和工作原理。

(3)了解静载试验荷载的确定方法。

2. 能力目标

(1)会采用合适的方法选择静载试验的试验梁。

(2)能够了解静载试验资料收集的内容及其作用。

(3)会制定梁板静载试验方案。

(4)能够规范编制单桩竖向抗压静载试验检测报告。

3. 素质目标

(1)通过分组活动,现场试验协调,培养团队协作能力。

(2)通过规范文明操作,培养良好的职业道德和安全环保意识。

(3)通过不同加载方式的选择,提升解决实际问题的能力。

(4)通过数据分析处理、报告编制,培养逻辑思维和分析判断能力。

图 7-1-1 梁板预制场

任务描述

某桥其上部结构为 20m 的预应力混凝土空心板,梁板在预制场集中预制(图 7-1-1),生产过程未出现重大施工问题,梁板外观质量均尚可,现需在预制场对该桥梁板进行静载试验以确定预应力混凝土空心板的施工质量是否满足设计要求。

知识技能学习

一、检测依据

《公路桥梁荷载试验规程》(JTG/T J21-01—2015)。

《公路工程质量检验评定标准　第一册　土建工程》(JTG F80/1—2017)。

《在用公路桥梁现场检测技术规程》(JTG/T 5214—2022)。

《公路钢筋混凝土及预应力混凝土桥涵设计规范》(JTG 3362—2018)。

二、相关知识

1. 梁板静载试验的基本概念

梁板静载试验主要验证单片成品梁的实际承载能力，以及校核在设计荷载下梁的强度、刚度及抗裂性能，根据其理论极限状态的计算结果，对单片成品梁进行加载试验，确定单片成品梁的承载能力是否满足设计要求，从而确保整桥的承载能力。

2. 梁板静载试验梁的选择

（1）随意抽样法

随意抽样法适用于大批生产的梁（做鉴定性试验），抽样数量一般占每批产量的1%～5%。抽样是任意选择的，不能故意选择。这样抽样试验的结果，可以反映出梁的设计与施工中的普遍问题，具有较好的代表性。

（2）典型抽样法

典型抽样法适用于生产数量不多、施工质量差别较大的情况下，一般选择质量最差的一片梁进行试验，若该片梁合格，就可以认为其余的梁也合格了。此外，对于存在某些重大缺陷的梁，在按规定进行补救后，也应进行试验以检验其承载能力。

【思考】 我们应该如何根据项目特点采用不同方法对试验梁进行选择？

三、检测方法

梁板静载试验的选择和资料收集

（一）梁板静载试验资料的收集

为保证梁板静载试验的理论值和试验值的准确性、有效性，应结合梁板设计和施工资料，准确进行理论值的计算和试验方案的制订，为此需收集以下主要资料：

（1）设计资料。设计资料主要包括设计标准、设计主要荷载类型、结构特点、桥梁设计图纸、桥梁计算书及设计原始资料等相关资料。

（2）施工监理资料。施工监理资料包括材料试验报告、钢筋骨架验收记录、阶段施工质量检查验收记录、竣工图纸及各项施工记录。

在收集和分析试验梁的各项资料的同时，还应对梁体的几何尺寸、材料状况、施工质量、表面缺陷等进行认真细致的检查。

桥梁静载试验虚拟仿真试验

（二）制订梁板静载试验方案

1. 梁板静载试验目的

（1）通过梁板静载试验，确定试验结构控制截面的应变分布情况，包括截面应变分布、应变与荷载效率的关系、实测值与理论计算值的对比。

（2）通过分析在试验荷载下梁板挠度的情况，评估结构的整体刚度。

（3）通过梁板静载试验测试结构受力特点和传力机理，分析其是否和计算模型相符合。

(4)通过梁板静载试验结果分析,对试验梁结构的工作性能作出总体评估。

2. 梁板静载试验现场工作要点

(1)试验过程

①试验准备阶段。

a. 召开动员会,明确各专业组分工和各组负责人责任。

b. 经过前期准备、桥况详查,进行测点和试验项目调整。

c. 设置测点、基准点。

d. 连接仪器设备,通电检查各个系统工作是否正常。

e. 进行全体人员合练,模拟试验过程,若发现问题应及时解决。

f. 根据天气情况最终确定加载时间。

②试验实施阶段。

a. 按拟定的测试工况加载:首先按每级 10% 加载至理论荷载的 80% 进行预压;预压过程中,时刻观察梁体外观及应变和挠度变化;预压完毕后,进行正式加载检测:先初读数(归零)→加载→读数稳定→读数→卸载→读数稳定→读数,进行数据采集。

b. 如果发现试验异常,立即中止试验;对试验异常的判断和试验中止条件按下节"试验控制与安全"要求处理。

c. 清理试验现场。

d. 整理试验资料和电子数据,确认试验成果。

e. 确定试验现场作业结束。

(2)试验控制与安全

试验指挥人员在试验加载过程中随时掌握各方面的情况,对加载进行控制。既要取得良好的试验效果,又要确保人员、仪表设备及梁板的安全,避免不应有的损失。

①加载的控制。

应严格按设计的加载程序进行加载,荷载的大小、截面内力的大小都应由小到大逐渐增加,并随时做好停止加载和卸载的准备。

②测点的观测。

对加载试验的控制点应随时观测、随时计算,并将计算结果报告试验指挥人员,如果实测值超过计算值较多,则应暂停加载,待查明原因再决定是否继续加载。试验人员如发现其他测点的测值有较大的反常变化也应查找原因,并及时向试验指挥人员报告。

③加载过程的观察。

加载过程中应指定人员随时观察结构各部位可能产生的新裂缝,注意观察构件薄弱部位有无开裂、破损,组合构件的结合面有无开裂、错位,结构是否产生不正常的响声现象,等等,如发生这些情况应报告试验指挥人员,以便采取相应的措施。

④终止加载控制条件。

如发生下列情况,应中途终止加载:

a. 控制测点的应力值达到或超过用弹性理论按规范安全条件所得控制应力值时。

b. 控制测点变位(挠度)超过规范允许值时。

c. 由于加载,结构裂缝的长度、缝宽急剧增加,新裂缝大量出现,裂缝宽度超过允许值的裂缝大量增多,对结构使用寿命造成较大的影响时。

d. 加载时沿跨长方向的实测挠度曲线分布规律与计算值相差过大或实测挠度超过计算过多时。

e. 发生其他损坏,影响板梁承载能力或正常使用时。

四、理论计算

1. 静载试验荷载效率

试验荷载图式最好能与设计计算的荷载图式相同,这样就可以使试验梁的工作情况与设计相符。但在试验中荷载量较大时,为了简化试验装置及便于试验进行,有时也采用与设计不同的荷载图式。但这种荷载图式必须与设计荷载图式等效,才能保证不会因荷载图式的改变而影响梁的工作和对试验结果的分析。

荷载的大小,应根据试验目的确定。非破坏性试验的荷载量,可按控制设计的弯矩值推算。若需进行超载试验时,可乘以适当的超载系数。对于预应力混凝土梁,还要考虑试验时尚未完成的预应力损失对梁体构成的抵抗力矩的作用。若进行破坏性试验时,则在加载量达到设计吨位后,仍应继续加载到梁体破坏或不能再使用时为止。

根据《公路桥梁荷载试验规程》(JTG/T J21-01—2015)和《公路桥梁承载能力检测评定规程》(JTG/T J21—2011)的规定:

静载试验荷载效率 η_q,对交(竣)工验收荷载试验,宜介于0.85~1.05范围内;η_q 应按下式计算:

$$\eta_q = \frac{S_s}{S \cdot (1+\mu)} \tag{7-1-1}$$

式中:S_s——静载试验荷载作用下,某一加载试验项目对应的加载控制截面内力或位移的最大计算效应值;

S——控制荷载产生的同一加载控制截面内力或位移的最不利效应计算值;

μ——按规范取用的冲击系数值。

2. 检测项目的理论值计算

利用桥梁专用有限元计算分析软件对结构进行试验设计。计算在设计荷载作用下各控制截面的最大内力,并根据该位置的纵向影响线,通过加载装置(如千斤顶等)进行等效加载,使加载效率满足规范要求,并得到各检测项目控制截面的理论值。

五、梁板静载试验的加(卸)载程序

梁板静载试验加(卸)载程序探究

本次试验荷载效率为100%,试验加载分五级(50%、70%、80%、90%、100%),卸载分两级(50%、100%)进行。试验前,先对试验梁施加最大试验荷载的80%进行预压(预压过程中按10%递增,同步对试验梁进行裂缝观测),以消除结构的塑性变形。检测测试系统工作性能,每级观测值读数稳定后采集应变、记录挠度值。同步对试验梁是否出现裂缝及裂缝发展情况进行观察。

六、摆梁的加载装置

1. 门式起重机吊配载梁加载装置摆梁

对预制场采用门式起重机吊梁的桥，可用门式起重机吊配载梁加载，一片梁自重不够可用两片梁，在试验梁 $L/2$ 截面两侧横向对称放置两根分配梁。分配梁为钢轨，间距 1.0m，其作用是使 $L/2$ 截面受纯弯矩作用。分配梁上沿梁纵向放置钢轨，在钢轨上放置千斤顶及荷载传感器，反顶配重梁。梁加载示意图如图 7-1-2 所示。

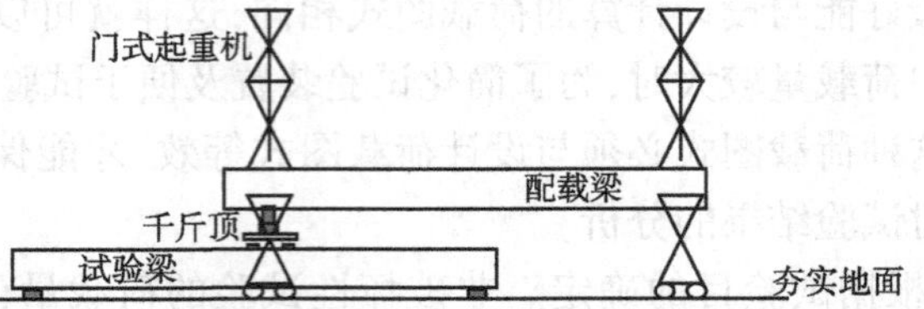

图 7-1-2 梁加载示意图

需要准备的辅助材料：短钢轨两根，2m 长枕木 6 根，橡胶支座 4 块，支承刚性主梁的垫块若干。

2. 堆载法加载装置摆梁

在试验前准确称量堆载物重，在跨中左右各一定范围内按某一力加载。堆载布置示意图如图 7-1-3 所示。

3. 用预制梁配载加载装置摆梁

需准备辅助材料：刚性钢梁 1 根、枕木 8 根、橡胶支座 4 块。在试验梁跨中顶面放置方钢（钢轨）做分配梁，再在分配梁上放置千斤顶及荷载传感器，反顶加载横主梁（由工字钢、钢轨或贝雷架等组成），并用钢丝绳拴住配载梁端吊钩（无吊钩可兜梁底），两片梁质量不够时可补堆其他重物，形成扁担式加载装置。本方法最好在预制场进行，不宜在已架好的桥梁上进行。加载装置如图 7-1-4 所示。

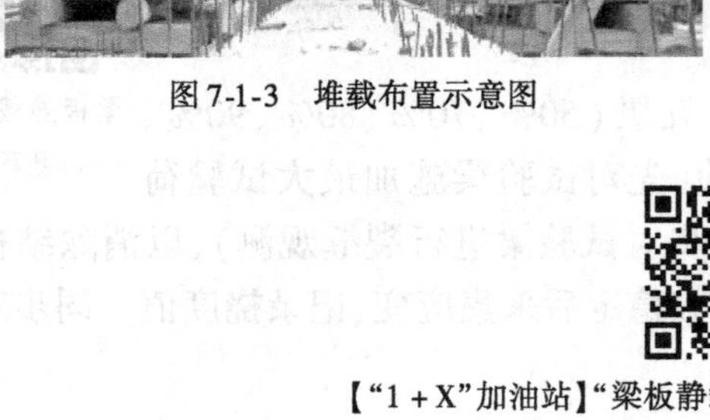

图 7-1-3 堆载布置示意图

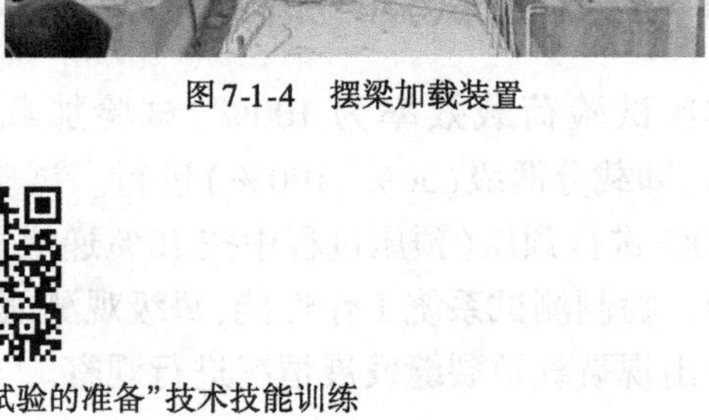

图 7-1-4 摆梁加载装置

【“1 + X”加油站】“梁板静载试验的准备”技术技能训练

任务二 位移检测★

学习目标

1. 知识目标

(1)理解位移检测的意义。

(2)了解位移检测仪器设备的构造和工作原理。

2. 能力目标

(1)能够选择合适的位移检测仪器。

(2)能够进行位移检测点的布置。

(3)能够熟练掌握位移量测仪器的检查及使用。

(4)能够进行位移读数及数据处理。

3. 素质目标

(1)通过分组活动,现场试验协调,培养团队协作能力。

(2)通过规范文明操作,培养良好的职业道德和安全环保意识。

(3)通过检测设备选型和使用,提升解决实际问题的能力。

任务描述

某高速公路跨线桥其上部结构为30m的预应力简支混凝土小箱梁,现按要求对其梁板进行抽检。请根据单梁静载试验规程对该桥抽检的1~3号梁在静载试验过程中的位移进行检测。

知识技能学习

一、收集基本技术资料

(1)工程名称及设计单位、施工单位、监理(监督)单位和建设单位的名称。

(2)结构或构件名称、外形尺寸、数量及混凝土强度等级。

(3)设计标准、荷载类型及计算图示,桥梁原始设计计算书等。

(4)施工钢筋骨架验收记录、阶段施工质量检查验收记录、竣工图纸等。

(5)必要的设计图纸和施工记录。

(6)检测原因。

二、检测原理和特点

位移检测探秘

1. 百分表测量位移的基本原理

百分表是桥梁测试中最常见的位移测量仪表,是利用精密齿条齿轮机构制成的表式通用长度测量工具。百分表的特点是成本低廉、使用简单、精度可控,在不同的行业领域使用广泛。

百分表测量位移是利用百分表测量在荷载作用下相关测点的位移。通常在梁板试验中,还需配合磁性表座、支架等固定百分表。试验时,荷载引起梁板发生形变,并通过测头传递至百分表进行读数。

2. 百分表测量位移的特点

百分表测量位移的仪器仪表较为简单且成本较低,可广泛用于各种梁板位移的检测。对于预制安装的梁板,可在预制梁场进行位移的测量,此时试验荷载的施加、百分表的安装和读数等都较为方便。为避免因试验检测人员个人原因导致读数有误,目前也有许多工程项目采用电子百分表进行读数。电子数显百分表可直接在仪表屏幕上显示位移数值。

三、现场检测

1. 检测准备

(1)位移量测工具

百分表一般由传感结构、转换结构、指示装置及附属装置组成。其工作原理都是利用顶杆、齿轮、滑轮、弹簧、指针和刻度盘等,将被测尺寸引起的测杆微小直线移动,经过齿轮传动放大,变为指计在刻度盘上的转动,从而读出被测尺寸的大小。

百分表的最小刻度值为 0.01mm,量程通常为 5mm 或 10mm 两种,大量程的可达 30 ~ 50mm,允许误差 0.01mm。如需进行更高精度的位移量测,还可以使用与百分表构造非常相近的千分表。千分表的最小刻度为 0.001mm,量程通常有 1mm 或 3mm,允许误差 0.001mm。千分表与百分表的结构相似,只是增加了相应的放大齿轮,灵敏度是百分表的 10 倍。

(2)百分表的检定

百分表是一种精密测量仪器,在使用前应对表体进行仔细检查,以确保测量数据的准确。百分表在使用前,应进行仔细检查,确保其能正常工作。通常我们从以下三个方面对百分表进行检查:

①外观检查。检查百分表外观有无破裂等,测量杆、测头、装夹套筒等活动部位不得有锈迹。

②灵敏度检查。拨动测量杆,测杆的移动应平稳、灵活无卡住现象,指针与表盘不得有摩擦现象,字盘不晃动。

③稳定性检查。拨动测量杆几次,看指针是否回到原位,如果不回到原位,允许误差不大于 0.003mm。

(3)百分表的维护

①远离液体,不使冷却液、切削液、水或油与内径表接触。

②在不使用时,要摘下百分表,使表解除其所有负荷,让测量杆处于自由状态。

③成套保存于盒内,避免丢失与混用。

2. 现场检测

(1)位移测点布置

①挠度测试截面布置。

在试验梁挠度最大处布置挠度测试点,简支梁一般为 $L/2$ 截面。当试验有要求时,还可在

L/4 处增设一个挠度测试点。

②支座沉陷测试。

由于在进行加载试验时,支座因受力产生竖向变形,该部分变形值也将反应在挠度测试数值中,需将支座沉陷值进行量测,并在后期数据处理中将其剔除。因此,在试验梁的两端支座处,设置支座沉陷测试点。

③挠度测点布置。

公路桥梁常用的预制梁有空心板、T 形梁和箱形截面梁等。不同类型梁的测定布置如图 7-2-1 ~ 图 7-2-3 所示。

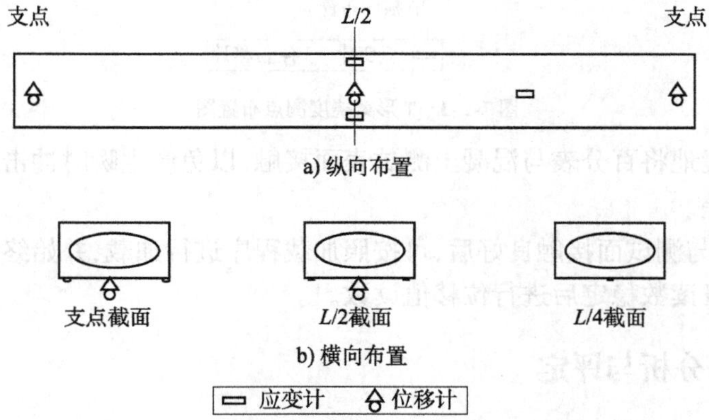

图 7-2-1 空心板挠度测点布置图

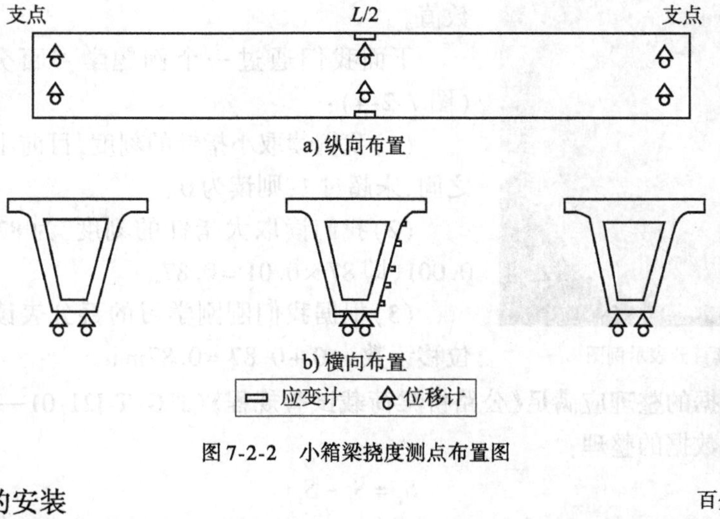

图 7-2-2 小箱梁挠度测点布置图

百分表安装与使用技巧

(2) 百分表的安装

在使用百分表时,首先要将百分表安装在表座上,目前大多数要采用磁性表架来固定百分表。磁性表架安装在临时专门搭设的支架上;支架应具有一定的刚度,并与被测结构物分开。百分表在表架上的上、下、前、后位置可以任意调节。把百分表装夹套筒夹在磁性表架紧固套内时,夹紧力不要过大;夹紧后,测杆应能平稳、灵活地移动,无卡住现象。百分表装夹后,在未松开紧固套之前不要转动表体,如需转动百分表的方向时应先松开紧固套。

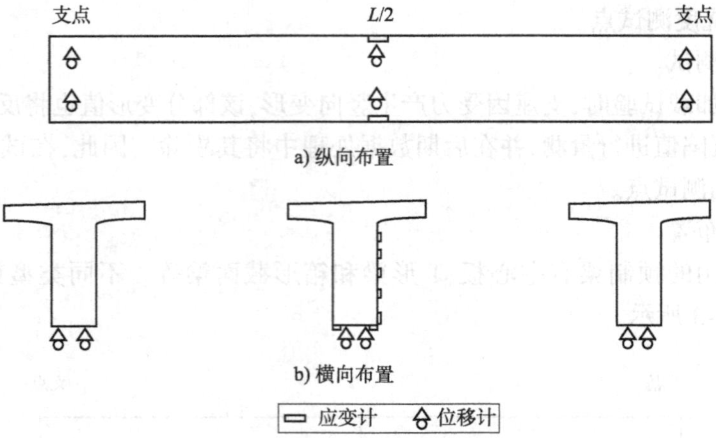

a) 纵向布置

b) 横向布置

图 7-2-3　T 形梁挠度测点布置图

测量时，应缓慢地将百分表与混凝土测试表面接触，以免产生瞬时冲击力对百分表造成损坏，给测量带来误差。

在确认百分表与测试面接触良好后，可按照加载程序进行加载，并始终保持测量面与测杆垂直，待加载结束且读数稳定后进行位移值读数。

四、检测数据分析与评定

百分表的读数方法：先读小指针转过的刻度线（毫米整数），再读大指针转过的刻度线（小数部分），并乘以 0.01，然后两者相加，即得到所测量的数值。

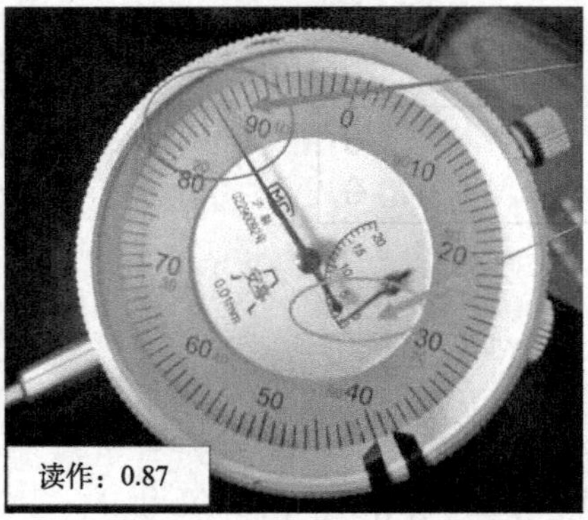

图 7-2-4　读百分表示例图

下面我们通过一个例题学习百分表的读数方法（图 7-2-4）：

（1）我们读取小指针的刻度，目前小指针处在 0 和 1 之间，未超过 1，则读为 0。

（2）我们读取大指针的刻度，为 87，将此读数乘以 0.001，即 87 × 0.01 = 0.87。

（3）根据我们刚刚学习的百分表读数规则，此时的位移读数为 0 + 0.87 = 0.87mm。

位移测量数据的整理应满足《公路桥梁荷载试验规程》（JTG/T J21-01—2015）的规定，按照下列公式进行数据的整理：

$$S_t = S_l - S_i \tag{7-2-1}$$

$$S_e = S_l - S_u \tag{7-2-2}$$

$$S_p = S_t - S_e = S_u - S_i \tag{7-2-3}$$

式中：S_t——试验荷载作用下测量的结构总变形（或总应变）值，mm；

S_e——试验荷载作用下测量的结构弹性变形（或应变）值，mm；

S_p——试验荷载作用下测量的结构残余变形（或残余应变）值，mm；

S_i——加载前的测值,mm;

S_l——加载达到稳定时的测值,mm;

S_u—卸载后达到稳定时的测值,mm。

1. 数据分析

(1)当支座有沉降发生时,支点沉降修正量可按下列公式计算:

$$C = \frac{l - x}{l} \cdot a + \frac{x}{l} \cdot b \tag{7-2-4}$$

式中:C——测点的支点沉降修正量,mm;

l——支点 A 到支点 B 的距离,mm;

x——挠度测点到支点 A 的距离,mm;

a—支点 A 沉降量,mm;

b——支点 B 沉降量,mm。

(2)测点的相对残余位移可按下列公式计算:

$$\Delta S_p = \frac{S_p}{S_t} \times 100\% \tag{7-2-5}$$

式中:ΔS_p——相对残余变形(或应变);

S_p——试验荷载作用下测量的结构残余变形(或应变)值,mm;

S_t——试验荷载作用下测量的结构总变形(或总应变)值,mm。

(3)测点校验系数可按下列公式计算:

$$\eta = \frac{S_e}{S_s} \tag{7-2-6}$$

式中:η——校验系数;

S_e——试验荷载作用下测量的结构弹性变形(或应变)值;

S_s——静载试验荷载作用下,某一加载试验项目对应的加载控制截面变形(或应变)的最大计算效应值。

2. 数据评定

(1)根据规范要求,校验系数 η 应不大于1.0,建议符合表7-2-1的要求。

常见桥梁结构试验校验系数常值表　　表7-2-1

桥梁类型	应变(应力)校验系数	挠度校验系数
钢筋混凝土板桥	0.20~0.40	0.20~0.50
钢筋混凝土梁桥	0.40~0.80	0.50~0.90
预应力混凝土桥	0.60~0.90	0.70~1.00
圬工拱桥	0.70~1.00	0.80~1.00
钢筋混凝土拱桥	0.50~0.90	0.50~1.00
钢桥	0.75~1.00	0.75~1.00

(2)处于线弹性工作状况的结构,测点实测位移与其理论值应呈线性关系。

(3)主要控制测点的相对残余变形 ΔS_p 越小,说明结构越接近弹性工作状况。ΔS_p 不宜大于20%。当 ΔS_p 大于20%时,表明桥梁结构的弹性状态不佳,应分析原因,必要时再次进行试验加以确定。

五、注意事项

(1)使用前,应检查测量杆活动的灵活性。当轻轻推动测量杆时,测量杆在套筒内的移动要灵活,没有卡住不动的现象,每次手松开后,指针能回到原来的刻度位置。

(2)在测量时,要把百分表夹在磁性表架或其他牢固的支架上,夹紧力不要过大,以免套筒被夹变形,将测量杆卡住。

(3)测量时,应注意不要使测量杆的行程超过它的测量范围,不要使表头突然撞到工件上,也不要用百分表测量表面明显凹凸不平的地方。

(4)测量平面时,百分表的测量杆要与平面垂直,否则,将使测量杆活动不灵或使测量结果不准确。

(5)正确地对好"0"位。先把测头与基准面接触,并使指针转过1~2圈,然后把百分表紧固住。使表针预先转过1~2圈的目的是在测量中朗读出正数与负数。接着转动到度盘,使刻度盘上的"0"线与指针重合,然后提起测杆使其自行落下,检查指针是否仍与"0"线至重合。如果仍重合,说明"0"位就对好了。如果不能重合,就重新转动刻度盘,重复上述动作,使其重合。

(6)读百分表时,眼睛要垂直地看指针,以免偏视造成读数误差。

六、检测报告

桥梁静载试验(位移)检测记录表见表7-2-2。表格电子版可扫描下方二维码下载。

桥梁静载试验(位移)检测记录表 表7-2-2

试验室名称: 记录编号:

工程部位/用途			委托/任务编号		
样品名称			样品编号		
试验依据			试验条件		
样品描述			试验日期		
主要仪器设备及编号					
桥梁跨径		梁板类型		梁板编号	
浇筑日期		设计强度等级		交角	
测点布置图			加载方式图		

续上表

仪器编号	测点编号	测点位置	各级荷载下实测挠度值(mm)						
			试验荷载值 P(kN) =			跨中弯矩(kN · m) =			
			初读数	1/3P	2/3P	P		1/2P	0
	1	0 号台							
	2	1 号墩							
	3	跨中							
	4								
	5								
	6								
	7								
	8								
	9								
	10								
	11								
	12								
	13								
	14								
备注：									

试验： 复核： 日期： 年 月 日

表 7-2-2 桥梁静载试验(位移)检测记录表

【"1 + X"加油站】"位移检测"技术技能训练

【拓展阅读】

【工程案例】某高速公路新建项目因梁板静载试验挠度严重超限废梁

任务三 应变检测*

学习目标

1. 知识目标

(1)了解梁板静载试验应变检测的原理。

(2)了解梁板静载试验应变检测所用仪器设备的构造和工作原理。

(3)了解静载试验应变检测的确定方法。

2. 能力目标

(1)能够选择合适的应变检测工具。

(2)能够进行应变检测测点的布置。

(3)能够熟练掌握应变片的选型及粘贴。

(4)能够进行电阻应变测量的桥路组合。

3. 素质目标

(1)通过分组活动,现场试验协调,培养团队协作能力。

(2)通过规范文明操作,培养良好的职业道德和安全环保意识。

(3)通过不同加载方式的选择,提升解决实际问题的能力。

(4)通过数据分析处理、报告编制,培养逻辑思维和分析判断能力。

任务描述

某高速公路跨线桥其上部结构为30m的预应力简支混凝土小箱梁,现按要求对其梁板进行抽检。请根据单梁静载试验规程对该桥抽检的1~3号梁在静载试验过程中的混凝土表面应变进行检测。

知识技能学习

一、收集基本技术资料

(1)工程名称及设计单位、施工单位、监理(监督)单位和建设单位的名称。

(2)结构或构件名称、外形尺寸、数量及混凝土强度等级。

(3)设计标准、荷载类型及计算图示、桥梁原始设计计算书等。

(4)施工钢筋骨架验收记录、阶段施工质量检查验收记录、竣工图纸等。

(5)必要的设计图纸和施工记录。

(6)检测原因。

二、检测原理

电阻应变测量技术的基本原理是将电阻应变片粘贴在被测构件上，当构件变形时，电阻应变片与构件一起变形，致使电阻应变片的电阻值发生相应的变化，通过测量装置，可将电阻值变化换算成电压变化信号，从而得到所需测量的应变值。

电阻应变片标距的选择原则应尽量小，特别是对于应力梯度较大的结构和应力集中的测点。但对某些非均质材料组成的结构，标距应有适当的取值范围。

三、检测仪器设备

混凝土应变检测探秘

1. 电阻应变片

(1)电阻应变片及其特点

电阻应变片由直径为0.02～0.05mm的康铜丝或镍铬丝绕成栅状夹在两层绝缘薄片中(基底)制成，如图7-3-1所示。

电阻应变片中，每一段确定长度和截面的金属丝都有一个电阻值R，即：

$$R=\rho\cdot\frac{L}{A} \tag{7-3-1}$$

式中：ρ——金属丝的电阻率；

L——金属丝的长度；

A——金属丝的截面面积。

当金属丝收到拉力(压力)时，长度会增长(缩短)，截面面积会减少(增大)，电阻值也会发生相应的变化。电阻应变片受力示意图如图7-3-2所示。

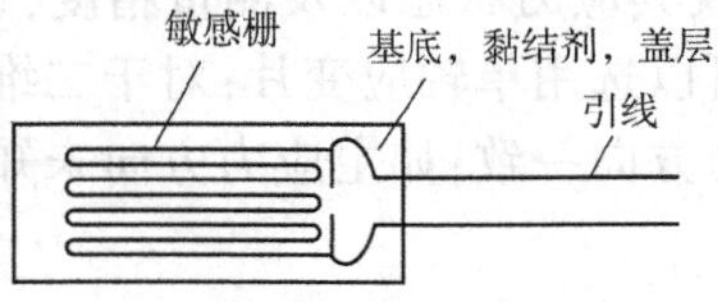

图7-3-1 电阻应变片

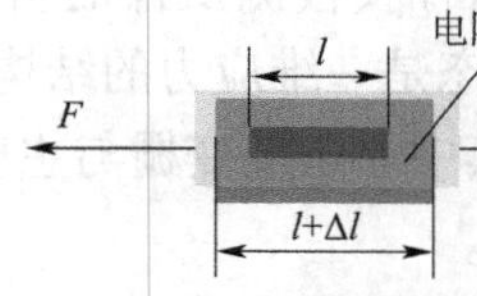

图7-3-2 电阻应变片受力示意图

电阻应变片具有以下特点：灵敏度高，可以精确地分辨出1×10^{-6}应变，这个应变的量级对于钢材而言相当于0.2MPa的应力；标距小，粘贴方便，可满足布置空间需要，可以用来测量局部应力，可以小于1mm；质量小，可以在动态应力分析方面发挥独特作用；易实现自动、多点、同步测量，方便操作；但测量时导线多，易受温度电磁场影响。

(2)常用应变片

目前在工程中较为常用的应变片有金属丝式应变片、箔式应变片、半导体应变片和电阻应变花。下面主要介绍金属丝式应变片、箔式应变片及电阻应变花。

①金属丝式应变片最常用的形式为丝绕式。它的敏感元件是丝栅电阻丝。金属丝式应变片的尺寸从几毫米到几百毫米不等，阻值一般为50～400Ω。金属丝式应变片的特点是制造设备和技术都较简便，但横向灵敏度较箔式应变片为大(横向灵敏度会给测量带来一定的误差)。金属丝式应变片常用的金属材料是康铜、镍铬合金、铁镍铬合金和铂铱金等。金属丝式应变片的结构示意图如图7-3-3所示。

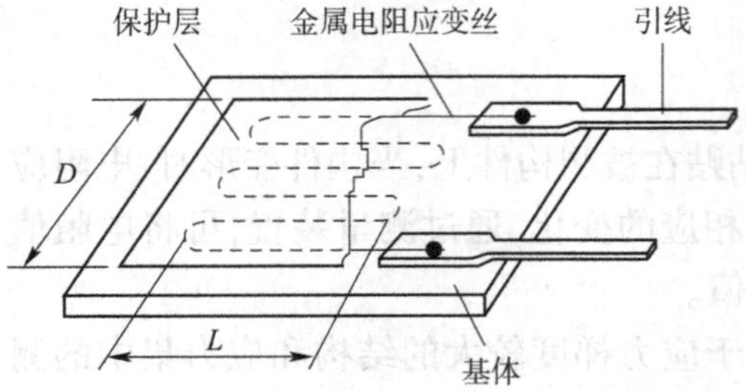

图 7-3-3　金属丝式应变片的结构示意图

②箔式应变片的敏感元件是通过光刻技术和腐蚀工艺变成丝状的一种金属箔栅。箔式应变片的尺寸分布不均匀，有的只有零点几毫米，而有的可以达到几十毫米，阻值一般为 60 ~ 1000Ω。箔式应变片在性能上的优点是散热条件好，逸散功率大，可以允许较大电流、耐蠕变和漂移的能力强，易做成任意形状，但它的工艺较复杂，箔片的材料主要为康铜、镍铬合金等。箔式应变片如图 7-3-4 所示。

③电阻应变花是一种具有两个或两个以上不同轴向敏感栅的电阻应变片，用于确定平面应力场中主应变的大小和方向；在两向应力状态时，需要测出一点的两个或三个方向的应变，才可测出此测点的主应力的大小和方向，这时需要使用粘贴在一个公共基底上、按一定方向布置的 2 ~ 4 个敏感栅组成的电阻应变片，如图 7-3-5 所示。

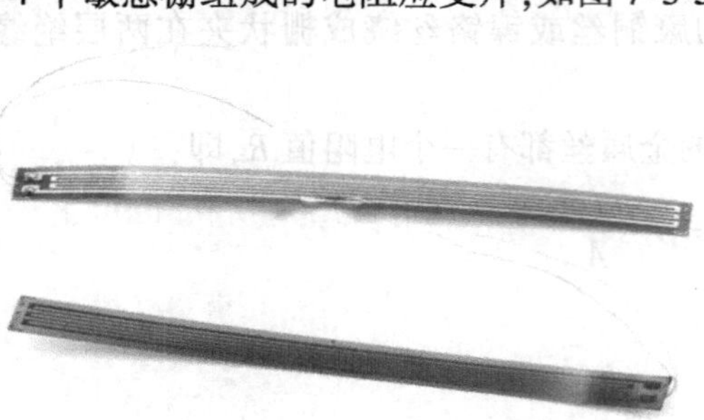

图 7-3-4　箔式应变片

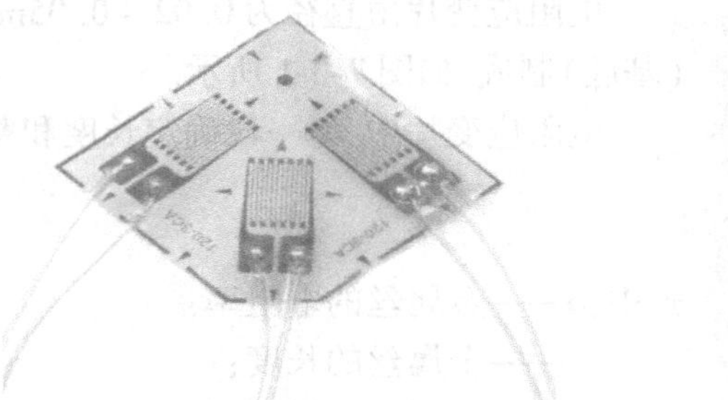

图 7-3-5　电阻应变花

2. 电阻应变片的选用

应根据应变检测的目的、被测试件的材料及其应力状态以及测量精度，选择应变片的形式。对于测试点应力状态是一维应力的结构，可以选用单轴应变片；对于二维应力结构，可以选用直角应变花，并使其中一条应变栅与主应力方向一致；如主应力方向未知，就必须使用三栅或四栅的电阻应变花。

在选择电阻应变片尺寸时，应考虑应力分布、动静态测量、应变大小等因素。若材质均匀、应力梯度大，应采用栅长小的电阻应变片；对于材质不均匀而强度不等的材料（如混凝土）或应力分布变化较为缓和的构件，应选用栅长较大的电阻应变片。一般来说，电阻应变片丝栅越小，测量精度越高，越能正确反映被测量点的真实应变。综合考虑各种因素影响，电阻应变片的栅长小一些比长一些要好。

对于由均匀材料（如钢、有机玻璃等）制成的试件，可选用标距为 5 ~ 10mm 的电阻应变片。

对于非匀质材料（如混凝土）的试件，电阻应变片的标距应大于混凝土集料最大粒径的 3 ~ 4 倍。一般采用的标距为 40 ~ 150mm。

对混凝土试件，采用过小标距的电阻应变片会产生较大的误差。

四、现场检测

1. 应变测点布置

在试验梁底 $L/2$ 截面处布置 2 个混凝土应变测点，在试验梁 $L/2$ 截面处腹板布置 6 个混凝土应变测点,共布置 8 个应变测点检测混凝土应变。

【思考】 公路桥梁常用的预制梁有空心板、T 形梁和箱形截面梁等,不同的截面类型该如何布置应变测点呢?

通常空心板截面宽度较宽,为准确测得挠度值,可在跨中底板位置分别布置 2 个应变测点。如需了解跨中断面沿梁高混凝土正应变的分布情况,还可以沿梁高混凝土布置 5 ~ 7 个应变测点,有了这些测点还可以测定出中性轴的位置。空心板应变测点布置图如图 7-3-6 所示。

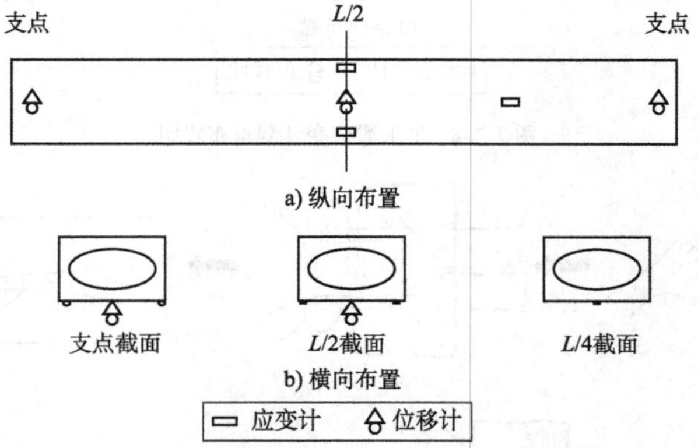

图 7-3-6　空心板应变计测点布置图

箱形截面梁与空心板截面类似,也可在跨中底板位置分别布置 2 个应变测点。

T 形截面梁由于梁底截面宽度较小,可在跨中梁底布置 1 ~ 2 个应变测点便可达到试验要求。如需了解跨中断面沿梁高混凝土正应变的分布情况,还可以沿梁高混凝土布置 5 ~ 7 个应变测点,有了这些测点还可以测定出中性轴的位置。

各类梁的应变测点布置示意图见图 7-3-7 ~ 图 7-3-9。

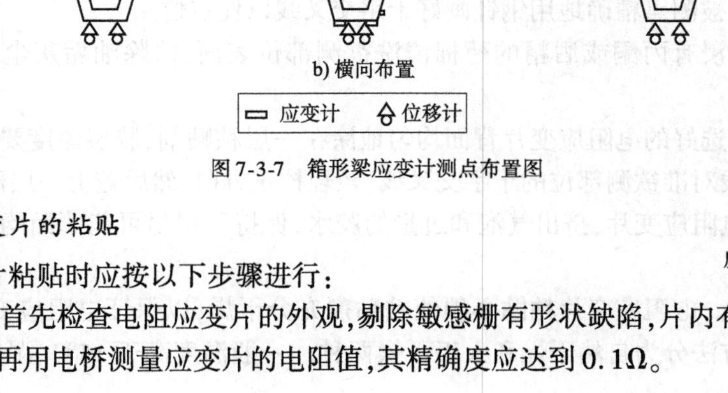

图 7-3-7　箱形梁应变计测点布置图

2. 电阻应变片的粘贴

应变片安装与使用技巧

电阻应变片粘贴时应按以下步骤进行:

(1)选片。首先检查电阻应变片的外观,剔除敏感栅有形状缺陷,片内有气泡、霉斑、锈点的电阻应变片,再用电桥测量应变片的电阻值,其精确度应达到 0.1Ω。

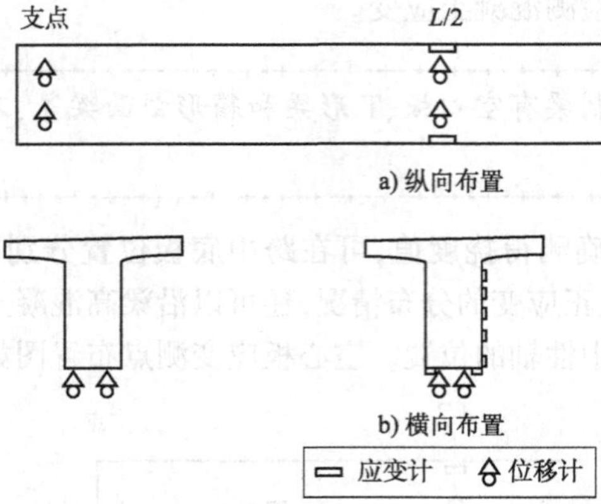

图 7-3-8　T 形梁应变计测点布置图

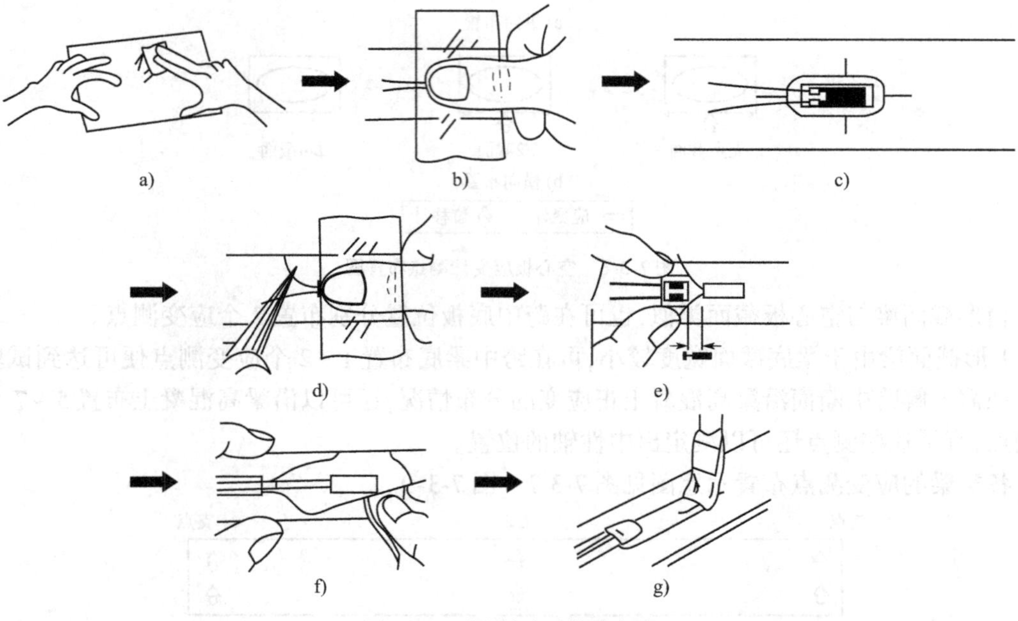

图 7-3-9　电阻应变片粘贴流程

(2)打磨。选择的构件表面待测点需经打磨,用砂轮磨平欲测的对象,用细铁砂纸抛光并达到光洁。

(3)画线。在被测点精确地用钢针画好十字交叉线以便定位。

(4)清洗。用浸有丙酮或酒精的药棉清洗欲测部位表面,清除油垢灰尘,保持欲测表面清洁。

(5)粘贴。将选好的电阻应变片背面均匀地涂在一层粘贴剂,胶层厚度要适中,然后将电阻应变片的十字线对准欲测部位的十字交叉线,轻轻校正方向,然后盖上一层薄膜纸。用手指朝一个方向滚压电阻应变片,挤出气泡和过量的胶水,保持胶层尽可能薄而均匀,再用同样的胶粘贴引线端子。

(6)干燥处理。电阻应变片粘贴必须使粘贴剂充分干燥,以保证电阻应变片能够传递试件的变形。干燥方法分为自然干燥和人工干燥两种。一般温度高于 15℃、湿度低于 60% 时,在自然干燥条件下干燥24h即可;人工干燥就是用红外灯泡或电吹风烘烤,温度一般控制在50℃以下,干燥速度快。

(7)粘贴质量检查。粘贴质量主要指粘贴层的好坏、几何位置是否正确、粘贴层是否有气泡、引出线是否完好等。还有一个与粘贴质量有关的是试件与电阻应变计引出线之间的绝缘度(绝缘度值至少要大于100MΩ,如果是测量试件较长的情况下,应在200MΩ以上)。

(8)固定导线。将电阻应变片的两根导线引出线焊在接线端上,再将导线由接线端引出。

3. 电阻应变测量的桥路组合

由机械应变引起的电阻应变计阻值的变化通常很小。若用 $R=120\Omega$、$k=2.0$ 的电阻应变计来测量钢结构($E_s=2.0\times10^5$MPa)的应变,当某点应力为100MPa时,应变计电阻值的变化 ΔR 为

$$\Delta R = k \cdot R \cdot \varepsilon = 2\times120\times100/200000 = 0.12(\Omega)$$

如果要求测量的相对误差为1%,那么测量电阻变化的仪器的刻度值要求不大于0.001Ω;如果同样以0.001Ω的精度去测量1MPa的应力,误差就太大了,这样就产生了对测量灵敏度要求高且又要求量程大的矛盾。

(1)惠斯顿电桥

由于将应变等机械量转换为电阻的变化,这种变化是很微弱的,必须采用高精度的测量电路——电桥测量电路(图7-3-10)。惠斯顿电桥是一种常见的电阻-电压转换装置,它能把应变计电阻的微小变化转换为适合放大和处理的电压。

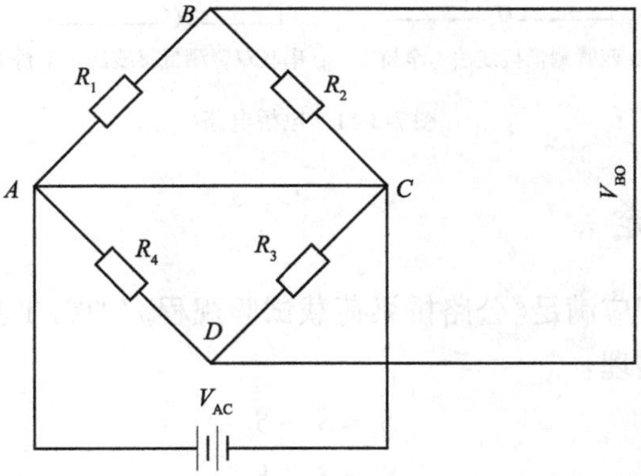

图7-3-10 电桥线路原理

(2)温度补偿

接入电桥的电阻应变片的电阻值随温度变化,这一变化同样会引起电桥输出电压,一般每升温1℃,应变放大器输出的变量可达几十 με。显然,这是非受力应变,需要排除。这种排除温度影响的措施称为温度补偿。

根据应变电桥的输出特性,应用上不难对温度进行补偿,只要用一片与工作片(贴在被测件上的应变片)阻值、灵敏系数和电阻温度系数都相同的电阻应变片,把它贴在一块与被测件材料相同而不受力的试件上,并使它们处于同一温度场,电桥连接时使工作片和补偿片处在相邻桥臂中,如 R_1 接为工作片,R_2 接为补偿片,这样温度变化就不会造成电桥的输出电压。

(3)桥路组合

电桥桥路的灵敏系数与电桥的有源工作臂数目有关,工作臂数目越大,灵敏度越高。利用电桥的桥臂特性,可以把不同数量的工作应变计接入电桥构成1/4桥、半桥和全桥等,其中最常用的是半桥和全桥。电桥电路如图7-3-11所示。

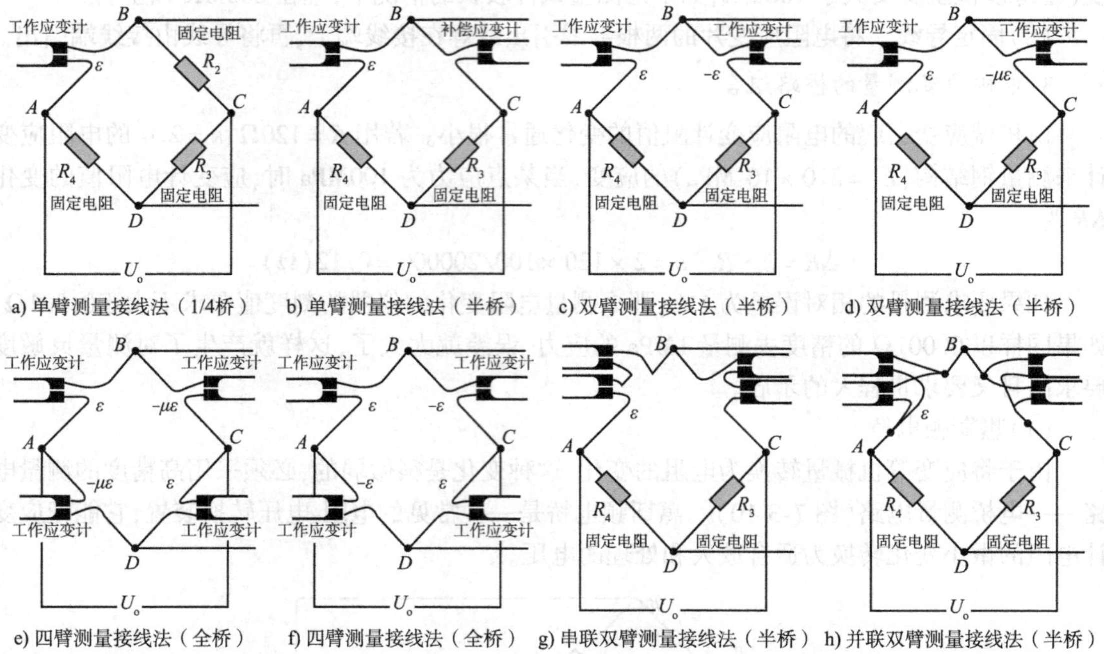

a) 单臂测量接线法(1/4桥) b) 单臂测量接线法(半桥) c) 双臂测量接线法(半桥) d) 双臂测量接线法(半桥)

e) 四臂测量接线法(全桥) f) 四臂测量接线法(全桥) g) 串联双臂测量接线法(半桥) h) 并联双臂测量接线法(半桥)

图 7-3-11 电桥电路

五、数据分析与评定

应变测量数据的整理应满足《公路桥梁荷载试验规程》(JTG/T J21-01—2015)的规定,按照下列公式进行数据的整理:

$$S_t = S_l - S_i \tag{7-3-2}$$

$$S_e = S_l - S_u \tag{7-3-3}$$

$$S_p = S_t - S_e = S_u - S_i \tag{7-3-4}$$

式中:S_t——试验荷载作用下测量的结构总应变值;

S_e——试验荷载作用下测量的结构弹性应变值;

S_p——试验荷载作用下测量的结构残余应变值;

S_i——加载前的测值;

S_l——加载达到稳定时的测值;

S_u——卸载后达到稳定时的测值。

1.数据分析

测点的相对残余应变可按下列公式计算:

$$\Delta S_p = \frac{S_p}{S_t} \times 100\% \tag{7-3-5}$$

式中：ΔS_p——相对残余应变；

S_p——试验荷载作用下测量的结构残余应变值；

S_t——试验荷载作用下测量的结构总应变值。

测点校验系数可按下列公式计算：

$$\eta = \frac{S_e}{S_s} \tag{7-3-6}$$

式中：η——校验系数；

S_e——试验荷载作用下测量的结构弹性应变值；

S_s——静载试验荷载作用下，某一加载试验项目对应的加载控制界面应变的最大计算效应值。

2. 数据评定

（1）校验系数 η 也应符合表 7-2-1 要求。

（2）处于线弹性工作状况的结构，测点实测位移与其理论值应呈线性关系。

（3）主要控制测点的相对残余变形 ΔS_p 越小，说明结构越接近弹性工作状况。ΔS_p 不宜大于 20%。当 ΔS_p 大于 20% 时，表明桥梁结构的弹性状态不佳，应分析原因，必要时再次进行试验加以确定。

六、注意事项

（1）采用百分表测量位移时，应当确保百分表及其固定设备的稳定可靠，避免因施工或检测等产生的震动导致读数存在误差。

（2）百分表读数应当仔细，若数据有明显异常时，应当分析原因。

七、检测报告

检测报告见表 7-3-1。表格电子版可扫描下方二维码下载。

桥梁静载试验（应变）检测记录表 表 7-3-1

试验室名称： 记录编号：

工程部位/用途			委托/任务编号		
样品名称			样品编号		
试验依据			试验条件		
样品描述			试验日期		
主要仪器设备及编号					
桥梁跨径		梁板类型		梁板编号	

续上表

<table>
<tr><td>浇筑日期</td><td colspan="2"></td><td colspan="2">混凝土设计
强度等级</td><td colspan="2"></td><td>交角</td><td colspan="2"></td></tr>
<tr><td colspan="5">测点布置图</td><td colspan="5">加载方式图
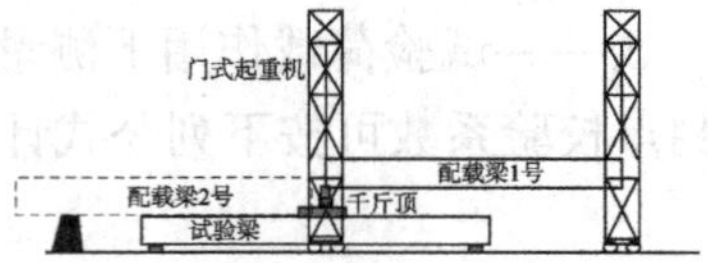
</td></tr>
<tr><td rowspan="3">仪器编号</td><td rowspan="3">测点编号</td><td rowspan="3">测点
位置</td><td colspan="7">各级荷载下实测应变值(με)</td></tr>
<tr><td colspan="3">试验荷载值 P(kN) =</td><td colspan="4">跨中弯矩(kN · m) =</td></tr>
<tr><td>1/3P</td><td>1/2P</td><td>2/3P</td><td>5/6P</td><td>P</td><td>1/2P</td><td>0</td></tr>
<tr><td></td><td>1</td><td>腹板顶</td><td></td><td></td><td></td><td></td><td></td><td></td><td></td></tr>
<tr><td></td><td>2</td><td></td><td></td><td></td><td></td><td></td><td></td><td></td><td></td></tr>
<tr><td></td><td>3</td><td></td><td></td><td></td><td></td><td></td><td></td><td></td><td></td></tr>
<tr><td></td><td>4</td><td></td><td></td><td></td><td></td><td></td><td></td><td></td><td></td></tr>
<tr><td></td><td>5</td><td>腹板底</td><td></td><td></td><td></td><td></td><td></td><td></td><td></td></tr>
<tr><td></td><td>6</td><td>底板 1</td><td></td><td></td><td></td><td></td><td></td><td></td><td></td></tr>
<tr><td></td><td>7</td><td>底板 2</td><td></td><td></td><td></td><td></td><td></td><td></td><td></td></tr>
<tr><td></td><td>8</td><td></td><td></td><td></td><td></td><td></td><td></td><td></td><td></td></tr>
<tr><td></td><td>9</td><td></td><td></td><td></td><td></td><td></td><td></td><td></td><td></td></tr>
<tr><td></td><td>10</td><td></td><td></td><td></td><td></td><td></td><td></td><td></td><td></td></tr>
<tr><td></td><td>11</td><td></td><td></td><td></td><td></td><td></td><td></td><td></td><td></td></tr>
<tr><td></td><td>12</td><td></td><td></td><td></td><td></td><td></td><td></td><td></td><td></td></tr>
<tr><td colspan="10">备注：</td></tr>
</table>

试验： 复核： 日期： 年 月 日

表 7-3-1 桥梁静载试验(应变)检测记录表

【“1 + X”加油站】“应变检测”技术技能训练

【拓展阅读】

【工程案例】国内首座带 UHPC 桥面板大吨位、长距离全断面顶推桥梁

任务四 裂缝检测★

学习目标

1. 知识目标

(1)了解裂缝宽度的原理。

(2)了解读数显微镜和裂缝卡的构造与工作原理。

(3)掌握裂缝宽度的确定方法。

2. 能力目标

(1)能够选择合适的裂缝检测工具。

(2)能够熟练掌握读数显微镜及裂缝卡的使用。

3. 素质目标

(1)通过分组活动,现场试验协调,培养团队协作能力。

(2)通过规范文明操作,培养良好的职业道德和安全环保意识。

(3)通过仪器设备的选择,提升解决实际问题的能力。

任务描述

某高速公路跨线桥其上部结构为30m的预应力简支混凝土小箱梁,现按要求对其梁板进行抽检,请根据单梁静载试验规程对该桥抽检的1~3号梁在静载试验过程中的裂缝进行检测。

知识技能学习

检测方法一　读数显微镜及裂缝卡检测裂缝

一、收集基本技术资料

(1)工程名称及设计单位、施工单位、监理(监督)单位和建设单位的名称。

(2)结构或构件名称、外形尺寸、数量及混凝土强度等级。

(3)设计标准、荷载类型及计算图示、桥梁原始设计计算书等。

(4)施工钢筋骨架验收记录、阶段施工质量检查验收记录、竣工图纸等。

(5)必要的设计图纸和施工记录。

(6)检测原因。

二、检测原理

读数显微镜及裂缝卡是通过将裂缝放大或不放大的方式，对裂缝的宽度进行检测。其中读数显微镜需配备刻度指示进行读数，裂缝卡则是与标准宽度进行比对后读数。这两种方法优点：测量设备便宜、便携性强，适用于大规模裂缝普查；缺点是需人工测读，检测速度慢，劳动强度大，而且存在较大的人为读数误差。

混凝土裂缝检测探秘

三、检测仪器设备

1. 读数显微镜

读数显微镜(图7-4-1)是光学透镜与游标刻度玻片等组成的复合仪器，可将裂缝进行放大，通常放大倍数有40倍、100倍和150倍等，精度随放大倍数的增加而增加，可观测裂缝的宽度随放大倍数的增加而减小。实际使用时，应选用带刻度的读数显微镜进行裂缝宽度的判读。

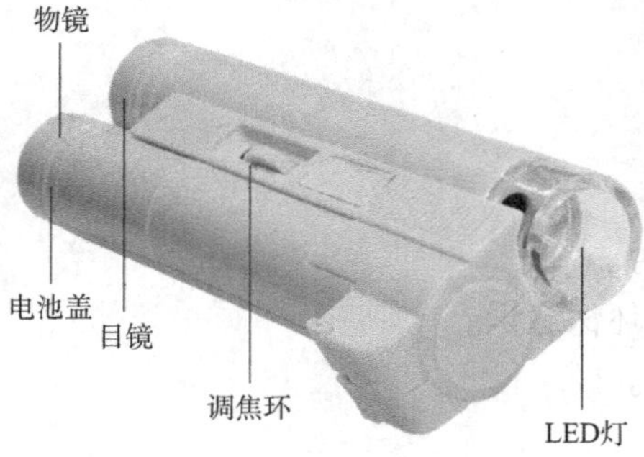

图7-4-1 读数显微镜

2. 裂缝卡

印刷有不同宽度线条的裂缝标准宽度板(裂缝卡)(图7-4-2)与裂缝对比量测；或用一组具有不同标准厚度的塞尺(图7-4-3)进行试插对比。刚好插入裂缝的塞尺厚度，即裂缝宽度。

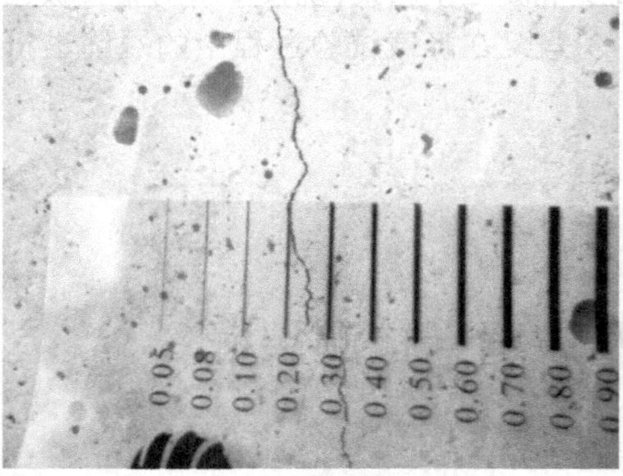

图7-4-2 裂缝标准宽度板

图7-4-3 塞尺

四、现场检测

1. 读数显微镜的操作过程

(1)先把读数显微镜进行调零。注意：要轻轻旋转旋钮，因为读数显微镜是高精度仪器且成本高，用力过大会导致精度降低。

(2)将读数显微镜贴于裂缝上，并使裂缝在目镜的视野范围内。

(3)若感光线不足,可打开 LED 灯进行补光,将裂缝照亮。

(4)调整调焦环使得图像清晰,并依照刻度从目镜观察裂缝并读取裂缝宽度。

操作读数显微镜如图 7-4-4 所示。

2. 裂缝卡的操作过程

使用时,只需要将裂缝卡放在需要检测的裂缝表面,将不同的宽度标线与裂缝相对比,读出裂缝宽度数据。

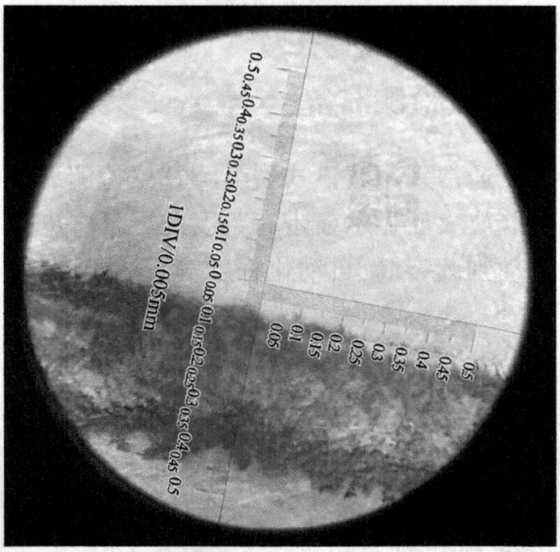

图 7-4-4 操作读数显微镜

五、数据分析与评定

根据试验梁结构类型不同,对于梁板静载试验中裂缝的要求有所不同:

(1)预应力混凝土梁:梁体受拉区不得出现裂缝。

(2)钢筋混凝土梁:梁体裂缝宽度不得大于《公路钢筋混凝土及预应力混凝土桥涵设计规范》(JTG 3362—2018)中控制值。

(3)梁板静载试验每级加卸载后应仔细检查梁体下缘和梁底有无新裂缝出现,并观察初始裂缝的延伸或闭合情况。

(4)全预应力及 A 类预应力梁如出现受力裂缝,则评定该梁抗裂性能不合格。

(5)B 类预应力梁如出现受力裂缝,且对于采用钢丝、钢绞线裂缝宽度大于 0.1mm 或对于精轧螺纹钢裂缝宽度大于 0.15mm 则评定该梁抗裂性能不合格。

六、注意事项

(1)仪器能正常使用时,绝不许自行拆卸,否则会破坏仪器原有精度。

(2)存放和使用仪器时,应避免灰尘、潮湿,过冷过热与含有酸碱蒸汽。

(3)透镜表面有脏物需用柔软物如脱脂棉、软毛刷、透镜纸擦拭。

【拓展阅读】

【拓展知识】裂缝的形成和分类

检测方法二　数显式裂缝测宽仪检测裂缝

一、检测准备

通常采用数显式裂缝测宽仪检测裂缝。数显式裂缝测宽仪(图 7-4-5)是通过光学镜头将裂缝放大后显示在带有刻度的屏幕中进行裂缝宽度的识读,部分仪器可实现远距离、非接触及自动判读裂缝,自动化程度较高。

裂缝宽度勾勒及裂缝测宽仪操作

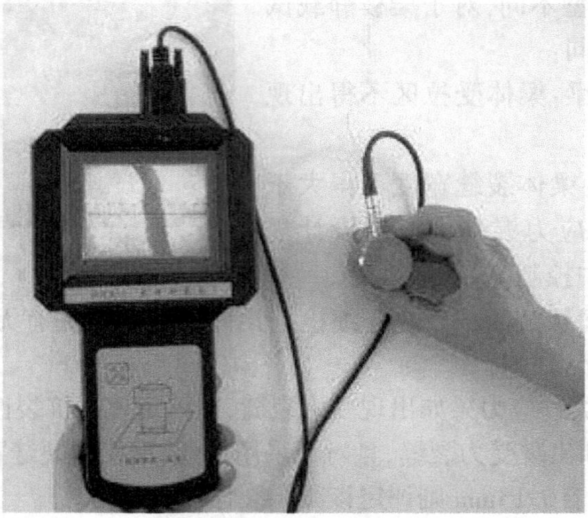

图 7-4-5　数显式裂缝测宽仪

数显式裂缝测宽仪可以远距离非接触地找寻裂缝位置,并对裂缝宽度、长度、形状等进行观测测量,现场测出数据,对裂缝进行拍照,自动生成检测报告,大大提高了工作的效率。其原理是采用进口高精密度光学镜头及大面阵高灵敏度电荷耦合元件(CCD),配以超高亮度照明装置,通过高精度视觉系统获得裂缝图像,可以实现观测裂缝,并对裂缝图像采用先进的图像处理系统进行处理,以获得裂缝宽度和长度信息,实现对裂缝远距离、非接触式、高精度、高效率的测量。

二、现场检测

(1)对仪器进行校验:校验标准刻度板上分别有宽度为 0.02mm、0.10mm、0.20mm 和 1.00mm 的刻度线,然后分别把摄像测量探头支脚放在不同宽度的刻度线上,屏幕上读取相应的刻度线宽度。当误差小于 0.02mm 时,仪器方可正常使用。

(2)用电缆连接显示屏和测量探头,打开电源开关。

(3)将测量探头的两支脚放置在裂缝上,在显示屏上可看到被放大的裂缝图像,稍微转动摄像头使裂缝图像与刻度尺垂直,根据裂缝图像所占刻度线长度,读取裂缝宽度值。

(4)裂缝宽度可采用精度为0.05mm的刻度放大镜等仪器进行观测。裂缝的测量一般只需测量几条严重的裂缝尺寸。对正截面裂缝,应量测受拉主筋处的最大裂缝宽度;对斜截面裂缝,应量测腹部裂缝的最大裂缝宽度。当确定受拉主筋处的裂缝宽度时,应在梁的侧面量测。

(5)在每级荷载下出现的裂缝或原有裂缝的开展,都要在结构上标明,用软铅笔在离裂缝1~3mm处平行地描绘出裂缝的走向、长度和宽度,并注明荷载吨位,当试验结束时,根据结构上的裂缝绘制裂缝开展图。

三、数据分析与评定

试验数据整理

根据试验梁结构类型不同,对于梁板静载试验中裂缝的要求有所不同:

(1)预应力混凝土梁:梁体受拉区不得出现裂缝。

(2)钢筋混凝土梁:梁体裂缝宽度不得大于《公路钢筋混凝土及预应力混凝土桥涵设计规范》(JTG 3362—2018)中控制值。

(3)梁板静载试验每级加卸载后应仔细检查梁体下缘和梁底有无新裂缝出现,并观察初始裂缝的延伸或闭合情况。

(4)全预应力及A类预应力梁如出现受力裂缝,则评定该梁抗裂性能不合格。

(5)B类预应力梁如出现受力裂缝,且对于采用钢丝、钢绞线裂缝宽度大于0.1mm或对于精轧螺纹钢裂缝宽度大于0.15mm则评定该梁抗裂性能不合格。

四、注意事项

(1)使用前应先进行校验,校验正常后,再使用。

(2)校验时,当误差超过0.02mm时,应将仪器送回厂家校验维修。

(3)对于摄像镜头,可用橡皮囊吹或用软毛刷进行清洁。

(4)用后应及时充电,长期不用每月应充电1次。

(5)插拔仪器连接头时,切勿左右旋转或用力拉线,以免造成探头内部线路损坏。

五、检测报告

检测报告见表7-4-1。表格电子版可扫描下页二维码下载。

桥梁静载试验(裂缝)检测记录表 表7-4-1

试验室名称: 记录编号:

工程部位/用途		委托/任务编号	
样品名称		样品编号	
试验依据		试验条件	
样品描述		试验日期	
主要仪器设备			

续上表

桥梁跨径		试验桥跨		主梁类型	
桥梁结构		混凝土设计强度等级		温度	
梁号		观测位置		交角	

试验桥跨布置示意图	裂缝草图

裂缝编号	裂缝位置（cm）	裂缝间距（cm）	裂缝延伸长度（cm）		最大裂缝宽度（mm）			说明
			原始情况	控制荷载试验下	原始情况	控制荷载试验下	卸载后	

备注：

试验： 复核： 日期： 年 月 日

表 7-4-1 桥梁静载试验（裂缝）检测记录表

【“1 + X”加油站】“裂缝检测”技术技能训练

【拓展阅读】

【工程案例】U 形桥台开裂、变形原因分析

任务五 试验报告撰写

学习目标

1. 知识目标

(1)了解桥梁工程检测的基本概念。

(2)掌握桥梁工程检测的标准与规范。

(3)掌握桥梁工程检测的内容与方法。

(4)掌握桥梁工程检测试验报告的撰写要求。

2. 能力目标

(1)能够分析检测数据并撰写检测报告。

(2)能够运用软件进行数据处理和报告编制。

(3)能够熟练地使用常用的数据处理软件(如 Excel 等)和报告编制软件(如 Word 等)。

3. 素质目标

(1)树立严谨的科学态度,对待检测工作要认真负责,确保数据的准确性和可靠性。

(2)协作完成检测任务,培养良好的沟通和协调能力。

(3)秉持诚信、公正、敬业的职业道德,为桥梁的安全和维护贡献自己的力量。

任务描述

某桥位于某高速公路 K29 + 287. 306 处,交角为 90°,全桥长 81. 04m。桥面左幅净宽 16. 65m,右幅净宽 11. 65m,上部结构采用 3 ×25m 预应力混凝土(后张)小箱梁,共一联,先简支后连续;下部结构桥台采用肋板台,桥墩采用柱式墩,墩台采用桩基础。对其右 2—2 号空心板梁进行了静载试验,并分析检测数据,编制试验检测报告。

知识技能学习

一份完整的桥梁梁板静载试验报告通常由封面、扉页、荷载试验简表及报告正文等组成。

试验报告编写

一、封面

封面应由项目名称、报告编号、委托单位、试验单位、报告日期等基本信息组成，如图 7-5-1 所示。

×××线

×××桥荷载试验报告

×××(检)字(QL－××)×年第×号　共×页

委托单位：
试验单位：

(报告日期)

图 7-5-1　试验报告封面示例

二、扉页

扉页一般由项目名称、报告编号、试验单位、报告日期等与封面一致信息组成，一般还需要有项目负责人、报告审核人、报告批准人等签名，试验单位资质章和中国计量认证标识(CMA)章需盖在扉页，如图7-5-2所示。

试验单位资质 CMA 认证标识

×××线

×××桥荷载试验报告

×××(检)字(QL-××)×年第×号 共×页

项目负责人:(签字)

报告编写人:(签字)

报告审核人:(签字)

报告审批人:(签字)

(试验单位名称及盖章)

(报告日期)

图7-5-2 试验报告扉页示例

一般还需将参加桥梁试验检测的人员信息(如姓名、职称、资格证书类型及编号、本试验中的职责等)进行列表(表7-5-1)说明。

三、荷载试验简表

荷载试验简表主要展示被检桥梁基本信息和静载试验检测的结论等，一般由桥梁名称、建成时间、桩号、结构形式、荷载试验基本情况、加载方式、试验结论及技术建议等内容组成（表7-5-2）。

人员信息 表7-5-1

序号	姓名	职称	从事专业	资格证书类型及编号	本试验中的职责
1					
2					
3					
4					
5					
…					

荷载试验简表 表7-5-2

<table>
<tr><td colspan="2">工程名称</td><td colspan="4"></td></tr>
<tr><td colspan="2">桥梁名称</td><td></td><td colspan="2">桥梁建成时间</td><td></td></tr>
<tr><td colspan="2">桥梁桩号</td><td></td><td colspan="2">桥梁结构形式、跨径组成</td><td></td></tr>
<tr><td colspan="2">试验桥联(孔)结构形式</td><td></td><td colspan="2">试验桥联(孔)跨径组成</td><td></td></tr>
<tr><td colspan="2">荷载试验类型</td><td></td><td colspan="2">试验控制荷载</td><td></td></tr>
<tr><td rowspan="2">荷载效率</td><td>静载</td><td></td><td rowspan="2">加载方式</td><td>静载</td><td></td></tr>
<tr><td>动载</td><td></td><td>动载</td><td></td></tr>
<tr><td rowspan="2">加载工况数</td><td>静载</td><td></td><td colspan="2" rowspan="2">试验日期</td><td rowspan="2"></td></tr>
<tr><td>动载</td><td></td></tr>
<tr><td colspan="2">荷载试验主要结论</td><td colspan="4"></td></tr>
<tr><td colspan="2">技术建议</td><td colspan="4"></td></tr>
</table>

四、报告正文

报告正文通常由工程概况、检测依据及仪器设备、检测内容、静载试验方案、静载试验结果、结论等内容组成。

1. 工程概况

工程概况中应包括桥梁基本信息，如桥梁所在路线、桩号、桥梁长度、跨径情况、桥梁结构形式及相关技术标准等。

2. 检测依据及仪器设备

检测依据应注明依据的规范、过程及收集到的相关设计与施工资料。仪器设备需注明本次静载试验使用的主要仪器设备、用途、编号等信息。

3. 检测内容

检测内容需写明梁板静载试验的意义、目的及需要完成的工作等。

4. 静载试验方案

静载试验方案需从试验过程、试验控制与试验安全等方面描述。其中，试验过程应分别写明试验准备阶段和试验实施阶段分别完成的工作。试验实施阶段应将理论计算情况、测点布置情况、实测数据等进行描述。

5. 静载试验结果

静载试验结果应严格按照规范，对所测数据逐一进行列举，不得对数据进行任何形式的修改。

6. 结论

(1)应当依据静载试验的结果对本次检测进行评价，评价应当客观且严格依照相关规范和委托要求，必须准确地给出静载试验是否满足设计要求的结论，不得使用模糊的用词。

(2)在检测报告后还可以附上一些现场检测的照片作为相关佐证材料。

【"1 + X"加油站】"试验报告撰写"技术技能训练

【拓展阅读】

【工匠精神】群星传承：茅以升——钱塘江大桥总工程师

项目八
PROJECT EIGHT

桥梁养护检查与技术状况评定

本书提到的桥梁检查是桥梁养护检查的简称，是为了进行桥梁技术状况评定进行的初始检查、日常巡查、经常检查、定期检查和特殊检查，其中初始检查和定期检查后需要对桥梁各部件进行技术状况综合评定，确定桥梁的技术状况等级。桥梁试验是指桥梁荷载试验，即通过施加荷载方式对桥梁结构或构件的静、动力特性进行的现场试验测试，包括静载试验和动载试验。桥梁评定是桥梁承载能力检测评定的简称，即依据桥梁检查、桥梁荷载试验及其他资料，通过检算方式评定桥梁承载能力。

公路桥梁养护根据桥梁单孔跨径、桥梁类型、桥梁所在公路等级、技术状况评定类别等因素，分为Ⅰ、Ⅱ、Ⅲ级，共三个养护检查等级，规定如下：

(1)单孔跨径大于150m的特大桥、特别重要桥梁的养护检查等级为Ⅰ级。

(2)单孔跨径小于或等于150m的特大桥、大桥，以及高速公路或一、二级公路上的中桥、小桥的养护检查等级为Ⅱ级。

(3)三、四级公路上的中桥、小桥的养护检查等级为Ⅲ级。

(4)技术状况评定为3类的大、中、小桥应提高一级进行检查。

(5)技术状况评定为4类的桥梁在加固维修前应按Ⅰ级进行检查。

桥梁养护检查包括初始检查、日常巡查、经常检查、定期检查、特殊检查。

桥梁技术状况评定应依据桥梁初始检查、定期检查资料，通过对桥梁各部件技术状况的综合评定，确定桥梁的技术状况等级，提出养护措施。

桥梁养护检查及技术状况评定的目的是为桥梁养护提供依据。

学习目标

1. 知识目标

(1)了解桥梁养护检查的重要性。

(2)掌握桥梁养护检查的基本方法。

(3)掌握桥梁技术状况评定的基本方法。

2. 能力目标

(1)能够正确完成给定的桥梁全桥养护检查的任务。

(2)能够理论联系实际，开展桥梁技术状况评定。

3. 素质目标

(1)通过分组活动,培养团队协作能力。

(2)通过规范文明操作,培养良好的职业道德和质量意识。

(3)通过小组讨论、角色扮演,提升表达能力和沟通能力。

任务描述

为全面了解辖区内桥梁目前的技术状况,保证桥梁的安全性,保持和延长桥梁的使用年限,确保人民群众生命和财产安全。依据相关规定,临清市某镇人民政府委托山东某监理咨询有限公司对辖区内杨烟店桥、孟口桥、冯圈桥的桥梁结构及附属构造物进行全面检查和技术状况评定,并据此提出养护维修建议,为桥梁养护管理系统提供动态数据(表 8-0-1)。

临清市村级公路桥梁总体概况表 表 8-0-1

序号	桥梁名称	路线名称	桥梁代码	全长(m)	桥宽(m)	上部结构	下部结构	桥跨组合(m)	结构类型
1	杨烟店桥	—	—	188.4	4.5	T 形梁	双柱式墩	14.1×2+20×3+14.1×7	梁式桥
2	孟口桥	—	—	139	5	T 形梁	双柱式墩	11×7+20×2+11×2	梁式桥
3	冯圈桥	—	—	128	5	T 形梁	双柱式墩	11×2+20×2+11×6	梁式桥

当桥梁结构物无法满足承载能力、通行能力、防洪等要求时,则需对桥梁结构进行必要的加固、维修、拓宽等技术改造。

知识技能学习

桥梁养护检查探秘

各类桥梁养护检查工作探析

一、检查依据

《公路桥涵养护规范》(JTG 5120—2021)。

《公路桥梁技术状况评定标准》(JTG/T H21—2011)。

二、各类桥梁养护检查时间及频率

1. 初始检查时间及频率

新建或改建桥梁应进行初始检查。初始检查宜与交工验收同时进行,最迟不得超过交付使用后 1 年。

2. 日常巡查时间及频率

养护检查等级为Ⅰ、Ⅱ级的桥梁,日常巡查每天不应少于 1 次;对有特殊照明需求(如功能性及装饰性照明、航空航道指示灯等)的桥梁,应适当开展夜间巡查。养护检查等级为Ⅲ级的桥梁,日常巡查每周不应少于 1 次。遇地震、地质灾害或极端气象时应增加检查频率。

3. 经常检查时间及频率

(1)养护检查等级为Ⅰ级的桥梁,经常检查每月不应少于 1 次。

(2)养护检查等级为Ⅱ级的桥梁,经常检查每两个月不应少于1次。

(3)养护检查等级为Ⅲ级的桥梁,经常检查每季度不应少于1次。

(4)在汛期、台风、冰冻等自然灾害频发期,应提高经常检查频率。

(5)养护检查等级为Ⅱ、Ⅲ级的桥梁,在定期检查中发现存在4类构件时,加固处治前应提高经常检查频率。

(6)6对支座桥梁的经常检查每季度不应少于1次。

4.定期检查时间及频率

养护检查等级为Ⅰ级的桥梁,定期检查周期不得超过1年;养护检查等级为Ⅱ、Ⅲ级的桥梁,定期检查周期不得超过3年。

5.特殊检查时间及频率

下列情况应做特殊检查:

(1)定期检查中难以判明结构或构件损伤原因及程度的桥梁。

(2)拟通过加固手段提高荷载等级的桥梁。

(3)需要判明水中基础技术状况的桥梁。

(4)遭受洪水、流冰、滑坡、地震、风灾、火灾、撞击,以及因超重车辆通过或其他异常情况影响造成损伤的桥梁。

三、桥梁技术状况评定等级及流程

桥梁技术状况评定等级应分为1类、2类、3类、4类、5类。桥梁技术状况等级及状态描述见表8-0-2。

桥梁技术状况评定等级及状态描述 表8-0-2

技术状况等级	状态	技术状况描述
1类	完好、良好	(1)主要部件功能与材料均良好。 (2)次要部件功能良好,材料有少量(3%以内)轻度缺损。 (3)承载能力和桥面行车条件符合设计标准
2类	较好	(1)主要部件功能良好,材料有少量(3%以内)轻度缺损,结构受力裂缝宽度小于设计限值。 (2)次要部件有较多(10%以内)中等缺损。 (3)承载能力和桥面行车条件达到设计指标
3类	较差	(1)主要部件材料有较多(10%以内)中等缺损,结构受力裂缝宽度超过设计限值,或出现轻度功能性病害,发展缓慢,尚能维持正常使用功能。 (2)次要部件有大量(10%~20%)严重缺损,功能降低,进一步恶化将不利于主要部件和影响正常交通。 (3)承载能力比设计降低10%以内,桥面行车不舒适

续上表

技术状况等级	状态	技术状况描述
4类	差	(1)主要部件材料有大量(10% ~20%)严重缺损,结构受力裂缝宽度超过设计限值,锈蚀严重,或出现轻度功能性病害,且发展较快,结构变形小于或等于设计限值,功能明显降低。 (2)次要部件有20%以上的严重缺损,失去应有功能,严重影响正常交通。 (3)承载能力比设计降低10% ~25%
5类	危险	(1)主要部件出现严重的功能性病害,且有继续扩张现象,关键部位的部分材料强度达到极限,出现部分钢丝或钢筋断裂、混凝土压碎或杆件失稳变形、破损现象,变形大于设计限值,结构的强度、刚度、稳定性和动力响应不能达到交通安全通行的要求。 (2)承载能力比设计降低25%以上

桥梁部件分为主要部件和次要部件。各结构类型桥梁主要部件见表8-0-3,其他部件为次要部件。

各结构类型桥梁主要部件 表8-0-3

序号	结构类型	主要部件
1	梁式桥	上部承重构件、桥墩、桥台、基础、支座
2	板拱桥(圬工、混凝土)、肋拱桥、箱形拱桥、双曲拱桥	主拱圈、拱上结构、桥面板、桥墩、桥台、基础
3	刚架拱桥、桁架拱桥	刚架(桁架)拱片、横向联结系、桥面板、桥墩、桥台、基础
4	钢-混凝土组合拱桥	拱肋、横向联结系、立柱、吊杆、系杆、行车道板(梁)、支座
5	悬索桥	主缆、吊索、加劲梁、索塔、锚碇、桥墩、桥台、基础、支座
6	斜拉桥	斜拉索(包括锚具)、主梁、索塔、桥墩、桥台、基础、支座

四、检查仪器和设备

公路桥梁养护检查根据不同检查类型的目的,采用各类设备进行检查。各种检查应用到的设备性能及使用方法在前述各任务中,均有详细阐述,本任务不再赘述。

五、检查方法

1.初始检查方法

(1)检查内容

①定期检查需测定的所有项目,并按要求设置永久观测点。

②测量桥梁长度、桥宽、净空、跨径等;测量主要承重构件尺寸,包括构件的长度与截面尺寸等;测定桥面铺装层厚度及拱上填料厚度等。

③测定桥梁材质强度、混凝土结构的钢筋保护层厚度。

④养护检查等级为Ⅰ级的桥梁,通过静载试验测试桥梁结构控制截面的应力、应变、挠度等静力参数,计算结构校验系数;通过动载试验测定桥梁结构的自振频率、冲击系数、振型、阻尼比等动力参数。

⑤有水中基础,养护检查等级为Ⅰ、Ⅱ级的桥梁,应进行水下检测。

⑥量测缆索结构的拉索索力及吊杆索力,测试索夹螺栓紧固力等。

⑦检测钢管混凝土拱桥钢管内混凝土密实度。

⑧当交、竣工验收资料中已经包含上述检查项目或参数的实测数据时,可直接引用。

(2)检查报告内容

①桥梁基本状况卡片、桥梁初始检查记录表、桥梁定期检查记录表、桥梁技术状况评定表。

②典型缺损和病害的照片、文字说明及缺损分布图,缺损状况的描述应采用专业标准术语,说明缺损的部位、类型、性质、范围、数量和程度等。

③3 张总体照片(包括桥面正面照片 1 张,桥梁两侧立面照片各 1 张)。

④各项检查内容的成果。

⑤养护建议。

2. 日常巡查方法

(1)检查内容

①桥路连接处是否异常。

②桥面铺装、伸缩缝有无明显破损,伸缩缝位置的桥面系是否存在异常。

③栏杆或护栏等有无明显缺损。

④标志标牌是否完好。

⑤桥梁线形是否存在明显异常。

⑥桥梁是否存在异常的振动、摆动和声响。

⑦桥梁安全保护区是否存在侵害桥梁安全的情况。

(2)检查方法

日常巡查以乘车目测为主,并应做巡检记录,若发现明显缺损和异常情况应及时上报。

3. 经常检查方法

(1)检查内容

①桥梁结构有无异常的变形和振动及其他异常状况。

②外观是否整洁,构件表面是否完好,有无损坏、开裂、剥落、起皮、锈迹等。

③混凝土主梁裂缝有无发展,箱梁内有无积水。钢结构主梁抽查焊缝有无开裂,螺栓有无松动或缺失。

④斜拉索、吊杆(索)、系杆等索结构锚固区的密封设施是否完好,有无积水或渗水痕迹,密封材料等有无老化和开裂;主缆最低点是否渗水;索鞍是否有异常的位移、卡死、辊轴歪斜以及构件锈蚀、破损;鞍座混凝土是否开裂;鞍室是否渗水、积水。

⑤支座有无明显缺陷,使用功能是否正常。

⑥桥面铺装是否存在病害。

⑦伸缩缝是否堵塞、卡死,连接部件有无松动、脱落、局部破损。

⑧人行道、缘石有无破损、剥落、裂缝、缺损和松动。

⑨栏杆、护栏有无破损、缺失、锈蚀、移动或错位。

⑩排水设施有无堵塞和破损。

⑪墩台有无明显的倾斜、损伤、开裂及是否受到车、船或漂流物等的撞击而受损，基础有无冲刷、损坏、悬空，墩台与基础是否受到生物腐蚀。

⑫翼墙（侧墙、耳墙）、锥坡、护坡、调治构造物有无缺损、开裂、沉降和塌陷。

⑬悬索桥锚碇是否存在渗水、积水。

⑭交通信号、标志、标线、照明设施以及桥梁其他附属设施是否完好、正常工作。

⑮永久观测点及标志点是否完好。

（2）检查方法

经常检查宜抵近桥梁结构，以目测结合辅助工具进行；应现场填写"桥梁经常检查记录表"。若发现桥梁重要部件缺损严重，应及时上报。

4. 定期检查方法

（1）定期检查内容

①测立永久观测点。单孔跨径不小于60m的桥梁，应设立永久观测点，定期进行控制检测。桥梁检测项目与永久观测点布置要求见表8-0-4。单孔跨径小于60m的桥梁，检测中若发现结构存在异常变形，应进行相应的控制检测。特殊结构桥梁，宜根据养护、管理的需要，增加相应的控制检测项目。

桥梁检测项目与永久观测点　　表8-0-4

检测项目		永久观测点
1	桥面高程	每孔不宜少于10个点，沿行车道两边（靠缘石处）布设，跨中、L/4、支点等控制截面必须布设
2	墩、台身、锚碇变位	布置于墩、台身底部（距地面或常水位0.5～2m）、桥台侧墙尾部顶面和锚碇的上、下游两侧各1～2个点
3	墩、台身、索塔倾斜度	墩、台身底部（距地面或常水位0.5～2m）的上、下游两侧各1～2个点
4	索塔变位	每个索塔不宜少于2个点，索塔顶面、塔梁交接处各1～2个点
5	主缆线形	每孔不宜少于10个点，沿索夹位置布设，主缆最低点和最高点必须布设
6	拱轴线	每孔不宜少于18个点，沿拱圈上、下游两侧拱肋中心处在拱顶、L/8、L/4、3L/8、拱脚等控制截面布设
7	拱座变位	不宜少于2个点，布设于拱座上、下游两侧
8	悬索桥索夹滑移	桥塔侧第一对吊杆索夹处各设1个点
9	索鞍与主塔相对变位	索鞍处各设1个点

②桥面系检查内容。桥面铺装层纵、横坡是否顺适，有无严重的龟裂、纵横裂缝，有无坑槽、拥包、拱起、剥落、错台、磨光、泛油、变形、脱皮、露骨、接缝料损坏、桥头跳车等现象。伸缩缝有无异常变形、破损、脱落、漏水、失效，锚固区有无缺陷，是否存在明显的跳车。人行道有无

缺失、破损等。栏杆、护栏有无缺失、破损等。防排水系统是否顺畅,泄水管、引水槽有无明显缺陷,桥头排水沟功能是否完好。桥上交通信号、标志、标线、照明设施是否损坏、失效。

③混凝土梁桥上部结构检查内容。混凝土构件有无开裂,裂缝是否超限,有无渗水、蜂窝、麻面、剥落、掉角、空洞、孔洞、露筋及钢筋锈蚀。主梁跨中、支点及变截面处,悬臂端牛腿或中间铰部位,刚构的固结处和桁架的节点部位,混凝土是否开裂、缺损,钢筋有无锈蚀。预应力钢束锚固区段混凝土有无开裂,沿预应力筋的混凝土表面有无纵向裂缝。桥面线形及结构变位情况。混凝土碳化深度、钢筋锈蚀检测。主梁有无积水、渗水,箱梁通风是否良好。组合梁的桥面板与梁的结合部位及预制桥面板之间的接头处混凝土有无开裂、渗水。装配式梁桥的横向连接构件是否开裂,连接钢板的焊缝有无锈蚀、断裂。

④钢桥上部结构检查内容。构件涂层劣化情况。构件有无锈蚀、裂缝、变形、局部损伤,焊缝是否开裂或脱开,铆钉和螺栓有无松动、脱落或断裂。结构的跨中挠度、结构变位情况。钢箱梁内部湿度是否符合要求,除湿设施是否工作正常。桥面板与梁的结合部位有无纵向滑移、开裂。预制桥面板之间的接头处混凝土有无开裂、压溃、渗水、错位。混凝土梁段与钢梁段结合处构造功能是否正常,接合面有无脱开、渗漏、错位、承压钢板变形等。

⑤拱桥上部结构检查内容。主拱圈是否变形、开裂、渗水,拱脚是否发生位移。圬工拱桥拱圈的灰缝有无松散、剥离或脱落,砌块有无风化、断裂、压碎、局部掉块、脱落;钢筋混凝土拱桥的拱圈(片)表观及材质状况;钢-混凝土组合拱桥及钢拱桥的钢结构检测;行车道板、横梁、纵梁及拱上立柱(墙)、盖梁、垫梁的混凝土有无开裂、剥落、露筋和锈蚀。空腹拱的腹拱圈有无较大的变形、开裂、错位,立墙或立柱有无倾斜、开裂。拱的侧墙与主拱圈间有无脱落,侧墙有无鼓凸变形、开裂,实腹拱拱上填料有无沉陷,排水是否正常。拱桥的横向联结有无变位、开裂、松动、脱落、断裂、钢筋外露、锈蚀等,连接部钢板有无锈蚀、断裂。双曲拱桥拱波与拱肋结合处是否开裂、脱开,拱波之间砂浆有无松散、脱落,拱波是否开裂、渗水等。劲性骨架的拱桥,混凝土是否沿骨架出现纵向或横向裂缝。吊杆索力有无异常变化。吊杆防护套有无开裂、鼓包、破损,必要时可打开防护套,检查吊杆钢丝涂膜有无劣化,钢丝有无锈蚀、断丝;钢套管有无锈蚀、损坏,内部有无积水;吊杆导管端密封减振设施和其他减振装置有无病害及异常等。逐个检查吊杆锚头及周围锚固区的情况,锚具是否渗水、锈蚀,是否有锈水流出的痕迹,锚固区是否开裂,必要时可打开锚具后盖抽查锚杯内是否积水、潮湿,防锈油是否结块、乳化失效,锚杯是否锈蚀,锚头是否锈蚀,镦头或夹片是否异常,锚头螺母位置有无异常。拱桥系杆外部涂层是否劣化,系杆有无松动,锚头、防护罩、钢箱有无锈蚀、损坏。预应力混凝土系杆检测钢管混凝土拱桥钢管内混凝土密实度检测,检查频率宜为3~6年1次。

⑥斜拉桥上部结构及索塔检查。桥塔有无异常变位,锚固区是否有开裂、水渍,有无渗水现象。混凝土结构有无缺损、裂缝、剥落、露筋、钢筋锈蚀。钢结构涂装是否粉化、脱落、起泡、开裂,钢结构是否锈蚀、变形、裂缝;螺栓是否缺失、损坏、松动;钢与混凝土连接是否完好。拉索索力有无异常变化,观测斜拉索线形有无异常。斜拉索防护套有无开裂、鼓包、破损、老化变质,必要时可以打开防护套,检查斜拉索的钢丝涂层劣化、破损、锈蚀及断丝情况。逐个检查锚具及周围锚固区的情况,锚具是否渗水、锈蚀,有无锈水流出的痕迹,锚固区是否开裂,必要时可打开锚具后盖抽查锚杯内是否积水、潮湿,防锈油是否结块、乳化、失效,锚杯是否锈蚀。锚头是否锈蚀、开裂,镦头或夹片是否异常,锚头螺母位置有无异常。主梁的检测,除应按混凝土梁桥上

部结构和钢桥上部结构进行检查外,还应检查梁体拉索锚固区域的混凝土结构是否开裂、渗水,钢结构是否有裂纹、锈蚀、渗水。钢护筒是否脱漆、锈蚀,钢护筒内有无积水,钢护筒与斜拉索密封是否可靠,橡胶圈是否老化或严重磨损,橡胶圈固定装置有无损坏,阻尼器有无异常变形、松动、漏油、螺栓缺失、结构脱漆、锈蚀、裂缝。桥梁构件气动外形是否发生改变;气动措施和风障是否完好;钢主梁检修车轨道、桥面风障、护栏、栏杆的形状及位置是否发生改变。

⑦悬索桥上部结构检查。桥塔有无异常变位,混凝土结构有无缺损、裂缝、剥落、露筋、钢筋锈蚀。钢结构涂装是否粉化、脱落、起泡、开裂,钢结构是否锈蚀、变形、裂缝,螺栓是否缺失、损坏、松动,钢与混凝土连接是否完好;主缆线形有无变化,主缆防护有无老化、开裂、脱落、刮伤、磨损;主缆是否渗水,缠丝有无损伤、锈蚀,必要时可以打开涂层和缠丝,检查索股钢丝涂膜有无劣化,钢丝有无锈蚀、断丝。锚头防锈漆是否粉化、脱落、开裂,抽查锚头防锈油是否干硬、失效,锚头是否锈蚀、开裂,镦头或夹片是否异常,锚头螺母位置有无异常。吊索索力有无异常变化;吊索防护套有无裂缝、鼓包、破损,必要时可以打开防护套,检查吊索钢丝涂膜有无劣化,钢丝有无锈蚀、断丝。钢套管有无锈蚀、损坏,内部有无积水;吊索导管端密封减振设施和其他减振装置有无病害及异常等。逐个检查吊索锚头及周围锚固区的情况,锚具是否渗水、锈蚀,是否有锈水流出的痕迹,锚固区是否开裂,必要时可打开锚具后盖抽查锚杯内是否积水、潮湿,防锈油是否结块、乳化失效,锚杯是否锈蚀。锚头是否锈蚀、开裂,镦头或夹片是否异常,锚头螺母位置有无异常。索夹螺栓有无缺失、损伤、松动,索夹有无错位、滑移,索夹面漆有无起皮脱落,密封填料有无老化、开裂,索夹外观有无裂缝及锈蚀;测试索夹螺栓紧固力。加劲梁的检测,应按混凝土梁桥上部结构和钢桥上部结构进行检查。主索鞍、散索鞍上座板与下座板有无相对位移、卡死、辊轴歪斜,鞍座螺杆、锚栓有无松动现象。鞍座内密封状况是否良好。索鞍有无锈蚀、裂缝,索鞍涂装有无粉化、裂缝、起泡、脱落,主缆和索鞍有无相对滑移。锚碇外观有无明显病害,如裂缝、空洞等;锚碇有无沉降、扭转及水平位移。锚室顶板、侧墙表面状况是否完好;锚室内有无渗漏水,是否积水,温湿度是否符合要求;除湿设备运行是否正常。索股锚杆涂层是否完好,有无锈蚀、裂纹病害。桥梁构件气动外形是否发生改变;气动措施和风障是否完好;钢主梁检修车轨道、桥面风障、护栏、栏杆的形状及位置是否发生改变。

⑧支座检查内容。支座是否缺失。组件是否完整、清洁,有无断裂、错位、脱空。活动支座实际位移量、转角量是否正常,固定支座的锚销是否完好。橡胶支座是否老化,有无开裂,有无位置串动、脱空,有无过大的剪切变形或压缩变形,各夹层钢板之间的橡胶层外凸是否均匀。四氟滑板支座是否脏污、老化,聚四氟乙烯板是否磨损、是否与支座脱离、是否倒置。盆式橡胶支座的固定螺栓是否剪断,螺母是否松动,钢盆外露部分是否锈蚀,防尘罩是否完好,抗震装置是否完好。组合式钢支座是否干涩、锈蚀,固定支座的锚栓是否紧固,销板或销钉是否完好。钢支座部件是否出现磨损、开裂。摆柱支座各组件相对位置是否准确。混凝土摆柱的柱体有无破损、开裂、露筋。钢筋及钢板有无锈蚀。活动支座滑动面是否平整。辊轴支座的辊轴是否出现爬动、歪斜。摇轴支座是否倾斜。轴承有无裂纹、切口或偏移。球型支座地脚螺栓有无剪断,螺纹有无锈死,支座防尘密封裙有无破损,支座相对位移是否均匀,支座钢组件有无锈蚀,支承垫石是否开裂、破损。简易支座的油毡是否老化、破裂或失效。支座螺纹、螺帽是否松动,锚螺杆有无剪切变形,上下座板(盆)的锈蚀状况。支座封闭材料是否老化、开裂、脱落。斜拉桥、悬索桥的纵向和横向限位支座的检测,应按本条执行。

⑨桥梁墩台及基础检查内容。墩身、台身及基础变位情况。混凝土墩身、台身、盖梁、台帽及系梁有无开裂、蜂窝、麻面、剥落、露筋、空洞、孔洞、钢筋锈蚀等。墩台顶面是否清洁,有无杂物堆积,伸缩缝处是否漏水。圬工砌体墩身、台身有无砌块破损、剥落、松动、变形、灰缝脱落,砌体泄水孔是否堵塞。桥台翼墙、侧墙、耳墙有无破损、裂缝、位移、鼓肚、砌体松动。台背填土有无沉降或挤压隆起,排水是否畅通。基础是否发生冲刷或淘空现象,地基有无侵蚀。水位涨落、干湿交替变化处基础有无冲刷磨损、颈缩、露筋,有无开裂,是否受到腐蚀。锥坡、护坡有无缺陷、冲刷。

⑩附属设施检查内容。养护检修设施是否完好。减振、阻尼装置是否完好;墩台防撞设施是否完备;桥上避雷装置是否完好;桥上航空灯、航道灯是否完好,能否保证正常照明;桥面照明及结构物内供养护检修的照明系统是否完好。防抛网、声屏障是否完好,结构监测系统仪器设备工作是否正常,除湿设备工作是否正常。

⑪河床及调治构造物检查内容。桥位段河床有无明显冲淤或漂流物堵塞现象,有无冲刷及变迁状况;河底铺砌是否完好;调治构造物是否完好,功能是否适用。

(2)检查方法

定期检查中发现的各种缺损应在现场将其范围、分布特征、程度及检测日期标记清楚。对3、4、5类桥梁及有严重缺损的构件,应作影像记录,并附病害状况说明。

(3)检查报告内容

①桥梁基本状况卡片、桥梁定期检查记录表、桥梁技术状况评定表。

②典型缺损和病害的照片、文字说明及缺损分布图,缺损状况的描述应采用专业标准术语,说明缺损的部位、类型、性质、范围、数量和程度等。

③3张总体照片(包括桥面正面照片1张,桥梁两侧立面照片各1张)。

④判断病害原因及影响范围,并与历次检查报告进行对比分析,说明病害发展情况。

⑤桥梁的技术状况评定等级。

⑥提出养护建议及下次检查时间。

⑦对需限制交通或关闭的桥梁应及时报告并提出建议。

5. 特殊检查方法

(1)检查内容

①材料的物理、化学性能及其退化程度的测试鉴定,结构或构件开裂状态的检测及评定。

②结构的强度、刚度和稳定性的检算、试验和鉴定。桥梁承载能力评定宜按现行《公路桥梁承载能力检测评定规程》(JTG/T J21)执行。

③桥梁抵抗洪水、流冰、风、地震及其他灾害能力的检测鉴定。

④桥梁遭受洪水、流冰、滑坡、地震、风灾、火灾、撞击,因超重车辆通过或其他因素造成损伤的检测鉴定。

⑤水中墩台身、基础的缺损情况的检测评定。

⑥对于定期检查中发现的较严重的开裂、变形等病害,应进行跟踪观测,预测其发展趋势。

(2)检查方法

实施特殊检查前,应充分收集桥梁设计资料、竣工资料、材料试验报告、施工资料、历次检测报告及维修资料等,并现场复核。特殊检查应根据检测目的、病害情况和性质,采用仪器设备进行现场测试和其他辅助试验,针对桥梁现状进行检算分析,形成评定结论,提出建议措施。

(3)检查报告内容

①桥梁基本状况信息。

②特殊检查的总体情况概述:包括桥梁的基本情况、检测的组织、时间、背景、目的和工作过程等。

③现场调查、检测与试验项目及方法的说明。

④详细描述检测部位的损坏程度并分析原因。

⑤桥梁结构特殊检查评定结果。

⑥填写“桥梁特殊检查记录表”。

⑦提出结构部件和总体的维修、加固或改建的建议。

桥梁技术状况评定探秘

六、桥梁技术状况评定

1.评定流程

首先根据制订的桥梁检查计划进行桥梁现场检查,对各构件检测指标的技术状况进行现场评定(1~5类),并依据各检测指标的技术状况评定结果按照桥梁评定模型计算桥梁构件的技术状况;依次计算桥梁各部件以及上部结构(下部结构、桥面系)的技术状况;根据上部结构、下部结构、桥面系的技术状况计算全桥技术状况。如果在现场评定时,桥梁符合5类桥单项控制指标则桥梁总体技术状况直接可以评定为5类。桥梁技术状况评定工作流程图如图8-0-1所示。

桥梁技术状况评定计算探秘

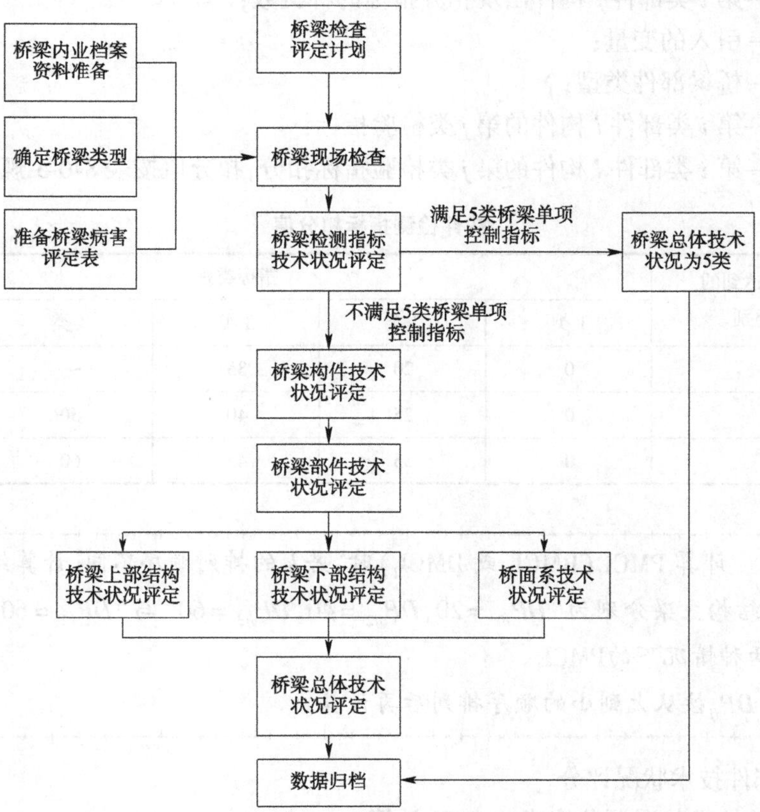

图8-0-1 桥梁技术状况评定工作流程图

2. 桥梁技术状况评定计算

(1)桥梁构件技术状况评分

根据不同桥型或评定单元,按照《公路桥梁技术状况评定标准》(JTG/T H21—2011)规定的评定指标标度类别数、评定标准和扣分值,分别计算桥梁上部结构(下部结构、桥面系)某类部件各个构件的技术状况评分(PMCI)。具体评分按式(8-0-1)计算。

$$\mathrm{PMCI}_l(\mathrm{BMCI}_l \text{ 或 } \mathrm{DMCI}_l) = 100 - \sum_{x=1}^{k} U_x \tag{8-0-1}$$

当 $x=1$ 时,则

$$U_1 = DP_{ij} \tag{8-0-2}$$

当 $x \geqslant 2$ 时,则

$$U_x = \frac{DP_{ij}}{100 \times \sqrt{x}} \times \left(100 - \sum_{y=1}^{x-1} U_y\right) \quad (\text{其中 } j = x) \tag{8-0-3}$$

当 $DP_{ij}=100$ 时,则

$$\mathrm{PMCI}_l(\mathrm{BMCI}_l \text{ 或 } \mathrm{DMCI}_l) = 0 \tag{8-0-4}$$

式中:PMCI_l——上部结构第 i 类部件 l 构件的得分,值域为 0 ~ 100 分;

BMCI_l——下部结构第 i 类部件 l 构件的得分,值域为 0 ~ 100 分;

DMCI_l——桥面系第 i 类部件 l 构件的得分,值域为 0 ~ 100 分;

k——第 i 类部件 l 构件出现扣分指标的种类数;

U、x、y——引入的变量;

i——桥梁部件类型;

j——第 i 类部件 l 构件的第 j 类检验指标;

DP_{ij}——第 i 类部件 l 构件的第 j 类检验指标扣分,扣分值按表 8-0-5 规定取值。

构件检测指标扣分值 表 8-0-5

检测指标所能达到的最高等级类别	指标类别				
	1 类	2 类	3 类	4 类	5 类
3 类	0	20	35	—	—
4 类	0	25	40	50	—
5 类	0	35	45	60	100

【思考】 计算 PMCI_l(BMCI_l 或 DMCI_l)时,若 k 的排列顺序不同,计算结果相同吗?试比较上部结构主梁分别为“$DP_{ij1}=20$,$DP_{ij2}=40$,$DP_{ij3}=60$”与“$DP_{ij1}=60$,$DP_{ij2}=40$,$DP_{ij3}=20$”两种情况下的 PMCI_l。

建议将 DP_{ij} 按从大到小的顺序排列后再计算。

(2)桥梁部件技术状况评分

桥梁部件的技术状况评分按式(8-0-5)计算:

$$PCCI_i = \overline{PMCI} - \frac{100 - PMCI_{min}}{t}$$

或

$$BCCI_i = \overline{BMCI} - \frac{100 - BMCI_{min}}{t}$$

或

$$DCCI_i = \overline{DMCI} - \frac{100 - DMCI_{min}}{t} \tag{8-0-5}$$

式中：$PCCI_i$——上部结构第 i 类部件的评分，值域为 0 ~ 100 分；当上部结构的主要部件某一构件评分值 $PCCI_l$ 在[0,60)时，该部件评分值 $PCCI_i = PMCI_l$；

$\overline{PMCI}$——上部结构第 i 类部件各构件得分均值，值域为 0 ~ 100 分；

$BCCI_i$——下部结构第 i 类部件得分，值域为 0 ~ 100 分；当下部结构的主要部件某一构件评分值 $BMCI_l$ 在[0,60)时，该部件评分值 $BCCI_i = BMCI_l$；

$\overline{BMCI}$——下部结构第 i 类部件各构件得分均值，值域为 0 ~ 100 分；

$DCCI_i$——桥面系第 i 类部件得分，值域为 0 ~ 100 分；

$\overline{DMCI}$——桥面系第 i 类部件各构件得分均值，值域为 0 ~ 100 分；

$PCCI_{min}$——上部结构第 i 类部件中分值最低的构件得分值；

$BCCI_{min}$——下部结构第 i 类部件中分值最低的构件得分值；

$DCCI_{min}$——桥面系第 i 类部件中分值最低的构件得分值；

t——随构件数变化而变化的系数，t 值详表 8-0-6。

t 值 表 8-0-6

n(构件数)	t	n(构件数)	t
1	∞	17	6.96
2	10	18	6.84
3	9.7	19	6.72
4	9.5	20	6.6
5	9.2	21	6.48
6	8.9	22	6.36
7	8.7	23	6.24
8	8.5	24	6.12
9	8.3	25	6.0
10	8.1	26	5.88
11	7.9	27	5.76
12	7.7	28	5.64
13	7.5	29	5.52
14	7.3	30	5.4
15	7.2	40	4.9
16	7.08	50	4.4

续上表

n(构件数)	t	n(构件数)	t
60	4.0	90	2.8
70	3.6	100	2.5
80	3.2	≥200	2.3

注:1. n 为第 i 类部件的构件总数。

2. 表中未列出的 t 值采用内插法计算。

(3)桥梁上部结构、下部结构、桥面系技术状况评分

根据上部结构所有部件技术状况评分($PCCI_i$、$BCCI_i$、$DCCI_i$)和《公路桥梁技术状况评定标准》(JTG/T H21—2011)规定的对应部件权重值(W_i),根据式(8-0-6)计算上部结构、下部结构、桥面系评分。

$$\text{SPCI}(\text{SBCI}、\text{BDCI}) = \sum_{i=1}^{m} \text{SPCI}_i(\text{SBCI}_i \text{ 或 } \text{BDCI}_i) \times W_i \tag{8-0-6}$$

式中:SPCI——上部结构技术状况评分,值域为 0 ~ 100 分;

SBCI——下部结构技术状况评分,值域为 0 ~ 100 分;

BDCI——桥面系技术状况评分,值域为 0 ~ 100 分;

m——上部结构(下部结构或桥面系)的部件种类数;

W_i——第 i 类部件权重值,如果桥梁未设某类部件,则将该部件权重分配到所在单元的其他部件中。梁式桥各部件权重见表 8-0-7。

梁式桥各部件权重值 表 8-0-7

部位	类别 i	评价部件	权重
上部结构	1	上部承重构件(主梁、挂梁)	0.70
	2	上部一般构件(湿接缝、横隔板等)	0.18
	3	支座	0.12
下部结构	4	翼墙、耳墙	0.02
	5	锥坡、护坡	0.01
	6	桥墩	0.30
	7	桥台	0.30
	8	墩台基础	0.28
	9	河床	0.07
	10	调治构造物	0.02
桥面系	11	桥面铺装	0.40
	12	伸缩缝装置	0.25
	13	人行道	0.10
	14	栏杆、护栏	0.10
	15	排水系统	0.10
	16	照明、标志	0.05

(4)桥梁总体技术状况评分

根据上部结构 SPCI、下部结构评分 SBCI 和桥面系评分 BDCI,以及规定的相应桥梁结构组成权重值 W_{SP}(0.40)、W_{SB}(0.40)、W_D(0.20),按式(8-0-7)计算得出桥梁总体技术状况评分(D_r)。

桥梁总体的技术状况评分,按下式计算:

$$D_r = BDCI \times W_D + SPCI \times W_{SP} + SBCI \times W_{SB} \tag{8-0-7}$$

式中:D_r——桥梁总体技术状况评分,值域为 0~100 分;

W_D——桥面系在全桥中的权重,为 0.2;

W_{SP}——上部结构在全桥中的权重,为 0.4;

W_{SB}——下部结构在全桥中的权重,为 0.4。

(5)综合评定界限值

桥梁技术状况分类界限宜按表 8-0-8 规定执行。

桥梁技术状况分类界限表 表 8-0-8

技术状况评分	技术状况等级 D_j				
D_r (SPCI、SBCI、BDCI)	1 类	2 类	3 类	4 类	5 类
	[95,100]	[80,95)	[60,80)	[40,66)	[0,40)

七、注意事项

(1)当单个桥梁存在不同结构形式时,可根据结构形式的分布情况划分评定单元,分别对各评定单元进行桥梁技术状况的等级评定。

(2)由于实际当中桥梁可能由两种或者多种不同结构形式组成,当单个桥梁既有梁桥又有拱桥或其他桥型,或者存在主桥和引桥结构形式不同等情况时,可根据结构形式的分布情况采用划分评定单元的方式,逐一对各评定单元进行桥梁技术状况的等级评定,然后以技术状况等级评定结果最差的一个评定单元作为全桥的评定结果。

【实例】 某桥桥跨组合为 6×20m+3×60m+6×20m,共 15 跨。引桥为钢筋混凝土 T 形梁,主桥为钢筋混凝土系杆拱桥,两幅的桥墩都为双柱式桥墩,桥梁总长 420.7m。

该桥技术状况评定:该桥由两种结构形式组成,第 7~9 跨钢筋混凝土系杆拱结构,其他部分为钢筋混凝土 T 形梁。将第 7~9 跨主桥划为主桥单元,第 1~6 跨及第 10~15 跨为合并起来为引桥单元。对于公共的桥墩,建议将公共的桥墩划分给跨径长的单元(划分给主桥系杆拱部分)。主桥系杆拱桥部分按照标准要求,采用分层综合评定法进行评定,最终评定为 4 类,引桥评定为 3 类。全桥技术状况等级评定结果将最差的一个评定单元作为全桥的评定结果,即按照主桥评定结果,全桥技术状况最终评定为 4 类。

(3)实际工作中当存在某座桥梁没有设置部件,如单跨桥梁无桥墩、部分桥梁无人行道等类似情况,需要根据此构件隶属于上部构件、下部构件或桥面系关系,将此缺失构件的权重值分配给其他部件。分配方法采用将缺失部件权重值按照既有部件权重在全部既有部件权重中所占比例进行分配的方法。该方法简单易行,从而保证既有部件参与评价,使桥梁评价更符合实际情况。

(4)在桥梁技术状况评价中,有下列情况之一时,整座桥应评为5类桥:

①上部结构有落梁或有梁、板断裂现象。

②梁式桥上部承重构件控制截面出现全截面开裂或组合结构上部承重构件结合面开裂贯通,造成截面组合作用严重降低。

③梁式桥上部承重构件有严重的异常位移,存在失稳现象。

④结构出现明显的永久变形,变形大于规范值。

⑤关键部位混凝土出现压碎、杆件失稳倾向或桥面板出现严重塌陷。

⑥拱式桥拱脚严重错台、位移,造成拱顶挠度大于限制或拱圈严重变形。

⑦圬工拱桥拱圈大范围砌体断裂,脱落现象严重。

⑧腹拱、侧墙、立墙或立柱产生破坏造成桥面板严重塌落。

⑨系杆、吊杆出现严重锈蚀或断裂现象。

⑩悬索桥主缆或多根吊索出现严重锈蚀、断丝。

⑪斜拉桥拉索钢丝出现严重锈蚀、断丝,主梁出现严重变形。

⑫扩大基础冲刷深度大于设计值,冲空面积达20%以上。

⑬桥墩(桥台或基础)不稳定,出现严重滑动、下沉、位移、倾斜等现象。

⑭悬索桥、斜拉桥索塔基础出现严重沉降、位移或悬索桥锚碇有水平位移或沉降。

(5)其他事项

①当上部结构和下部结构技术状况等级为3类、桥面系技术状况等级为4类,且桥梁总体技术状况评分为$40 \leqslant D_r < 60$时,桥梁总体技术状况等级应评定为3类。

②全桥总体技术状况等级评定时,当主要部件评分达到4类或5类且影响桥梁安全时,可按照桥梁主要部件最差的缺损状况评定。

八、检测报告

参考本书配套《桥梁工程检测实训手册》工作任务十八。

【"1+X"加油站】"桥梁养护检查与技术状况评定"技术技能训练

【拓展阅读】

【工程案例】如何进行大桥结构检查(测)与现状评定

项目九
PROJECT NINE

桥梁荷载试验

桥梁荷载试验是通过对桥梁结构施加一定的荷载,测试其在荷载作用下的响应,从而评估桥梁结构实际工作性能、承载能力及安全储备的专项检测试验,其核心目的是验证桥梁是否满足设计荷载标准及使用要求,为桥梁的竣工验收、运营维护、加固改造提供科学依据。该试验方法主要可分为破坏性试验和非破坏性试验两类。

破坏性试验以探究桥梁结构的极限承载能力和破坏机理为目标,在严格控制的条件下,对桥梁逐步施加荷载直至结构发生破坏。其主要通过逐级增加荷载,实时监测桥梁的应力、应变、位移、裂缝发展等参数,直至结构出现明显的破坏特征。此类方法能直接获取桥梁的极限承载能力、破坏形态等关键数据,结果直观且具有较高的科研价值,但会对桥梁结构造成不可逆的破坏,导致桥梁无法继续使用,且试验成本高昂、周期长,同时存在较大的安全风险,因此仅适用于桥梁结构的科研试验或对废弃桥梁的研究,在实际工程检测中极少应用。

非破坏性试验(即常规桥梁荷载试验)以不损伤桥梁结构性能为前提,在桥梁设计荷载允许范围内施加荷载,通过测试结构的响应来评估其工作状态。其主要方法有静力荷载试验和动力荷载试验。静力荷载试验是按照设计荷载的一定比例分级施加静荷载,如使用车辆、重物或千斤顶等加载,同时监测桥梁各部位的应力、应变、位移、裂缝等变化情况,判断结构在静荷载作用下的工作性能;动力荷载试验则通过车辆行驶、激振器激励等方式施加动荷载,测试桥梁的动力特性(如自振频率、振型、阻尼比等)及在动荷载作用下的动力响应,评估桥梁的动力性能。其中,静力荷载试验应用最为广泛,其加载方式稳定,数据采集精准,能全面反映桥梁在静荷载作用下的受力状况;试验所用设备(如加载车辆、应变仪、位移计等)操作相对便捷,且能在不影响桥梁后续使用的前提下完成检测。非破坏性试验因不会对桥梁结构造成永久性损伤,可在保证试验效果的同时保留桥梁的运营功能,且能较为准确地评估桥梁的实际承载能力和工作性能,成为桥梁检测中不可或缺的重要手段,在桥梁的竣工验收、定期检测以及特殊情况下的安全评估中得到广泛应用。

任务一 桥梁静载试验★

学习目标

1. 知识目标

(1)了解桥梁静载试验的重要性。

(2)掌握桥梁静载试验的基本方法。

(3)了解桥梁静载试验的质量控制。

2. 能力目标

(1)能够检查、调试静态应变测试分析系统的技术状况及性能。

(2)重视理论联系实际,能够科学评价静载试验数据。

(3)正确完成给定的桥梁静载试验。

3. 素质目标

(1)通过分组活动,培养团队协作能力。

(2)通过规范文明操作,培养良好的职业道德和质量意识。

(3)通过小组讨论、演讲评述,培养与客户的沟通能力。

任务描述

某公路桥梁为钢筋混凝土桥梁,全长94.2m,桥面宽度为10m,共5跨,荷载水平为公路—Ⅰ级。该桥梁上部为预应力箱梁,下部为柱式桥台,桥梁支座为板式橡胶支座,桥面由沥青混凝土和水泥混凝土调平层铺设而成,层厚分别为10cm和8cm。

本任务通过静载试验探究目标测量点界面挠度与应力,判断桥梁的工作状态是否与设计吻合,借助有限元模型进行模拟,评估桥梁的承载力是否达标,对现场勘测结果进行分析,为日常维护提供参考。

知识技能学习

一、检测依据

(1)《公路桥梁承载能力检测评定规程》(JTG/T J21—2011)。

(2)《公路桥涵养护规范》(JTG 5120—2021)。

(3)《公路桥梁荷载试验规程》(JTG/T J21-01—2015)。

(4)《公路桥梁技术状况评定标准》(JTG/T H21—2011)。

二、荷载试验的目的

1.新建桥梁

(1)检验桥梁设计施工质量。

(2)判定桥梁结构的实际承载力。

(3)验证桥梁结构的设计理论和设计方法。

2.旧桥

(1)确定桥梁结构的承载能力及营运条件。

(2)分析桥梁病害原因及其变化规律。

桥梁静载试验方法
及其与梁板试验的异同

三、桥梁静载试验主要解决的问题

(1)检验桥梁结构的设计与施工质量,验证结构的安全性与可靠性。对于大、中跨度桥梁,要求在竣工之后,通过试验来具体鉴定其工程质量的可靠性,并将试验报告作为评定工程质量的主要依据之一。

(2)验证桥梁结构的设计理论与计算方法,充实与完善桥梁结构的计算理论与施工技术,积累科学技术资料。随着交通事业的不断发展,采用新结构、新材料、新工艺的桥梁结构日益增多,这些桥梁在设计、施工过程中必然会遇到一些新问题,其设计理论与计算方法或设计参数需要通过桥梁试验予以验证或确定,在大量试验检测数据积累的基础上,逐步建立或完善这类桥梁的设计理论与计算方法。

(3)掌握桥梁结构的工作性能,判断桥梁结构的实际承载能力。目前,我国已建成了数十万座各种形式的桥梁,在使用过程中,有些已不能满足通行荷载的要求,有些由于各种原因而受到不同程度的损伤与破坏,有些由于设计或施工的问题本来就存在各种缺陷。对于这些桥梁,通常要采用试验的方法来确定其承载能力和使用性能,并由此确定限载方案或加固改造方案,特别是对于那些原始设计施工资料不全的既有桥梁,为了确定其承载能力与使用条件,静载试验是必不可少的。

四、检测仪器设备

进行桥梁静载试验应用到的仪器和设备与梁板的静载试验几乎相同。目前应用到的新型设备包括智能弦式应变传感器(图9-1-1)、智能数码通用位移计(图9-1-2)、综合采集系统(图9-1-3)。

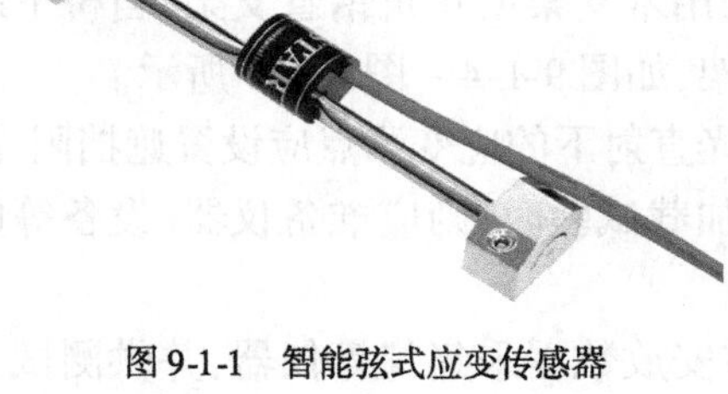

图9-1-1 智能弦式应变传感器

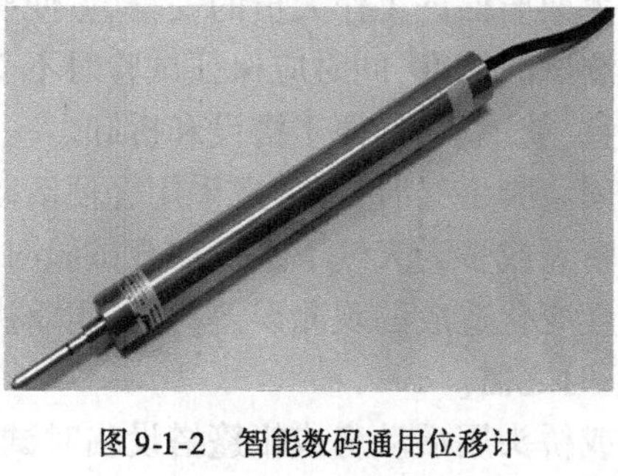

图9-1-2 智能数码通用位移计

全桥静载试验
可视化仿真试验

桥梁静载试验
现场准备

图 9-1-3 综合采集系统

五、检测方法及步骤

桥梁静载试验在具体实施前应充分做好荷载试验计划,其主要内容包括准备工作、试验目的、加载方案与实施、测点布置与观测和加载控制与安全措施等方面。以下仅对准备工作和静载试验加载方案与实施具体叙述。

(一)准备工作

桥梁结构的考察与试验准备阶段是桥梁检测顺利进行的必要前提。桥梁结构检测与桥梁结构的设计。施工和理论计算的关系十分密切,现代桥梁的发展对于结构试验技术、试验组织与准备工作提出了更高的要求。荷载试验正式进行之前的准备工作主要包括以下几方面。

1. 试验孔(墩)的选择

对多孔桥梁中跨径相同的桥孔(墩)可选 1 ~ 3 孔具有代表性的桥孔(墩)进行加载试验。选择时应综合考虑以下因素:

(1)该孔(墩)计算受力最不利。

(2)该孔(墩)施工质量较差、缺陷较多或病害较严重。

(3)该孔(墩)便于搭设脚手架,便于设置测点或便于实施加载。

选择试验孔(墩)的工作应与制订计划前的调查工作结合进行。

2. 搭设脚手架和测试支架

脚手架和测试支架应分开搭设,互不影响;脚手架和测试支架应有足够的强度、刚度和稳定性。脚手架要保证工作人员的安全、方便操作。测试支架要满足仪表安装的需要,不因自身变形影响测试的精度,同时应保证试验时不受车辆和行人的干扰。脚手架和测试支架的设置要因地制宜,就地取材,便于搭设和拆卸。一般采用木支架或建筑钢管支架,当桥下净空较大不便搭设固定脚手架时,可考虑采用轻便活动吊架,如图 9-1-4 ~ 图 9-1-6 所示。

当在晴天或多云天气下进行加载试验时,阳光直射下的应变测点应设置遮挡阳光的设备,以减小温度变化造成的观测误差;当在雨季进行加载试验时,则应准备仪器、设备等的防雨设施,以备不时之需。

桥下或桥头用活动房或帐篷搭设临时试验室安放数据采集仪等仪器,并供测试人员临时办公和看管设备之用。

图 9-1-4　固定脚手架

图 9-1-5　移动式支架

图 9-1-6　水面船只支架

3. 试验加载位置的放样和卸载位置的安排

静载试验前应在桥面上对加载位置进行放样,以便于加载试验的顺利进行。如加载工况较少,时间允许,可在每次工况加载前临时放样;如加载工况较多则应预先放样,且用不同颜色的标志区别不同加载工况时的荷载位置。

静载试验荷载卸载的安放位置应预先安排。卸载位置的选择既要考虑加卸载方便,离加载位置近一些,又要使安放的荷载不影响试验孔(墩)的受力,一般可将荷载安放在桥台后一定距离处。对于多孔桥,如有必要可将荷载停放在桥孔上,一般应停放在距试验孔较远处以不影响试验观测为准。

4. 其他准备工作

加载试验的安全设施、供电照明设施、通信设施、桥面交通管制等工作应根据荷载试验的需要进行准备。

(二)静载试验加载方案与实施

桥梁静载试验现场测试

1. 加载试验项目的确定

为了满足鉴定桥梁承载力的要求,试验荷载工况的选择应反映桥梁结构的最不利受力状态,简单结构可选1~2个工况,复杂结构可适当多选几个工况,但不宜过多。在进行各荷载工况布置时,可参照截面内力(变形)影响线进行,一般设2~3个主要荷载工况,同时可根据试验桥梁结构体系的具体情况再设若干个附加荷载工况,但主要荷载工况必须予以保证。表9-1-1列出了梁桥试验荷载工况。

常见桥型的试验荷载工况 表9-1-1

桥型		测试内容
简支梁桥	主要内容	(1)中截面应力(应变)和挠度; (2)支点沉降; (3)混凝土梁体裂缝
	附加内容	(1)$L/4$截面挠度; (2)支点斜截面应力(应变)
连续梁桥	主要内容	(1)跨支点斜截面应力(应变) (2)主跨最大正弯矩截面应力(应变)及挠度; (3)边跨最大正弯矩截面应力(应变)及挠度; (4)支点沉降; (5)混凝土梁体裂缝
	附加内容	主跨(中)支点附近斜截面应力(应变)
悬臂梁桥	主要内容	(1)墩顶支点截面应力(应变); (2)锚固孔最大正弯矩截面应力(应变)及挠度; (3)墩顶沉降; (4)混凝土梁体裂缝
	附加内容	(1)顶附近斜截面应力(应变); (2)挂孔跨中截面应力(应变)及挠度; (3)挂孔支点附近斜截面应力(应变); (4)悬臂端最大挠度; (5)牛腿部分局部应力(应变)

此外,对桥梁施工中的薄弱截面或缺陷修补后的截面,或者旧桥结构损坏部位、比较薄弱的桥面结构,可以专门进行荷载工况设计,以检验该部位或截面对结构整体性能的影响。

使用车辆加载而又未安排动载试验项目时,可在静载试验项目结束后,将加载车辆(多辆车则相应地进行排列)沿桥长慢速行驶一趟,以全面了解荷载作用于桥面不同部位时结构的承载状况。

2.加载时截面内力的控制

(1)控制荷载的确定

为了保证荷载试验的效果,必须先确定试验的控制荷载。桥梁需要鉴定承载能力的荷载主要有汽车和人群(标准设计荷载)、需通行的特殊重型车辆。分别计算以上几种荷载对结构控制截面产生的内力(变形)的最不利值,进行比较,取其中最不利者对应的荷载作为控制荷载。动载试验将汽车荷载作为控制荷载。荷载试验应尽量采用与控制荷载相同的荷载,而组成控制荷载(标准设计荷载)的车辆是由营运车辆统计而得的概率模型。由于客观条件的限制,实际采用的试验荷载与控制荷载有差别,为了保证静载试验效果,在选择试验荷载的大小和加载位置时采用静载试验效率 η_q 进行控制。按理论计算或检测的控制截面的最不利工作条件布置荷载,使控制截面达到最大试验效率。

(2)静载试验效率

静载试验荷载效率定义:试验荷载作用下被检测部位的内力或变形的计算值与包括动力扩大效应在内的标准设计荷载作用下,同一部位的内力或变形计算值的比值,以 η_q 表示荷载效率,按式(9-1-1)计算。对交(竣)工验收荷载试验,η_q 宜介于 0.85 ~ 1.05;否则,η_q 宜介于 0.95 ~ 1.05。

$$\eta_q = \frac{S_s}{S(1+\mu)} \tag{9-1-1}$$

式中:S_s——静载试验荷载作用下,某一加载试验项目对应的加载控制截面内力或位移的最大计算效应值;

S——控制荷载产生的同一加载控制截面内力或位移的最不利效应计算值;

μ——按规范取用的冲击系数值。

荷载试验宜选择温度稳定的季节和天气进行。当温度变化对桥梁结构内力影响较大时,应选择温度内力较不利的季节进行荷载试验,否则应考虑用适当增大静载试验效率 η_q 来弥补温度影响对结构控制截面产生的不利内力。

(3)加载分级与控制

为了加载安全与了解结构应变和变位随试验荷载增加的变化关系,对桥梁荷载试验中各主要荷载工况的加载应分级进行,而且一般安排在开始的几个加载程序中执行,附加工况一般只设置最大内力加载程序。

加载分级与控制原则:①当加载分级较为方便时,可按最大控制截面内力荷载工况将荷载均分为 4 ~5 级。②当使用超重车加载,车辆称重有困难时也可分成 3 级加载。③当桥梁的调查和验算工作不充分,或桥况较差,应尽量增多加载分级。如限于条件,加载分级较少,应注意每级加载,车辆荷载应逐辆缓缓驶入预定加载位置,必要时可在加载车辆未到达预定加载位置前分次对控制测点进行读数监控,以确保试验安全。④在安排加载分级时,应注意加载过程中其他截面内力也应逐渐增加,且最大内力不应超过控制荷载作用下的最不利内力。⑤根据具体条件决定分组加载的方法,最好每级加载后卸载,也可逐级加载,当达到最大荷载后再逐级卸载。

车辆荷载加载分级的方法:①逐渐增加加载车数量;②先上轻车后上重车;③加载车位于内力影响线的不同部位;④加载车分次装载重物。

加载稳定时间控制:为控制加卸载稳定时间,应选择一个控制观测点,每级加载(卸载)后立即测读一次,计算其与加载(卸载)前测读值之差值 S_g,然后每隔 2min 测读一次,计算 2min 前后读数的差 ΔS,并按下式计算相对读数差值 m:

$$m = \frac{\Delta S}{S_g} \tag{9-1-2}$$

当 m 值小于 1% 或小于量测仪器的最小分辨值时，即认为结构基本稳定，可进行各测点读数。主要控制截面最大内力荷载工况对应的荷载在桥上稳定时间不少于 5min，对尚未投入营运的新桥应适当延长加载稳定时间。

加载（卸载）的时间选择：为了减少温度变化对试验造成的影响，加载（卸载）试验时间以晚 22:00—晨 6:00 为宜。尤其是采用重物直接加载，加载（卸载）周期比较长的情况下只能在夜间进行试验。对于采用车辆等加载（卸载）迅速的试验方式，如夜间试验照明等有困难时也可安排在白天进行试验，但在晴天或多云的天气下进行加载（卸载）试验时每个加载（卸载）周期所花费的时间不宜超过 20min。

加载分级的计算：根据各荷载工况的加载分级，按弹性阶段计算结构各测点在不同荷载等级下的计算变位（应变），以便对加载试验过程进行分析和控制。计算采用的材料弹性模量，如已做材料试验的用实测值，未做材料试验的可按规范规定取值。

（4）加载设备的选择

静载试验加载设备可根据加载要求及具体条件选用，一般有可行式车辆和重物直接加载两种加载方式。

①可行式车辆加载（图 9-1-7）：可选用装载重物的汽车或平板车，也可就近利用施工机械车辆。在选择装载的重物时，要考虑车厢能否容纳得下，装载是否方便。装载的重物应置放稳妥，以避免车辆行驶时因摇晃而改变重物的位置。采用车辆加载优点很多，如便于调运和加载布置，加卸载迅速，等等。采用汽车荷载既能做静载试验又能做动载试验，这是目前较常采用的一种方法。

图 9-1-7　可行式车辆加载

②重物直接加载：一般可按控制荷载的着地轮迹先搭设承载架，再在承载架上堆放重物或设置水箱进行加载。如加载仅为满足控制截面内力要求，也可采取直接在桥面堆放重物（图 9-1-8 为重物实现均布荷载的加载方式）或设置水箱的方法加载。承载架的设置和加载物的堆放应安全、合理，能够按要求分布加载质量，并不使加载设备与桥梁结构共同承载而形成"卸载"现象。重物直接加载准备工作量大，加卸载所需周期一般较长，交通中断时间也较长，且试验时温度变化对测点的影响较大，因此宜安排在夜间，图 9-1-9 为堆载重物加载。

图 9-1-8　重物直接加载示意图

图 9-1-9　堆载重物加载

此外,其他一些加载方式也可根据加载要求因地制宜采用。

(5)加载重物的称量

加载重物的称量一般有称量法、体积法和综合法三种。

①称量法。当采用重物直接在桥上加载时,可将重物化整为零称重后按逐级加载要求分堆置放,以便加载取用。当采用车辆加载时,可将车辆逐辆驶上称重台进行称重。如没有现成可供利用的称重台,可自制专用称重台进行称重。

②体积法。如采用水箱加载,可通过测量储水的体积来换算储水的重力。

③综合法。首先,根据车辆出厂规格确定空车轴重(注意考虑车辆零配件的更换和添减,以及汽油、水、乘员重力的变化);然后根据装载重物的重力及其重心将其分配至各轴。装载物最好采用规则外形的物体整齐码放或采用松散均匀材料(如砂子等)在车厢内摊铺平整,以便准确确定其重心位置。

可根据不同的加载方法和具体条件选用以上几种方法对所加重物进行称量,但无论采用何种确定加载物重力的方法,均应做到称重准确、可靠,其称量误差最大不得超过5%。最好能采用两种称重方法互相校核。

3. 测点布设

(1)测点布设的原则

①满足条件的前提下,各试验项目的测点数量和布置必须是充分和足够的;同时测点宜少不宜多,不要盲目设置测点,从而既不浪费人力和仪器设备,又使试验目的突出。

②测点位置要具有代表性,以便于分析和计算。

③为保证量测数据的可靠性,应该布置一定数量的校核性测点。

④测点的布置应有利于试验时操作和测读,且安全和方便。安装在结构上的附着式仪表

在荷载达到正常使用荷载的1.2~1.5倍时应该拆除,以免结构突然破坏,而使仪表受损。

(2)测点布设的方法

①位移测点的布置。

位移测点的测值应能反映结构的最大变位及其变化规律。主梁竖向位移的纵桥向测点宜布置在各工况荷载作用下挠度曲线的峰值位。竖向位移测点的横向布置应充分反映桥梁横向挠度分布特征,整体式截面不宜少于3个,多梁式(分离式)截面宜逐片梁布置。常见混凝土主梁竖向位移测点布置要求及图示如下。

a. 整体式实心板:横向底面或桥梁面不宜少于3个。整体式实心板位移测点布置示意图如图9-1-10所示。

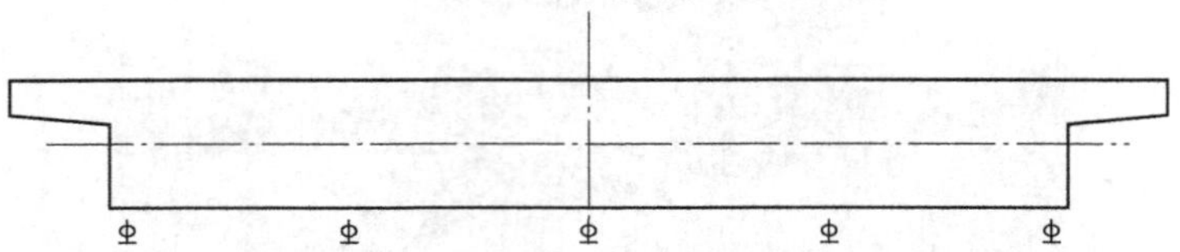

图9-1-10 整体式实心板位移测点布置示意图

b. 整体式空心板:横向底面或桥面不宜少于3个。整体式空心板位移测点布置示意图如图9-1-11所示。

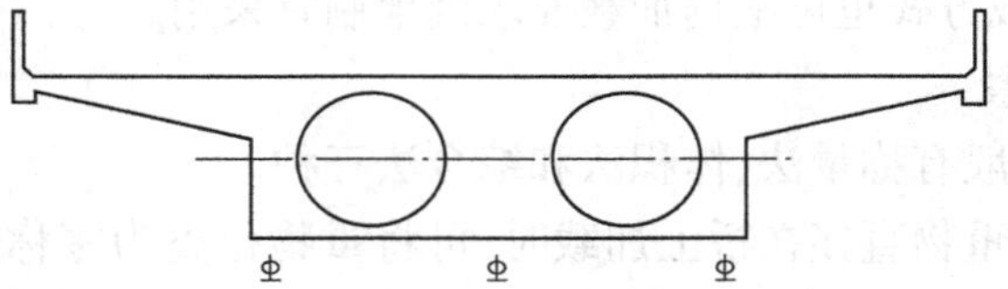

图9-1-11 整体式空心板位移测点布置示意图

c. 装配式空心板:每片板底面不宜少于1个或桥面不宜少于3个。装配式空心板位移测点布置示意图如图9-1-12所示。

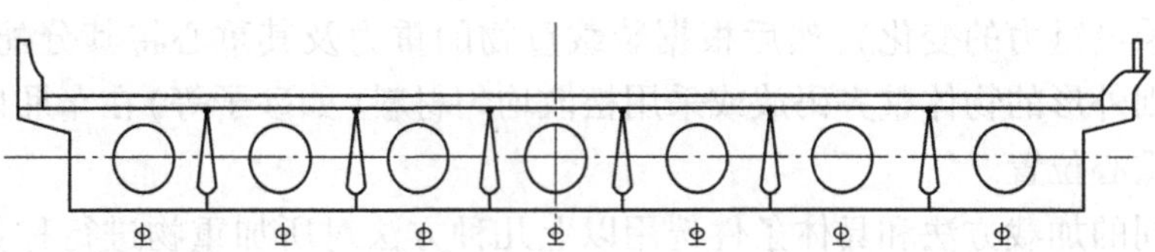

图9-1-12 装配式空心板位移测点布置示意图

d. 钢筋混凝土T梁:每片梁底面不宜少于1个或桥面不宜少于3个。钢筋混凝土T梁位移测点布置示意图如图9-1-13所示。

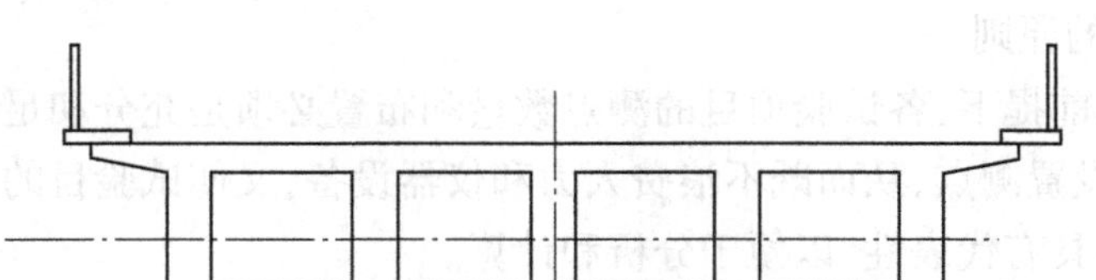

图9-1-13 钢筋混凝土T梁位移测点布置示意图

e. 预应力钢筋混凝土 T 梁：每片梁底面不宜少于 1 个或桥面不宜少于 3 个。预应力钢筋混凝土 T 梁位移测点布置示意图如图 9-1-14 所示。

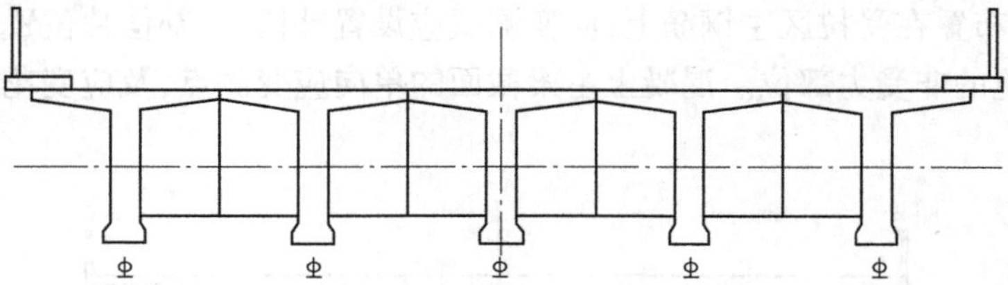

图 9-1-14　预应力钢筋混凝土 T 梁位移测点布置示意图

f. I 形梁：每片梁底面不宜少于 1 个或桥面不宜少于 3 个。I 形梁位移测点布置示意图如图 9-1-15 所示。

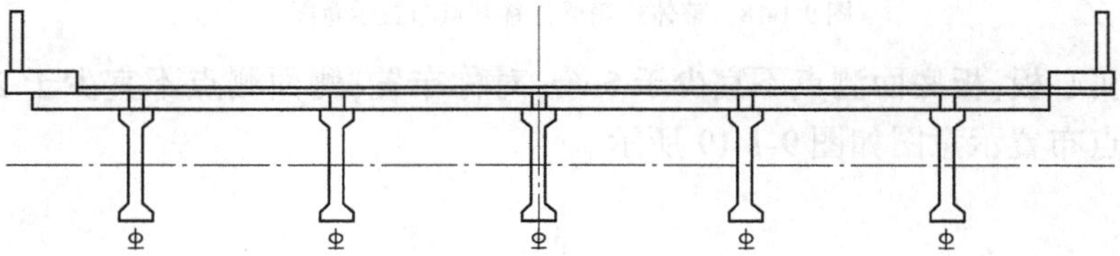

图 9-1-15　I 形梁位移测点布置示意图

g. π 形梁：每片梁底面不宜少于 1 个或桥面不宜少于 3 个。π 形梁位移测点布置示意图如图 9-1-16 所示。

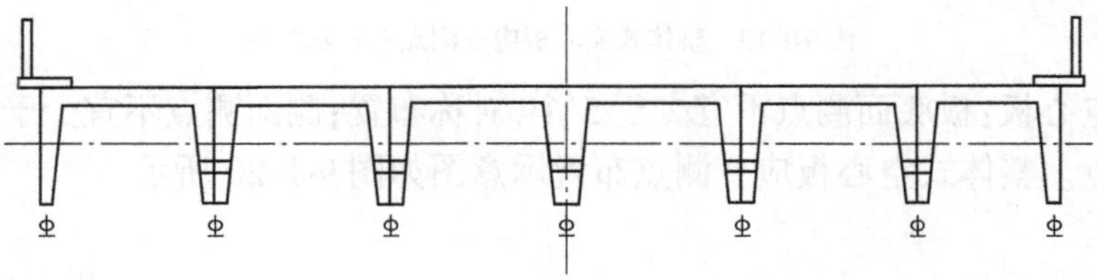

图 9-1-16　π 形梁位移测点布置示意图

h. 分离式箱梁：每片梁底面不宜少于 1～2 个或桥面不宜少于 3 个。分离式箱梁位移测点布置示意图如图 9-1-17 所示。

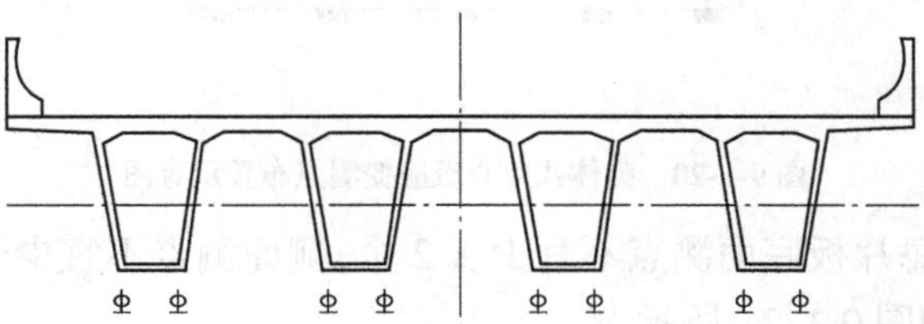

图 9-1-17　分离式箱梁位移测点布置示意图

i. 整体式箱梁：横桥向梁底面不宜少于 3 个或桥面不宜少于 3 个。整体式箱梁位移测点布置示意图如图 9-1-18 所示。

②结构应变测点的布置。

应变测点应根据测试截面及测试内容合理布置，并应能反映桥梁结构的受力特征。单向应变测点布置应遵循左右对称、上下兼顾、重点突出的原则，并应能充分反映截面高度方向的应变分布特征。单点应变花测点的布置不宜少于 2 组，测点布置完毕，应准确测量其位置。结构对称时，1/2 横截面的应变测点可减少，但不宜少于 2 个；对于弯桥、斜桥及异型桥，应根据控制荷载作用下结构的内力（应力）特征及结构特征确定应变测点；对于钢筋混凝土结构的受拉区应变测点宜布置在受拉区主钢筋上；应变测试应设置补偿片，补偿片位置应处于与结构相同材质、相同环境的非受力部位。混凝土主梁截面的单向应变测点，及应变花测点布置要求及图示如下。

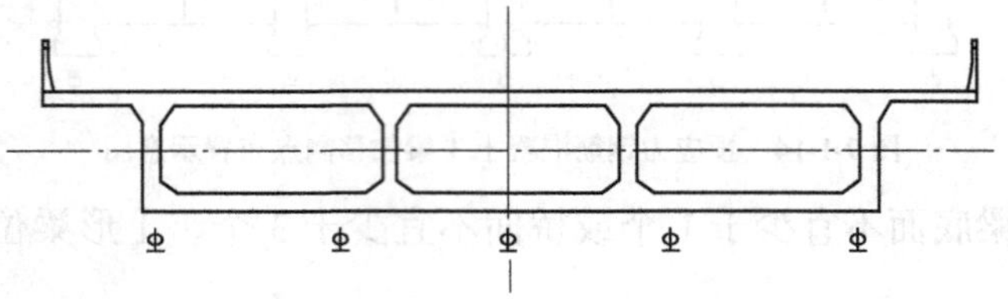

图 9-1-18　整体式箱梁位移测点布置示意图

a. 整体式实心板：板底面测点不宜少于 5 个，对称布置；侧面测点不宜少于 2 个。整体式实心板应变测点布置示意图如图 9-1-19 所示。

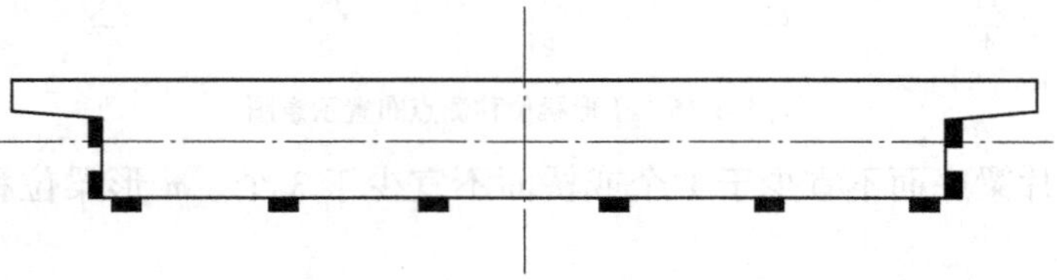

图 9-1-19　整体式实心板应变测点布置示意图

b. 整体式空心板：板底面测点不宜少于 5 个，对称布置；侧面测点不宜少于 2 个；腹板对应位置宜布置测点。整体式空心板应变测点布置示意图如图 9-1-20 所示。

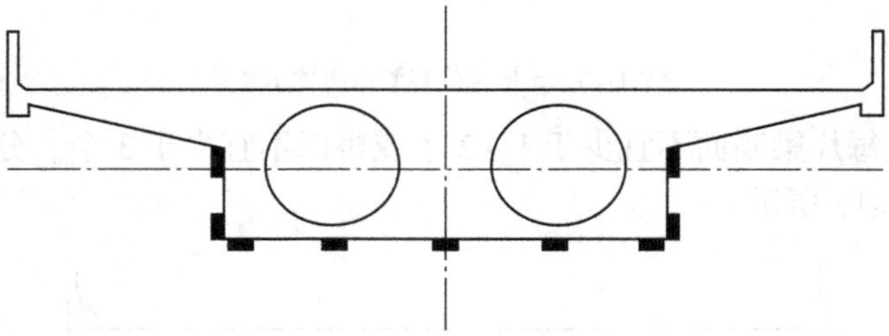

图 9-1-20　整体式空心板应变测点布置示意图

c. 装配式空心板：每片板底面测点不宜少于 2 个，侧面测点不宜少于 2 个。装配式空心板应变测点布置示意图如图 9-1-21 所示。

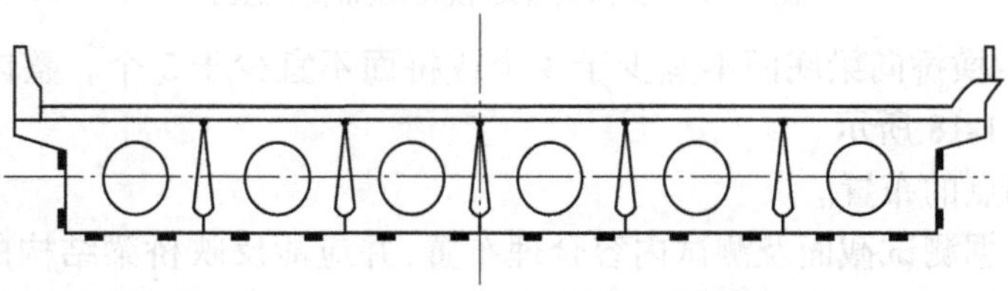

图 9-1-21　装配式空心板应变测点布置示意图

d. 钢筋混凝土 T 梁：每片梁底面测点为 1 ~ 2 个，每片梁侧面测点不宜少于 2 个。钢筋混凝土 T 梁应变测点布置示意图如图 9-1-22 所示。

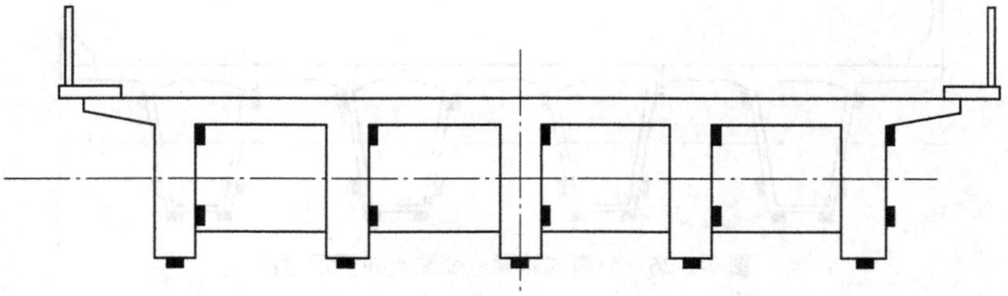

图 9-1-22　钢筋混凝土 T 梁应变测点布置示意图

e. 预应力混凝土 T 梁：每片梁底面测点为 1 ~ 2 个，每片梁侧面测点不宜少于 2 个。预应力混凝土 T 梁应变测点布置示意图如图 9-1-23 所示。

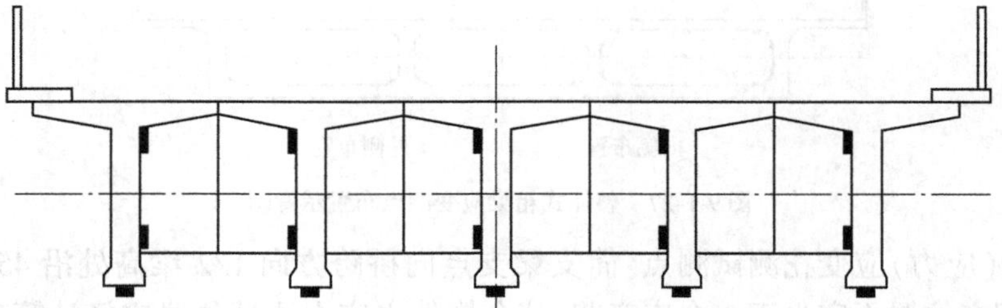

图 9-1-23　预应力混凝土 T 梁应变测点布置示意图

f. Ⅰ形梁：每片梁底面测点为 1 ~ 2 个，每片梁侧面测点不宜少于 2 个。Ⅰ形梁应变测点布置示意图如图 9-1-24 所示。

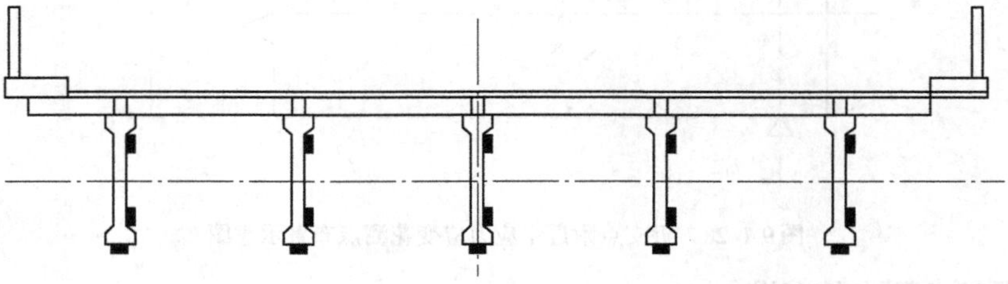

图 9-1-24　Ⅰ形梁应变测点布置示意图

g. π 形梁：每片梁底面测点为 1 ~ 2 个，每片梁侧面测点不宜少于 2 个。π 形梁应变测点布置示意图如图 9-1-25 所示。

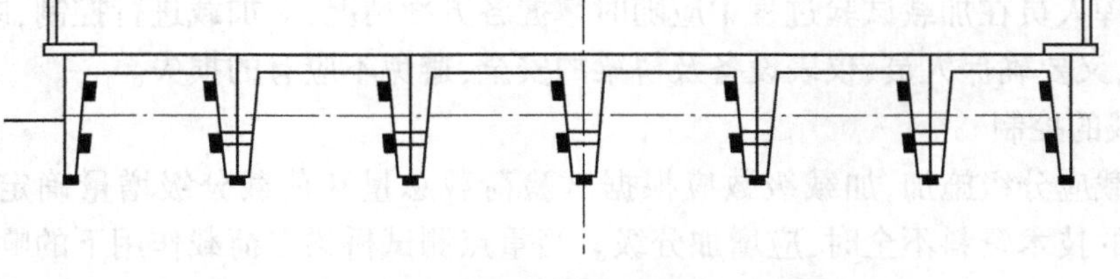

图 9-1-25　π 形梁应变测点布置示意图

h. 分离式箱梁：每片梁底面测点不宜少于2个，单腹板侧面测点不宜少于2个。分离式箱梁应变测点布置示意图如图9-1-26所示。

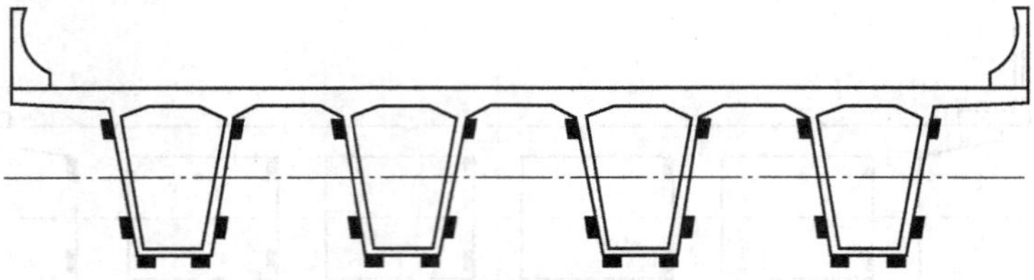

图9-1-26 分离式箱梁应变测点布置示意图

i. 整体式箱梁：在箱室内布置测点时，每箱室顶、底板不宜少于3个；单肋侧面测点不宜少于2个；当箱梁未预留检修孔时，测点布置于箱梁外侧。整体式箱梁应变测点布置示意图如图9-1-27所示。

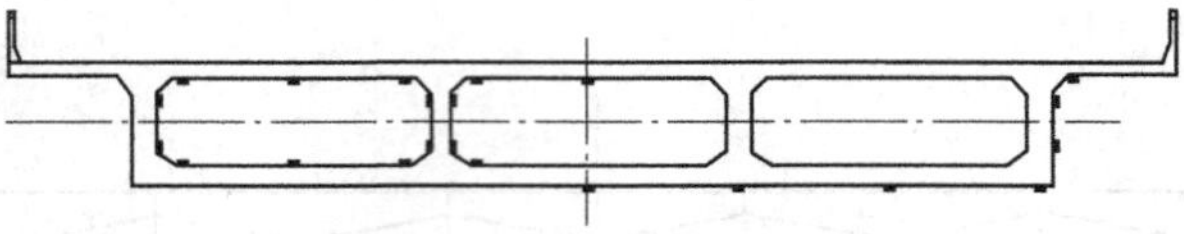

图9-1-27 整体式箱梁应变测点布置示意图

j. 主应变（应力）应变花测试测点：简支梁支点向桥跨方向1/2梁高处沿45°方向与主梁梁高中心线相交位置不宜少于3个应变花；其余构件主应力测试位置应经计算确定。近支点附近主应力应变花测点布置示意图如图9-1-28所示。

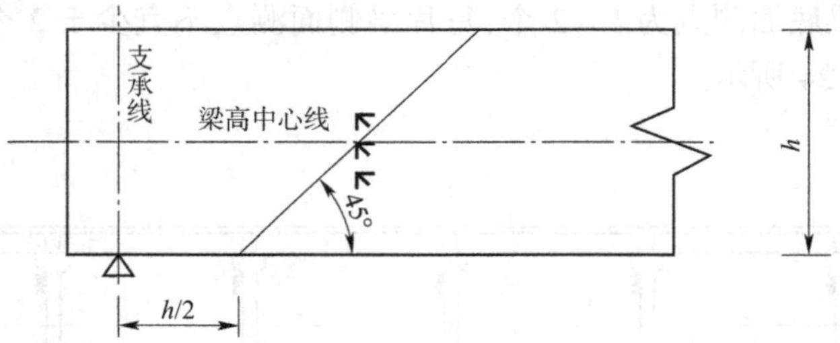

图9-1-28 近支点附近主应力应变花测点布置示意图

③裂缝及倾角测点的布设。

a. 裂缝测点应布置在开裂明显、宽度较大的部位。

b. 倾角测点宜根据需要布置在转动明显、角度较大的部位。

4. 试验过程控制与安全措施

试验指挥人员在加载试验过程中应随时掌握各方面情况，对加载进行控制，既要取得良好的试验效果，又要确保人员、仪表设备及桥梁的安全，避免不应有的损失。

(1)加载的控制

试验荷载应分级施加，加载级数应根据试验荷载总量和荷载分级增量确定可分成3~5级。当桥梁的技术资料不全时，应增加分级。当重点测试桥梁在荷载作用下的响应规律时，可加密加载分级。当试验条件限制时，附加工况的控制截面可只进行最不利加载。正式加载之前应进行预加载。一般采用分级加载的第一级荷载或单辆试验车作为预加载。严格按设计的加载程序进行加载，荷载的大小、截面内力的大小都应由小到大逐渐增加，并随时做好停止加载和卸载的准备。

加载时间间隔应满足结构反应稳定的时间要求。应在前一级荷载阶段内结构反应相对稳定、进行了有效测试及记录后方可进行下一级荷载试验。当进行主要控制截面最大内力(变形)加载试验时，分级加载的稳定时间不应少于5min；对尚未投入运营的新桥，首个工况的分级加载稳定时间不宜少于15min。

加卸载过程中，应保证非控制截面内力或位移不超过控制荷载作用下的最不利值。

(2)测点的观测

加载试验之前应对测试系统进行不少于15min的测试数据稳定性观测，应做好测试时间、环境气温、工况等记录。宜采用自动记录系统并对关键点进行实时监控。当采用人工读数记录时，读数应及时、准确，并记录在专用表格上。试验前，应对既有裂缝的长度、宽度、分布及走向进行观测、记录，并将其标注在结构上；试验时，应观测新裂缝的长度、宽度及既有裂缝发展状况，并描绘出结构表面裂缝分布及走向，并专门记录。

(3)加载过程的观察

试验加载过程中，应记录结构出现的异常响动、失稳、扭曲、晃动等异常现象，并采取相应处理措施。指定人员随时观察结构各部位可能产生的新裂缝，注意观察构件薄弱部位有无开裂、破损，组合构件的结合面是否有开裂错位，支座附近混凝土是否开裂，横隔板的接头是否拉裂，结构是否产生不正常的响声，加载时墩台是否发生摇晃现象，等等。如发生这些情况应报告试验指挥人员，以便及时采取相应的措施。

(4)终止加载控制条件

当发生下列情况之一时，应中途终止加载，查清原因，采取措施后再确定是否进行试验：

①控制测点应变值已达到或超过计算值。

②控制测点变形(挠度)超过计算值结构裂缝的长度、宽度或数量明显增加。

③实测变形分布规律异常。

④桥体发出异常响声或发生其他异常情况。

⑤斜拉索或吊索(杆)索力增量实测值超过计算值。

试验荷载加载控制分析是一项相当严肃的重要工作，试验人员务必认真对待，仔细观测并对比分析，严格按照加载控制条件实施。

六、试验数据分析与评定

全桥静载试验

1. 试验数据分析

(1)试验资料的修正

分析试验数据时，应根据温度变化、支点沉降及仪表标定结果的影响对测试数据进行修正。当影响小于1%时，可不修正。

桥梁静载试验数据分析与报告编写

①温度影响修正。

温度对测试的影响比较复杂。结构构件的各部位不同的温度变化、结构的受力特性、测试仪表或元件的温度变化、电测元件的温度敏感性、自补性等均对测试精度造成一定的影响,对这些影响进行逐项分析是困难的。一般可采用综合分析的方法来进行温度影响修正,即利用加载试验前进行的温度稳定观测数据,建立温度变化(测点处构件表面温度或空气温度)和测点测值(应变和挠度)变化的线性关系,然后按下式进行温度修正计算:

$$\Delta S_t = \Delta S - \Delta t \cdot K_t \tag{9-1-3}$$

$$K_t = \frac{\Delta S_1}{\Delta t_1} \tag{9-1-4}$$

式中:ΔS_t——温度修正后的测点加载测值变化量;

ΔS——温度修正前的测点加载测值变化量;

Δt——相应于 ΔS 观测时间段内的温度变化量,℃;

K_t——空载时温度上升 1℃ 时测点测值变化量;

ΔS_1——空载时某一时间区段内测点测值变化量;

Δt_1——相应于 ΔS_1 同一时间区段内温度变化量。

温度变化量的观测:对应变,宜采用构件表面温度;对挠度,宜采用气温。温度修正系数 K 应采用多次观测的平均值,如测值变化与温度变化关系不明显时则不能采用。

由于温度影响修正比较困难,一般不进行这项工作,而采取缩短加载时间、选择温度稳定性较好的时间进行试验等办法,尽量减小温度对测试精度的影响。

②支点沉降影响的修正。

当支点沉降量较大时,应修正其对挠度值的影响,修正量 C 可按下式计算:

$$C = \frac{l - x}{l}a + \frac{x}{l}b \tag{9-1-5}$$

式中:C——测点的支点沉降影响修正量;

l——支点 A 到支点 B 的距离;

x——挠度测点到支点 A 的距离;

a——支点 A 沉降量;

b——支点 B 沉降量。

(2)各测点位移与应变的计算

根据量测数据计算如下:

①总位移或总应变。

$$S_t = S_l - S_i \tag{9-1-6}$$

②弹性变位或弹性应变。

$$S_e = S_l - S_u \tag{9-1-7}$$

③残余变位或残余应变。

$$S_p = S_t - S_e = S_u - S_i \tag{9-1-8}$$

式中:S_i——加载前测值;

S_l——加载达到稳定时测值;

S_u——卸载后达到稳定时测值。

引入相对残余变位(应变)的概念描述结构整体或局部进入塑性工作状态的程度。

相对残余变位(应变)按下式计算：

$$\Delta S_p = \frac{S_p}{S_t} \times 100\% \tag{9-1-9}$$

式中：ΔS_p——相对残余变位(应变)；

S_t——总位移或总应变。

(3)应力计算

根据测量到的测点应变,当结构处于线弹性工作状态时可以利用应力应变关系计算测点的应力。

①单向应力状态。

$$\sigma = E\varepsilon \tag{9-1-10}$$

②平面应力状态。

a. 当主应力方向已知时：

$$\sigma_1 = \frac{E}{1-v^2}(\varepsilon_1 + v\varepsilon_2) \tag{9-1-11}$$

$$\sigma_2 = \frac{E}{1-v^2}(\varepsilon_2 + v\varepsilon_1) \tag{9-1-12}$$

式中：E——构件材料弹性模量；

v——构件材料泊松比；

ε_1、ε_2——方向相互垂直的主应变；

σ_1、σ_2——方向相互垂直的主应力。

b. 主应力方向未知时,需用应变花测量其应变计算主应力。应变花的常见形式为直角形应变花[图 9-1-29a)]、直角交叉形应变花[图 9-1-29b)]或等边形应变花[图 9-1-29c)],由 3 个电阻应变片组成;也可以增加校核片布置为扇形应变花[图 9-1-29d)]和伞形应变花[图 9-1-29e)]。采用图 9-1-29 中的 5 种应变花时测点主应力可以表示为

$$\sigma_1 = \frac{E}{1-v} \cdot A + \frac{E}{1-v} \cdot \sqrt{B^2 + C^2} \tag{9-1-13}$$

$$\sigma_2 = \frac{E}{1-v} \cdot A - \frac{E}{1-v} \cdot \sqrt{B^2 + C^2} \tag{9-1-14}$$

$$\tau_{max} = \frac{E}{1+v} \cdot \sqrt{B^2 + C^2} \tag{9-1-15}$$

$$\varphi_0 = \frac{1}{2}\tan^{-1}\frac{C}{B} \tag{9-1-16}$$

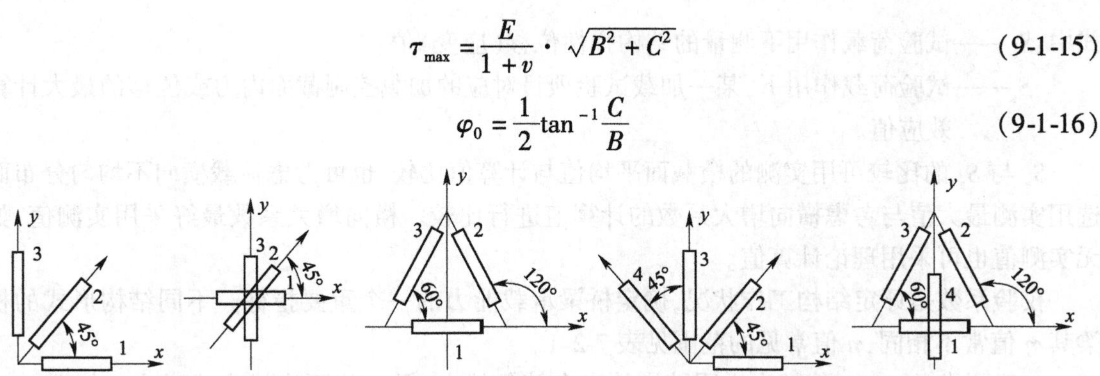

图 9-1-29 常用的应变花的形式

其中,参数 A、B、C 由应变花的形式而定,上面五种形式应变花的参数见表 9-1-2。

应变花参数 表 9-1-2

测量平面上点主应变时应变计的布置		A	B	C
应变花名称	应变花形式			
45°直角应变花	图 9-1-29a)	$\frac{\varepsilon_0+\varepsilon_{90}}{2}$	$\frac{\varepsilon_0-\varepsilon_{90}}{2}$	$\frac{2\varepsilon_{45}-\varepsilon_0-\varepsilon_{90}}{2}$
60°等边三角形应变花	图 9-1-29c)	$\frac{\varepsilon_0+\varepsilon_{60}+\varepsilon_{120}}{3}$	$\varepsilon_0-\frac{\varepsilon_0+\varepsilon_{60}+\varepsilon_{120}}{3}$	$\frac{\varepsilon_{60}-\varepsilon_{120}}{\sqrt{3}}$
伞形应变花	图 9-1-29e)	$\frac{\varepsilon_0+\varepsilon_{90}}{2}$	$\frac{\varepsilon_0-\varepsilon_{90}}{2}$	$\frac{\varepsilon_{60}-\varepsilon_{120}}{\sqrt{3}}$
扇形应变花	图 9-1-29d)	$\frac{\varepsilon_0+\varepsilon_{45}+\varepsilon_{90}+\varepsilon_{135}}{4}$	$\frac{\varepsilon_0-\varepsilon_{90}}{2}$	$\frac{\varepsilon_{135}-\varepsilon_{45}}{2}$

2. *荷载试验成果分析与承载力评定*

为了评定结构整体受力性能,需对桥梁荷载试验结果与理论分析值比较,以检验新建桥梁是否达到设计要求的荷载标准,或判断旧桥的承载能力。比较时,可以将结构位移、应变等试验值与理论计算值列表进行比较,对结构在最不利荷载工况作用下主要控制测点的位移、应力的实测值与理论分析值,要分别绘出荷载位移(P-Δ)曲线,荷载应力(P-σ)曲线,并绘出最不利荷载工况作用下位移沿结构(纵向、横向)分布曲线和控制截面应变(沿高度)分布图,绘制结构裂缝分布图(对裂缝编号注明长度、宽度、初裂荷载以及裂缝发展情况)。

(1)结构校验系数

为了量化,以及描述试验值与理论分析值比较的结果,此处引入结构校验系数,用 η 表示,即

$$\eta=\frac{S_e}{S_s} \tag{9-1-17}$$

式中:S_e——试验荷载作用下测量的结构弹性位移(应变)值;

S_s——试验荷载作用下,某一加载试验项目对应的加载控制截面内力或位移的最大计算效应值。

S_e 与 S_s 的比较可用实测的横截面平均值与计算值比较,也可考虑荷载横向不均匀分布而选用实测最大值与考虑横向增大系数的计算值进行比较。横向增大系数最好采用实测值,如无实测值也可采用理论计算值。

校验系数是评定结构工作状况,确定桥梁承载能力的一个重要指标。不同结构形式的桥梁其 η 值常不相同,η 值常见的范围见表 7-2-1。

一般要求 $\eta\leqslant 1$,η 值越小说明结构的安全储备越大,但 η 值不宜过大或过小。如果 η 值过大,可能说明组成结构的材料强度较低,结构各部分联结性能较差,刚度较低等;如果 η 值

过小,可能说明组成结构材料的实际强度及弹性模量较大,梁桥的混凝土铺装及人行道等与主梁共同受力,支座摩擦力对结构受力的有利影响,以及计算理论或简化的计算图式偏于安全等。另外,试验加载物的称量误差、仪表的观测误差等对 η 值也有一定的影响。

(2)横向增大系数

横向增大系数一般由实测位移(应变)最大值与横向各测点实测位移(应变)平均值之比求得,即

$$\xi=\frac{S_{\mathrm{emax}}}{\overline{S}_{\mathrm{e}}} \tag{9-1-18}$$

式中:S_{emax}——试验荷载作用下测量的最大弹性位移(应变)值;

$\overline{S}_{\mathrm{e}}$——试验荷载作用下横桥向各测点的弹性位移(应变)值的平均值。

主要测点在控制荷载工况下的横向增大系数值,反映了桥梁结构荷载横向不均匀分布的程度及横向联结的工作状况。ξ 值越小,说明荷载横向分布越均匀,横向联结构造越可靠;ξ 值越大,说明荷载横向分布越不均匀,横向联结越薄弱,结构受力越不利。

(3)实测值与理论值的关系曲线

由于理论的变位(应变)一般系按线性关系计算,如测点实测弹性变位(应变)与理论计算值成正比,其关系曲线接近于直线,说明结构处于良好的弹性工作状况。

(4)控制截面应变沿高度分布曲线

对常规结构,实测的结构或构件主要控制截面应变沿高度分布应符合平截面。

(5)相对残余变位或应变

测点在控制加载程序时的相对残余变形或应变 ΔS_{p} 越小,说明结构越接近弹性工作状况。一般要求 ΔS_{p} 值不宜大于20%。当 ΔS_{p} 大于20%时,表明桥梁结构的弹性状态不佳,应分析原因,必要时再次进行荷载试验加固以确定。

七、注意事项

(1)试验一般应选在夜间进行,若试验过程持续时间较短,也可在白天温度变化相对稳定的时段进行,一般温度变化在5℃以内可开展检测。

(2)试验在荷载试验前必须对所有的加载车辆进行称重。

八、检测报告

在全部试验资料整理与分析的基础上编写桥梁结构静载试验报告,检测报告参考本书配套《桥梁工程检测实训手册》工作任务十九。其主要内容应该包括下列各项。

1. 工程概况

(1)试验桥梁的所属工程、名称、建设或服役龄期、起止点或中心桩号、结构形式跨径组合、桥跨结构横断面形式、下部结构形式、控制荷载、运营车道数等主要技术指标。

(2)给出至少1张结构整体外貌照片,以及包括主要尺寸的试验桥联(孔)结构的立面图、平面图及横断面图。

2. 试验目的及依据

桥梁静载试验报告应按桥梁结构类型和控制荷载的性质说明试验的目的。桥梁静载试验报告应列出试验所依据的标准规范、规程、设计图纸、竣工图纸及其他相关资料。

3. 试验仪器设备

试验仪器设备应包括试验仪器设备的名称(型号)、设备编号、主要技术参数等,可列表给出。

4. 试验内容

(1)桥梁静载试验报告内容应包括支座、墩台、防护工程、桥面结构和行车条件检查及评述,结构内力分析结果,测试截面选择,应变及挠度等测点布置,试验加载车辆或加载物选择,试验工况及加载位置说明,试验测试过程,试验结果及分析和静载试验结论。

(2)应简要说明桥梁结构内力分析选用的程序、材料主要参数、内力分析主要结果并给出有关计算图式。

(3)应依据计算结果选定测试截面,说明荷载试验截面的测试项目。

(4)应按测试截面说明应变、挠度等测点的数量、布置,并给出图示。

(5)应说明试验加载车辆的型号、轴重分配,若采用加载物加载则需说明加载物的密度、体积,给出试验荷载效率。

(6)应依据测试截面次序分工况依次列出纵、横桥向加载位置,并辅以图示说明。

(7)应简要说明试验准备、预加载、试验加载、卸载等主要试验过程。

(8)应以列表形式给出各工况分级加载下应变、挠度等测试截面实测值、平均值、残余值、理论计算值及校验系数。应将具有代表性测点的实测值与理论值绘制成图,便于观测试验荷载下的分布状况或结构响应。

(9)应给出包括试验测试截面几何、力学参数,并依据实测数据判断结构工作状态是否满足设计要求或达到控制荷载要求等的静载试验结论。

【"1+X"加油站】"桥梁静载试验"技术技能训练

【拓展阅读】

【工程案例】某项目桥梁静载试验顺利完成

任务二 桥梁动载试验

学习目标

1. 知识目标

(1)了解桥梁动载试验的重要性。

(2)掌握桥梁动载试验的基本方法。

(3)了解桥梁动载试验的质量控制。

2. 能力目标

(1)会选择、设置拾振器。

(2)会检查、调试动态应变测试分析系统的技术状况及性能。

(3)重视理论联系实际,能够科学评价动载试验数据。

(4)正确完成给定的桥梁动载试验。

3. 素质目标

(1)通过分组活动,培养团队协作能力。

(2)通过规范文明操作,培养良好的职业道德和安全环保意识。

(3)通过情境化的工作任务活动,提升解决实际问题的能力。

任务描述

某大桥,是某市城市交通的重要通道,全长2780m,包括东引道、西引道、东引桥、西引桥、主桥等五部分。该桥主桥上部结构为13跨单箱单室等高度变截面预应力钢筋混凝土连续梁,悬臂施工,桥面宽23m,箱高4.5m,桥式为56m+11×80m+56m,主桥全长992m。东引桥上部结构为11跨跨径为20m的预制先张预应力钢筋混凝土空心板,板高0.9m。西引桥上部结构为15跨48m单箱预应力钢筋混凝土连续梁。主桥采用悬浇施工,西引桥部分其中3孔采用悬浇施工,其余12孔为顶推法施工。某大桥立面布置图如图9-2-1所示。

该桥1994年1月建成通车已运营10多年,发现桥梁局部已显现病害。为保证病害诊治对症,在2010年初对大桥病害位置进行了一次普查。2010年6—8月,由某工程局有限公司对该大桥进行了主体加固维修施工。在加固维修施工完成后,为检验加固维修效果,确保桥梁今后运营安全,某城市建设投资发展(集团)有限公司特委托某工程检测有限公司对该桥进行静动载试验。

接受委托后,该工程检测有限公司有关技术人员采用大型有限元软件程序对该桥进行仿真分析,判断桥梁各工况下的最不利受力状态,确定桥梁荷载试验方案,并于2010年8月5—12日对大桥进行了静、动载试验。

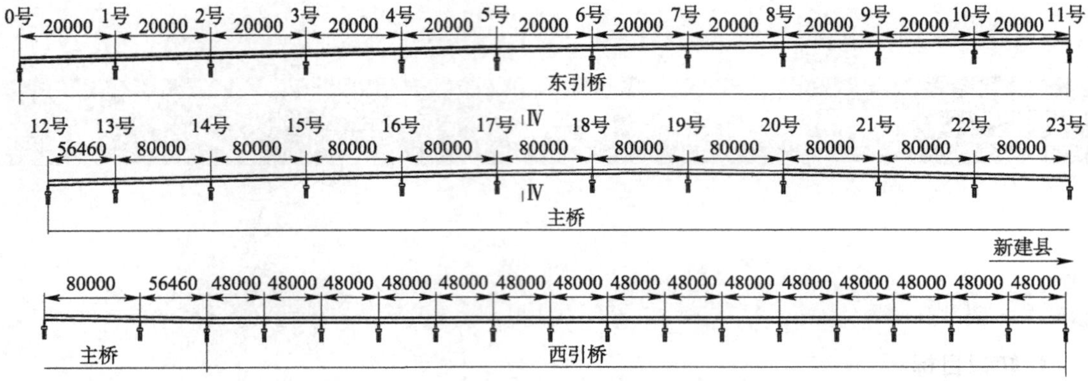

图 9-2-1　某大桥立面布置图

知识技能学习

一、检测依据

(1)《公路桥梁承载能力检测评定规程》(JTG/T J21—2011)。

(2)《公路桥涵养护规范》(JTG 5120—2021)。

(3)《公路桥梁荷载试验规程》(JTG/T J21-01—2015)。

(4)《公路桥梁技术状况评定标准》(JTG/T H21—2011)。

二、检测原理

桥梁结构是承受以自重和各种车辆为主要荷载的结构物。桥梁的振动主要是由车辆荷载以一定速度在桥上通过而产生的;同时,车辆驶过桥梁时,桥面起伏不平或发动机的振动等因素会使桥梁振动加剧。此外,人群荷载、风力、地震力、漂浮物或其他物体的撞击作用也会引起桥梁的振动。

桥梁动载试验探秘

桥梁的振动问题,影响因素复杂,只靠理论分析不易得到实用的结果。一般需采用与试验相结合的研究方法,而振动测试正是解决桥梁工程振动问题必不可少的手段。

桥梁的动载试验是利用某种激振方法激起桥梁结构的振动,测定桥梁结构的固有频率、阻尼比、振型、动力冲击系数、动力响应(加速度、动挠度)等参数的试验项目,从宏观的角度判断桥梁结构的整体刚度和运营性能。

桥梁的动载试验与静载试验相比具有其特殊性主要体现在以下几个方面:①引起结构产生振动的振源(又称输入,如车辆、人群、阵风或地震力等)和结构的振动响应(又称输出),都是随时间而变化的,而且结构在动荷载作用下的响应与结构本身的动力特性有密切关系。②动荷载产生的动力效应一般大于相应的静力效应;有时,甚至在一个不大的动力作用下,也可能使结构受到严重的破坏。因此,用动载试验确定桥梁在车辆荷载下的动力效应以及使用条件,从而进一步对桥梁作出评价是十分重要的。

桥梁动载试验目的与静载试验目的基本一致,主要表现在以下几个方面:

(1)检验桥梁设计与施工的质量(新建桥),施工过程中注意施工监控和监测,成桥后进行现场荷载试验,竣工验收中提供重要资料。

(2)判断桥梁结构的实际承载能力(旧桥),为超龄、超载、有损伤旧桥加固改造提供依据。

(3)验证桥梁结构设计理论和方法(新桥型),为新桥型和桥梁中的新结构、新材料和新工艺创新发展提供的实测数据。

在此基础上,桥梁动载试验应测试桥跨结构的自振频率和冲击系数。当存在下列情形之一时,动载试验应增加测试桥跨结构的振型和阻尼比:

①单跨跨径超过 80m 的梁桥、T 形刚构桥、连续刚构桥和单跨跨径超过 60m 的拱桥、斜拉桥、悬索桥及其他组合结构桥梁。

②存在异常振动的桥梁。

③仅依据静载试验不能系统评价结构性能时。

必要时,尚应测试桥梁结构的动挠度和动应变,并掌握车辆振源特性。

三、检测仪器设备

动载试验量测动应变可采用动态电阻应变仪并配以记录仪器,量测振动可选用低频拾振器并配低频测振放大器及记录仪器,量测动挠度可选用电阻应变位移计配动态电阻应变仪及记录仪器。

在选择动力荷载试验的测试系统时,一般可采用电磁式测试系统、压电式测试系统、电阻应变式测试系统或光电测试系统。但应注意:选择测振仪器的技术指标,使传感器、放大器、记录装置组成的测试系统的灵敏度、动态范围、幅频特性和幅值范围等技术指标满足被测结构动力特性范围的要求;测试仪表应不大于预计测量值的 10%。

试验前,应对测试系统进行灵敏度、幅频特性、相频特性线性度等进行标定。标定测振仪的方法较多,常用的方法有分部标定法和系统标定法等。

分部标定法是指按传感器、放大器、记录仪三部分分别标定其灵敏度 K_S、K_F、K_R,则测试系统总的灵敏度 K 可按下式计算:

$$K = K_S K_F K_R \tag{9-2-1}$$

分部标定工作比较烦琐,但使用较灵活。标定时应注意各级仪器之间的匹配,否则会增大误差。

系统标定把传感器、放大器、记录仪看作一个整体,标定输入振动量与输出电量或记录值的关系,得到整套仪器的灵敏度和频率特性关系等,一般在振动台上进行。系统标定工作简单,结果可靠,误差小。但一旦标定好,传感器、放大器、记录仪的对应关系不能改变,使用时不够灵活。

四、检测方法及步骤

1. 准备工作

动载试验前,首先应按照试验方案进行准备工作,其内容包括如下:

(1)搜集与试验桥梁有关的设计资料和图纸,详细研究,慎重选择或确定试验荷载。

(2)现场调查桥上和桥两端线路状态、线路容许速度、车辆和列车实际过桥速度和其他激振措施状态。

(3)了解有关试验部位情况,以确定测试脚手架搭设位置、导线的布设方法及仪器安放位置的确定。

(4)对拟测试的项目和测试断面,应按实际荷载和截面尺寸预先算出应力、位移、结构内振频率等,以便及时与实测值进行对比与分析。

全桥动载试验可视化仿真试验

桥梁动载试验工况探究

2. 动载试验加载方案与实施

(1)激振方法

桥梁动载试验的激振方法应根据桥梁的结构形式和测试精度要求,选择效果好、易实施的方法。桥梁常用的激振方法主要有以下三种:

①环境随机激振法(脉动法)。环境随机激振法是指在桥面无任何交通荷载以及桥址附近无规则振源的情况下,通过测定桥梁由风荷载、地脉动、水流等随机激励引起的微幅振动来识别结构自振特性参数的方法。该方法需对采集的长样本信号进行能量平均,以便消除随机因素的影响。对悬索桥、斜拉桥等自振频率较低的桥型,为保证频率分辨率和提高信噪比,采集时间一般不小于30min;对小跨径桥梁,采集时间可以酌情减少。环境随机激振法更适合大跨柔性桥梁

②行车激振法(跑车法)。行车激振法是利用车辆驶离桥面后引起的桥梁结构余振信号来识别结构自振特性参数的方法。该方法对小阻尼桥梁效果较好。为提高信噪比,获取尽可能大的余振信号,可采用不同的车速进行多次试验,或在桥跨特征截面设置弓形障碍物进行激振(有障碍行车激振)。通常结合行车动力响应试验统筹考虑获取余振信号。

③跳车激振法(跳车法)。跳车激振法是通过让单辆载重汽车的后轮在指定位置从三角形垫块上突然下落对桥梁产生冲击作用,激起桥梁的振动来识别结构自振特性参数的方法。该方法更适用于其他方法不易激振的、刚度较大的桥梁,如石拱桥、小跨径梁式桥等。

(2)动力响应试验工况

动力响应试验工况一般包括无障碍行车试验、有障碍行车试验和制动试验。试验时,宜首选无障碍行车试验,有障碍行车试验和制动试验则需根据实际情况选择。下面将详细介绍这三种测试方法。

①无障碍行车试验。

无障碍行车试验也称跑车试验,采用接近于标准荷载的单辆载重汽车充当(图9-2-2)。试验时,让单辆载重汽车分偏载和中载两种情形,以不同车速匀速通过桥跨结构,测定桥跨结构主要控制截面测点的动应力和动挠度时间历程响应曲线。

动载试验一般安排标准汽车车列(对小跨径桥也可用单排车)在不同车速时的无障碍行车试验。跑车速度宜在5~80km/h范围内取多个大致均匀分布的车速,车速在桥联(孔)上宜保持恒定。当车在桥上时为车桥联合振动,当车跨出桥后为自由衰减振功。试验时,应测量不同行驶速度下控制断面(一般取跨中或支点处)的动应变和动挠度,记录时间一般以波形完全衰减为止,需记录轴重、车速,并在时程曲线上标出首车进桥和尾车出桥的对应时间。动载试验一般应测试2~3次,在临界速度时可增跑几趟,全面记录动应变和动位移。

进行无障碍行车试验时,要较准确地控制试验车辆的车速,并根据测试传感器的布置,确定试验车辆行驶途中进行数据采集的起止位置,以免测试数据产生遗漏。

图 9-2-2　无障碍行车试验现场

桥梁动载试验设备及测试点

②有障碍行车试验。

有障碍行车试验也称为跳车试验。可设置弓形障碍物(图 9-2-3)模拟桥面坑洼进行有障碍行车试验,车速宜取 5～20km/h。弓形障碍物宜布置在结构冲击效应显著部位。后轮越过弓形障碍物落下后,立即停车。此时桥跨结构的振动是带有一辆满载重车附加质量的衰减振动。

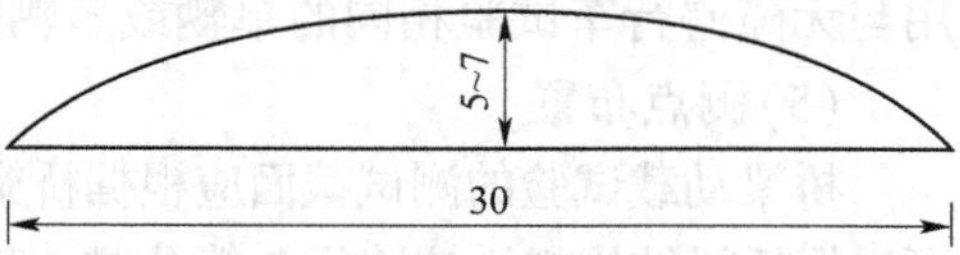

图 9-2-3　弓形障碍物横断面示意图(尺寸单位:cm)

③制动试验。

制动试验也称刹车试验,是按实际情况选择,用以测定桥梁结构在制动力作用下的响应,以了解桥梁承受活载水平力的性能的试验方法。制动试验车速宜取 30～50km/h,制动部位应为动态效应较大的位置。对漂浮体系桥梁,应测试主梁纵向位移等项目。

制动试验可以顺桥向和横桥向进行。一般横桥向由于桥面较窄,难以加速到预定车速。制动试验数据同样需要进行附加质量影响的修正。制动的位移时程曲线可读取自振特性和阻尼特性数据。不过此时是有车的质量参与衰减振动,阻尼也非单纯桥跨结构的阻尼。制动试验记录项目与无障碍行车试验相同,对记录的信号(包括振幅、应变或挠度等)进行频谱分析,可以得到相应的强迫振动频率等一系列参数。在进行制动试验时,对车辆荷载的行驶速度及制动位置等均应作专门的考虑。

(3)测试内容

①桥梁自振特性试验测试内容。

桥梁自振特性试验应包括竖平面内弯曲、横向弯曲自振特性以及扭转自振特性的测试。根据试验目的和需要应确定测试纵桥向竖平面内弯曲自振特性。桥梁的测试阶次应不少于表 9-2-1 的规定。

桥梁的测试阶次表　　表 9-2-1

桥型	简支梁桥	非简支梁桥、拱桥	斜拉桥、悬索桥
测试阶次	1 阶	3 阶	9 阶

②动力响应测试内容。

动力响应测试应包括动挠度、动应变、振动加速度、速度及冲击系数。

(4)试验荷载

无障碍行车试验可采用与静载试验的加载车辆相同的载重车辆,车辆轴重产生的局部效应不应超过车辆荷载效应,避免对横系梁、桥面板等局部构件造成损伤。无障碍行车试验试验荷载效率为

$$\eta_d = \frac{S_d}{S_{l\max}} \tag{9-2-2}$$

式中:η_d——动载试验荷载效率,η_d 宜取高值,但不超过 1;

S_d——动载试验荷载作用下控制截面的最大内力或变形;

$S_{l\max}$——控制荷载作用下控制截面的最大内力或变形(不计冲击)。

当单辆车的动载试验响应偏低时,无障碍行车试验宜每个车道布置一辆试验车,横向并列一排同步行驶;在行驶过程中宜保持车辆的横向间距不变。有障碍行车试验和制动试验可采用与无障碍行车试验相同的单辆或多辆载重车。

(5)测点布置

桥梁动载试验的测试截面应根据桥梁结构振型特征和行车动力响应最大的原则确定。一般可根据桥梁结构规模按跨径 8 等分或 16 等分简化布置。桥塔或高,宜按高度分 3 ~ 4 个节段分段布置。对常见的简支梁桥及连续梁桥,根据具体情况可参照表9-2-2 ~ 表9-2-4 选择测试截面。

简支梁桥前 5 阶模态的传感器布置方案 表 9-2-2

模态阶数	至少需要传感器数	测点布设位置
1	1	L/2
2	2	L/4、3L/4
3	3	L/6、L/2、5L/6
4	4	L/8、3L/8、5L/8、7L/8
5	5	L/10、3L/10、L/2、7L/10、9L/10

注:L 为简支梁桥的计算跨径。

两等跨连续梁桥前 4 阶模态的传感器布置方案 表 9-2-3

模态阶数	至少需要传感器数	测点布设位置
1	2	L/4、3L/4
2	4	L/8、3L/8、5L/8、7L/8
3	6	L/12、L/4、5L/12、7L/12、3L/4、11L/12
4	8	L/16、3L/16、5L/16、7L/16、9L/16、11L/16、13L/16、15L/16

注:L 为桥梁跨径总长。

三等跨连续梁桥前 3 阶模态的传感器布置方案 表 9-2-4

模态阶数	至少需要传感器数	测点布设位置
1	3	L/6、L/2、5L/6
2	6	L/12、L/4、5L/12、7L/12、3L/4、11L/12
3	9	L/18、L/6、5L/18、7L/18、L/2、11L/18、13L/18、5L/6、17L/18

注:L 为桥梁跨径总长。

大型桥梁振型测试可将结构分成几个单元分别测试，整个试验布置一固定参考点(应避开振型节点)，每次测试都应包括固定参考点。将几个单元的测试数据通过参考点关联，拟合得到全桥结构振型图。在测试桥梁结构行车响应时，应选择桥梁结构振动响应幅值最大部位为测试截面。如果是简单结构，宜选择跨中1个测试截面；如果是复杂结构，应增加测试截面。用于冲击效应分析的动挠度测点，每个截面应至少1个。当采用动应变评价冲击效应时，每个截面在结构最大活载效应部位的测点数不宜少于2个。

测定桥梁结构振型时可采用以下两种方法的一种布设测振传感器(拾振器)。

①在所要测定桥梁结构振型的峰、谷点上布设测振传感器(拾振器)，用放大特性相同的多路放大器和记录特性相同的多路记录仪，同时测记各测点的振动响应信号。

②将结构分成若干段，选择某一分界点作为参考点，在参考点和各分界点分别布置测振传感器(拾振器)，用放大特性相同的多路放大器和记录特性相同的多路记录仪，同时测记各测点的振动响应信号。

(6)试验过程控制与测试

①正式试验前，应进行预加载试验，对测试系统进行稳定性检查。桥梁空载状态下动应变、动挠度信号在预定采集时间内的零点漂移不宜超过预计最大值的5%。宜根据预加载试验具体情况对试验方案或测试设备参数设置做调整。按照调整确定的试验方案与试验程序进行加载试验，观测并记录各测试参数，并采取措施避免电磁场以及对讲机、手机等对测试结果的影响。

②正式试验过程中，应根据观测和测试结果，实时判断结构状态是否正常，测试数据是否异常，是否需要终止试验，确保试验安全。

③各工况试验完成后，应对测试数据进行检查和确认。如发现幅值异常或突变、零点严重偏离、异常电磁干扰、噪声过大等情况时，应在排除故障后重新进行试验；应保证记录的试验荷载参数，传感器规格、灵敏度、编号、连接通道号，适配采集器采样频率、滤波频率、换算系数等信息的完整性。

④全部试验完成后，应在现场对主要的测试数据进行检查和初步分析，确保测试数据的准确性和完整性。动载试验测试系统的性能应满足试验对量程、精度、分辨率、稳定性、辐频持性、相频特性的要求。传感器安装应与主体结构保持良好接触，无相对振动。用于冲击系数计算分析的动挠度、动应变信号的幅值分辨率不应大于最大实测幅值的1%。进行数据采集和频谱分析时，应合理设置采样、分析参数，频率分辨率不宜大于实测自振频率的1%。在行车激振或跳车激振等强迫振动下，宜直接测试桥梁结构振动的加速度速度和变形。

3. 现场实施

(1)一般规定

加载试验过程中和试验结束后，应对加载影响较大的部位(受力较大部位薄弱部位、原有缺陷部位等)进行详细的检查。加载试验前应对测点与测量仪器予以防护，避免日照、风雨、振动和周围其他干扰。试验时，应保持现场人员的通信畅通，并保证测试支架牢固、可靠且具有足够的刚度；在测试期间不应发生影响测试准确度的变形。当现场风速较大，测试支架发生可能影响测试准确度的变形时，应停止该条件下的试验加载与测试。初读数至加载或卸载读数期间，严禁机械和人员碰触测试支架。

操作平台应与测试支架分开设置，受力应完全独立。操作平台必须牢固可靠，能承受相应的荷载并满足其功能需要。桥检车在桥上布置或者行驶位置应考虑桥梁及其局部的受力安全。

(2)现场布设

测点放样与布设应符合下列规定：

①现场测点布设应事先制订详细的测点布置方案。

②测点布置时，如需局部调整布置方案，应做好记录。

③采用有线传输多点应变信号时，应采用电阻值相同的数据线；测点布设前应对测点及数据线进行编号；测点布设时应保证传感器与结构良好，不松动、无气泡；传感器与数据线采用焊接连接时，应保证焊接良好，无夹渣；必要时，应对测点进行防潮保护。

④当采用百分表(千分表)进行变形测量时，测试仪表基座应与结构完全脱离，并使仪表行程满足结构的变形要求；当采用精密水准仪、全站仪等进行变形测量时，应在试验前设置好基准点并对测点进行编号标记。

⑤在进行动态测点布设时，应保证传感器和结构黏结牢靠；在进行现场仪器设备安置时，应保证数据采集人员的安全工作范围。

⑥加载位置标记应符合下列规定：

a. 试验前，应对所有加载工况及位置进行标记。标记内容应包括工况编号及其荷载位置等关键信息。

b. 必要时，标记点应具有防雨(水)、防雪的能力。在夜间实施加载时，还应准备必要的照明设施或采用具有反光功能的标记材料。

加载车辆、加载物的称量及标记与桥梁静载试验要求相同。

(3)安全措施

①桥梁荷载试验应检查试验前后与过程中的人员、设备、仪表的安全状况，防止意外事故的发生。

②荷载试验期间，应组织好车辆的加载、卸载流程，确定车辆停靠、加载物堆放的位置，宜缩短加、卸载时间，应通过结构验算保证结构安全、支架安全。

③在分级加、卸载试验过程中，应通过观察结构或支架的异常反应、分析测试数据变化规律等进行判断；应详细检查接电、接地、防雨(水)、防尘、防风、防雷等措施是否正确完备；所有设备都应轻拿轻放、安置稳固。

④在运输过程中，应按设备本身的防振、防尘要求进行包装防护。

五、试验数据分析与评定

桥梁动载试验分析与评定探析

1. 分析计算和资料整理的内容

(1)动载试验荷载效率。

(2)各试验工况下动挠度、动应变、加速度等的时域统计特性，包括最大值、最小值、均值和方差等。

(3)典型工况下主要测点的实测时程曲线。

(4)典型的自振频谱图。

(5)实测自振频率与计算频率列表比较。

(6)冲击系数——车速相关曲线图或列表。

(7)其他必要的图表、曲线、照片等数据或资料。

2. 桥梁结构动力特性分析方法

桥梁结构的动力特性常用的分析处理方法可以分为时域分析和频域分析两种。

(1)时域分析是直接对时程曲线进行分析,可以得到阻尼比、振型、冲击系数等参数。

(2)频域分析是把时域信号通过傅立叶变换进行数学处理后,从而确定结构的频率和频率分布特性。

3. 桥梁结构性能分析方式

(1)比较实测自振频率与计算频率,当实测频率大于计算频率时,可认为结构实际刚度大于理论刚度,反之则结构实际刚度偏小。

(2)比较自振频率、振型及阻尼比的实测值与计算数据或历史数据,可根据其变化规律初步判断桥梁技术状况是否发生变化。

(3)比较实测冲击系数与设计所用的冲击系数,实测值大于设计值时应分析原因。

4. 常见结构特性参数计算方法

(1)动力增大系数

实测的活载动力增大系数($1+\mu$),可根据记录的测点动挠度或动应变时间历程曲线进行整理分析,按下式计算:

$$1+\mu=\frac{S_{max}}{S_{mean}} \tag{9-2-3}$$

式中:S_{max}——在动力荷载作用下该测点最大挠度(应变)值;

S_{mean}——相应的静载作用下该测点最大挠度(应变)。

$$S_{mean}=\frac{1}{2}(S_{max}+S_{min}) \tag{9-2-4}$$

式中:S_{min}——与S_{max}相应的最小挠度值(应变值)。

(2)冲击系数

实测的活载冲击系数可按下式计算:

$$\mu=\frac{S_{max}-S_{min}}{S_{mean}+S_{min}} \tag{9-2-5}$$

式中:S_{min}、S_{max}——意义同前。

根据不同车速的活载冲击系数或动力增大系数,绘制活载冲击系数或动力增大系数与车速的关系曲线,并求出活载冲击系数的最大值。

(3)自振频率

①结构自振频率可根据桥梁跳车激振试验测记的测点余振响应信号分析而得,也可根据脉动试验测记的测点随机振动响应信号分析而得,还可以根据行车试验测记的测点动挠度或动应变余振曲线分析而得。

②对跳车激振试验，当激振荷载对结构振动具有附加质量影响时，可按下式计算结构自振频率：

$$f_0 = f\sqrt{\frac{M_0 + M}{M_0}} \tag{9-2-6}$$

式中：f_0——结构的自振频率；

f——有附加质量影响的实测自振频率；

M_0——结构在激振处的换算质量；

M——附加质量。

(4)阻尼比

①桥梁结构阻尼比可根据跳车激振试验或行车试验测记的测点余振相应信号(振动衰减曲线)，按下式进行计算：

$$D_r = \frac{1}{2m\pi}\ln\frac{A_i}{A_{i+m}} \tag{9-2-7}$$

式中：D_r——测点阻尼比；

m——在振动衰减曲线上量取的波形数；

A_i——在振动衰减曲线上量取的第 i 个波形的幅值；

A_{i+m}——在振动衰减曲线上量取的第 $i+m$ 个波形的幅值。

②桥梁结构阻尼比也可以根据频谱分析得出的测点自功率谱图，用半功率点宽带按下式计算：

$$D_r = \frac{B_i}{2f_i} \tag{9-2-8}$$

式中：B_i——第 i 阶自振频率相应的半功率点宽带，即 0.707 倍功率谱峰值所对应的频率差；

f_i——第 i 阶自振频率。

(5)振型

结构的振型是结构相应于各阶固有频率的振动形式，一个振动系统振型的数目与其自由度数目相等。桥梁结构是一个具有连续分布质量的体系，也就是说，桥梁结构是一个无限多自由度体系，因此，其固有频率及相应的振型也有无限多个。但是对于一般的桥梁结构，第一固有频率(基频)对结构的动力分析才是重要的。对于较复杂的动力分析问题，也仅需前面几个固有频率。

六、注意事项

在动载试验中安装和使用仪器设备时应注意以下几点：

(1)动态测试仪器，由于存在频响、阻抗匹配及相位等问题，应至少保证 1 年整机标定 1 次。在振动台等条件具备的情况下，最好是在测试前后各标定 1 次，以便取得准确的响应值，标定内容至少应做频响特性和幅值线性两项试验，并绘成图形。

(2)每次动态测试前应进行现场的灵敏度比对和相位一致性试验。

(3)振动测量应尽量测定位移(动位移)值和加速度值。前者反应刚度，后者反应动荷载。因此，尽量采用位移传感器和加速度传感器，少用微积分线路(尤其避免二次微积分)，以提高测定值精度。

(4)振动测量应包括三维空间值,即桥轴水平向、横桥水平向和横桥垂直向。在记录与分析中应明确标明,工况记录要详细、准确。

(5)在正式测试之时,检测负责人应检查无载状态下应变仪各测点的零状态是否良好,其变化不超过 ±5με。

七、检测报告

一般情况下,桥梁荷载试验报告应同时包括静载试验和动载试验两部分内容。在静载试验报告内容的基础上,增加动载试验内容,从而形成完整的荷载试验报告。然后,在全部动载试验资料整理与分析处理的基础上,编写桥梁结构动载试验部分报告。其主要内容应该包括下列各项。

1. 试验目的

根据试验对象的特点,要有针对性地说明结构动载试验所要达到的目的和要求。

2. 试验依据

说明结构动载试验所依据的相关规范、规程或技术文件。

3. 试验方案

根据动载试验目的,在试验方案设计中要说明以下主要内容。

(1)测试项目和测试方法、测点布置和仪器配备情况,并附以简图。

(2)试验荷载的形式(标准车列或汽车荷载)以及选择何种激振方法(试验汽车跳车,其他激振形式)。

(3)根据桥梁结构动力分析专用程序计算动力试验荷载效率 η_d 并通过调整动力试验荷载的布置(如载车质量、车辆间距等),满足 $\eta_d \approx 1.0$ 的要求。

4. 试验过程说明

按照试验计划大纲的内容,简要介绍试验实施概况;说明具体组织桥梁动载试验的起讫日期、试验准备阶段的情况、整个试验阶段的特殊问题及其解决办法。

5. 各项试验达到的精度

将试验中使用的各种仪器、仪表的类型、参数、检定证书、测量精度(最小读数)、标定情况等列表说明,同时应说明试验中可能使用的夹具、传感器等对试验精度的影响程度。

6. 试验成果与分析

依据桥梁结构动载试验项目,对试验成果进行分析与评定,将理论计算值与实测值进行对比,说明理论与实践二者的符合程度,从中得出被检测桥梁所具有的实际结构动力特性及桥梁营运状况,以及从试验中所发现的问题。绘制结构振型图、冲击系数与不同车速的关系分析图等。

7. 试验记录摘录

将试验中所实测的控制数据以列表或曲线的形式表达出来。

8. 技术结论

根据综合分析的结果,得出最后的技术结论,对被检测桥梁作出科学的评价;同时根据存在的问题,对新建桥提出改进设计或加强养护方面的建议;对旧桥提出加固方案或维修养护,甚至拆除重建方面的建议。

9. 图表信息

在报告的最后,一般应附上具有代表性的动载记录图表。参考本书配套《桥梁工程检测实训指导手册》工作任务二十。

【"1+X"加油站】"桥梁动载试验"技术技能训练

【拓展阅读】

【工程案例】某大桥动载试验

【规范意识】交通运输高质量发展如何服务中国式现代化

项目十
PROJECT TEN

桥梁承载能力检测评定

桥梁承载能力检测评定是通过对桥梁结构的技术状况、材料性能、受力状态等进行全面检测与分析，综合评估桥梁实际能够承受的荷载能力，确定其是否满足现行规范及使用要求的专项技术工作，其核心目的是为桥梁的安全运营、维修加固、改造决策提供科学依据，保障交通通行安全。该检测评定方法主要可分为基于结构试验的评定方法和基于理论计算的评定方法两类。

基于结构试验的评定方法以直接测试桥梁结构在荷载作用下的响应为基础，通过试验数据评估承载能力。其中，破坏性试验需在控制条件下对桥梁施加极限荷载直至破坏，以确定其极限承载能力。该方法结果直观准确，能直接反映桥梁的承载极限，但会导致桥梁结构完全损坏，仅适用于科研或废弃桥梁的研究，实际工程中极少采用；非破坏性试验（如静载试验、动载试验）则在不损伤桥梁结构的前提下，通过施加一定荷载测试结构的应力、应变、位移等参数，结合试验结果评估承载能力。此类方法能较好地反映桥梁实际工作状态，结果可靠性较高，但试验成本高、周期长，且受场地、交通等条件限制，多用于重要桥梁或对理论计算结果的验证。

基于理论计算的评定方法以桥梁结构的设计资料、检测数据为依据，借助结构力学、有限元等理论进行计算分析，评估承载能力。其主要通过现场检测获取混凝土强度、钢筋配置、构件尺寸、裂缝状况等参数，修正原设计计算模型，按现行规范计算桥梁的承载能力极限状态和正常使用极限状态。常用的方法包括承载能力极限状态计算、正常使用极限状态验算等，其中，基于检测数据的修正计算法应用广泛。该方法结合现场检测结果对计算参数进行修正，使计算结果更贴合桥梁实际状况，具有操作相对简便、成本较低、可大范围应用等特点，能满足多数桥梁的常规检测评定需求。但该方法依赖检测数据的准确性和计算模型的合理性，对复杂结构的适应性存在一定局限。

桥梁承载能力检测评定通常需结合两种方法的优势，通过理论计算初步评估，辅以必要的结构试验验证，形成综合评定结果，以确保评定的准确性和可靠性。

学习目标

1. 知识目标

（1）了解公路桥梁承载能力检测评定的概念和重要性。

(2)掌握基于技术状况检查和结构检算的承载能力评定。

(3)掌握基于荷载试验的承载能力评定。

2. 能力目标

(1)能够根据桥梁的具体情况选择恰当的方式进行桥梁承载能力评定。

(2)重视理论联系实际,能够科学评价桥梁承载能力。

3. 素质目标

(1)通过查阅资料、文献,培养个人自学能力和获取信息能力。

(2)通过规范文明操作,培养良好的职业道德和安全环保意识。

(3)通过小组讨论、上台演讲评述,培养与客户的沟通能力。

任务描述

某大桥位于Y457线上,于2006年建成通车,全长388.36m。该桥梁存在一定程度的病害:部分预应力混凝土简支空心板梁底板跨中有3~5条横向裂缝,缝宽0.06~0.16mm;部分钢筋混凝土T梁腹板存在3~5条竖向裂缝,裂缝呈下宽上窄状,宽0.06~0.12mm;混凝土局部有锈胀露筋现象。

基于桥梁结构技术状况检查评定结果,需对该桥3号、11号跨进行包含结构缺损状况、自振频率、混凝土强度、结构尺寸、裂缝深度、承载能力等参数的结构特殊检测,并基于各项检查结果,对在原设计荷载作用下的上述两跨上部结构的支点及跨中截面进行承载能力检算评定。

知识技能学习

一、检测依据

(1)《公路桥梁承载能力检测评定规程》(JTG/T J21—2011)。

(2)《公路桥涵养护规范》(JTG 5120—2021)。

(3)《公路桥梁技术状况评定标准》(JTG/T H21—2011)。

(4)《公路钢筋混凝土及预应力混凝土桥涵设计规范》(JTG 3362—2018)。

(5)《公路桥涵设计通用规范》(JTG D60—2015)。

二、检测评定程序

需要进行承载能力检测评定的桥梁包括:①技术状况等级为4、5类的桥梁;②拟提高荷载等级的桥梁;③需通行大件运输车辆的桥梁;④遭受重大自然灾害或意外事件的桥梁。

桥梁检测评定程序:

基于技术状况检查的承载能力评定探秘

(1)应通过实地调查和桥梁检查,掌握桥梁技术状况、病害成因、使用荷载和养护维修等情况,搜集相关技术资料,确定检算技术参数。

(2)对选定的桥跨进行桥梁缺损状况检查评估、材质状况与状态参数检测评定和实际运营荷载状况调查,确定分项检算系数。

(3)计算桥梁结构或构件抗力效应和作用效应,采用引入分项检算系数修正承载能力极限状态和正常使用极限状态计算表达式的方法进行检算评定。

(4)作用效应与抗力效应的比值在 1.0 ~ 1.2 范围内时，应根据《公路桥梁承载能力检测评定规程》(JTG/T J21—2011)的有关规定通过荷载试验评定承载能力。

其中步骤(1) ~ (3)是基于技术状况检查和结构检算结构对桥梁进行承载能力评定。

三、检测仪器设备

参照前面各项目对桥梁工程进行检测的设备。

四、检测方法

按照《公路桥梁承载能力检测评定规程》(JTG/T J21—2011)的规定，介绍常见桥型基于技术状况检查与检算的承载能力评定。

(1)对在用桥梁，应从结构或构件的强度、刚度、抗裂性和稳定性四个方面进行承载能力检测评定。在用桥梁承载能力评定包括持久状况下承载能力极限状态和正常使用极限状态。承载能力极限状态主要针对的是结构或构件的截面强度和稳定性，正常使用极限状态主要针对的是结构或构件的刚度和抗裂性。

(2)圬工结构桥梁在计算桥梁结构承载能力极限状态的抗力效应时，应根据桥梁试验检测结果，采用引入检算系数 Z_1 或 Z_2、截面折减系数 ξ_c 的方法进行修正计算。

(3)配筋混凝土桥梁在计算桥梁结构承载能力极限状态的抗力效应时，应根据桥梁试验检测结果，采用引入检算系数 Z_1 或 Z_2、承载能力恶化系数 ξ_e、截面折减系数 ξ_s 和 ξ_c 的方法进行修正计算。

(4)钢结构桥梁在计算桥梁结构承载能力极限状态的抗力效应时，应根据桥梁试验检测结果，采用引入检算系数 Z_1 或 Z_2 的方法进行修正计算。《公路桥梁承载能力检测评定规程》(JTG/T J21—2011)以基于概率理论的极限状态设计方法为基础，采用引入分项检算系数修正极限状态设计表达式的方法，对在用桥梁承载能力进行检测评定。分项检算系数主要包括：①反映桥梁总体技术状况的检算系数 Z_1 或 Z_2；②考虑结构有效截面折减的截面折减系数 ξ_s 和 ξ_c；③考虑结构耐久性影响因素的承载能力恶化系数 ξ_e；④反映实际通行汽车荷载变异的活载影响系数 ξ_q。并主要依据圬工结构桥梁、配筋混凝土桥梁和钢结构桥梁的材料组成特点，引入不同的分项检算系数修正极限状态设计表达式。

(5)荷载效应 S 应按有关规定计算。对交通繁忙和通过重载车辆较多的桥梁，汽车荷载效应可根据实际运营荷载状况，通过活载影响修正系数进行修正计算。

(6)当桥梁结构或构件的承载能力检算系数评定标度 $D \geq 3$ 时，应进行正常使用极限状态评定计算。对在用桥梁，当结构或构件的承载能力检算系数评定标度为 1 或 2 时，结构或构件的总体技术状况较好，可不进行正常使用极限状态评定计算；当结构或构件的承载能力检算系数评定标度为 3、4 或 5 时，应采用引入检算系数 Z_1 或 Z_2 的方式对限制应力、结构变形和裂缝宽度等，进行正常使用极限状态评定计算。

(7)作用效应与抗力响应的比值在 1.0 ~ 1.2 范围内时，应通过荷载试验评定承载能力。取静力荷载试验主要测点应变校验系数或变位校验系数较大值，按表 10-0-1 重新确定检算系

数 Z_2，代替 Z_1 进行承载能力评定。

经过荷载试验的承载能力检算系数 Z_2 值 表 10-0-1

ξ	Z_2	ξ	Z_2
≤0.4	1.30	0.8	1.05
0.5	1.20	0.9	1.00
0.6	1.15	1.0	0.95
0.7	1.10	—	—

注：对主要挠度测点和主要应力测点的校验系数，两者中取较大值；Z_2 值可按 ξ 值线性内插。

桥梁承载能力鉴定方法及参数体系如图 10-0-1 所示，基于检测结果的桥梁承载力评定方法及参数体系如图 10-0-2 所示。

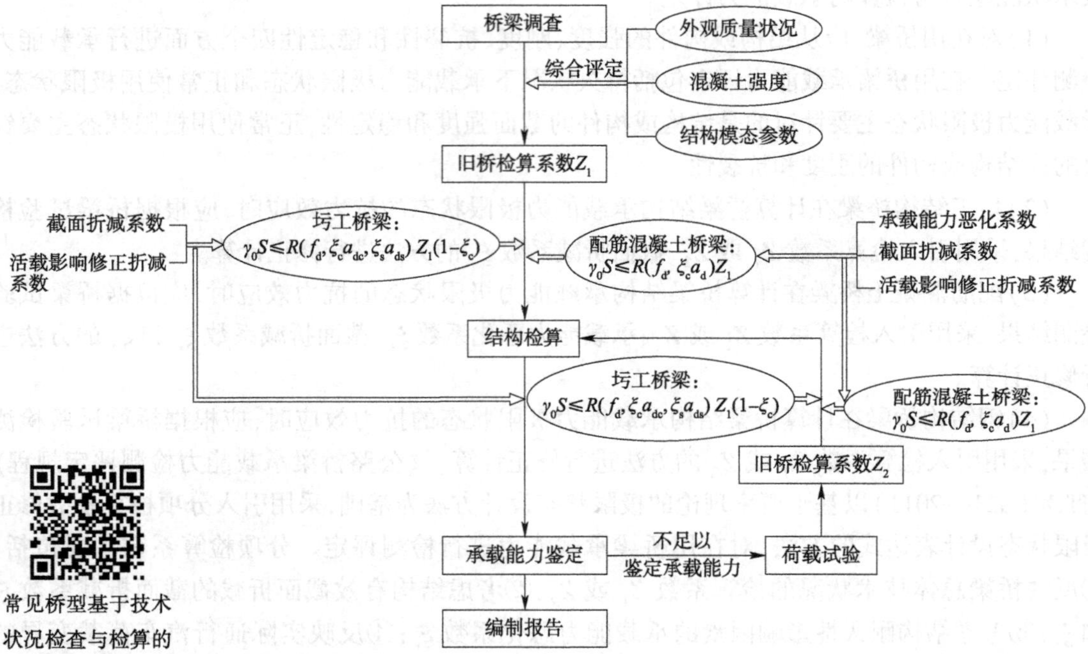

常见桥型基于技术状况检查与检算的承载能力评定探秘

图 10-0-1 桥梁承载能力鉴定方法及参数体系

五、检测数据分析与评定

(1)当动载试验的效率 η_d 接近 1 时，不同车速下实测的冲击系数最大值可用于结构的强度和稳定性检算。

(2)实测的活载冲击系数应满足下列条件：

$$\mu_t \eta_{dyn} \leq \mu_c \tag{10-0-1}$$

式中：μ_c——设计采用的冲击系数；

μ_t——行车试验实测的最大冲击系数；

η_{dyn}——动力试验荷载效率。

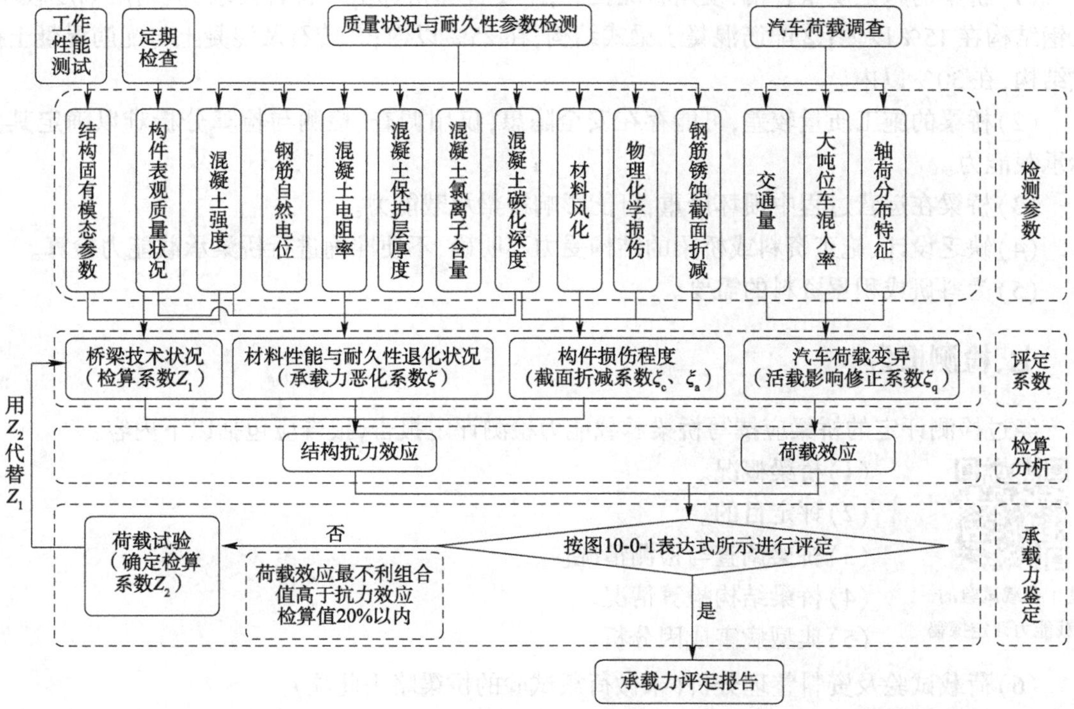

图 10-0-2　基于检测结果的桥梁承载力评定方法及参数体系

(3)行车试验实测的桥跨结构最大变位控制测点的垂直振幅标准值 A_{ct}（等于局部离差平方的二次根）宜小于表 10-0-2 所列限值。

桥跨结构振幅标准值限值表　　表 10-0-2

桥型及跨度	允许振幅标准值(mm)
跨度 20m 以下的钢筋混凝土梁桥	0.3
跨度为 20 ~ 45m 的预应力混凝土梁桥	1.0
跨度为 60 ~ 70m 的连续梁桥和 T 形刚构	3.0 ~ 5.0
跨度为 30 ~ 125m 的钢梁桥和组合梁桥	2.0 ~ 3.0

(4)结构的自振频率，活载强迫振动频率及阻尼系数等对桥梁承载能力的影响可参考其他有关资料进行分析。实测的简支梁桥桥跨结构的一阶竖弯自振频率一般不应大于 3.0Hz，否则认为桥跨总体刚度较差。

六、注意事项

当通过桥梁调查检测与检算分析尚不足以评定桥梁承载能力时，可采用荷载试验测定桥梁在荷载作用下的实际工作状况，结合桥梁调查、检测与检算来评定桥梁的承载能力。对于是否有必要进行荷载试验，应根据检算的主要指标超限情况加以确定。一般在下列情况下，可考虑进行荷载试验：

(1)桥梁的施工质量合格，使用状况良好，主要检算指标虽不符合要求，但超限幅度较小：①钢结构在15%以内；②配筋混凝土梁式结构，在25%以内；③砖石及混凝土与配筋混凝土拱式结构，在30%以内。

(2)桥梁的施工质量较差，可能存在安全隐患，仅用调查、检测与检算分析难以确定其实际承载能力。

(3)桥梁在运营过程中损坏严重，可能影响桥梁承载能力。

(4)缺乏设计、施工资料或桥梁的结构受力不明确，不便准确进行桥梁承载能力检算。

(5)为科研或积累资料的需要。

七、检测报告

经过检测评定的桥梁应撰写桥梁承载能力检测评定报告，报告应包括以下内容：

基于荷载试验的承载能力评定探秘

(1)桥梁概况。

(2)评定目的。

(3)桥梁调查与检测情况。

(4)桥梁结构检算情况。

(5)典型病害成因分析。

(6)荷载试验及资料整理分析(未做荷载试验的桥梁略去此项)。

(7)桥梁承载能力评定分析。

(8)桥梁承载能力的评定结论及处置建议。

桥梁承载能力检测评定报告应附有必要的原始资料、图表、照片和桥梁承载能力检测评定表，并应存入桥梁技术档案。承载能力检测评定表内容应按表10-0-3填写。

桥梁承载能力检测评定表 表10-0-3

路线名称			桥位里程		
桥名		桥长		净宽	
跨径及孔数					
结构形式	上部结构			跨径及孔数	
	下部结构				
桥梁概况：					
评定原因：					

续上表

<table>
<tr><td>原设计荷载标准</td><td colspan="3"></td></tr>
<tr><td rowspan="2">评定的承载能力</td><td>标准荷载</td><td colspan="2"></td></tr>
<tr><td>特殊荷载</td><td colspan="2"></td></tr>
<tr><td>评定方法</td><td></td><td>评定有效期限</td><td></td></tr>
<tr><td colspan="4">附加条件：</td></tr>
<tr><td>评定单位</td><td>（盖章）</td><td rowspan="2">评定负责人</td><td rowspan="2"></td></tr>
<tr><td>评定日期</td><td></td></tr>
</table>

【“1＋X”加油站】“桥梁承载能力检测评定”技术技能训练

【拓展阅读】

【工程案例】某大桥承载能力检测评定

【新发展理念】世界级的桥梁当然要用世界级的手段来维护

参考文献

[1] 中华人民共和国交通运输部. 公路桥涵养护规范:JTG 5120—2021[S]. 北京:人民交通出版社股份有限公司,2021.

[2] 中华人民共和国交通运输部. 公路桥梁承载能力检测评定规程:JTG/T J21—2011[S]. 北京:人民交通出版社股份有限公司,2011.

[3] 中华人民共和国交通运输部. 公路桥梁技术状况评定标准:JTG/T H21—2011[S]. 北京:人民交通出版社,2011.

[4] 中华人民共和国交通运输部. 公路桥梁加固设计规范:JTG/T J22—2008[S]. 北京:人民交通出版社,2008.

[5] 中华人民共和国交通运输部. 公路桥梁加固施工技术规范:JTG/T J23—2008[S]. 北京:人民交通出版社,2008.

[6] 中华人民共和国交通运输部. 公路桥梁荷载试验规程:JTG/T J21-01—2015[S]. 北京:人民交通出版社股份有限公司,2015.

[7] 中华人民共和国交通运输部. 公路钢筋混凝土及预应力混凝土桥涵设计规范:JTG 3362—2018[S]. 北京:人民交通出版社股份有限公司,2018.

[8] 中华人民共和国交通运输部. 回弹法检测混凝土抗压强度技术规程:JGJ/T 23—2011[S]. 北京:中国建筑工业出版社,2011.

[9] 中国工程建设标准化委员会标准. 超声回弹综合法检测混凝土抗压强度技术规程:T/CECS 02—2020[S]. 北京:中国计划出版社,2020.

[10] 邹立金,王皆可. 用车载试验检查旧简支梁桥使用承载力的探讨[J]. 重庆交通学院学报(自然科学版),1989,8(1):1-12.

[11] 贺拴海. 基于动力试验的钢筋混凝土梁式桥预测研究[D]. 杭州:浙江大学,2000.

[12] 黄平明,姜从礼,龚明泉. 梁桥的大边梁加固法研究[J]. 西安公路交通大学学报,1999(4):22-23,41.

[13] 周旭东. 喷射混凝土在板桥加固中的应用研究[D]. 西安:长安大学,2005.

[14] 黄平明,王达. 喷射混凝土在板桥加固中的应用研究[J]. 长安大学学报,2005(6):39-42.

[15] 李昌铸,王晓晶,夏晓霞,等. 我国公路桥梁管理系统(CBMS)的开发与推广应用[J]. 公路交通科技,1999(S1):23-26,30.

[16] 中国工程建设标准化委员会标准. 超声法检测混凝土缺陷技术规程:T/CECS 21—2024[S]. 北京:中国计划出版社,2024.

[17] 李昌铸. 公路桥梁管理系统(CBMS 2000)的开发与应用[J]. 公路交通科技,2003(3):84-90.

[18] 许汉铮,黄平明,韩万水. 双曲拱桥病害分析与加固方法研究[J]. 公路,2004(8):28-33.

[19] 邵容光,赖国麟.对桥梁耐久性问题的几点思考[J].江苏交通科技,1999(1):21-23.
[20] 张芳,柴金义.评价和维修混凝土桥梁需要考虑的耐久性问题[J].国外公路,1995(3):25-30.
[21] 张劲泉,李万恒,程寿山.公路旧桥承载能力评定方法[C]//全国公路桥梁养护管理技术交流会文集.北京:中国公路学会,2002.
[22] 张劲泉,何玉珊,谢经纬.桥梁结构状况的检测与评价技术[C]//全国公路桥梁养护管理技术交流会文集.北京:中国公路学会,2002.
[23] 张劲泉,任红伟.桥梁的检查与评定技术[C]//全国公路桥梁养护管理技术交流会文集.北京:中国公路学会,2002.
[24] 胡大琳.桥涵工程试验检测技术[M].北京:人民交通出版社,2002.
[25] 中华人民共和国交通运输部综合规划司.2012年公路水路交通运输行业发展统计公报([EB/OL].(2013-04-25)[2015-10-13]http://www.mot.gov.cn/fenxigongbao/hangyegongbao/201510/t20151013_1894759.html.
[26] 王国鼎,袁海庆,陈开利,等.桥梁检测加固[M].北京:人民交通出版社,2003.
[27] 章日凯,王常青.桥梁荷载试验[J].交通标准化,2005(12):69-72.
[28] 张彦玲,李运生,王海龙.既有桥梁承载力评估方法研究[J].国防交通工程与技术,2003(1):33-36.
[29] 段香英,王乐,李华.桥梁评估方法研究[J].交通标准化,2004(10):24-28.
[30] 贾春来,杨怀军,张一兵.对桥梁养护与管理的几点思考[J].黑龙江交通科技,2004(6):47-49.
[31] 张广义,郝国华,刘亚利.浅谈一般公路桥梁的日常养护[J].山西交通科技,2004(4):61-62.
[32] 高士华.桥梁检查与桥梁结构检测[J].北京公路,2003(6):21-22.
[33] 张舍.浅谈公路桥梁病害的起因、检测与加固[J].安徽建筑工业学院学报(自然科学版),2005(1):39-43.
[34] 杨国俊.桥梁结构物混凝土外观质量控制[J].公路交通技术,2005(2):100-102.
[35] 谌润水,胡钊芳.公路桥梁荷载试验[M].北京:人民交通出版社,2003.

